혜초의 왕오천축국전

Hye Cho's Pilgrimage to the Five Regions of India
Translation and Annotation by Jeong Su-il
HAKGOJAE Publishers
First published, 2004
Printed in Seoul, Korea

혜초의 왕오천축국전
ⓒ 정수일, 2004

2004년 4월 20일 초판 1쇄 발행
2023년 10월 4일 초판 12쇄 발행

역 주 자 정수일
펴 낸 이 박해진
펴 낸 곳 도서출판 학고재
등   록 2013년 6월 18일 제2013-000186호
주   소 서울시 영등포구 경인로 775 에이스하이테크시티 2-804
전   화 02-745-1722(편집) 070-7404-2791(마케팅)
팩   스 02-3210-2775
전자우편 hakgojae@gmail.com

ISBN 978-89-5625-025-0 04900
      978-89-5625-024-3(세트)

• 이 책은 저작권법에 의해 보호를 받는 저작물입니다. 이 책에 수록된 글과 이미지를
  사용하고자 할 때에는 반드시 저작권자와 (주)도서출판 학고재의 서면 허락을 받아야 합니다.
• 잘못된 책은 구입한 곳에서 바꿔드립니다.

문명기행

혜초의 왕오천축국전

정수일 역주

학고재

●─혜초의 서역기행 노정도

●──서역기행 중인 혜초 모습(복원도)

중천축(중인도)의 마하보디 득도처 대탑 앞을 지나는 혜초의 모습

복식 고증: 유희경(복식문화연구원 원장 · 전 이화여자 대학교 교수) · 김미자(서울여자 대학교 교수)
복원: 주식회사 드림한스 · 박진호(디지털 복원전문가)

1

1—『왕오천축국전』이 발견된 돈황 막고굴 전경
2— 돈황 막고굴 17동(장경동) 입구
3— 돈황 막고굴 17동 내부에 그려져 있는 벽화

2

3

1

1── 펠리오가 발견한 『왕오천축국전』 원본(파리 국립 도서관 소장)
2── 돈황 막고굴 장경동에서 펠리오가 『왕오천축국전』을 발견하는 모습
3── 펠리오의 초상

1 —— 부처의 탄생처인 카필라바스투의 룸비니
2 —— 부처의 득도처인 부다가야의 마하보디

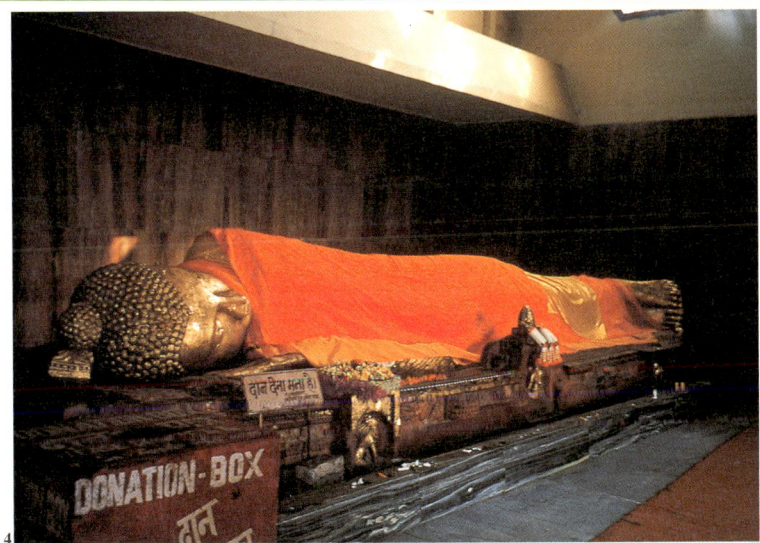

3——부처의 초전법륜처인 사르나트(녹야원) 전경
4——부처의 열반처인 쿠시나가라에 있는 열반상

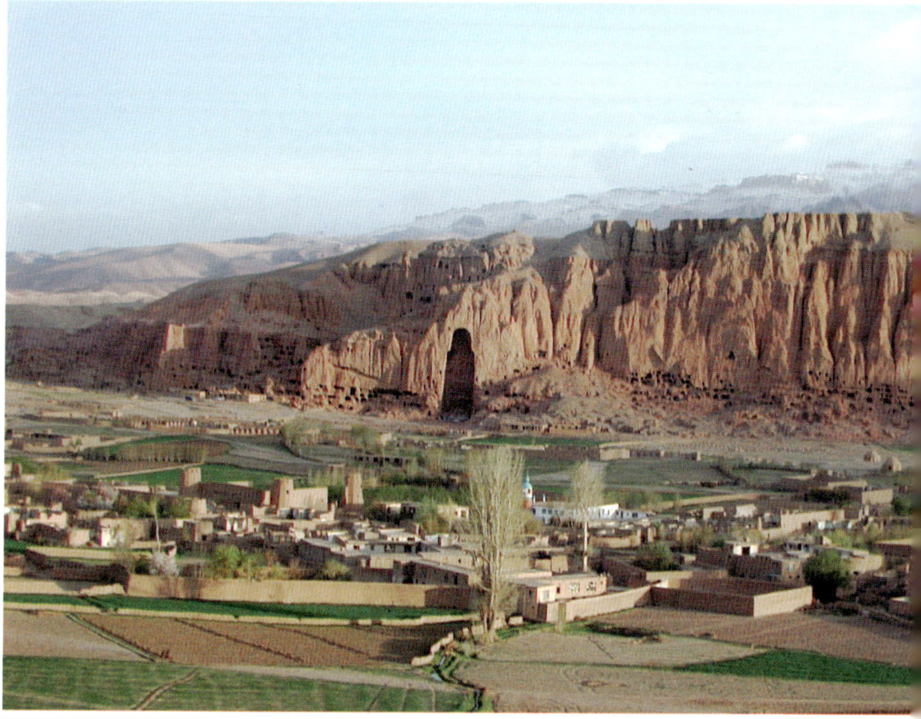

1

2

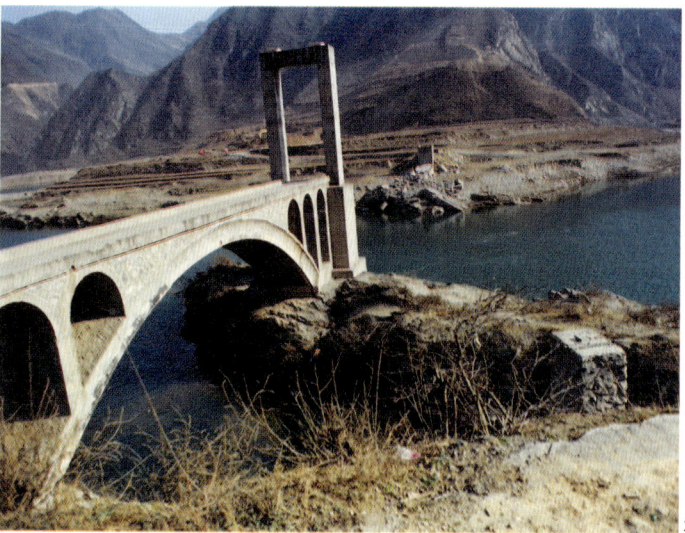

1——혜초의 여행지 중 하나인 바미얀 석불군 전경
2——혜초가 기우제를 지낸 장소인 흑하의 옥녀담(선유사 근처)
3——2001년 중국 서안시 주지현에 세워진 '신라국혜초기념비'

역주자 서문

혜초는 분명 '위대한 한국인'이다. 그의 여행기 『왕오천축국전(往五天竺國傳)』은 현존하는 우리의 가장 오래된 서책(書册)으로서, 명실상부한 국보급 진서이자 불후의 고전이다. 이 여행기를 세계 4대 여행기 중 하나로 꼽는 이도 있다. 그런데도 우리는 이 책을 연구하거나 기리는 일에 너무나 불초스러웠다. 남들보다도 한참 뒤쳐져 있으니 말이다. 남들의 무슨 '지(志)'도 좋고 무슨 '록(錄)'이나 '기(記)'도 좋지만, 우리에게는 『왕오천축국전』이 그보다 천만 배 더 낫고 값지다. 왜냐하면 거기에는 겨레의 얼과 넋, 슬기가 고스란히 간직되어 있기 때문이다.

그러나 개탄스럽게도 그것이 우리 속에 제대로 자리매김되지 못하고 있는 것이 작금의 현실이다. 게다가 이 국보는 90년 넘게 저 멀리 낯설기만한 무연고지(無緣故地)에 유폐(幽閉)된 채 잊혀져, 이른바 '반환목록'에조차 빠져 있다. 그래서 거듭거듭 안타깝다. 지금으로부터 꼭 12년 전 역주자는 한 일간지에 실은 '불초(不肖)'라는 제목의 칼럼에서 거룩한 선현을 후손답게 모시지 못한 불초의 자괴심을 고백한 바 있다. 그러면서 분발을 촉구하고, 아늑한 서산 기슭에 사적비라도 하나 세워 기리지고 부르짖기도 하였다. 그것은 낭장의 메아리를 기대해서라기보다는 나 자신이 절감하는 불초감 때문이었다.

이러한 불초감이 늘 가슴속에 응어리로 남아 있었다. 응어리의 핵은 여행기를 제대로 이해하기 위해서 걸맞은 역주서를 펴내야 한다는 미제(未濟)의 과제였다. 그러나 워낙 만만찮은 작업이라서 선뜻 엄두를

못 내고 망설이기만 해왔다. 그러다가 이번에 〈문명기행〉 시리즈의 번역·출간을 기획하면서, 기왕이면 우리의 세계적 여행기를 수권(首卷)으로 내놓는 것이 도리라고 믿고 역주작업에 착수하였다.

총 227행(한 행은 27~30자)으로 된 여행기의 현존본은 문단의 나뉨이 없는 연속문으로서 분절(分節)이 뚜렷하지 않다. 그러나 대체로 지역과 나라에 따라 행로를 기록하고, 기록 내용도 엇비슷한 틀로 엮여 있기 때문에 역자들은 나름대로의 분절법을 택하고 있다. 이 역주서는 원칙상 노정에 따라 나라를 단위로 하나, 나라 사이의 경계가 명확하지 않거나 내용이 종합성을 띤 경우는 지역을 단위로 하여 모두 40개의 절로 나누었다.

여행기의 현존본은 앞뒤가 잘려 나간 잔간(殘簡)이다. 따라서 그것이 절략본(節略本)인가, 아니면 원본을 베껴 쓴 사록본(寫錄本)인가, 또는 초고본(草稿本)인가 하는 책의 성격 문제는 아직껏 논란거리이다. 성격이야 어떻든 확실한 것은 1200년 전에 쓰인 글이라는 사실이다. 옛글이니 만치 글자의 뜻을 제대로 파악한다는 것이 쉽지 않고, 게다가 오늘날 별로 쓰이지 않는 벽자(僻字)와 식별이 어려운 모호한 글자도 적지 않으며, 원인 불명의 오자와 탈자 그리고 도치자(倒置字)도 가끔 눈에 띈다. 마모되어 형체를 전혀 알 수 없는 글자만도 무려 160여 자나 된다. 거기에 간혹 구어체나 이른바 '비문법적' 요소마저 겹치다 보니, 자못 난해할 수밖에 없다. 급기야 원문의 이해나 해석을 놓고 이론(異論)이 분분함은 당연지사라 아니 할 수 없다.

겨우 육천 자 남짓한 글로 40여 개 나라나 지역의 견문(見聞)과 전문(傳聞)을 두루 개괄하다 보니 내용이 소략(疏略)할 수밖에 없다. 소략함은 내용을 파악하기 어렵게 한다. 이 여행기처럼 먼 옛날의 먼 곳에 관한 이야기는 더더욱 그러하다. 그래서 다른 말로 옮기는 경우에 축자적 대역만으로는 도시 정확한 이해에 이를 수가 없다. 정확한 이해는 오로지 글자 뜻의 해석이나 문맥의 이해, 희미한 글자의 판독, 지명의 비정(比定), 시대적 배경 등을 반듯하게 풀이한 주해를 통해서만 가능한 것이다. 그간 이 여행기의 원문에 대한 주해(역주 포함)는 중국의 나진옥(羅振玉)과 일본의 후지타 도요하치(藤田豊八), 독일의 푹스(W. Fuchs)를 비롯한 몇몇 외국 학자들의 학구적 노력에 의해 상당히 진척되었다. 부끄러운 일이지만 주역을 담당했어야 할 우리는 아직 해내지 못하였다. 북한에서 출간한 것을 포함해 몇 종의 대역본만을 내놓았을 뿐이다.

역주자는 그간 다른 나라에서 이루어놓은 주해나 역주를 종합적으로 검토하고, 그것에 기초하여 가급적 필요한 역주(총 503항)를 넉넉히 달려고 작정하였다. 소정(所定)의 논제에 관한 여러 학자들의 각이(各異)한 견해를 비교·분석하기도 하고, 시비나 오견(誤見)에 대한 나름대로의 판단도 서슴지 않았다. 그러다 보니 분량이 꽤 많아져서 편집상 절마다 번역문 뒤에 역주문을 한데 묶어주었다. 그리고 역주를 필독해야 한다는 점을 감안해서 '찾아보기'에 본문뿐만 아니라 역주의 내용도 포함시켰다.

일러두기에서 보다시피 역주 작업은 국내외의 여러 선학과 동학의 값진 연구업적을 자양분으로 삼았다. 특히 국내에서 혜초 연구의 선구자이신 고병익(高柄翊) 교수의 연구업적과 이석호(李錫浩) 선생의 역본에 힘입은 바가 크다. 아울러 역주자로서 퍽 다행스러운 것은 북한의 연구성과도 함께 갈무리했다는 점이다. 혜초가 '달 밝은 밤에 고향길을 바라보니(月夜瞻鄕路)' '하늘가 북쪽에 있는 내 나라(我國天岸北)'라고 그리워했던 그곳은 정녕 남과 북이 따로 없는 한 나라였다. 선현의 나라

사랑 예지(叡智)가 빛나는 대목이다.

한 가지 부언하고자 하는 것은 이 역주본에 들어 있는 사진들이 여러 분들의 성원에 의해 모였다는 점이다. 역주자는 역주작업을 하면서 현지 답사를 통해 관련 사진을 확보하고 지명을 확인·비정하려고 하였으나 출국할 수가 없어 뜻대로 하지 못하였다. 큰 아쉬움으로 남는다. 그러나 다행히 여러 분들이 귀중한 사진자료들을 기꺼이 제공해주셔서 내용의 직관성(지도, 사진, 표 등 총 88장)을 기하는 데 큰 도움이 되었다. 특히 혜초의 모습을 복원하는 데 지혜를 모아주신 유희경 복식문화연구원 원장님과 서울여자 대학교 김미자 교수님, 주식회사 드림한스 한윤영 대표님, 귀중한 사진자료를 제공하신 제정(濟政) 스님과 불교신문사, 디지털 복원전문가 박진호 씨의 정성어린 성원에 진심으로 고마움을 표하는 바이다.

사실 번역은 고단수(高段數)의 창작이며, 번역 없는 학문이란 있을 수 없다. 번역 일반이 그러하거니와, 원전 번역, 그것도 역주는 더더욱 그러하다. 그만큼 번역은 어렵지만 중요하다. 한 권의 원전 번역이 수백 편의 논문보다 학술적 가치가 더 높으며, 그 수준은 역자의 학문적 자질과 직결된다. 이러한 중압(重壓) 속에 막상 책의 말미에 마침표를 찍자고 보니, 응어리를 풀었다는 기수(旣遂)의 후련함보다는 미흡함에서 오는 후려(後慮)가 더 크다. 앞으로 독자 여러분의 꾸지람과 조언을 받아들여 틀린 것은 바로잡고 모자라는 것은 보태어 채우려고 한다.

혜초는 한국의 선구적 세계인일 뿐만 아니라, 동양의 걸출한 세계인이기도 하다. 동양에서 혜초에 앞서 아시아 대륙의 중심부를 해로와 육로로 일주한 사람은 없었으며, 더욱이 아시아 대륙의 거의 서단(西端)까지 다녀와서 현지 견문록을 남긴 전례는 없다. 아울러 여행기가 갖는 의미는 물론, 밀교에 대한 그의 기여도 가히 세계적이라 말할 수 있다.

이제 우리는 한 차원 높은 시각에서 혜초와 그의 여행기가 지닌 민족사적 업적과 세계사적 가치를 재조명해야 할 것이다.

끝으로 〈문명기행〉 시리즈의 번역·출간사업을 선도하면서, 그 첫 책으로 이 역주서의 출간을 맡아 책을 잘 꾸미려고 최선을 다해주신 도서출판 학고재 우찬규 대표님과 손철주 주간님 그리고 편집진 여러분의 혜려와 노고에 진심으로 감사드리는 바이다.

우리의 것을 소중히 여기고 빛내야 한다는 시대적 소명에 부응코자.

2004년 새봄
무쇠막 집에서 정수일

차례 • 왕오천축국전

역주자 서문 17
일러두기 24
해설: 혜초와 『왕오천축국전』 26
원문 112

번역·원문·주석
1. 폐사리국(吠舍釐國) 124
2. 구시나국(拘尸那國) 129
3. 피라날사국(彼羅痆斯國) 137
4. 마게타국(摩揭陁國) 145
5. 중천축국(中天竺國) 159
6. 오천축국 풍속(五天竺國 風俗) 163
7. 중천축국 4대탑(中天竺國 四大塔) 181
8. 남천축국(南天竺國) 197
9. 서천축국(西天竺國) 209
10. 사란달라국(闍蘭達羅國) 221
11. 소발나구달라국(蘇跋那具怛羅國) 225
12. 탁사국(吒社國) 227
13. 신두고라국(新頭故羅國) 229
14. 가섭미라국(迦葉彌羅國) 239
15. 대발률국(大勃律國)·양동국(楊同國)·사파자국(娑播慈國) 252
16. 토번국(吐蕃國) 263
17. 소발률국(小勃律國) 272
18. 건타라국(建䭾羅國) 277
19. 오장국(烏長國) 302
20. 구위국(拘衛國) 306

21. 람파국(覽波國) 309

22. 계빈국(罽賓國) 311

23. 사율국(謝䫻國) 319

24. 범인국(犯引國) 324

25. 토화라국(吐火羅國) 330

26. 파사국(波斯國) 341

27. 대식국(大食國) 360

28. 대불림국(大拂臨國) 368

29. 호국(胡國) 373

30. 발하나국(跋賀那國) 391

31. 골탈국(骨咄國) 395

32. 돌궐(突厥) 399

33. 호밀국(胡蜜國) 406

34. 식닉국(識匿國) 416

35. 총령진(葱嶺鎭) 421

36. 소륵국(疏勒國) 427

37. 구자국(龜玆國) 432

38. 우기국(于闐國) 439

39. 안서(安西) 445

40. 언기국(焉耆國) 452

혜초 연표 456

찾아보기 457

〈문명기행〉시리즈를 펴내며

『일체경음의』「혜초왕오천축국전」(영인본)

●────일러두기

1. 본 역주서는 Yang Han-sung, Jan Yün-hua, Iida Shotaro and L. W. Preston, *The Hye Ch'o Diary: Memoir of the Pilgrimage to the Five Regions of India*(Berkeley/Seoul: Asian Humanities Press and Po Chin Chai Ltd., 1984)에 실린 원문(사본)을 저본(底本)으로 삼았다.
2. 중국의 지명과 인명은 우리 한자음대로 표기하였다.
3. 그 외 지역의 지명과 인명은 역주자와 협의하여 현지 발음에 따라 표기하였다.
4. 일부 외국어의 경우 독법이 확실하지 않은 것은 음사(音寫) 없이 원어 그대로 적었다.

● ── 해설

• • •
혜초와 『왕오천축국전』

1. 혜초의 생애
2. 혜초의 『왕오천축국전』
3. 혜초의 서역기행 노정
4. 혜초의 서역기행이 갖는 문명사적 의미
5. 연구과제

지금으로부터 근 1300년 전에 신라 고승 혜초가 인도를 비롯한 서역을 두루 돌아보고 불후의 세계적 여행기 『왕오천축국전』을 남겨 놓았으나, 그것이 세상에 알려진 것은 불과 95년 전의 일이다. 1908년 프랑스의 동양학자 펠리오(P. Pelliot, 1878~1945)가 중국 돈황석굴에서 책명도 저자명도 떨어져 나간 한 잔간(殘簡) 사본을 발견한 때부터 오늘에 이르기까지 90여 년간, 이 고서가 지니고 있는 진가 때문에 본문과 그 저자에 관한 연구가 지속되어왔다. 그 결과 저자는 신라 고승 혜초이고 책명은 『왕오천축국전』이라는 것이 밝혀졌으며, 저자의 약력과 여행기 내용 및 여행 노정 등 기본적인 내용에서 괄목할 만한 연구성과를 거두었다(〈표 1〉·〈표 2〉 참조).
　그러나 그 동안의 연구내용을 재삼 검토해보면 보완해야 할 점이 한두 가지가 아님을 간파하게 된다. 현존본이 잔간인 만큼 그 원전을 찾아내는 것이 근본 문제이거니와, 아직까지 그 단서조차 잡지 못한 상황에서는 우선 현존본에 대한 더 면밀하고 정확한 연구·검토가 필요하다. 오자나 탈자의 복원을 비롯해 지명의 비정과 노정을 확정하는 것에 대한 심층적인 연구가 지속적으로 이루어져야 하며, 혜초의 서역기행과 그 여행기가 갖는 문명사적 의미도 새롭게 조명되어야 할 것이다.

〈표 1〉 혜초와 그의 여행기 『왕오천축국전』에 관한 주요 연구 논저

1904	Pelliot, P., "Deux Itinéraires de Chine en Inde à la fin du VIIIe Siécle," *Bulletin de l'Ecole Française d'Extrême-Orient*, Tome 4
1908	Pelliot, P., "Une Bibliothèque Médiévale retrouvée au Kan-sou," *Bulletin de l'Ecole Française d'Extrême-Orient*, Tome 8
1909	羅振玉,『敦煌石室遺書』제1책
1911	藤田豊八,『慧超往五天竺國傳箋釋』(이 책은 1915년『大日本佛敎全書』권13,『遊方傳叢書』제1책에 수록, 1931년 북경에서 錢稻孫校印에 의해 재판)
1915	高楠順次郎,「慧超傳考」와「慧超往五天竺國傳箋釋」考訂(두 논문 모두『大日本佛敎全書』권13,『遊方傳叢書』제1책에 수록)
1915	高楠順次郎,「慧超往五天竺國傳に就いて」,『宗敎界』11권 7호
1926	Pelliot, P.・羽田 亨 共編,『敦煌遺書』제1집
1928	洪淳赫,「世界的 學界에 大驚異를 준 新羅僧 慧超에 對하여」,『한글』
1934	大谷勝眞,「慧超往五天竺國傳中の一二に就いて」,『小田先生頌壽記念 朝鮮論集』
1941	羽田 亨,「慧超往五天竺國傳逸錄」,『京都大學史學科紀元二千六百年 記念史學論文集』(『羽田博士史學論文集』上卷 '歷史篇'에 재수록)
1943	洪以燮,「印度에 求法한 新羅僧의 傳記褙鈔」,『朝光』9의 4
1958	高柄翊,「慧超往五天竺國傳硏究史略」,『白性郁博士頌壽記念 佛敎學 論文集』
1969	高柄翊,「慧超往五天竺國傳」,『韓國의 名著』
1969	元義範,「往五天竺國傳解題」,『韓國의 古典 百選』, 東亞日報社
1972	河正玉,「論慧超之'往五天竺國傳'殘卷 —— 韓國人所作之敦煌卷子」,『出版學』13
1975	冉雲華,「慧超'往五天竺國傳'中天竺國新箋考」,『敦煌學』2
1980	高柄翊,「慧超의 往五天竺國傳」,『東亞交涉史의 硏究』
1987	高柄翊,「'往五天竺國傳'의 本文 校勘 몇 가지」,『斗溪李丙燾博士九旬 紀念韓國史學論叢』
1987	高柄翊,「慧超의 印度往路에 대한 考察」,『佛敎와 諸科學: 開校八十周 年紀念論叢』, 東國大學校出版部
1987	高柄翊,『往五天竺國傳 解題』, 文化公報部
1990	拙稿,「慧超의 西域行 一考 —— 大食歷訪을 中心으로」,『東方學志』68
1992	桑山正進,『慧超往五天竺國傳硏究』, 京都大學人文科學硏究所
1992	拙稿,「慧超의 西域壯行」(『新羅・西域交流史』수록)
1992	溫金成,「西行的新羅高僧 —— 原來是小林佛子」,『中國文物報』(10월 18일자)
1994	拙稿,「慧超의 西域紀行과 8世紀 西域佛敎」,『精神文化硏究』17-1(54)

1994	金煐泰,「新羅僧 慧超에 대하여」,『伽山學報』3
1995	王邦維,「唐代赴印新羅求法僧事迹考實 — 評新出兩種硏究慧超'往五天竺國傳'的書」, 北京大學韓國學硏究中心 編,『韓國學論文集』
1996	黃時鑑,「慧超'往五天竺國傳'識讀餘論」,『佛敎學報』33, 東國大學校 佛敎文化硏究院
1999	伽山佛敎文化硏究院 編,『世界精神을 탐험한 위대한 한국인 '慧超'(문화관광부 선정 1999년 2월의 문화인물 혜초스님 기념 학술세미나 자료집)』

〈표 2〉『왕오천축국전』의 주요 역서 및 역주서

1938	Fuchs, W., "Huei-chao's Pilgerrise durch Nordwest-Indien und Zentral-Asien um 726," *Sitzungsberichten der Preußischen Akademie der Wissenschaften, Philosophisch-historische Klasse* 30(1939년 별책으로 간행)
1961	梁翰承 譯,『往五天竺國傳 慧超紀行文』, 通文館
1970	李錫浩 譯,『往五天竺國傳』(外), 乙酉文化社
1971	定方晟,「慧超往五天竺國傳和譯」,『東海大學文學部紀要』16
1972	李英茂 譯,「往五天竺國傳 殘文」,『建大史學』2, 建國大學校 史學會
1973	金奎聲 譯,「往五天竺國傳」(外),『韓國의 思想 大全集』1권, 同和出版公社
1983	東國譯經院,「往五天竺國傳」,『한글대장경』184권
1984	Yang Han-sung, Jan Yün-hua, Iida Shotaro and L. W. Preston, *The Hye Ch'o Diary: Memoir of the Pilgrimage to the Five Regions of India*, Asian Humanities Press and Po Chin Chai Ltd.
1986	한정섭 역,『往五天竺國傳』(外), 佛敎通信大學
1988	梁翰承・飯田昭太郎・冉雲華 共譯,『新羅三巨僧』, 藝文出版社(英譯本 함께 수록)
1990	김찬순 역,「왕오천축국전」,『조선고전문학선집』21, 문예출판사
1992	桑山正進,「往五天竺國傳」,『慧超往五天竺國傳硏究』, 京都大學人文科學硏究所 硏究報告
1994	張毅 箋釋,『往五天竺國傳箋釋』, 中華書局
1999	鄭炳三 정리,「往五天竺國傳 번역문」,『世界精神을 탐험한 위대한 한국인 '慧超'』, 伽山佛敎文化硏究院

1. 혜초의 생애

혜초의 생애에 관해서는 오랫동안 미궁 속에 빠져 있다가 근세에 와서야 비로소 그 대략적인 면모가 밝혀지기 시작하였다. 지난 세기 초 그의 여행기 『왕오천축국전』이 발견된 것을 계기로 오늘날까지 그의 생애는 약력 정도로만 그 윤곽이 드러나고 있다.

우선, 혜초의 고국은 여행기가 발견된 지 7년 후인 1915년에 처음으로 일본 학자 다카쿠스 준지로(高楠順次郞)에 의해 밝혀졌다. 그 전에는 다만 그가 밀교승으로 불공(不空, Amoghavajra, 705~774) 삼장(三藏)의 제자라는 것만 알려졌을 뿐, 그의 국적은 미지로 남아 있었다. 다카쿠스 준지로는 당대 밀교 최성기의 중요 문헌인 원조(圓照)의 『대종조증사공대판정광지삼장화상표제집(代宗朝贈司空大辦正廣智三藏和尙表制集)』,[1] 속에 수록되어 있는 사료를 인용하여, 혜초는 신라인으로서 유년기에 당나라에 들어가 중국 밀종(密宗)의 시조인 금강지(金剛智, Vajrabodhi, 671~741) 삼장을 사사(師事)하고 불경의 한역에 지대한 공헌을 하였다고 고증하였다.[2] 약칭 『표제집』이라고 하는 이 책에는 대력(大曆) 9년(774) 5월 7일 삼장화상 불공이 입적할 때 남긴 다음과 같은 유서가 수록되어 있다.

내가 지금까지 30여 년 동안 밀교의 비법을 전해 제자가 제법 많다고 할 수

---

1. 이 책 여섯 권은 저자 원조가 정원(貞元) 16년(800) 이전에 혜초와 불공 등 10여 명의 고승들이 쓴 총 180여 수의 표제(表制), 사표(謝表), 답비제문(答批祭文), 비문, 유서 등을 집록한 서적이다.
2. 高楠順次郞, 「慧超往五天竺國傳に就いて」, 『宗敎界』 11권 7호, 1915, 18~19쪽.

있다. 오부(五部)³의 율법을 닦아서 일가를 이룬 제자만도 여덟 명이 되었으나, 차례로 입적해서 이제는 여섯 명만이 남아 있을 따름이다. 그들이 누구냐 하면 금각사(金閣寺)의 함광(含光), 신라의 혜초, 청룡사(靑龍寺)의 혜과(慧果), 숭복사(崇福寺)의 혜랑(慧郎), 보수사(保壽寺)의 원교(元皎)와 각초(覺超)이다. 후학들 가운데서 의문에 부딪치는 자가 생기면 너희들이 계시(啓示)해서 법등(法燈)이 끊이지 않도록 할 것이요, 그로써 나의 법은(法恩)을 갚을지어다.⁴

이 유서에서 처음으로 혜초가 불공의 6대 제자 중의 한 사람일 뿐만 아니라, 신라인이라는 것이 밝혀졌다.

그 밖에 혜초가 신라인이었음을 말해주는 또 하나의 전거는 그의 여행기에 포함된 한 편의 오언시(五言詩)에서 찾아볼 수 있다. 남천축(남인도)으로 가는 도중 고국인 신라를 그리워하는 마음에서 우러나와 쓴 다음 여덟 구의 시가 그것이다.

달 밝은 밤에 고향길을 바라보니	月夜瞻鄕路
뜬구름은 너울너울 돌아가네.	浮雲颯颯歸
그 편에 감히 편지 한 장 부쳐 보지만	緘書忝去便
바람이 거세어 화답이 안 들리는구나.	風急不聽廻

---

3. 오부란 밀교에서 금강계(金剛界)의 불부(佛部), 금강부(金剛部), 보부(寶部), 연화부(蓮華部), 갈마부(羯磨部)를 말한다.
4. 『表制集』 권3: "吾當代 灌頂三十餘年 入壇授法 弟子頗多 五部琢磨 成立八箇 淪亡相次 唯有 六人 其誰得之 則有金閣含光 新羅慧超 靑龍慧果 崇福慧郎 保壽元皎覺超 後學有疑 汝等開示 法燈不絕 以報吾恩."

내 나라는 하늘가 북쪽에 있고	我國天岸北
남의 나라는 땅끝 서쪽에 있네.	他邦地角西
일남(日南)에는 기러기마저 없으니	日南無有鴈
누가 소식 전하러 계림으로 날아가리.	誰爲向林飛

신라의 아칭이 계림(鷄林)이라고 멀리 인도까지 알려져 있을 때, 향수의 애절한 시를 읊은 주인공 혜초는 "내 나라는 하늘가 북쪽에 있고" "누가 소식 전하러 계림에 날아가리"라고 자신의 고향을 북쪽에 있는 계림이라고 실토함으로써, 그가 다름 아닌 계림인, 즉 신라인이라는 것을 스스로 밝혔다.

신라에서 고고지성(呱呱之聲)을 울린 혜초의 생애에 관해서는 미비하나마 현존 사료와 학자들의 연구성과에 근거해 약술할 수밖에 없다. 그의 출생년에 대해서는 700년경설과 704년설, 두 설이 있다. 그런데 그가 719년(신라 성덕왕 18년) 무렵 열여섯 살 때 당나라에 들어갔다고 전하니 그의 출생년은 704년일 가능성이 크다. 유년시절이 전해지지 않고 있는 상황이라 그의 입당 동기를 정확히 알 수는 없으나, 그곳에 간 후 인도에서 온 밀교승 금강지를 사사하였다는 등의 활동으로 보아 구법을 위해 중국에 간 것으로 짐작된다. 그의 입당 구법 행각은 우연한 것이 아니라, 당시 성행하던 신라인들의 입당 구법이나 유학의 물결을 타고 이루어졌을 것이다.

신라는 삼국을 통일한 후 당나라와의 관계를 더욱 밀접히 하면서 불승이나 유학생들의 입당을 적극 권장하였다. 일찍이 신라승 각덕(覺德)이 중국의 남조 양(梁)으로 건너갔다가 진흥왕 10년(549)에 양의 사신과 함께 불사리를 가지고 돌아온 것이 신라승으로서는 입당 구법의 효시였다. 그 후 진흥왕 26년(565)에 남조 최후의 왕조인 진(陳)의 사신 유사(劉思)와 함께 경론(經論) 1700여 권을 가지고 돌아온 명관(明觀)을 비롯해, 신라가 멸망하기 전까지 약 400년 동안에 구법을 위해 수나라와 당나라에 들어간 신라승의 수는 수백 명에 달하였다.[5] 신라승들은 당에서 구법한 뒤 대부분 귀국했고 일부는 인도로 갔으며, 일부는 중국에 남아서 불사를 주지(住持)하기도 하였다. 구법을 마치고 귀국한 승려들은 그들의 깊은 학문과 높은 덕행으로 인하여 왕왕 원조(元祖)나 국사(國師)라는 존대를 받았으며, 신라 불교의 부흥에 크게 기여하였다. 최치원(崔致遠, 857~?)은 신라승들의 구법 행각 열기를 이렇게 묘사하고 있다.

무릇 길이란 멀다고 사람이 못 가는 법이 없고, 사람에게는 이국(異國)이 따로 없다. 그렇기 때문에 동쪽 나라(신라) 사람들은 승려이건 유자(儒者)이건 간에 반드시 서쪽으로 대양을 건너서 몇 겹의 통역을 거쳐 말을 통하면서 공부하러 간다.[6]

바로 이와 같은 구법 열기가 혜초로 하여금 불원만리 당을 찾아가게 한 동인이었을 것이다. 입당 경로는 알려져 있지 않으나, 그는 입당 후 광주(廣州)에서 천축 밀교승 금강지와 금강지의 제자인 불공을 만나 금강지를 사사하였다. 금강지는 남천축 출신으로 제자 불공과 함께 실론

---

5. 高柄翊, 「慧超의 往五天竺國傳」, 『韓國의 名著』, 1969, 48-49쪽. 이 글 말미의 '신라승구법입당표'에 90여 명 입당승들의 승명과 입당년, 귀국년, 문헌출처 등이 적혀 있다.
6. 崔致遠 撰, 「有唐新羅國故康州智異山雙溪寺敎謚眞鑑國師碑銘幷序」, 『海東金石苑』 권1, 37쪽. 진감국사(眞鑑國師)는 고승 혜소(慧昭)이다.

(현 스리랑카)과 수마트라를 거쳐 719년에 중국 광주에 도착하여 그곳에 얼마간 머물러 있다가, 낙양(洛陽)과 장안(長安)에 가서 밀교를 전도하였다. 혜초는 스승인 금강지를 광주에서 만나 밀교를 처음으로 접하게 되었으며, 스승의 권유로 개원(開元) 11년(723)에 광주를 떠나 스승이 건너온 바닷길을 거꾸로 잡고 인도로 향하였다. 약 4년 동안 인도와 서역의 여러 지방을 순유하고 개원 15년(727) 11월 상순에 당시 안서도호부(安西都護府) 소재지인 구자(龜玆, 현 신강 위구르 자치구의 쿠차Kucha)를 거쳐 장안에 돌아왔다.

귀당 후 혜초의 행적에 관해서는 그가 건중(建中) 원년(780) 5월 5일에 직접 쓴 『대승유가금강성해만수실리천비천발대교왕경(大乘瑜伽金剛性海曼殊室利千臂千鉢大敎王經)』(이하 『대교왕경』으로 약칭)의 서문에 개략적인 내용이 기록되어 있다. 이 기록에 따르면 혜초는 개원 21년(733) 정월 1일부터 약 8년 동안 장안 천복사(薦福寺)의 도량에서 스승 금강지와 밀교 경전인 『대교왕경』을 연구하다가, 7년 후인 740년 정월에 금강지의 가르침 속에 이 경전의 필수(筆受)와 한역 작업을 시작하였다. 다음 해인 741년 중추에 금강지가 입적하자 이 작업을 일시 중단하였다. 그 후 금강지의 유언에 따라 이 경전의 범어(산스크리트) 원문은 그가 사망한 다음 해에 인도로 보내졌다고 한다.

혜초는 스승인 금강지가 타계하자 대력 8년(773) 10월부터 장안 대흥선사(大興善寺)에서 금강지의 제자인 불공으로부터 『대교왕경』의 강의를 받다가, 774년 5월 7일 불공이 또 입적하자 그의 유언에 따라 6대 제자 중 한 명이 되었다. 불공 사후 혜초와 그의 동료들은 황제에게 표문을 올려서 스승의 장례에 대해 황제가 베풀어준 하사와 부조에 감사하고, 또 스승이 세웠던 사원을 존속시켜줄 것을 청원하였다. 이 표문

●── 혜초가 불공으로부터 강의를 받은 장안 대흥선사

을 혜초가 썼고, 이 표문으로 그가 불공의 6대 제자 중 둘째 제자임이 확인되었다. 혜초는 대흥선사 등 밀교 사원에서 관정도량(灌頂道場)을 개최하는 데도 혜랑(慧郞)과 함께 앞장섰으며,[7] 대종(代宗) 때는 가뭄이 심하자 「하옥녀담기우표(賀玉女潭祈雨表)」를 지어 올리기도 하였다.[8] 건중(建中) 원년(780) 4월 15일에 오대산(五臺山) 건원보리사(乾元菩提寺)에 들어가 5월 5일까지 20일간 이 경전의 구한역본(舊漢譯本)을 얻어 다시 필수(筆受)하였다.[9] 그리고 그 해 이곳에서 입적하였다.

혜초의 생애 연구에 전기를 마련한 다카쿠스 준지로는 그의 일생을 다음과 같은 간결한 말로 압축하였다.

---

7. 「請於興善當院兩道場各置持誦僧制一首」, 『代宗朝贈司空大辨正廣智三藏和尙表制集』 권4, 『大正新修大藏經』 52-845.
8. 慧超, 「賀玉女潭祈雨表」, 『代宗朝贈司空大辨正廣智三藏和尙表制集』 권5, 『大正新修大藏經』 권52, 855쪽 上. 대종의 명에 의해 혜초는 주질현(盩厔縣, 현 주지현周至縣)에 있는 한대의 명찰 선유사(仙游寺)를 에워싸고 흐르는 흑하(黑河)의 옥녀담(玉女潭)에서 기우제를 주관하였다.
9. 이 경전은 『다이쇼신수대장경(大正新修大藏經)』 제19권 「밀교(密敎)」 2에 수록되어 있다. '필수'란 경전을 번역할 때 그 역어를 전수하여 필기하는 일인데, 혜초가 필수를 담당하였다는 것은 그의 학식과 위상을 시사한다.

● —— 혜초가 기우제를 주관한 장소인 선유사의 선림별원(禪林別院)

신라국의 혜초는 나이 채 약관(弱冠)도 되기 전에 고국을 떠나 당에 들어간 후 오래지 않아 뱃길로 곤륜(崑崙)과 불서(佛逝, 현 수마트라), 사자주(師子州, 실론, 현 스리랑카)를 지나 오천축에 이르렀다. 거기서 성지를 두루 돌아보고 나서 북천축 길을 통해 안서로 돌아왔다. 그때 나이가 근 서른이었고, 여기에 당에 머무른 기간을 합하면 수명이 84세나 85세로 헤아려지니, 그 장수함을 가히 알 수 있다.[10]

끝으로, 혜초의 실명과 관련해 '혜초(慧超)'인가 아니면 '혜초(惠超)'인가 하는 논란이 일고 있다. 혜림(慧琳, 737~820)은 『일체경음의(一切經音義)』에서, 내용에는 '혜초왕오천축국전상권(惠超往五天竺

---

[10] 다카쿠스 준지로의 앞의 글(주 2 참고)에 실린 '혜초재당연표(慧超在唐年表)': "新羅國慧超 年未至弱冠 去鄕國入唐 不久附海舶 經崑崙佛逝師子州 達五天竺 遍詣聖跡 遂取北天路 還至 安西 齡當近三十 加以在唐之期 將算八十四五 其長壽可知也." 여행기의 앞 부분이 결락되어 혜초가 어느 뱃길로 동천축에 이르렀는지는 구체적으로 알 수 없지만, 대체로 말레이 반도 서부 해안에서 서행했을 것으로 추정하고 있다. 따라서 사자주를 거쳐 천축에 이르렀다고 한 것은 근거 없는 추측에 불과하다.

國傳上卷)'이라고 쓰고 마지막 권인 제100권의 목록에서는 '혜초전(慧超傳)'이라고 써서 서로 다른 글자를 쓰기는 하였지만, 결국은 동일 인물인 '혜초(慧超)'를 가리킨다. 신라승인 혜업(慧業)이나 혜륜(慧輪)을 '혜업(惠業)'이나 '혜륜(惠輪)'으로 쓰기도 한다는 점을 감안할 때 혜초(慧超)를 '혜초(惠超)'로 표기했을 수도 있다고 추론된다.[11]

혜초는 어려서 고국인 신라를 떠나 30세 무렵에 인도와 서역으로의 구법 순유를 마쳤고, 귀당한 후 80여 세의 고령으로 세상을 떠날 때까지 약 50년 동안 당에서 밀교 연구와 전승에 전념하여 금강지에서 불공으로, 또 혜초로 이어지는 밀교의 전통을 확립한 대덕 고승이다. 그는 비

〈표 3〉 혜초의 약력

704년(혹은 700년)	신라 출생.
719년	당나라에 감. 금강지를 사사.
723년	중국 광주를 떠나 바다로 인도에 감.
727년 11월	안서 도호부 소재지인 구자로 돌아옴.
733년 1월 1일	장안 천복사에서 이후 8년간 금강지와 함께 밀교 경전 연구.
740년 1월	『대승유가금강성해만수실리천비천발대교왕경』의 필수와 한역 시작.
741년 중추	금강지 입적. 위 경전의 한역 작업 중단.
773년 10월	장안 대흥선사에서 불공의 강의 수강. 관정도량 등 밀교 의식 주도.
774년 5월 7일	불공 입적. 그의 6대 제자 중 한 사람이 됨. 황제에게 올리는 표문 작성.
762년~779년	왕에게 「하옥녀담기우표」를 올림.
780년 4월 15일	오대산 건원보리사에 들어가 5월 5일까지 앞의 밀교 경전을 재록. 그 해 이곳에서 입적.

---

11. 溫金成은 「西行的新羅高僧」에서 『皇唐崇岳少林寺碑』에 있는 '爲定門之首 傳燈妙理 弟子 惠超'를 근거로 혜초는 5조 홍인(弘忍)의 제자인 법여(法如, 638~689)의 제자로 선승(禪僧)이라고 주장하면서 혜초의 실체에 의문을 제기하고 있다. 『中國文物報』, 1992년 10월 18일자.

록 신앙의 선경(仙境)에서 한평생을 보냈지만, 조국과 겨레를 그리워하는 것은 인간의 본능이고 상정인지라, 그 역시 타향만리에서 조국과 겨레를 향한 구수지심(丘首之心)을 품은 채 고혼(孤魂)을 슬퍼하였을 것이다(이상을 종합한 혜초의 약력은 〈표 3〉과 같다).

2. 혜초의 『왕오천축국전』

1) 돈황문서

혜초의 『왕오천축국전』은 1908년 프랑스의 동양학자이자 탐험가인 펠리오에 의해 중국 서북부 감숙성(甘肅省)의 돈황(敦煌) 천불동(千佛洞)에서 필사본으로 발견되었다. 천불동은 석굴을 만들어 불상을 안치하고 불공을 드리는 장소로서, 천불동은 속칭이고 본래 명칭은 막고굴(莫高窟)이다. 세칭 돈황석굴이란 돈황에 위치한 막고굴(천불동)과 그보다 약간 후에 발견된 서(西)천불동 및 안서유림굴(安西榆林窟)을 포함한 석굴군을 말한다.

돈황은 한(漢) 무제(武帝) 때 장건(張騫)의 서역착공(西域鑿空)을 계기로 개척된 이래 남북조·수·당·오·송·원대에 이르기까지 서역통로의 관문으로서, 이곳을 통해 동서문물이 교류되고 불교가 동전(東傳)되었다. 5세기의 구마라습(鳩摩羅什)과 법현(法顯), 7세기의 현장(玄奘), 8세기의 혜초와 오공(悟空) 등 명승들이 모두 이곳을 지나 구법 수행의 길에 올랐고, 13세기 마르코 폴로를 비롯한 수많은 여행가와 탐험가 들도 이곳을 통과하였다.

돈황에서 동남쪽으로 약 20킬로미터 떨어진 지점에 신비한 전설로

●―― 돈황 막고굴(천불동)의 외관

가득 찬 명사산(鳴沙山, 일명 신사산神沙山)이 있다. 이 산의 동쪽 끝 깎아지른 절벽에 약 1.6킬로미터에 걸쳐서 벌집 같은 석굴이 다닥다닥 붙어 있는데, 이것이 이른바 천불동이다. 많은 불상을 모신 석굴이 있는 곳이라 하여 천불동이라 이름지었지만, 현재는 550여 기밖에 남아 있지 않고, 그나마도 소상(塑像)과 벽화가 있는 석굴은 474개뿐이다. 막고굴은 전진(前秦) 건원(建元) 2년(366, 다른 설은 364 혹은 353)에 승려 낙준(樂僔)이 처음으로 조영하기 시작한 후, 원대에 이르기까지 천여 년간 각 조대에 걸쳐 계속 건조한 것이다. 현존 석굴의 조영 연대와 수효를 조대별로 보면, 위대 22개, 수대 90개, 당대 206개, 오대 32개, 서하대 3개, 원대 8개이다. 가장 큰 석굴은 북위 시대에 건조한 428호 석굴이며, 전체 석굴 안에는 이천수백 기의 소상과 연면적 오만 제곱미터의 벽화가 소장되어 있다.

1899년 헝가리 지질학자 로치(L. de Loczy)가 처음으로 돈황 막고굴을 탐방하고 간단한 보고서를 발표하였다. 오랫동안 미궁에 파묻혀 있던 이 천불동은 20세기 초에 와서 실로 값으로

●── 장경동을 최초로 발견한 왕원록 도사

환산할 수 없는 진귀한 문화재들을 다량 간직하고 있다는 것이 알려짐으로써 일약 유명해졌다. 이 석굴 속에 수많은 문화재가 있다는 것은 19세기 말 이곳에 부임한 도사(道士) 왕원록(王圓籙)에 의해 알려졌다. 1900년 어느 봄날 왕도사는 16동을 수리하다가 모래로 막은 벽 너머로 새로운 굴(17동)을 발견하였다. 진흙으로 바른 문을 뜯고 들어가 보니 가로 2.8미터, 세로 2.7미터, 높이 3미터쯤 되는 작은 방에 보자기로 싼 더미들이 수두룩하게 쌓여 있었다. 불경을 비롯한 많은 경전 사본들이 소장되어 있다고 하여 이 17동을 '장경동(藏經洞)'이라고 한다.

석굴과 그 소장품들이 비록 왕 도사에 의해 발견되고 알려지기 시작하였지만 알아보는 이가 없어 얼마 동안은 방치되어왔다. 그러다가 중앙아시아의 침탈에 관심을 돌린 서구 열강들의 눈에 띄어 수탈의 표적이 되었다. 이들 열강들은 앞을 다투어 탐험대나 조사대를 속속 파견하

●──영국의 인도학자이자 탐험가인 스타인

여 석굴 속의 문화재들을 마구 약탈해갔다. 1905년 10월 러시아 지질학자 오브루체프(V. A. Obruchev)가 현지에 와서 중국어·몽골어·티베트어·산스크리트·터키어·중앙아시아 제어 등 여러 언어로 쓰인 두루마리 고서 두 보따리를 가져갔다. 이어 로치의 보고를 접한 영국의 인도학자이자 탐험가인 스타인(A. Stein, 1862~1943)이 1907년 3월 신강성(新疆省)으로부터 이곳에 도착하였다. 그는 이 석굴의 주지인 왕원록을 꾀어 7일간에 걸쳐 주로 17동 석굴 안에 있던 사경류(寫經類) 스무 상자(사본 삼천 권, 기타 육천 권)와 회화류 다섯 상자(회화 500장, 공예품 160점) 등 도합 스물다섯 상자를 보잘 것 없는 마제은(馬蹄銀) 40판과 바꾸어 인도를 경유, 런던에 보냈다(현재 대영박물관 소장). 스타인은 석굴에 관해 얼마간 조사를 하고 막고굴 부근의 지형을 측량하였으며, 주요 석굴에 16굴(ch. XVI)까지 일련번호를 달았다.

이 무렵 베트남 하노이에 있던 프랑스 극동학원(L'Ecole Française d'Extrême-Orient) 소속의 30대 젊은 교수인 펠리오는 신강성 우루무치(Urumchi)에 체재중이었는데, 프랑스 정부의 명을 받고 중앙아시아 탐험 길에 올라 이듬해인 1908년 2월 돈황에 당도하였다. 아시아 문헌에 정통한 펠리오는 스타인의 막고굴 탐험 소식을 듣고 5월 말까지 돈황에 머물면서 왕 도사를 매수해 사경류 1500여 권 스물네 상자 그리고 회화와 직물류 다섯 상자 등 도합 스물아홉 상자를 헐값으로 사들여 프랑스로 보내고(현재 파리 루브르 박물관과 기메Guimét 박물관 소장), 석굴에 171굴(171C)까지 일련번호를 매겼다. 그는 돈황을 떠나 서안(西安), 정주(鄭州), 북경을 거쳐 하노이로 돌아갔다가 다시 1909년 5월 21일 하노이를 출발해 북경에 도

●──일본의 중앙아시아 탐험대를 이끈 오타니 고즈이

착, 돈황에서 가져온 일부 고서를 중국 학자들에게 공개했다. 이로써 돈황의 발견이 처음으로 중국과 세계에 공식적으로 알려지게 되었다. 그해 12월 10일 펠리오는 파리 소르본 대학에 프랑스아시아협회와 지리학회가 공동으로 주최한 환영회에서 이 희유의 발견에 대해 보고하였다. 이것이 계기가 되어 돈황 고서의 발견은 학계에 비상한 관심을 불러일으켰고, 급기야는 프랑스, 일본, 중국 등에서 '돈황학'이라는 새로운 학문을 개척하기에 이르렀다.

뒤늦게나마 고서의 진가를 가늠하게 된 중국 청나라 정부는 1910년 돈황에 남아 있던 고서 오륙천 권을 북경 정부학부(政府學部)로 옮겨왔다. 일본은 1912년 2월 오타니 고즈이(大谷光瑞) 탐험대의 요시카와 고이치로(吉川小一郎)와 다치바나 즈이초(橘瑞超)가 돈황에 와서 왕 도사가 숨겨두었던 나머지 고서 오백여 권의 사본을 가져갔다. 1914년 영

국의 스타인이 다시 와서 왕 도사로부터 570여 권의 사경 다섯 상자와 자수, 직포, 회화 등을 싼 값으로 속여서 또 빼앗아갔다. 그 사이 1909년에서 1910년과 1914년에서 1915년, 두 번이나 러시아 고고학자 올덴부르크(S. F. Oldenburg, 1863~1934)가 벽화 10여 장을 뜯어갔고, 또 1924년 미국 예일대학에서 조사대로 파견된 워너(L. Warner) 일행도 벽화 20여 판과 불상 몇 구를 가져갔다.

이와 같이 11세기에 있었던 서하(西夏)의 침입 때문에 비장(秘藏)되었던 막고굴의 귀중한 문화재는 무모한 편취자(騙取者)들에 의해 동서남북 사방으로 뿔뿔이 흩어져버렸다. 이러한 보물들은 대체로 남북조 시대부터 원대까지의 유교 · 도교 · 불교 경전, 각종 필사본 문서, 서역이나 인도, 페르시아, 아랍 등 여러 나라의 문자, 기타 불화, 판화, 탁본, 자수품, 염직포 등 다양하다. 이러한 문물을 포함하여 돈황석굴의 건축, 소상, 벽화, 문서 등 어느 것 하나도 동서문명교류와 무관한 것이 없다.

건축으로서의 석굴은 중국 한대의 애묘(崖墓, 암벽에 지은 묘)와 인도와 중앙아시아의 불교 석굴양식이 결합한 산물이다. 초기 석굴형식의 하나인 선굴(禪窟), 즉 승방(僧房)은 인도의 승원굴(僧院窟, 승려들이 수행을 하는 석굴)의 모조로서, 서역에서 유행하다가 쿠차와 고창(高昌)을 거쳐 돈황에 전해졌다. 전당굴(殿堂窟, 불공을 드리는 굴)은 주로 한진(漢晉) 이래의 궁전 건축양식을 본떴으나, 원공감(圓拱龕, 둥근 아치형 벽감) 같은 것은 중앙아시아 양식을 수용한 것이다. 대불굴(大佛窟, 대불을 모시는 굴)도 서역에서 기원한 것이 북위 말기에 유입되기 시작하여 당대 돈황에서 첫선을 보였다. 건축뿐만 아니라 소상이나 벽화 같은 조형예술에서도 동서교류상이 역력하다. 275호 굴의 미륵보살 소상의 경우, 풍만하고 건장한 체구에 미소를 띤 얼굴은 서역인의 형상이고, 머리 위에 삼주관(三珠冠)을 쓰고 가슴 앞에 영락(瓔珞, 목에 두르는 구슬을 꿴 장식품)을 드리우거나 다리를 꼬고 앉는 등의 세부양식은 모두 인도나 중앙아시아, 페르시아풍이다. 벽화의 내용을 보면, 초기의 것은 서역의 영향을 받아 부처의 생애나 전세(前世)를 다룬 불전본생도(佛傳本生圖)가 많으나, 당대 이후의 것은 설법을 중심으로 한 정토도(淨土圖) 위주이다. 비천

●──돈황 막고굴 275동의 미륵보살 소상

도(飛天圖)를 비롯한 회화의 기법에서도 서역과 간다라 미술의 영향이 뚜렷하다.

　돈황석굴 유적에서 중요한 자리를 차지하는 것은 이른바 '돈황문서(敦煌文書)'이다. 한문, 산스크리트, 위구르어, 소그드어, 쿠차어, 호탄어, 티베트어, 몽골어 등 다양한 언어로 쓰인 문서는 도합 삼만여 점에 달한다. 문서의 작성 연대는 368년부터 1032년까지의 기간인데, 그 중에서 8세기 후반부터 9세기까지의 것이 가장 많다. 문서의 내용을 보면 불교 관련 내용이 단연 우세하다. 그러나 교류관계를 전해주는 『왕오천축국전』 『가습미라행기(迦濕彌羅行紀)』 『인도제당법(印度製糖法)』이나 마니교 경전, 경교(景敎) 경전도 있으며, 그 밖에 사원의 경영과 관련된 기록이나 호적, 토지문서 같은 공사(公私) 문서도 있다. 실로 돈황석굴이야말로 중세 문명교류에 대한 유불적 전거의 보고(寶庫)라고 말할 수 있다.

2) 『왕오천축국전』의 발견과 연구

이러한 문화재, 특히 고문서 중에서 가장 값진 것은 한문에 능한 펠리오가 가져간 것들이고 그 중에 바로 혜초의 여행기가 끼어 있다. 이 여행기는 한 권의 두루마리로 된 필사본으로서, 책명도 저자명도 떨어져 없어진 총 227행(한 행은 17~36자, 한 장은 26~28행)의 잔간이다. 227행 중 결락자가 없는 완전한 행은 210행이고, 총 글자는 5893자로 한 행은 평균 28.1자이다. 따라서 잔간의 글자는 약 6379자(227행×28.1자)로 추산된다. 세로 28.5(28.8?), 가로 42센티미터인 종이 아홉 장을 이어 붙였는데, 떨어져 나간 첫 장과 마지막 장은 가로가 각각 29, 35센티미터여서 총 길이는 358센티미터이다. 종이의 이음새는 2~3밀리미터이다.[12]

이 잔간의 실체를 밝혀내는 데 결정적 역할을 한 사람은 발견자인 펠리오이다. 그는 다른 사료를 통해서 이 책의 이름과 내용을 미리 짐작하고 있었다. 이 여행기를 발견하기 4년 전에 발표한 논문 「8세기 말 중국으로부터 인도로의 두 여행기」에서 그는 이렇게 예단하였다.

책(柵, tcha, 울타리)과 간란(杆欄, kan-lan, 난간)은 혜초(惠超)의 『왕오천축국전』에 대해 혜림이 주석한 어휘에도 나온다. 혜초에 관해서 나는 불행히도 아무런 단서를 발견하지 못하였다. 혜림의 주석에 나오는 어휘의 순서로 보아 세 권으로 된 이 소실된 여행기는 중국에서 남해를 지나 인도에 간 후 거기서 투르키스탄을 거쳐 중국으로 다시 돌아온 기록이다. 혜림의 『일체경음의』가 서기 810년에 저술되었으니, 이 연대가 혜초가 남긴 기록이 내려갈 수 있는 하한(下限)이 된다.[13]

---
12. 桑山正進 編, 『慧超往五天竺國傳硏究』, 京都大學人文科學硏究所 硏究報告, 1992, 1쪽.
13. P. Pelliot, "Deux Itinéraires de Chine en Inde à la fin du VIIIe Siécle," *Bulletin de l'Ecole*

위 글에서 보다시피 펠리오는 여행기의 내용을 언급하면서 혜초에 관해서는 아무런 자료도 갖고 있지 못하나, 혜림의 『일체경음의』 주석에 나오는 어휘로 보아 세 권으로 된 이 여행기가 중국에서 남해를 거쳐 서북인도와 중앙아시아를 주유하고 중국으로 되돌아온 것을 기록한 여행기라고 지적하였다. 혜초보다 조금 뒤의 사람인 혜림이 지은 『일체경음의』는 불교와 관련된 거의 모든 전적(典籍)에 나오는 어려운 어휘들을 골라내어 간략한 주석을 붙인 일종의 주석집이다.[14] 이 책에는 '혜초왕오천축국전'(상권 · 중권 · 하권)이라는 소제 하에 권별로 난해한 어휘에 대한 주석이 실려 있다. 해박한 펠리오는 그것으로 혜초의 인도 여행 노정과 그 대체적인 시기를 짐작하였다. 그러나 혜초의 책이 이미 소실되어 혜초에 관해서는 아무런 단서도 얻을 수 없다고 개탄하였다.

그러다가 펠리오는 우연히 장경동에서 한 여행기를 발견한다. 내용으로 보아 이 여행기는 틀림없이 4년 전에 소실되었다고 예단했던 혜초의 인도 여행기라고 판단하였다. 그는 1908년에 발표한 논문 「감숙성

Française d'Extrême-Orient, Tome 4, Hanoi, 1904, p. 171: "Tcha et kan-lan sont l'objet d'une glose dans le commentaire de Houei-lin au 往五天竺傳 Wang wou t'ien tchou kouo tchouan (Relation d'un voyage dans les royaumes des cinq Indes), par 惠超 Houei-tch'ao (Yi ts'ie king yin yi, k. 100). Je n'ai malheureusement trouvé aucune indication sur ce Houei-tch'ao; l'ordre des gloses de Houei-lin montre que l'itinéraires perdu, en trois chapitres, allait de Chine en Inde par les mers du sud pour revenir d'Inde en Chine par le Turkestan. Comme le Yi ts'ie king yin yi de Houei-lin a été achevé en 810, c'est là la date extrême à laquelle on puisse faire descendre l'ouvrage de Houei-tch'ao." 高柄翊, 『往五天竺國傳 解題』, 文化公報部, 1987, 3쪽과 17쪽 주 1 재인용.

14. 경심(景審)의 『일체경음의서(一切經音義序)』에 의하면 개원 25년(737)에 출생한 혜림은 소륵인(疏勒人)으로서 건중 말년(783)부터 원화(元和) 12년(817) 2월 30일까지 서명사(西明寺)에서 『일체경음의』를 찬술하였다. 이 책은 현장의 신역(新譯) 이후에 나타난 불전 1300여 권 속에 있는 어려운 자구들을 풀이한 음의류(音義類) 저서인데, 양과 질 면에서 여타 음의류 저서를 압도한다. 따라서 보통 『일체경음의』라고 하면 혜림의 이 책을 말한다.

●──돈황 막고굴 장경동에서 『왕오천축국전』을 발견한 고고학자 펠리오

에서 발견된 중세의 한 장서(藏書)」에서 다음과 같이 자신의 판단 과정을 설명하였다.

그러나 불교문서들을 추적하는 가운데서 제가 특히 관심을 가진 것은 순례자들의 기록을 발견할 수 있을 거라는 기대였습니다.……저는 법현(의 여행기)도 오공(의 여행기)도 만나지 못하였습니다. 그러나 의정의 『남해기귀내법전(南海寄歸內法傳)』의 좋은 사본 하나가 동굴에서 나왔습니다.……마침내 뜻하지 않은 일이 일어났으니, 그것은 제가 의정과 오공의 중간 시기에 해당하는 새로운 순례자를 만나게 된 것입니다. 이 저작이 불완전하기는 하나 저는 그 책명과 저자를 결정할 수 있다고 믿습니다. 즉 『일체경음의』에는 법현(의 『불국기』)에 관한 짧은 주석 바로 옆에 『혜초왕오천축국전』에 관한 조금 더 긴 주석이 실려 있습니다.……저는 혜초(惠超) 책의 주석 어휘들 중에서 두세 개를 기억하고 있었는데, 그것은 크메르(Khmer)에 관한 것과 또 하나는 아마도 말레이 제국을 지칭하는 곤륜(崑崙)이라는 어휘였으며, 세 번째 것은 틀림없이 사율(謝䫻), 즉 자불리스탄(Zābulistān)에 관한 것이었습니다. 이러한 어휘들의 순서로 보아 혜초는 중국을 떠나서 남해를 거쳐 서북인도와 중앙아시아를 갔다가 돌아왔다고 하겠습니다. 이제 저는 빠진 것 하나를 더 첨가할 수 있게 되었는데, 그것은 혜초의 여행이 서기 700년 이전이었을 리가 없다는 사실입니다. 왜냐하면 사율이라는 명칭은 측천무후(則天武后) 치세 이후에야 자불리스탄 지방에 대한 지칭으로 사용되었기 때문입니다. 제가 발견한 사본에는 첫머리 부분이 결락되어 마게타국(摩揭陀國, 마가다국) 이전 부분에 관한 기술이 없습니다.……기년(紀年)은 단지 한 곳밖에 안 나오지만 매우 자세하게 나옵니다. 즉 그는 쿠차인 안서에 개원 15년(727) 11월에 도착하였다고 기술하였습니다. 그는 거기서 절도대사(節度大使)인 조(趙)를 만나는데, 우리는 다른 사료에 의해 실제로 조씨가 그때 거기에 있었다는 것을 알 수 있었습니다. 이리하여 결국 제가 발견한 이 무명의 여행기는 그 주요 부분이 『혜초(惠超)왕오천축국전』이라고 생각됩니다.[15]

이렇게 하여 책명도 저자명도 떨어져 나간 채 발견된 이 여행기가 8세기에 활동한 혜초(惠超, 혹은 慧超)가 저술한 『왕오천축국전』의 잔간 사본이라는 것이 발견자 펠리오에 의해 밝혀졌다. 그러면서 펠리오는 종이의 질이나 필치로 보아 9세기에 필사된 것이라고 추정하였다.[16] 그러나 최근에 역시 용지나 서체의 고문서학적 견지에서 그의 주장과 달리 8세기에 쓰인 것이라는 주장이 대두하고 있다. 여행기 현존 잔간의 언어적 성격을 검토한 일본의 다카다 도키오(高田時雄)는 그것이 혜초의 초고본(草稿本)일 개연성을 제기하면서 "그가 귀로에 돈황에 체재

---

15. P. Pelliot, "Une Bibliothèque Médiévale retrouvée au Kan-sou," *Bulletin de l'Ecole Française d'Extrême-Orient*, Tome 8, Hanoi, 1908, pp. 511-512. 이 논문은 펠리오가 돈황 천불동의 현지에서 스승인 세나르(M. Senart)에게 1908년 3월 26일에 보낸 편지를 그대로 실은 것이다. 高柄翊, 『往五天竺國傳 解題』, 文化公報部, 1987, 4-5쪽(번역문)과 17-18쪽(원문)의 주 3 재인용. 재인용하면서 제자가 스승에게 보낸 편지임을 감안해 1인칭 단수를 겸칭으로 바꾸었다.

16. P. Pelliot, "A propos du Tokharien," *T'oung Pao*, vol. 32, Leiden, 1936, p. 275.

할 때 그 초고본을 그곳에 보관시켰다고 해도 결코 황당한 말은 아닐 것"이며, 그렇다면 그 필사 시기는 9세기가 아니라 8세기일 것이라는 주장을 폈다.[17]

앞에서 언급한 바와 같이 펠리오는 1909년 북경에 와서 돈황에서 가져간 일부 고서를 중국 학자들에게 공개하였다. 이것은 중국 학계에 커다란 충격을 주었다. 당시 북경대학당(北京大學堂) 학장이던 석학 나진옥(羅振玉, 일명 나숙관羅叔官, 1866~1940)은 펠리오가 제시한 사진을 사록(寫錄)하고 「찰기(札記)」를 붙여서 「오천축국기(五天竺國記)」라는 이름의 글을 다른 10종의 석실 유서(石室遺書)와 함께 『돈황석실유서』 제2책(총4책)에 수록하였다.[18] 나진옥은 여행기의 내용을 면밀히 검토하여 오자를 바로잡고 다른 책과 비교하여 모호한 자구들을 밝혀냈다. 그는 혜림의 『일체경음의』에 수록되어 있는 주석 어휘와 이 결락본(缺落本)의 문면(文面)을 비교한 결과 15개의 어휘가 서로 합치할 뿐만 아니라 어휘의 순서도 일치한다는 것을 구명해냄으로써, 이 사본이 혜초의 『왕오천축국전』이라는 펠리오의 견해에 동의하였다. 또한 그는 『일체경음의』에 이 여행기가 상·중·하 세 권으로 되어 있고 그 중권과 하권에 들어 있는 어휘들이 결락본에는 분간(分揀) 없이 한 권

---

17. 高田時雄, 「慧超'往五天竺國傳'の言語と敦煌寫本の性格」, 『慧超往五天竺國傳硏究』, 桑山正進 編, 209쪽. 1991년 파리에서 출간된 신판 목록서인 『돈황한적목록(敦煌漢籍目錄, Catalogue des manuscrits chinois de Touen-houang)』 4권에서도 필사 연대가 9세기라는 데 의문을 표시하면서 8세기라고 시정하였다. 그러나 여행기가 817년에 찬술이 끝난 혜림의 『일체경음의』 마지막 권인 제100권에 수록되었다는 사실은 여행기의 필사가 817년과 가까운 시기에 이루어진 것이라는 추측을 가능하게 한다.
18. 나진옥의 『돈황석실유서』 4책은 청 선통(宣統) 원년(1908)에 송분실(誦芬室)에서 간행했는데, 여기에 「오천축국기」와 함께 10종의 석실 유서가 포함되어 있다. 그 후 이 「오천축국기」만은 다시 다른 51종의 희귀 사료와 함께 나진옥이 편집한 『설당총각(雪堂叢刻)』(1915)에 수록되었다.

속에 들어가 있기는 하지만, 어휘 구성이 다른 형태로 해체되거나 합성된 흔적은 발견하지 못하였다. 이로써 그는 이 잔간이 원래 세 권으로 되어 있던 원본의 '절략본(節略本)'이라고 단정지었다. 이렇게 나진옥은 여행기 연구의 기초를 닦아놓았다.

나진옥에 이어 여행기 연구에서 중요한 진전을 가져오게 한 사람은 경사대학당(京師大學堂)에 초빙교수로 와 있던 일본 학자 후지타 도요하치(藤田豐八)이다. 그는 자신의 연구 성과를 담은 논저『혜초왕오천축국전 전석(慧超往五天竺國傳 箋釋)』을 1911년 북경에서 한문으로 간행하였다. 후지타 도요하치는 나진옥의 연구성과를 바탕으로 하여 법현이나 현장 등의 인도 여행기, 『신당서(新唐書)』와 『구당서(舊唐書)』 등의 사적 그리고 서구 학자들의 선행 연구를 비교·참조하여 본문의 탈자나 연자(衍字), 오자를 밝혀냈고, 국명과 지명을 비정하였으며, 자세한 주석을 덧붙였다. 그러나 그도 혜초에 관해서는 "불공의 입실제자(入室弟子)로서 당대에 유명하였다"라고 할 정도밖에 알지 못하였다.

이렇게 혜초와 그의 여행기가 알려지기는 하였으나, 결략본의 사본이기 때문에 문자의 판독이 애매한 곳이 적지 않아서 원본의 정확한 복사가 요망되었다. 그러다가 발견자 펠리오와 일본의 중앙아시아 연구가 하네다 도오루(羽田 亨)가 1926년 공편(共編)으로『돈황유서(敦煌遺書)』[19]라는 실물 크기의 사진 판본을 출간함으로써 원본의 모습을 접할 수 있었다.

---

[19] P. Pelliot·羽田 亨 共編,『敦煌遺書 (Manuscrits de Touen-houang, conservés a la Bibliothèque Nationales de Paris)』, 影印本 第1號, 東亞硏究會, 1926. 하네다 도오루는 이 책에 간단한 해제를 붙이고 나진옥의『돈황석실유서』에 수록된 본문 중 오사된 대여섯 개의 글자를 바로잡았다.

후학들은 대체로 나진옥의 절략본설을 통설로 받아들였는데, 일본의 오타니 가쓰나오(大谷勝眞)가 이에 이의를 제기하였다. 그는 「혜초왕오천축국전의 한두 가지에 관하여」라는 짧은 논문에서 몇 가지 새로운 견해를 개진하였다. 선학들은 혜초가 지나간 '나형국(裸形國)'을 니코바르 제도(Nicobar諸島)에 비정한 데 반해 그는 말레이 반도 북부의 서해안으로 보았으며, 혜초가 40세 전후에 금강지를 사사하고 86~87세 조금 후에 입적한 것으로 추정하였다. 특히 관심을 끈 것은 여행기의 현존 잔간의 성격 문제로서, 그는 잔간이 후지타 도요하치가 주장한 것처럼 세 권으로 된 원본의 절략본이 아니라, 원본의 중권 후반부와 하권이 그대로 사록된 '불분권(不分卷)'이라는 견해를 내놓았다.[20]

이 여행기는 외국어로 번역되면서부터 외부 세계에도 알려지게 되었으며, 이를 계기로 그에 관한 연구도 일층 심화되었다. 최초의 외국어 역본은 푹스(W. Fuchs)가 1938년에 독일어로 번역한 『726년경 서북인도와 중앙아시아를 통과한 혜초의 순례행기』이다. 이것은 또한 현대어로 된 최초 번역본이다. 푹스는 번역문에 기존의 여러 판본과 비교·교감한 한문 본문을 첨가하였을 뿐만 아니라, 역문 난외(欄外)에 『대일본불교전서(大日本佛敎全書)』 『다이쇼신수장서(大正新修藏書)』 『돈황유서』 각 판의 쪽수까지 표기함으로써 이용과 검출에 편의를 제공하였다. 몇 년 후인 1941년에 하네다 도오루가 다시 이 독일어 역문을 참고하고 파리 국립 도서관 소장의 원문과 대조해서 「혜초왕오천축국전이록(慧超往五天竺國傳逸錄)」[21]을 찬술하였는데, 현재로서는 가장 신빙

---

20. 大谷勝眞, 「慧超往五天竺國傳の一二に就いて」, 『小田先生頌壽記念 朝鮮論集』, 京城, 1934, 143-160쪽.
21. 羽田 亨, 「慧超往五天竺國傳逸錄」, 『京都大學史學科紀元二千六百年記念史學論文集』, 京

성 있는 교감본으로 인정받고 있다.

일본의 경우, 전술한 바와 같이 여행기가 발견된 직후부터 지대한 관심을 가지고 20~30년 동안 꾸준히 연구를 계속하여 괄목할 만한 연구성과를 거둠으로써, 혜초 연구에 상당히 기여하였다. 그러나 제2차 세계대전 이후에는 연구가 부진했다. 그러다가 1986년 4월에 공동연구반을 조직하여 1991년 3월까지 5년간 독회와 판독, 교감과 주석, 현대 일본어로의 번역에 이르기까지 다양한 학문 연구를 진행한 결과, 드디어 1992년에 동서양 학계에서 있었던 기존의 연구성과를 집대성한 『혜초왕오천축국전연구』[22] 일서를 펴냈다. 이 공동연구에는 이 책의 편집자인 구와야마 쇼신(桑山正進)을 비롯한 18명의 일본 학자와 이탈리아 동방학연구소(Scuola di Studi sull'Asia Orientale, 교토 소재) 소장인 안토니노 포르테(Antonino Forte) 등 총 19명의 각 분야 학자들이 함께 참여하였다. 이 책에는 여행기 본문에 대한 면밀한 교감과 현대 일본어 역문, 풍부한 주석 그리고 원문 사본과 『일체경음의』의 여행기 관련 어휘가 수록되어 있다. 또한 언어학적으로 여행기의 성격을 분석한 다카다 도키오의 논문과 7~8세기 중국 승원의 실태를 구명한 포르테의 논문이 실려 있다.

혜초의 향국인 한국에서도 뒤늦게나마 간간이 연구가 이어져왔다.

都, 1941. 427-446쪽.
22. 桑山正進 編, 『慧超往五天竺國傳硏究』, 京都大學人文科學硏究所, 1992. 이 책에는 여행기의 원문(영인본)과 『일체경음의』의「혜초왕오천축국전」, 원문의 교감문, 본문의 일역문, 풍부한 주석이 실려 있으며, 부록으로 두 편의 논문, 즉 다카다 도키오의「혜초'왕오천축국전'의 언어와 돈황사본의 성격(慧超'往五天竺國傳'の言語と敦煌寫本の性格)」과 안토니노 포르테의 논문「7~8세기의 중국 승원(Chinese State Monasteries in the Seventh and Eighth Centuries)」이 수록되어 있다. 뿐만 아니라 혜초의 노정도를 비롯한 각종 그림과 지도 스물두 장도 첨부되어 있다.

여행기의 본문은 1934년에 최남선(崔南善)이 『신정삼국유사(新訂三國遺事)』의 부록(17~29쪽)에 간단한 해제와 더불어 처음으로 소개하였다. 이를 전후하여 권덕규(權悳奎)의 『조선유기(朝鮮留記)』(1924, 51쪽), 홍순혁(洪淳赫)의 「세계적 학계에 대경이를 준 신라승 혜초에 대하여」(『한글』, 1928), 문일평(文一平)의 『호암사화집(湖岩史話集)』(1942), 홍이섭(洪以燮)의 「인도에 구법한 신라승의 전기잡초(傳記襍鈔)」(『조광(朝光)』 9의 4, 1943), 홍순혁의 「혜초」(『조선명인전』 중권, 91~99쪽), 최남선의 『고사통(故事通)』(1943, 41쪽), 이능화(李能和)의 『조선불교사』(『조선사강좌 분류사』) 등 여러 논저에서 혜초와 『왕오천축국전』에 관한 개괄적인 소개가 있었다.

근래에 와서는 고병익이 종래 국내외 학계의 연구성과를 종합한 「혜초왕오천축국전 연구 사략(史略)」(『백성욱白性郁 박사송수기념 불교학논문집』, 1958), 「혜초」(『동아사의 전통』, 1979), 「혜초의 왕오천축국전」(『동아교섭사의 연구』, 1980), 『왕오천축국전 해제』(1987) 등 여러 논저를 발표하여 혜초의 여행기에 관한 포괄적인 소개와 함께 일련의 탁견도 제시하였다. 그러나 혜초와 그의 여행기에 관한 연구는 극히 영성적(零星的)으로 진행되어왔다. 그러다가 다행히 문화관광부가 1999년 2월에 혜초를 '이 달의 문화인물'로 선정한 것을 계기로 기념학술세미나가 열려 세 편의 연구논문이 발표되고 여행기의 우리말 번역본이 새로 나왔다. 이것들을 한데 묶어 가산불교문화연구원이 『세계정신을 탐험한 위대한 한국인 '혜초'』(1999)라는 제목의 책을 펴냈다.

여행기의 우리말 번역본으로는 양한승(梁翰承) 번역의 『왕오천축국전: 혜초기행문』(1961)을 비롯해 이석호(李錫浩)의 『왕오천축국전』(외)(1970), 김규성(金奎聲)의 「왕오천축국전」(외)(『한국의 사상 대전집』

1, 1973), 한정섭의 『왕오천축국전』(외)(1986), 정병삼(鄭炳三)의 「왕오천축국전 번역문」(『세계정신을 탐험한 위대한 한국인 '혜초'』, 1999), 김찬순의 「왕오천축국전」(『조선고전문학선집』 제21권, 1990) 등이 있다. 이 중 이석호의 『왕오천축국전』은 간단한 역주를 달고 있다. 그 밖에 문학 분야에서도 여행기에 대한 연구가 이루어져 일련의 논저들이 발표되었다. 대표적인 것으로 김운학(金雲學)의 「혜초의 시상(詩想)」(『석림(釋林)』 10, 1976), 임기중(林基中)의 「대당서역기(大唐西域記)와 왕오천축국전의 문학적 의미」(『불교학보』 31, 1994), 이진오의 「왕오천축국전 연구의 글쓰기 방식과 저술의도」(『고전산문연구』, 1998) 등의 논문들이 있다.[23]

이상에서 살펴보다시피 『왕오천축국전』은 결락본으로 발견된 이래 지난 90년 넘게 동서양 학계의 많은 연구자들이 사록, 교감, 번역하고 연구하여 여러 가지 판본으로 출간하였다. 그러나 아직까지도 원문의 완전하고 정확한 복원에는 이르지 못하고 있다. 결락된 권두와 권미 부

---

23. 『왕오천축국전』에 관한 한국 문학계의 연구성과를 반영한 논저들로는 다음과 같은 것들이 있다. 金雲學, 「혜초의 詩想」, 『釋林』 10, 동국대학교 釋林會, 1976; 박기석, 「'왕오천축국전'의 몇 가지 문제」, 『先淸語文』 10, 서울대학교 사범대학, 1979; 金一烈, 「왕오천축국전에 관한 문학적 연구」, 『어문논총』 15, 경북대학교, 1981; 張德順, 「최초의 이역기행문—혜초의 '왕오천축국전'」, 『한국수필문학사』, 세문사, 1985; 李九義, 「혜초 詩考」, 『영남어문학』 17, 영남어문학회, 1990; 황패강, 「왕오천축국전」, 『한국 문학의 이해』, 세문사, 1991; 金鉉龍, 「혜초론」, 『羅孫선생추모논총 한국문학문학가론』, 현대문학, 1991; 劉永本, 「왕오천축국전연구」, 『首善論集』 6, 성균관대학교 대학원, 1992; 林基中, 「大唐西域記와 왕오천축국전의 문학적 의미」, 『불교학보』 31, 동국대학교 불교문화연구원, 1994; 이진오, 「왕오천축국전 연구의 글쓰기 방식과 저술의도」, 『고전산문연구』, 국어국문학회 편1, 태학사, 1998. 임기중은 앞의 논문에서 혜초는 '느끼는 여행'을 했으며, 문장도 아주 자유롭게 써놓아서 현장감이 분명하게 부각되는 것이 특색이라고 강조하였다. 아울러 현장의 『대당서역기』를 '서사적 여행기'라고 한다면, 혜초의 『왕오천축국전』은 시가 있는 '서정적 여행기'로 평가할 수 있다고 하였다. 金相永, 「慧超의 求法行路 檢討」, 『세계정신을 탐험한 위대한 한국인 '혜초'』, 가산불교문화연구원, 1999, 43쪽, 주 16 재인용.

분을 가급적 찾아내어 완본을 재현하고, 현존 잔본 내의 공백 글자를 메우며 지명의 비정을 비롯해 내용 검토와 해석에서 제기되는 문제들을 끝까지 고증하고 해명하여야 할 것이다.

3) 『왕오천축국전』의 내용과 성격

『왕오천축국전』에서의 '천축(天竺)'은 중국인들이 사용한 인도의 고칭(古稱)이다. 그 유래에 관해서 현장의 『대당서역기』(646)는 "천축이라는 명칭에는 여러 가지 이론이 분분한바, 옛날에는 신독(身毒) 또는 현두(賢豆)라고 불렀으나, 이는 바른 음에 따라 마땅히 인도라고 불러야 한다"[24]라고 지적하고 있다. '천축'이라는 단어는 『후한서(後漢書)』에서 초견되는데, 본래는 '신독(身毒)'이라고 하다가 '천독(天篤)'으로 변하고 후한 시대에 와서 '천축'으로 고쳐 부르게 된 것이다. 광활한 인도를 동서남북 그리고 중간 지역으로 구분하여 '오인도(五印度)'니 '오천축(五天竺)'이니 하고 부르기도 했는데, 이것은 인도에 대한 범칭이라고 할 수 있다. 혜초에 앞서 인도를 역방한 현장은 『대당서역기』에서 '오인도'라는 지칭을 쓰고, 의정(義淨, 635~713)은 『대당서역구법고승전(大唐西域求法高僧傳)』(691)에서 '중인도'와 '북인도' 그리고 '중천(中天)'과 '북천(北天)' 같은 말을 사용하고 있다. 그러나 혜초는 시종 '오천축'이니 '서천축'이니 하는 '천축' 한 단어만을 쓰고 있다.

여행기의 권두와 권말이 결락되어 전모는 알 수 없지만, 혜초는 남해의 바닷길로 동천축에 상륙한 뒤, 불교성지들을 참배하고 중천축과 남천축, 서천축, 북천축의 여러 곳을 두루 돌아보았다. 그 다음에 서쪽

---

24. 玄奘, 『大唐西域記』 권2: "天竺之稱 異議糾紛 舊云身毒 或曰賢豆 今從正音 宜云印度."

으로 대식국(大食國, 아랍)의 페르시아까지 갔다가 중앙아시아의 몇몇 호국(胡國) 주위를 지나 파미르 고원을 넘어 중국 땅에 들어섰다. 그리고 쿠차와 돈황을 거쳐 장안으로 돌아왔을 것이다. 여행하는 데 장장 4년(723~727)이라는 긴 세월이 걸렸다. 『왕오천축국전』은 혜초가 이러한 여정과 그 과정에서 직접 보고 들은 것을 기록한 여행기이다. 그 내용의 대부분은 직접 목격한 것이지만, 일부는 전문을 기록한 것도 있다. 또한 거개가 한 나라를 단위로 해서 기술했지만, 일부는 한 지역을 개괄해서 서술하기도 하였다.

나라에 따라 기술 내용이나 분량은 다르지만, 대체로 출발지에서 목적지로 가는 방향과 소요시간 그리고 왕성(王城), 즉 치소(治所)의 위치와 규모, 통치상황, 대외관계, 기후와 지형, 특산물과 음식, 의상과 풍습, 언어, 종교, 특히 불교의 성행 정도 등을 간명하게 기술하고 있다. 내용 중에는 전후 다른 여행기들에서 언급된 것도 있지만, 독특한 것도 적지 않다. 특히 주목할 만한 것은 현존본에 오언시가 다섯 편이나 실려 있다는 점이며, 이로써 다른 여행기들과 달리 '서정적 여행기'라는 평가를 받기에 충분하다.

여행기 내용 중 자구(字句)에 대한 이해나 작품 전반에 대한 문학적 평가에서 특히 이론(異論)이 많은 부분은 언어표현과 문법구조의 미숙 문제에서이다. 발견자 펠리오는 여행기의 문체에 대하여 이렇게 평가를 내렸다.

새로 발견된 이 여행기는 법현(의『불국기』)과 같은 문학적 가치도 없고, 현장(의『대당서역기』)과 같은 정밀한 서술도 없다.……그의 문체는 평면적이다. 몇 수의 시가 들어 있지만, 그것은 아예 수록하지 않은 것만 못하다.

그의 서술은 절망적으로 간단하고 단조롭다. 그러나 그것은 도리어 동시대적 기술이라는 증좌(證左)일 것이다.[25]

이러한 평가에 대하여 고병익은 다음과 같이 지적하였다.

대체로 옳은 평이다. 그러나 한편 현존 사본이 원래의 3권본의 절략이라고 한다면 이러한 평은 그 원본에는 해당될 수 없다. 그러나 이 여행기가 간략함에도 불구하고 거기에 시들이 들어 있다는 것은 개인적인 감정이 표출되어 있다는 점에서 펠리오의 평가와는 반대로 극히 중요하다 할 것이다.[26]

사실 다분히 절략된 잔간이라는 사실을 감안할 때 현존본만 가지고 전체 여행기를 일괄 평가하는 것은 무리가 아닐 수 없으며, 더욱이 나무랄 데 없는 시편을 두고 문학적 가치가 없다느니 하면서 그토록 비하하는 것은 전혀 펠리오답지 못한 왜곡이다. 절략본인 데다가 필사까지 했다면 오사(誤寫)나 탈락 같은 것을 피할 수 없었을 것이다. 평가에서는 이 점도 고려해야 할 것이다.

물론 이러한 점을 감안하더라도 용어나 문법에서 미흡한 부분, 심지어 오류가 전혀 없는 것은 아니다. 이 문제에 관해서 일본의 다카다 도키오는 논문 「혜초 '왕오천축국전'의 언어와 돈황사본의 성격」에서 구

---

[25]. P. Pelliot, "Une Bibliothèque Médiévale retrouvée au Kan-sou," p. 512: "Ce pélerin nouveau n'a la valeur littéraire de Fa-hien, ni l'information minutieuse de Hiuan-tsang······ Son style est plat. Et s'il a conservé peu de ses pièces de vers, il eût mieux valu qu'il n'en mît pas du tout. Ses notices sot désespérément brèves et monotones. Néanmoins, c'est un témoignage contemporain."
[26]. 高柄翊, 『往五天竺國傳 解題』, 13-14쪽.

체적인 예를 들어가면서 나름의 견해를 피력하고 있다. 우선 용어에 구어적(口語的) 요소가 혼재한다는 사실이다. 예컨대 개사(介詞) '공(共, ~와)'자를 '여(與)'자 대신에(71, 157, 188행), 개사 '향(向, ~에)'자를 '재(在)'자 대신에(165, 167행), 수동구(受動句)에서 '피(被)'자를 '위(爲)'자 대신에(7~8, 63, 67, 88, 162행), 보통 용어 '지자(之者, ~자)'를 '자(者)'자 대신에 사용한다든가, 양사(量詞)인 '개(箇)'자를 군글자로 사용하는(48, 65, 188, 203행) 것이다. 그리고 보통 시문에서 '많다'라는 뜻으로 쓰는 '족(足)'자를 산문인 기행문에 자주 쓰고 있기도 하다(총 27행).

이러한 용어의 특이한 사용과 더불어 문법상의 오류도 발견된다. 예컨대 '임목극황(林木極荒)'을 '극황임목(極荒林木, 7행)'으로, '풍속극악(風俗極惡)'을 '극악풍속(極惡風俗, 179행)'으로 도치시킨 경우가 그렇다. 그 밖에 '머리를 기르다'를 '재발(在髮, 113행)'이나 '재두(在頭, 202행)'라고 하는 식의 어색한 표현도 눈에 띈다. 일부 학자들은 이러한 용어 사용과 문법상의 특이함이나 오류를 혜초가 한인(漢人)이 아닌 외방인이기 때문에 불가피한 것으로 돌리고 있다. 『입당구법순례행기(入唐求法巡禮行記)』를 남긴 일본의 입당 고승 엔닌(圓仁, 794~864)의 경우와 마찬가지라는 것이다.[27]

다음으로, 『왕오천축국전』 현존본의 성격과 관련하여 논란이 가장 많은 것은 이것이 절략본인가, 사록본인가 아니면 초고본인가 하는 것이다. 앞에서 서술한 바와 같이 나진옥은 현존본이 혜림이 보았던 세 권짜리 『왕오천축국전』의 절략본이라고 주장하였으며, 그것이 한동안 통

---

27. 高田時雄, 앞의 글. 197-206쪽 참고.

설이었다. 그러다가 오타니 가쓰나오가 이에 이의를 제기하고 사록본설을 내놓았다.

혜림의 『일체경음의』에 주석으로 선정된 글자는 모두 85개인데, 그중에 나진옥은 현존본과 문합(吻合)되는 것으로 15개를 찾아냈으나, 오타니는 17개를 헤아릴 수 있다고 하였다. 또한 그는 잔본이 중권 후반부와 하권을 절략한 것이 아닌, 원본 그대로 사록한 '불분권'이라고 주장하였다. 이러한 견해에 대해 고병익은 다음과 같은 평을 내렸다.

이는 확실히 재고를 촉구하는 의견이었다. 더구나 현 잔권(現殘卷)에는 다섯 수나 되는 혜초의 오언시가 들어 있는데, 절략본이라면 시구 같은 것은 삭제되었을 것으로 생각이 되는 바이다. 이런 점은 대곡(大谷, 오타니)의 견해를 보강해주는 것이라고 생각된다. 그러나 한편『일체경음의』에 명백히 세 권이라고 했고, 어휘까지 상·중·하권으로 분간(分揀)해 놓았으니, 이는 역시 장차에 다시 해결되어야 할 문제의 하나일 것이다.[28]

논의의 핵심은 여행기 원본이 세 권으로 된 분권본(分卷本)인가 아니면 분권하지 않은 단행본인가와 현 잔본이 원본의 절략본인가 아니면 그대로를 (전부 혹은 일부) 사록한 사록본인가 하는 문제이다.

혜초가 사망하고 나서 약 30년 후에 찬술되어 본문을 해명하는 데 유일무이한 원초적 전거로 이용되는 혜림의 『일체경음의』에 분명히 세 권으로 되어 있다고 하고, 또 이 책에서 주석된 85개의 어휘도 상권(39개)·중권(18개)·하권(28개)으로 분간되어 있으므로 이 여행기의 원

---

28. 高柄翊,「慧超의 往五天竺國傳」,『東亞交涉史의 硏究』, 서울대학교출판부, 1980, 58쪽.

본은 분권되지 않은 단행본이 아니라, 세 권으로 된 분권서로 인정해야
할 것이다. 세 권에 분간되어 수록된 85개의 어휘를 권별로 보면 다음과
같다.

- 상권: 閣蔑, 撥帝, 葛辝都, 葬流, 鬚鬢, 抄掠, 屯屘, 廻路, 翩翩,
  杳杳, 掛錫, 盼長路, 撩亂, 山虺, 侘憁, 牙嫩, 參差, 邀祈,
  恰如, 輥芥, 崎嶇, 槍矟, 麞鹿, 玳瑁, 龜鼈, 迸水, 崚然, 渤澥,
  溢穹蒼, 忝鼠, 薑薑, 椰子漿, 木柵, 杆欄, 錐頭, 壓舶, 抛打,
  峻滑, 聑地 (39개)
- 중권: 裸形國, 擿笴國, 吠囉, 杖撥, 迄乎, 跌足, 鶻嚕, 自撲, 墳壠,
  手掬, 波羅疢斯, 阿戍笴, 揷頭, 頹毀, 淼淼, 一毬, 毛褐, 土塌
  (18개)
- 하권: 婆籔慈, 犛牛, 蟣蝨, 磑磋, 作儑, 手磋, 餒五夜叉, 盜捻,
  抛身, 鼜毿, 謝颺, 氊褥, 氀襶, 匙箸, 胡蔑, 播蔑, 峭疑, 擘地
  裂, 瀑布, 頤貞, 張莫黨, 迦師佶黎, 薺苨, 囟沙, 剋捷, 明憚,
  姓麴, 邵子明 (28개)[29]

이상 85개 어휘 중 잔본의 어휘와 일치할 뿐만 아니라, 그 배열 순서
마저 대체로 상동한 17개 어휘(괄호 안의 것은 잔본의 글자)는 권별로 다
음과 같다.

- 상권: 문합 어휘가 없다.

---

29. 이상의 85개 주석 어휘는 혜림의 『일체경음의』 제7장부터 제13장 사이에 수록되어 있다.

- 중권: 裸形國(裸形), 波羅痆斯(彼羅痆斯), 毛褐, 土堝(土鍋) (4개)
- 하권: 婆簸慈(娑播慈), 犛牛(猫牛), 蟣蝨(蟣虱), 餧五夜叉, 謝䫻, 匙筯(匙筋), 胡荾(胡蜜), 播蔲(播蜜), 峭嶷, 擘地裂(擘地烈), 瀑布(爆布), 迦師佶黎(伽師祇離), 明憚 (13개)

전술한 것처럼 『일체경음의』에 주석 어휘로 골라낸 85개 어휘 중에 현 잔본 중의 어휘와 일치하는 것이 겨우 17개뿐이라는 사실은 잔본이 원본의 사록본이 아니라 절략본임을 입증해준다. 다만 어느 권의 어느 부분을 어떻게 절략했는가 하는 것은 절략자의 주견(主見)에 맡겨진 것 같다. 잔본의 첫 부분이 떨어져 나갔기 때문에 상권 중의 주석 어휘가 잔본에는 전무하고, 중권의 것은 네 개, 하권의 것은 열세 개인 점으로 보아 중권은 하권보다 더 많은 부분을 절략해 실은 것으로 짐작된다. 그리고 별로 필요 없을 성싶은 다섯 수의 시를 잔본에 남겨 놓았다고 해서, 그것이 결코 잔본이 절략본이 아니라 사록본이라는 증거는 될 수 없을 것이다. 왜냐하면 그 시 다섯 수가 더 많은 수의 시 중에서 선택되었을 수도 있기 때문이다. 사실상 혜초는 시재(詩才)이기도 한데, 이 남은 시 중에서 첫 수를 제외하고는 네 수 모두 향수에 젖은 애절한 시편들로서 시간이 갈수록 이러한 시를 더 많이 썼을 수도 있다. 또한 절략자는 혜초의 시상에 감명을 받아 그로서는 의미가 있고 또 필요한 것이라고 간주하여 이 다섯 수를 취했을 수도 있다.

현존 잔본의 성격을 구명하기 위해서는 조금 더 심층적인 분석이 필요하다. 지금까지는 대체로 『일체경음의』 속에 있는 '3분권 기록'이라는 말과 주석 어휘와 잔본 어휘 간의 문합성(吻合性)을 근거로, 절략본이니 사록본이니 하는 것만 논하여왔다. 그러나 이 연구를 심화시키면 잔본의 성격은 물론, 여행기 전반에 관해서도 새로운 단서를 잡을 수 있을 것이다.

이를 위해 소실된 '원본'과 『일체경음의』가 의거한 본문(편의상 '음의본音義本'이라 칭함) 그리고 현존 '잔본'의 세 책을 추론적으로 비교하고 연구해볼 필요가 있다. 우선 원본과 음의본 사이의 관계를 살펴보면 다음과 같다.

(1) 『일체경음의』에 본서의 음의(音義, 글자의 음과 뜻) 주석 대상이 '혜초왕오천축국전 상·중·하권'(권 제100, 제7장·제10장·제11장)이라고 밝혔으므로, 혜초(704?~780)와 거의 같은 시대를 산 혜림(737~820)이 의거한 책, 즉 음의본은 원본일 가능성이 크다.

(2) 원본일 가능성이 큰 이 음의본을 상·중·하권으로 분권하여 어휘의 음의를 주석하고 있으므로, 원본도 3분권된 책이라고 볼 수 있을 것이다. 다만 그것이 단행본인지는 불분명하다.

(3) 음의본 상권에 실린 39개 어휘는 잔본의 결락된 첫 부분(상권)과 마지막 부분(하권)의 내용과 분량을 추정할 수 있는 단초를 제공해준다. '각멸(閣蔑, 베트남 남부의 임읍林邑)'을 비롯한 지명과 체수(鬄鬚, 땋은 머리와 턱수염) 같은 풍습, 장록(麞鹿, 사향노루)·대모(玳瑁, 바다거북)·구별(龜鼈, 거북과 자라)·야자장(椰子漿) 따위의 특산물 등을 통해, 광주를 떠나 동천축에 이른 해로의 여정이나 경유지를 추적해볼 수 있을 것이다. 뿐만 아니라 음의본의 중권과 하권에 나오는 주석 어휘수와 잔본의 분량(행수)을 비교한 평균치로 잔본의 결락된 첫 부분과 마지막 부분의 분량을 대략적으로 가늠해볼 수도 있을 것이다.

음의본 중권에는 잔본의 1~102행 사이의 어휘 18개(나형국裸形國~토과土堝)를, 하권에는 잔본의 103~227행 사이의 어휘 28개(파파자

婆籤慈~소자명郎子明)를 수록했는데, 이것을 산술적으로 평균치를 내면 중권은 6행(102행÷18개)마다 하나씩, 하권은 4.5행(125행÷28개)마다 하나씩 어휘를 고른 것으로 추산된다. 물론 이것은 어림잡은 수치이다. 하권에 비해 중권의 간택 빈도가 낮은 것은 음의본 자체가 불전에 있는 난해한 어휘의 음의를 주석했기 때문에, 불교성지를 중심으로 한 인도 내지에 관해서는 상대적으로 인지도가 높으므로 주석이 덜 필요해서였을 것이다. 반면에 인도 외곽지대는 생소하여 더 많은 주석이 필요하므로, 간택 빈도가 상대적으로 더 높을 수밖에 없다. 이에 준하면 외곽지대에 해당하는 남해 일원을 항해한 여행기의 결락된 첫 부분(상권)의 분량은 약 176행(39개×4.5행)으로 추정된다. 잔본의 마지막 부분(하권)인 중국 경내에 관해서 음의본에 '명운'(잔본 220행) 이후에 두 개의 어휘가 더 실려 있으므로 결락된 분량은 2행(2개×4.5행-잔본 중 '명운' 이후의 7행)으로 추정되며, 따라서 하권은 127행(잔본 125행+2행)이 된다. 이렇게 하면 『왕오천축국전』(절략본)의 총 분량은 405행(상권 176행+중권 102행+하권 127행)에 약 1만 1381자(405행×28.1자)로 추산된다.

이것은 초보적인 추산 시도이다. 지금까지 학계에서 별로 관심을 두지 않았던 시도라서 매우 조심스럽기는 하나, 미해결의 난제를 풀 단초라도 찾을 수 있을까 해서 감히 시도해본다. 향후 더 진지하고 심층적인 연구가 필요하다. 특히 음의본 상권에 나온 39개의 어휘를 해명한다면 여행기 원본의 복원에 큰 의미가 있을 것이다.

다음으로, 음의본과 잔본의 관계를 살펴보면 다음과 같다.

(1) 음의본에 의해 잔본은 3분권된 원본의 절략본임을 알 수 있다. 음의본 중에서 난해한 어휘들을 골라 주석한 『일체경음의』에는 『혜초왕오천축국전』(상권·중권·하권)이라 명시하고 권별로 이 난해한 어

휘들에 대해 음과 뜻을 풀이하였다. 따라서 잔본이 '불분권'이거나 음의본의 사록본일 가능성은 적다. 물론 잔본에서는 분권 여부를 알아낼 수 없다. 다만 음의본에 의해 원본이 3분권임을 확인할 수 있다. 그런데 잔본의 첫 부분(상권)만이 몽땅 떨어져 나간 사실은 이 3분권 책이 한 책(단행본)이었는가에 의문을 던져주는 점이 있다.

(2) 찬술 시기에서 잔본이 앞선다고 보인다. 지금까지는 잔본도 9세기경에 쓰인 것으로 알려졌으나(펠리오), 최근에 서체나 종이의 질로 보아서 8세기 후반에 쓰인 것이라는 견해가 대두하였다. 그렇다면 혜초가 생존했을 때일 수가 있다. 그런가 하면 잔본에 일부 미숙한 언어표현이나 문법구조가 있는 점을 감안해 잔본이 혜초의 초고본일 수 있다는 견해가 있는데, 그 신빙성은 크지 않다고 생각된다. 왜냐하면 음의본이 명시하듯 잔본은 초고본이 아니라 이미 완성된 원본의 절략본일 가능성이 크기 때문이다. 이 찬술시기의 문제는 음의본과 더불어 잔본의 실체를 밝혀내는 데 중요한 의미가 있다.

(3) 음의본, 즉 『일체경음의』가 의거한 책과 현존 잔본이 의거한 책은 같은 원본일 가능성이 있다. 일부 학자들은 『일체경음의』에 있는 어휘들이 현존 잔본에 없는 사실을 들어[30] 이 두 책은 서로 다른 내용을 담

---

30. 김상영은 이에 관해 다음과 같은 견해를 피력하고 있다. "……중권 '파라니사' 이후의 어휘 가운데 상당수가 현존본에 전혀 보이지 않는다는 점은 큰 의문이 남는다. '파리니사' 이후의 『일체경음의』 어휘 수는 36(35-역주자)개인데, 현존본에 보이는 어휘는 16(15-역주사)개에 불과한 것이다. 그렇다면 『일체경음의』에만 전하는 20개의 어휘는 어떠한 성격의 것이라고 보아야 할까? 단언할 수 없지만, 역시 현존본과 혜림이 의거했던 『왕오천축국전』은 상당히 다른 내용을 담고 있었다고 생각된다. 아무리 현존본의 결자(缺字)된 부분을 인정한다고 하더라도 이 같은 차이는 쉽게 납득할 수 없기 때문이다. 결국 이 문제는 현존본의 초고본 문제와 연관시켜 이해할 수밖에 없지만, 더 이상의 언급은 피하기로 하겠다." 金相永, 「혜초의 구법행로 검토」, 『세계정신을 탐험한 위대한 한국인 '혜초'』, 가산불교문화연구원, 1999, 49-50쪽.

고 있는 책으로 간주하고 있는데, 이러한 견해는 재고할 필요가 있다고 본다. 왜냐하면 첫째, 잔본은 절략본이기 때문에 『일체경음의』 속의 어휘들이 다 들어갈 수 없고, 둘째, 두 책에 같은 17개의 어휘가 순서마저 대체로 일치하여 실려 있다는 사실은 두 책의 밀접한 상관성을 시사해 주기 때문이다. 아무튼 『일체경음의』에 실려 있는 주석 어휘들을 구체적으로 연구하여 잔본의 내용을 보완함은 물론 두 책의 관계를 밝혀내는 것이 또 하나의 연구과제로 나선다.

(4) 잔본과 『일체경음의』에는 출현 순서마저 대체로 일치하는 같은 어휘가 17개 있는데, 이것은 잔본이 원본의 절략본임을 말해준다. 그 17개 어휘는 〈표 4〉와 같다.

〈표 4〉 잔본과 『일체경음의』의 유사 어휘 비교

번호	현존 잔본		『일체경음의』	뜻
	어휘	행		
1	裸形	1	裸形國	알몸(국)
2	彼羅痆斯	10	波羅痆斯	바라나시(국)
3	毛褐	108	毛褐	털과 베
4	土鍋	28	土堝	흙솥
5	娑播慈	103	婆簸慈	사과자(국)
6	猫牛	107	犛牛	묘우
7	蟣虱	111	蟣蝨	서캐와 이
8	餧五夜叉	130	餧五夜叉	오야차에게 먹임
9	謝颺	147	謝颺	사율(국)
10	匙筋	171	匙箸	수저
11	胡蜜	193	胡蔑	호밀(국)
12	播蜜	197-198	播蔑	파밀 (고원)
13	峭嵤	195	峭嵤	가파른 (산)
14	擘地烈	196	擘地裂	땅이 갈라짐
15	爆布	197	瀑布	폭포
16	伽師祇離	212	迦師佶黎	카슈가르(국)
17	明悝	220	明悝	명운(인명)

앞의 〈표 4〉에서 다음과 같은 몇 가지 사실을 발견할 수 있다.

(1) 지금까지 모두 17개 어휘가 두 책에서 같은 순서로 출현한다고 했는데, 3. 모갈(毛褐)과 12. 파밀(播蜜)의 두 경우는 순서가 지켜지지 않고 있다. 따라서 '대체로 순서가 일치한다'라고 말해야 정확하다.

(2) 17개 어휘 중 두 책에서 글자가 완전히 일치하는 것은 1. 나형(裸形), 3. 모갈(毛褐), 8. 위오야차(餧五夜叉), 9. 사율(謝颱), 13. 초억(峭嶷), 17. 명운(明惲)의 여섯 단어뿐이다.

(3) 17개 어휘를 비교해보면, 음(音)에 따른 음사나 글자는 서로 다른 경우가 있어도(고유명사), 의(義), 즉 뜻은 서로 같다. 이런 의미에서 두 책에 같은 어휘 17개가 실려 있다고 하는 것이다.

(4)『일체경음의』는 잔본의 오자인 토과(土鍋, 흙솥)를 토과(土堝)로, 폭포(爆布)를 폭포(瀑布)로 시정하고 있다. 이것은 잔본에 비해『일체경음의』가 더 늦게 쓰였음을 시사한다고 볼 수 있다. 잔본의 오자는 원본의 오자를 그대로 옮겨서일 수도 있고, 절략할 때의 오사일 수도 있다.

4)『왕오천축국전』의 내용으로 본 8세기 서역 불교

혜초는, 인도의 불교가 이른바 교학화(敎學化, 삼장 가운데 석가의 설법을 조직적으로 설명하는 논論에 치우치는 경향)와 인도화 그리고 이슬람을 비롯한 '외도(外道)'의 침투로 총체적으로 쇠퇴일로를 걷고 있긴 했으나 '일시적 부흥'을 모색하던 8세기 전반기에 오천축과 중앙아시아 일대를 두루 순방하였다. 대덕 고승인 그의 도축(渡竺) 구법 여행기『왕오천축국전』에는 불교사의 한 장을 이루는 당시의 이러한 역사상이 직접·간접적으로 투영되어 있다.

여행기에 나타난 8세기 인도와 중앙아시아에서의 불교 전파상황을

● ──열반처인 쿠시나가르에 있는 부처의 다비장

지역별로 간추려보면 다음과 같다. 우선 불교의 4대 성지인 녹야원(鹿野苑), 구시나(拘尸那), 왕사성(王舍城), 마하보리(摩訶菩提)와 석가 탄생지 가비야라(迦毗耶羅)가 있는 중천축은 폐허상이 역력하여 불교 발상지로서의 옛 영광을 더 이상 찾아볼 수 없다. 가비야라국(현 네팔의 룸비니Lumbini)도 "성은 이미 폐허가 되어 탑은 있으나 승려는 없고 백성도 없으며(彼城已廢 有塔無僧 亦無百姓)" "길가에는 도적이 득실 거려 그곳으로 예불하러 가기란 매우 어려웠다(道路足賊 往彼禮拜者 甚難)." 열반처인 구시나(현 카시아Kasia)도 "성은 황폐화되어 아무도 살지 않고(其城荒廢 無人住也)" 탑만이 남아 있으며 8월 8일에 승니 (僧尼)와 도인, 속인들이 한 차례 불공을 드릴 뿐이었다.

불타가 도리천(忉利天)으로부터 염부제(閻浮提)로 내려올 때 밟고 내려왔다는 삼도보계탑(三道寶階塔)은 탑과 사원, 승려만 남아 있다. 혜초보다 약 80년 전 현장[31]이 갔을 때(627~643)는 수백 개의 사원 중 그

---

31. 이하 현장의 기술은 그의 도축 구법 여행기인 『대당서역기』 중 관련 조항에 근거함.

● ──불교학의 최고전당인 나란타

나마 3~5개소만이라도 남아서 얼마간의 승려와 신도들이 모여 있던 암라원(菴羅園)에는 탑만 있고 사원은 이미 황폐화되어 승려의 그림자조차 없었다. 다만 중천축의 왕성인 갈나급자(葛那及自, 카냐쿱자Kanya-kubja, 카나우지Kanauj)에는 사원이 있고 왕과 수령 등이 삼보(三寶, 불교에서 불상, 경전, 승니의 세 가지를 말함)를 공경하고 믿고 있었다.

이렇게 중천축에서 불교가 쇠퇴한 것은 힌두교가 흥성한 데 따른 필연적인 반동(反動)이었다. 녹야원이 있는 피라날사국(彼羅疤斯國, 현 바라나시Vārāṇasī)은 일찍부터 힌두교의 성지로 자리를 굳혀왔기 때문에 현장이 방문했을 때는 '외도신묘(外道神廟)', 즉 힌두교의 천사(天祠)가 백여 소에다 '습파교도(濕婆敎徒)', 즉 힌두교 신도의 수도 만여 명으로, 불교와 비교했을 때 사원이나 신도 수가 세 배 이상이었다. 혜초가 이곳에 갔을 때 힌두교도들은 "온몸에 재로 칠을 하고 대천(大天, 힌두교의 시바Śiva신)을 섬기고 있었다(身上塗灰 事於大天)." 혜초는 언급하지 않았지만 불교학의 최고 전당인 나란타(那爛陀, 날란다 Nālanda)에는 현장이 방문했을 때 이미 불교도가 사천 명인 데 비해

'정사(正邪)', 즉 힌두교도는 만여 명이나 되었다. 현장에 따르면 중천축의 대국인 마게타국(摩揭陀國, 마가다Magadha)의 수부(首府) 파련불(巴連弗, 파탈리푸트라Pāṭaliputra)에도 천사가 수십 곳 있었고(불사는 50여 곳), '불교대진(佛敎大鎭)'이라고 일컬어온 곡녀성(曲女城)에는 불사(백여 소, 승도 만여 명)보다 훨씬 많은 이백여 소의 천사가 자리하고 있었다. 10세기 후반에 송나라 승 계업(繼業)이 이곳에 갔을 때에는 승니가 한 명도 보이지 않았다.

그렇지만 이와 같은 외도의 잠식과 더불어 형이상학적이고 탈민중적이며 번쇄한 교학(敎學, 아비달마Abhīdharma)불교의 폐단에서 오는 쇠퇴를 막기 위해 기울인 자구 노력도 엿보인다. 그것은 초기 불교의 한계성을 극복하려는 대승불법(大乘佛法, 마하야나Mahāyāna)과 그 변형인 밀교(密敎, 바즈라야나Vajrayāna)의 대두에서 집중적으로 나타나고 있다. 그때까지 불교가 아직 잔존하고 있던 곳에서는 대체로 대승과 소승(小乘, 히나야나Hīnayāna)이 병립하면서 여건에 따라 경중지차(輕重之差)가 있었다. 혜초 때 피라날사와 갈나급자에는 대승과 소승이 구행(俱行)하였다. 파련불의 경우 법현[32] 때는 대승이 우세를 보이다가 의정 때는 오히려 소승이 극성하는 다변상을 보였다. 현장 때 나란타의 대각사(大覺寺)는 대승상좌부(大乘上座部)를, 피라날사와 사위성은 소승정량부(小乘正量部)를 배우고, 곡녀성은 대승과 소승을 함께 배우고 있었다. 의정 때 대각사의 서편에 있던 가필시국사(迦畢試國寺)는 소승 학자들의 '취거처(聚居處)'로서 북쪽에서 온 많은 승려들이 이곳에 주석(駐錫)하고 있었다.

---

32. 이하 법현의 기술은 그의 도축 구법 여행기인 『법현전(불국기)』 중 관련 조항에 근거함.

쇠퇴와 침체에 빠져 있는 중천축에 비해 남천축과 서천축, 북천축의 사정은 사뭇 다르다. 대부분의 지방에 사원과 승도가 여전히 많았고 왕으로부터 백성에 이르기까지 모두가 불교를 '경신(敬信)'함으로써, 외도의 집요한 잠식에도 불구하고 교세 면에서 그와 자웅(雌雄)을 겨루고 있었다.

남천축국(현 나시크Nasik 일대)은 대승과 소승이 구행하여 '절과 승려가 많고(足寺足僧)' 왕과 수령, 백성들이 삼보를 극성스레 공경하고 있었다. 현장 때 오천축국 내에서 중천축의 마갈타와 함께 2대 학술의 중심지를 이루고 있던 남천축의 마랍파국(摩臘婆國, 말라바Mālava)은 사원 수백 소와 승도 이만여 명을 보유하고 소승정량부 교법을 주로 전수하고 있었다. 그 밖에 안달라국(案達羅國)에는 사원 20여 곳과 승도 삼천여 명이, 공건나보라국(恭建那補羅國)에는 사원 백여 소와 승도 만여 명이 대승법과 소승법을 공히 배우고, 각종 교파와 학파가 '잡거(雜居)'하고 있었다. 물론 외도인 습파교, 즉 힌두교도 만만찮은 세력으로 불교에 대응하고 있었다. 현장에 따르면 마랍파국에는 불사에 맞먹는 천사 수백 소가 있었고 '이도(異道)'도 대단히 많았으며, 안달라국에는 불사보다 더 많은 30여 소의 천사와 역시 대단히 많은 '이도'가 운집하고 있었다. 공건나보라국의 사정도 이와 대동소이하였다.

서천축국 중 신도국(信度國, 현 신드Sindh)은 비록 대식국의 내침을 받아 나라의 절반이 파괴되었지만 사원과 승려가 여전히 많으며, 왕과 수령, 백성 모두가 삼보를 '매우 숭상(極敬信)'하고 있었다. 본래 이곳은 수백 곳의 사원과 만여 명의 승도가 있었고 의정 때까지도 소승정량부가 성행하고 있었으나, 혜초 때는 대승과 소승이 구행하는 곳으로 바뀌었다. 서천축 15개국 중 아점파시라국(阿點婆翅羅國, 현 파키스탄

하이데라바드Hyderābād 지방)과 비다세라국(臂多勢羅國, 현 카라치 Karāchi 지방)은 신도국과 상황이 비슷하였고, 그 밖의 12국은 대체로 외도인 힌두교, 조로아스터교, 이슬람교 등이 성행하였다.

불교의 전파, 특히 북진이나 동진과 관련하여 주목할 곳은 북천축이다. 북천축은 비록 대부분의 지방이 돌궐을 비롯한 호족(胡族)들의 지배하에 들어갔고 일부 지방은 서쪽 대식국의 내침으로 외견상 이방으로 보였지만, 의외로 불교가 활성화되어 8세기 전반에 나타난 이른바 '일시적 부흥'의 책원지(策源地) 역할을 하였다. 북천축의 불교 중심은 사란달라국(闍蘭達羅國), 가섭미라국(迦葉彌羅國), 건타라국(建馱羅國)이다.

사란달라국(잘란다라Jālaṇdhara)은 '족사족승(足寺足僧, 절도 많고 승려도 많음)'하고 대승과 소승이 구행하고 있으며, 왕과 백성들은 삼보를 매우 경신하고 있었다. 부처의 설법지인 타마사바나(Tamasāvana)에는 삼천여 명의 승려가 있는데, 이 절에는 대벽지불(大辟支佛, 프라티에카 붓다Pratyeka Buddha)의 이와 뼈 사리 등이 그대로 보존되어 있었다. 사란달라국 서쪽의 탁사국(吒社國, 현재의 펀자브Punjab 지방)에도 사원과 승려가 많고 왕과 수령, 백성들이 삼보를 크게 숭상하며 대승과 소승이 구행하고 있었다. 또 이 나라의 서쪽에 위치하고, 순정리론(順正理論)의 주창자 중현(衆賢) 대사의 고국인 신두고라국(新頭故羅國, 현 구자라트Gujārat) 역시 대식국의 침입으로 나라의 절반이 파괴되었으나, 사원과 승려가 여전히 많고 왕과 백성이 삼보를 크게 숭상하며 대승과 소승이 병존하고 있었다.

소승 설일체유부(說一切有部)의 대본영인 가섭미라국(현재의 카슈미르Kashmir)은 현장 때도 사원 백여 소와 승려 오천여 명이 있었고,

혜초 때는 이보다 더 많은 사원과 승려가 있었으며, 왕과 수령, 백성들이 삼보를 매우 숭상하였다. 대승과 소승이 구행하지만, 용지(龍池, 불라르Vular 호수)의 용왕이 날마다 수많은 나한승(羅漢僧, 소승불교 수행자)을 공양한다는 전설이 유행할 정도로 아직은 소승이 우세하였다. 이 나라에 인접한 대발률국(大勃律國, 현 발티스탄Baltistan)에도 사원과 승려가 있어 삼보를 숭상하고 있었다.

불교 미술의 백미라고 할 수 있는 간다라 미술의 고향인 건타라국(간다라Gandhara)과 그 주변은 일찍이 흉노의 내침으로 불교가 치명상을 입은 바 있다. 특히 내침한 흉노의 2대 맹주인 미히라쿨라(Mihirakula, 510~528 재위)의 잔인한 폐불정책으로 인해 이 지역의 불교는 일시 절명의 위기에 놓였다. 7세기 초에 간다라를 방문한 현장은 그 구지(舊址)에 황폐화된 10여 곳의 사원과 거의 파괴된 탑 유적만이 남아 있고, 그 밖에 천사 백여 곳과 '이도'가 잡거하고 있다고 기술하였다.

그러나 그렇게 휑뎅그렁하던 곳이 혜초가 방문했을 때는 양상이 달라져 있었다. 비록 왕과 사병들은 돌궐인(흉노족)이고 바라문(婆羅門, 브라만Brahman)도 섞여 있지만, 왕을 비롯해 왕비, 왕자, 수령 들은 각기 절을 지어 삼보를 공경하며, 왕은 해마다 두 번씩 재시(財施)와 법시(法施)를 행하는 대법회인 '무차대재(無遮大齋)'를 거행하고 있었다. 5세기 초 법현이 찾아갔을 때는 소승이 우세하였으나, 지금은 대승과 소승의 공영으로 확실히 회생의 기운이 감돌고 있었다. 간다라 서쪽에 있는 갈락가(葛諾歌)에 세운 큰 절은 일찍이 대승불의 논사(論師) 무착(无着, 아상가Asanga, 310~390)과 그의 동생 천친(天親, 세친世親, 바수반두Vasubandhu) 보살이 살던 곳으로서, 당시도 대탑에서는 늘 빛을 발하고 있다고 했다. 성 동남쪽은 부처가 시비가(尸毗迦, 시비카

Sivika)의 왕이었을 때 비둘기를 놓아 보냈다는 고사와 부처가 머리와 눈을 던져 다섯 야차(夜叉)에게 먹였다는 고사가 깃든 곳으로, 여전히 사원과 승려가 있어 공양하고 대승과 소승이 함께 행해지고 있었다.

북천축을 지나 중앙아시아에 들어서면, 비록 일부 지역이 대식의 소관 아래에 있으나 불교는 활기를 잃지 않고 있으며, 불교 전파의 서계(西界)가 명확했다. 간다라 북쪽에 위치한 오장국(烏長國, 우디아나 Udyāna)에는 사원은 물론, '승려가 속인보다 더 많으며(僧稍多於俗人)' 왕은 삼보를 숭상한다. 백성들은 조그만 몫만을 자기 집에 남겨두어 의식에 충당하고, 많은 몫을 절에 시주하며 매일 재(齋)를 올려 공양할 정도로 극성스럽다. 법현 때는 500소의 사원에 모두가 소승이었으나, 현장 때는 1400소의 사원에 1만 8000명의 승려가 있을 정도로 교세가 늘어났고 이미 대승으로 개신하였으며, 혜초 때에 이르러서는 오로지 대승만이 성행하였다.

오장국 이북에 있는 구위국(拘衛國, 치트랄Chitral)에도 사원과 승려가 많으며, 왕은 삼보를 숭상하고 있었다. 간다라 이서에 있는 람파국(覽波國, 람파카Lampāka)에도 사원과 승려가 많고 사람들이 저마다 삼보를 숭상하며 대승법이 행해지고 있었다. 그 서쪽에 있는 계빈국(罽賓國, 카피시Kāpiśī)에도 비록 왕과 병사들은 돌궐인이고 토착인은 호족이지만 역시 사원과 승려가 많고, 국민들이 하나같이 삼보를 크게 숭상하고 있었다. 특히 백성들은 집집마다 절을 지어놓고 삼보를 공양하는데, 여기서는 소승이 행해지고 있었다. 이 나라 서쪽의 사율국(謝䫻國, 카불Kabul 근처)도 사정은 마찬가지나, 여기서는 대승이 행해지고 있었다. 그러나 이 나라와 사정이 비슷한 북쪽의 범인국(犯引國, 바미얀Bāmiyān)에서는 대승과 소승이 병행하고 있었다.

중앙아시아의 요충지로서 현장 때는 사원 백여 곳, 승려 삼천여 명에 모두가 소승교법을 따르던 토화라(吐火羅, 토카리스탄Tokhāristān)는 비록 대식 병마가 침입하여 왕이 동쪽 포특산(蒲特山, 바다흐샨Badakhshān)으로 몽진(蒙塵)한 상황이지만, 여전히 사원과 승려가 많고 왕과 수령, 백성 들이 삼보를 매우 공경하고 이교는 믿지 않으며 소승법을 따르고 있었다.

중앙아시아 서편에 해당하는 파사(波斯, 파랄사波剌斯, 페르시아)와 대식의 사정은 이와 다르다. 현장이 파사에 갔을 때는 사원 2~3개소에 수백 명의 승려가 있고 소승 설일체유부 교법이 성행하고 있었으나, 혜초가 방문했을 때는 이미 대식의 지배하에 들어가 "하느님을 섬기고 불법은 모르고 있었다(事天不識佛法)." 대식도 파사와 마찬가지였다. 따라서 7세기 무렵 불교 전파의 최종 서계는 파사의 동변(東邊)으로 한정할 수 있을 것이다.

북부 중앙아시아 지대에 위치한 여섯 개의 호국(胡國), 즉 안국(安國), 조국(曹國), 사국(史國), 석라국(石騾國), 미국(米國), 강국(康國)과 그 이동에 있는 발하나(跋賀那, 현 러시아의 페르가나Ferghana)에는 하나의 사원과 한 명의 승려만이 있는 강국을 제외하고는 모두가 천교(祆敎, 배화교拜火敎, 조로아스터교)를 섬기고 불법은 모르고 있었다. 그러나 파미르 고원 서쪽의 골탈국(骨咄國, 쿠탈Khuttal)이나 호밀국(胡蜜國, 와칸Wakhan)은 비록 대식의 치하에 있지만, 사원과 승려가 여전하고 왕과 수령, 백성 들은 삼보를 숭상하며 소승을 따르고 있었다. 특히 호밀국 같은 데는 외도가 전무했다.

파미르 고원 동쪽의 당(唐)나라 영역 안에 있는 소륵(疏勒, 카슈가르Kashgar), 구자, 우기(于闐, 호탄Khotan), 언기(焉耆, 카라샤르Kharashar) 등의 나라에도 사원과 승려가 많은데, 개중에는 한사(漢寺)나 한승(漢僧)이 있고 대체로 소승에 편승하지만, 우기에서만은 대승이 행해지고 있다. 특이한 것은 한승들이 대부분 대승법을 따른다는 점이다.

이상에서 혜초의 『왕오천축국전』의 기술 내용을 중심으로 8세기 전반 인도와 중앙아시아 일대에서 불교가 전파된 상황을 지역별로 고찰해보았다. 상황의 이해를 돕기 위하여 혜초의 여행기 내용을 위주로 하면서 가급적 선행자들인 법현, 현장, 의정의 관련 기술을 비교·인용하였다. 그 결과 다음과 같은 몇 가지 특징을 발견할 수 있다.

첫째, 불교 전파의 북향성(北向性)이다. 7세기 이후 인도 불교는 사실상 힌두교에 흡수되어 생명력을 상실해가고 있었다. 특히 초기 불교의 요람인 동천축과 중천축에서는 석가의 탄생지인 가비야라와 열반처인 구시나가 황폐화되어 승려조차 없을 정도로 불교가 쇠잔해버렸다. 남천축에서는 각종 학파와 교파가 난립하면서 힌두교에 힘겹게 대응하고 있었지만, 안달라국 같은 곳은 힌두교 교세가 이미 불교 교세를 능가하고 있었다. 서천축의 경우 15개국 중 12개국에서 이미 외도가 성행하여 불교는 거의 멸적(滅跡)되었다.

그러나 북천축과 중앙아시아는 사정이 판이하다. 이 지대는 비록 돌궐을 비롯한 호족들의 치하에 있고,[33] 대식의 내침을 받아 일부 지역이 반 이상 파괴되었지만 불교는 오히려 활성화되어 8세기 전반의 이른바 '일시적 부흥'을 주도하고 있었다. 북천축의 사란달라와 가섭미라, 건타라와 중앙아시아의 오장국, 토화라 등 주요 불교국을 비롯해 가는 곳

---

[33] 굽타(Gupta) 왕조(320~647)를 이은 바르다나(Vardhana) 왕조의 창건자 하르샤(Harsha, 606~647 재위)가 사망하자, 돌궐을 비롯한 북방 이민족들이 인도 북부에 대거 침입하여 이른바 라지푸트(Rājput)족(32종족) 여러 왕조를 건립하였다.

마다 '족사족승'하고 왕으로부터 백성에 이르기까지 모두가 삼보를 매우 경신하고 있었다. 일찍이 현장이 방문했을 때는 돌궐의 폐불정책으로 말미암아 황폐화한 10여 곳의 절터밖에 없고 이도만이 잠거하던 건타라에는 왕과 수령들이, 돌궐 치하의 계빈국에는 백성들이 저마다 절을 지어 삼보를 공양하고 있었다. 당이 경영하는 구자나 언기, 우기도 외승(外僧)과 한승(漢僧)이 공동 활약함으로써, 사원도 많고 승려도 많은 '족사족승'의 국면을 맞고 있었다. 이와 같은 제반 사실은 불교가 이미 그 발상지인 천축으로부터 북으로 중심을 옮겨가고 있으며, 바로 그 연장선상에서 중앙아시아와 동아시아로 불교의 전파가 적극 추진되었다는 것을 시사한다.

둘째, 불교의 대승화(大乘化) 추세이다. 주지하다시피 기원전 1세기 무렵에 태동한 대승불교는 기원후 5~6세기까지도 소승불교에 비해 여러모로 열세였다. 그러나 8세기 초반부터 적어도 북천축과 중앙아시아에서는 교세나 교단 운영에서 대승이 크게 부각되면서 불교의 대승화 추세가 확연히 감지된다.

그것은 우선 대승이 당당하게 소승과 어깨를 견주면서 구행한다는 사실이다. 혜초가 여행기에서 대승과 소승의 분포상황을 언급한 22개국 중 11개국에서는 대승과 소승이 병존하고, 그 밖의 7개국에서는 소승이, 4개국(모두 중앙아시아)에서는 대승이 독행(獨行)하고 있었다. 시종 소승 설일체유부의 대본영이리고 하면 가십미라노 이제는 대승과 소승이 구행하고 있는 상황이 되었다.

일부 지역에서는 소승이 대승으로 '개신(改信)'하는 점에서 대승화 추세가 더욱 뚜렷이 나타나고 있다. 중천축의 피라날사(바라나시)는 소승정량부(『대당서역기』)에서 대승과 소승의 구행으로, 북천축의 건타라도 소승(『법현전』)에서 대승과 소승의 구행으로 전향하였다. 승려가 속인보다 더 많은 중앙아시아 오장국의 경우, 본래는 소승(『법현전』)이었으나 어느새 대승으로 일약 개신(『대당서역기』)하였다. 그 결과 오장국을 비롯한 중앙아시아 4개국에서는 대승만이 '전행(專行)'하고 있었다.

셋째, 불교에 대한 외도의 잠식을 그 특징으로 꼽을 수 있다. 혜초의 간략한 기술에서도 인도의 불교가 쇠퇴하게 된 외적 요인을 간파할 수 있다. 그것은 우선 힌두교의 잠식이다. 원래 불교는 힌두교의 도전 앞에서 그와의 화합과 제휴를 통한 대승적 변혁을 시도했지만, 주체의 의도와는 달리 오히려 상대에게 흡수되면서 설자리를 잃고 '외유(外遊)'할 수밖에 없는 비운을 자초하고 말았다. 힌두교는 무엇보다도 먼저 불교의 발원지인 동천축과 중천축을 공략하였다. 불교의 4대 영탑(靈塔)의 하나인 녹야원이 자리한 피라날사는 일찌감치 힌두교의 성지로 지목되어 현장이 갔을 때는 이미 힌두교 천사와 신도 수가 불교 사원이나 신자 수의 세 배가 넘었으며, 혜초 때는 대천(시바신)만을 섬기고 있었다. 불교학의 최고전당이던 나란타에도 현장 때 이미 불교도는 사천 명인 데 비해 힌두교도는 만여 명에 이르렀으며, '불교대진'이라고 일컬어온 곡녀성에도 천사가 불사의 두 배나 되었다. 동천축과 중천축에서의 이러한 힌두교의 압도적 우세가 바로 이곳에서 불교의 쇠잔을 몰고 왔음은 자명한 귀결이다. 남천축에서는 두 종교가 팽팽히 맞서 자웅을 겨루고 있었으나, 안달라국 같은 데서는 이도가 이미 불교를 제압하기 시작하였다.

인도 불교의 쇠퇴를 가져온 또 다른 외적 요인 중 하나는 이슬람교의 침투이다. 서북천축과 중앙아시아에서는 비록 불교가 일시적으로 부흥하는 기미를 보였지만, 이슬람이라는 새로운 종교 세력이 서쪽에서 밀려오면서 불교는 기존 판도를 상실했을 뿐만 아니라, 서방 진로와 북방 진로를 차단당하고 말았다. 그러다가 사산조 페르시아 시대에 천축과 교류가 빈번해져, 현장이 방문했을 때는 사원 2~3개소와 승려 수백 명이 소승불교를 따르고 석가 불발(佛鉢)이 왕궁에 안치될 정도로 바야흐로 불교가 파급되고 있었다. 그러나 대식의 치하에 들어간 당시는 '하느님만 섬기고 불법은 모르는' 곳이 되어버렸다. 중앙아시아 북부의 트란스옥시아나 일원에 위치한 여섯 개 호국 중 유일하게 강국에만 사원 하나와 승려 한 명이 있을 뿐, 다른 나라에는 불교가 전혀 알려지지 않은 것도 바로 이 지역이 이미 7세기 말부터 이슬람화되었기 때문이다. 요컨대 승승장구하는 이슬람 세력의 동진 앞에서 더 이상 불교가 서진이나 북진을 계속할 수 없었던 것이다.

불교의 쇠퇴와 중심의 이전을 가져온 이러한 외적 요인은 그 후에도 계속 작용하여 급기야는 서북천축과 중앙아시아에서 불교가 그 입지를 잃게 되었다.

3. 혜초의 서역기행 노정

혜초는 723년부터 727년까지 4년간 인도와 중앙아시아를 포함한 서역 일원을 역방하고 불후의 여행 명저 『왕오천축국전』을 남겼다. 그런데 이 여행기는 잔간으로서 앞 부분과 뒤 부분이 결락되어 불완전하며, 게다가 본래 세 권이었던 것의 절략본이어서 기행 노정의 전모를 다 알아낼 수는 없다. 그러나 다행스럽게도 기행의 핵심부라고 할 수 있는 인도와 중앙아시아에서의 행적이 여행기 속에 기록되어 있어 그 노정을 밝혀낼 수가 있다.

그러나 여행기의 기술 내용에서도 그렇거니와 노정에서도 모호하거나 혼동되는 점이 다소 있다. 그래서 연구자들은 나름의 소견에 따라 일부 노정을 서로 다르게 이해하기도 한다. 특히 혜초가 서쪽 어디까지 다녀왔는가 하는 기행의 서단(西端) 문제는 적지 않은 이론(異論)을 야기하여 아직까지도 합일된 정설이 없는 성싶다. 이 문제는 주로 대상지에 대한 비정과 노정에 관한 문맥을 어떻게 이해하는가에서 비롯된다. 그 중 핵심 문제는 노정에 관한 기록 중 혜초가 직접 다녀간 곳, 즉 답사지(踏査地)와 가지 않고 전문한 곳, 즉 전문지(傳聞地)를 가려내는 것이다. 이것이 노정 문제의 관건이다.

1) 서역기행 노정

혜초의 서역기행은 중국 광주에서 출발하여 남해의 바닷길로 이어져 동천축에 이른다. 이 구간의 노정은 여행기의 앞 부분이 떨어져 나갔기 때문에 기록으로 남겨진 것이 없다. 그래서 이 구간의 연구가 소외되어오다가 고병익에 의해 처음으로 시도되었다. 그는 그 노정을 중국 광주→사이공(현 베트남의 호치민시티Ho Chi Minh City)→수마트라(Sumatra) 섬→말레이(Malay) 반도 북부 서안의 나형국(裸形國)→탐루크(Tamlūk, 인도)로 설정하였다.[34] 바람직한 시도이기는 하나 몇 가지 문제가 해명되어야 할 것이다. 특히 노정에 대한 추적을 가능하게 하는 유일한 문헌적 전거인 『일체경음의』 속의 '혜초왕오천축국전' 상권에 등장한 39개 주석 어휘를 면밀히 검토하여 노정에 관한 전거를 찾아

---

34. 高柄翊,「慧超의 印度往路에 대한 考察」,『佛敎와 諸科學: 開校八十週年紀念論叢』, 東國大學校出版部, 1987.

내는 것이 중요하다.

앞에서 언급한 바와 같이 이 39개 어휘 중에는 임읍을 비롯한 지명과 풍습, 특산물 등이 포함되어 있어서 연구를 심화시키면 경유지의 윤곽을 그려내는 데 어떤 단서를 얻을 수도 있을 것이다. 이러한 단서와 더불어 당시 당나라 배들이 다니던 남해 항로를 참조해보면 혜초의 노정을 개략적으로나마 짐작하는 데 도움이 될 것이다. 당선(唐船)의 남해 항로를 가장 상세히 기술한 문헌은 가탐(賈耽, 730~805)의 「광주통해이도(廣州通海夷道)」이다.[35] 이 글에 제시된 제1구간(광주~수마

---

[35] 당나라 중앙의 대외교섭 총관인 홍여경(鴻臚卿)과 지방절도사를 거쳐 재상까지 역임한 가탐은 지리서 『황화사달기(皇華四達記)』를 저술하여 국내외를 잇는 7대 통로를 기술하였는데, 그 중 일곱 번째 통로가 바로 해로인 '광주통해이도(廣州通海夷道)'(『新唐書』「地理志」에 수록)이다. 가탐은 이 글에서 광주로부터 페르시아 만 서안의 오랄국(烏剌國, 오볼라)까지 이어지는 해로의 경유지와 항행일정 등을 소상히 기록하였다. 그가 제시한 노정은 크게 네 구간으로 나누어 볼 수 있다. 제1구간은 광주에서 불서국(佛逝國, 수마트라)까지이고 제2구간은 불서국에서 사자국(師子國, 실론, 현 스리랑카)까지이다. 혜초의 도축 남해로는 제1구간과 제2구간의 전반부에 해당한다. 제1구간은 광주에서 200리 가서 둔문산(屯門山, 현 구룡반도 서북해안 일대)→이틀 후 구주석(九州石, 현 해남도海南島 북동부 칠주열도七洲列島)→이틀 후 상석(象石, 현 해남도 만녕萬寧 동남해상의 대주도大洲島)→사흘 후 점블로산(占不勞山, Culao Cham, 현 베트남 점파도占婆島)→환왕국(環王國, 임읍)→200리에 이틀을 더하여 능산(陵山, 현 베트남 동남해안의 귀인歸仁, 퀴논 이북의 랑손)→하루 후 문독국(門毒國, 현 베트남 귀인의 바렐라 곶 일대)→하루 후 길달국(吉笪國, 현 베트남 아장芽庄, 즉 나트랑 일대)→반 일 후 분타랑주(奔陀浪州, Panduranga, 현 베트남 번랑藩郎, 즉 판랑Phan Rang 일대)→이틀 후 군돌롱산(軍突弄山, Pulo Condore, 현 베트남 곤륜도昆侖島)→5일 후 신가파해협(新加波海峽, 싱가포르 해협)→100일 후 불서국에 이른다. 제2구간은 불서국에서 사자국까지로, 수마트라→사흘 후 갈승저국(葛僧祗國, 수마트라의 Brouwers 제도)→4·5일 후 승등주(勝鄧州, 수마트라의 델리와 Laugkat 일대)→5일 후 파로국(婆露國, 수마트라 서북부의 Breueh 섬)→6일 후 파국가람주(婆國伽藍州, 니코바르 제도)→4일 후 사자국에 도착한다. 혜초도 아마 파로국까지는 거의 같은 항로를 이용했을 것이고, 그 이후부터는 그대로 북상하여 말레이 반도 북부 서안에서 서북쪽으로 가서 인도에 도착했을 것으로 짐작된다. 따라서 파로국에서 심해로 서향해 알몸의 원시인들이 사는 파국가람주, 즉 니코바르 제도를 거쳤을 것이라는 추측은 그 신빙성이 별로 없다(졸저, 『실크로드학』, 창작과비평사, 2001, 61-62쪽 참조).

● —— 혜초가 중국으로 갈 당시의 신라 무역선 복원 모형

트라)과 제2구간(수마트라~실론)의 전반부를 혜초의 도축 해로로 가정해도 크게 무리가 없을 것이다.

고병익이 혜초의 도축 해로를 추적한 데서 나형국에 관한 언급이 나오고, 『일체경음의』의 '혜초왕오천축국전' 중권이 고른 첫 어휘도 나형국이다. 그런가 하면 여행기 잔본의 첫 행에도 '나형(裸形)'이라는 어휘가 나온다. 그렇다면 이 나형국이나 나형의 실체는 무엇이며, 그것이 혜초의 바닷길 노정을 추적하는 데서 어떤 의미를 갖는 것인지 연구의 대상이 아닐 수 없다. 일부 학자들은 의정의 여행기에 나오는 '나인국(臝人國, 즉 裸人國)'이나 '나형국(臝形國)' 등을 근거로 이곳을 인도양 상의 니코바르 제도나 말레이 반도 북부 서안에 비정하는데, 이것은 재고의 여지가 있다. 왜냐하면 의정 등이 묘사한 '나인국'이나 '나형국'은 문자 그대로 원시 인간의 알몸이고, 혜초의 여행기 잔본에 나오는 폐사리국(吠舍釐國, 바이샬리Vaiśālī)의 '나형'은 원시 시대를 훨씬 벗어난 종교적 행태로서의 알몸으로, 이 두 가지는 차원이 서로 다르기 때문이다. 혜초보다 600여 년 후인 14세기 전반에 니코바르 제도 일원(바라흐나카르Barahnakār)을 방문한 아랍의 대여행가 이븐 바투타(Ibn Batūtah)는 이곳 남자들이 '아무것도 가리지 않은 벌거숭이'이고 '짐승처럼 내놓고 성행위'를 하는 야만인들이라고 직접 견문을 전하고 있다.[36] 그러나 혜초는 잔본의 폐사리국에 관한 기술에서 '사람을 파는 죄와 사람을 죽이는 죄는 다르지 않다'라고 하였다. 이처럼 인신매매를 중죄시한 점으로 보아, 이곳은 14세기까지도 야만인들이 살았던 니코바르 제도와는 문명화 정도에서 비교가 안 될 정도로 판이한 세계이다. 따라서 잔본 중의 '나형'을 원시적인 나형이 성행한 니코바르 제도와 동일시하며, 이를 근거로 혜초가 이 제도를 지났을 것이라고 추측하는 것은 무리가 아닐 수 없다.

일단 바닷길을 헤쳐 온 혜초는 동천축 연안에 상륙하여 육로 기행을 시작한다. 성지로 직행했기 때문인지는 몰라도, 잔본에 동천축 기행에 관한 기록은 없고, 일약 중천축에 있는 석가의 열반처 구시나국이 먼저 모습을 드러낸다. 여기서부터 시작되는 긴 여정을 밝혀내는 데 중요한 것은 그가 직접 찾아간 곳을 확인하는 일이다. 그래야 기행의 사실성이 인정된다. 그러자면 여행기에서 그가 직접 밟아본 답사지와 얻어들은 전문지를 명확히 구분 짓고, 기술 내용의 정확성 여부를 가려내야 한다. 이 두 가지는 혜초의 기행 노정을 확인하는 잣대가 된다. 그 밖에 대상지의 비성 여하도 노정 결정에 일정한 영향을 미친다.

가장 중요한 것은 답사지와 전문지를 판단하는 것인데, 사실 이 문

---

36. 졸역, 『이븐 바투타 여행기』 2, 창작과비평사, 2001, 308-309쪽.

제 때문에 기행 노정을 추적하는 데서 여러 가지 혼란과 오해가 발생하였다. 이 문제를 해결할 수 있는 열쇠는 본문에서 찾아낼 수 있는데, 그것은 바로 거의 도식화된 '시문구(始文句, 시작 문구)'이다. 여행기 전문에 걸쳐 혜초는 그가 직접 다녀간 곳에 관한 기술에는 반드시 '어디서부터(從) 어느 방향으로(東·西·南·北) 얼마 동안(日, 月) 가서 (行) 어디에 이르렀다(至)', 즉 '從(又從, 卽從)……(東·西·南·北)行(入, 隔)……日(月, 程)……至(From……I travelled(entered, crossed) further(west, north, east, south)……for……days(and after……days)arrived at……)'라는 식의 시문구를 사용하고 있다. 본문에는 이러한 시문구가 모두 23군데[37] 있는데, 이곳들은 그가 직접 가서 보고 현지 견문록을 남긴 곳들임이 분명하다. 시문구를 여정 순서에 따라 열거하면 다음과 같다.

又卽從此彼羅痆斯國(約 三字 缺)月 至中天竺國王住城……
卽從中天國南行三箇餘月 至南天竺國王〔所〕住……
又從南天北行兩月 至西天國王住城……
又從西天北行三箇餘月 至北天國也……
又從此闍蘭達羅國西行經一月 至一社吒國……
又從此吒國西行一月 至新頭故羅國……
又從此北行十五日入山 至迦羅國……
又(從)迦葉彌羅國西北隔山七日程 至小勃律國……
又從迦葉彌羅國西北隔山一月程 至建〔馱〕羅……

---

37. 앞 부분의 약 15개 결락자 뒤에 온 '日至拘尸那國……'과 또 약 11개 결락자 뒤에 온 '日至彼羅痆斯國……'도 이러한 시문구로 짐작된다.

又從此建馱羅國正北入山三日程 至烏長國……
又從烏長國東北入山十五日程 至拘衛國……
又從此建馱羅國西行入山七日 至覽波國……
又從此覽波國西行入山 經於八日程 至罽賓國……
又從此罽賓國西行七日 〔至〕謝䫻國……
又從謝䫻國北行七日 至犯引國……
又從此犯引國北行二十日 至吐火羅國……
又從吐火羅國西行一月 至波斯國……
又從波斯國北行十日入山 至大寔國……
又從吐火羅東行七日 至胡蜜王住城……
又從胡蜜國東行十五日 過播密川 卽至蔥嶺鎭……
又從蔥嶺步入一月 至疏勒……
又從疏勒東行一月 至龜玆國……
又從安西東行(約 二字 缺) 至焉耆國……

위 글 속의 시문구들은 예외 없이 '종(從)……행(行)……일(日)……지(至)'라는 관용어구를 포함하고 있다. 이 어구를 담고 있는 23개 문장의 내용을 살펴보면, 모두가 실제 혜초가 여행한 곳에 관한 현지 견문을 기술한 것이다.

본문에서 혜초는 타인으로부터 전문하였거나, 실제로 가지 않은 곳에 관한 기술은 그것을 일견하여 식별할 수 있도록 문면(文面) 처리를 하였다. 예컨대 그가 북천축의 어느 산 속에 있는 나갈라타나사(那褐羅駄那寺, Nagaradhana)를 찾아갔을 때, 그곳에서 입석한 한 중국 중에 대해서는 이 사원의 '대덕 말에 의해(彼大德說……)' 전문했다고 밝히고 있다. 또한 그가 대식에 도착한 후에는 다만 '그 동쪽에는 호국들로 안국, 조국 등 6개국이 있다(又從大寔國已東 並是胡國 卽是安國 曹國⋯⋯)'라고만 지적하면서 각국의 풍속과 물산 및 대식과의 관계를 서술할 뿐, 갔다거나 경유하였다는 말은 일절 없다. 따라서 실제로 여행하지 않은 나라들을 기술할 때는 전술한 관용어구 '종⋯⋯행⋯⋯일⋯⋯지'를 쓰지 않고 '어디의 어느 방향에 어떤 곳이 있다(從(又從)⋯⋯已(東·西·南·北)⋯⋯是(卽, 有))'라는 식의 객관적 표현으로 된 시문구만 쓸 뿐이며, 직접 어디에 '이르다(至)'라는 동사구를 쓴 적이 없다. 이러한 문면상의 관용어구와 더불어 답사지에 관한 기술 내용의 정확성이나 위치 비정 등을 감안해 혜초의 전체 기행 노정을 순서대로 추적해보면 다음과 같다.

남해로부터 동천축에 상륙한 후 중천축으로 들어간 혜초는 불교 4대 성지의 하나인 석가의 열반처가 있는 구시나국을 찾아가 성배하고, 남쪽으로 마게타국에 이르러 녹야원, 구시나, 왕사성, 마하보리 등 4대 성탑(聖塔)[38]을 순례한 다음 갠지스 강을 서북쪽으로 거슬러 올라가 중천축의 수도 갈나급자(카냐쿱자)로 가서 오천축 전역의 기후와 풍속을 총괄적으로 서술하였다. 그리고 중천축의 4대 탑인 사위국(舍衛國, 슈라바스티 Śrāvastī)의 급고원탑(給孤薗塔, Jetavanā-anathapiṇḍada-syārāma), 비야리성(毗耶離城, 바이샬리)의 암라원탑(菴羅薗塔, Āmraamara)과 가비야라국탑(迦毗耶羅國塔, Kapilavastu) 그리고 삼

---

38. 혜초는 이 4대 성탑이 모두 마게타국 경내에 있다고 하였으나, 사실 녹야원은 피라날사국에 속하고, 구시나는 독립국이다. 푹스(W. Fuchs)의 글 "Huei-chao's Pilgerris durch Nordwest-Indien und Zentral-Asien um 726," p. 10과 고병익(高柄翊)의 「慧超의 往五天竺國傳」, 60쪽, 주 40 참고.

도보계탑을 보고 나서 남쪽으로 3개월간 걸어서야 비로소 남천축(현 데칸 고원 지방)에 이르렀다. 여기서 그는 용수 보살(龍樹菩薩, Nāgārjuna)의 신력(神力)으로 세워진 대사원을 돌아보았다.

혜초는 남천축을 돌아본 다음 또다시 3개월 이상을 걸어서 서천축을 지나 북천축의 수도 사란달라(잘란다라)에 이르렀다. 여기서 서쪽으로 한 달을 걸어 신두고라국(신드구르자라)에 이른 후, 석가가 와서 설법한 적이 있는 타마사바나를 순례하고 다시 사란달라로 돌아갔고, 그곳에서 15일 후에 가섭미라국(카슈미르)으로 들어갔다. 여기서 서북쪽으로 간 지 약 1개월 만에 건타라국(간다라)에 도착해 갈락가(葛諾歌, 카니슈카Kanniṣka)에 세운 큰 절을 보고 북쪽으로 3일 만에 오장국(우디아나)에, 다시 동북쪽으로 15일 만에 구위국(치트랄)까지 갔다가 건타라국으로 되돌아왔다. 여기서 서쪽에 있는 계빈국(카피시)을 지나 계속 서행해 7일 만에 사율국(자불리스탄)을 지나 북쪽으로 범인국(바미얀)을 거쳐 20일 만에 토화라에 도착하였다.

혜초는 이곳에서 진로를 서쪽으로 취해 1개월 만에 파사에, 다시 북쪽으로 10일 후에는 여행의 서단(西端)인 대식에 이르렀다. 여기서 귀로를 동쪽으로 돌려 토화라(토카리스탄)를 경유해 7일 만에 호밀국(와칸)을 지난 후 마침내 당나라 군사가 주둔하고 있는 파미르 고원을 넘었다. 파미르 고원으로부터 한 달을 걸어서 소륵(카슈가르)에 이른 후 당의 안서 도호부가 자리잡고 있는 구자에 당도하였다. 이때가 당 현종(玄宗) 개원 15년(727) 11월 상순이었다. 혜초는 그 후 언기를 거쳐 장안으로 돌아왔는데, 언기 이하 부분은 결락되어 거기서 장안까지의 노정은 알 길이 없다.

이상에서 혜초가 직접 다녀온 노정을 개략적으로 고찰해보았다. 남긴 글이 있어서 행로쯤은 쉬이 가려낼 수 있을 것 같지만, 실은 그렇지 않고 이러저러한 혼선이 빚어지고 있다. 그 대표적인 예로 토번(吐蕃, 티베트)의 속국들과 우기 및 대식으로의 여행 여부 문제를 들 수 있다.

1978년 석지현(釋智賢)이 펴낸 인도 탐방기 『혜초의 길을 따라』의 첫 장에 부착된 〈천축 순례도〉[39]를 펼쳐보면, '혜초 스님 가신 길'이 가섭미라로부터 오늘날의 네팔과 부탄의 북부 경계를 지나 티베트 남부를 꿰뚫고 인도 서북부로 다시 돌아오고 있다. 그런데 이 길은 분명히 『왕오천축국전』의 관련 기술을 잘못 이해한 데서 비롯된 가정(假定)의 길에 불과하다. 고병익도 이와 비슷하게 혜초가 가섭미라에서 토번의 속국들을 지나 건타라로 들어갔다는 견해를 표명한 바 있다.[40] 이 문제와 관련된 여행기의 기사는 다음과 같다.

가섭미라국에서 동북쪽으로 산을 사이에 두고 보름 걸리는 곳에 대발률국(大勃律國, 현 발루치스탄), 양동국(楊同國, 현 부탄 북부와 티베트 남부 지방), 사파자국(娑播慈國, 현 네팔)이 있다. 이 세 나라는 모두 토번의 관할 아래 있다(又迦葉彌羅國東北隔山十五日程 卽是大勃律國 楊同國 娑播慈國 此三國並屬吐蕃所管).

위의 글에는 혜초가 직접 다녀간 곳을 식별할 수 있게 하는 관용 시 문구인 '어디에서 어느 방향으로 얼마 동안 가서 어디에 이르다(從……

---

39. 釋智賢, 『혜초의 길을 따라』, 悅話堂, 1978.
40. 고병익은 앞의 논문 「혜초의 왕오천축국전」(『東亞交涉史의 硏究』, 60쪽)에서 이러한 견해를 피력했으나, 「혜초」(123쪽)와 『혜초의 길을 따라』(동아일보사, 27쪽)에서는 이와 달리 혜초가 티베트의 속국들에는 직접 가지 않고 카슈미르에서 전해 들은 바를 기술한 것 같다고 하였다.

行……日……至)'는 없고, 다만 '어느 방향의 얼마쯤 되는 곳에 무슨 곳이 있다(又……東北……程……卽是……)'라는 식의 객관적 표현어구만 있다. 뿐만 아니라 현실적으로도 히말라야의 첩첩고산이 가로놓인 이 세 곳을 15일 만에 다녀온다는 것은 도저히 불가능한 일이다. 이러한 점을 고려할 때 혜초가 티베트의 속국들에 다녀왔다거나 지나갔다는 것은 믿기 어려운 일이며, 따라서 이 세 나라에 관한 기사는 그가 전문한 것으로 봐야 할 것이다.

다음으로 혜초가 귀로에 구자까지 왔다가 다시 남하하여 '죽음의 사막'이라고 부르는 타클라마칸 대사막을 뚫고 장장 이천 리의 먼 거리에 있는 우기까지 갔다왔는가 하는 문제가 논란이 된 적이 있다. 이 문제와 관련해 여행기는 다음과 같이 기술하고 있다.

다시 소륵에서 동쪽으로 한 달을 가면 구자국에 이른다.……다시 안서 남쪽에서 우기국까지는 이천 리이다. 이곳에도 중국 군사가 많이 주둔하고 있다.……여기서부터 동쪽은 모두 당나라의 영역이다. 모두가 공히 알고 있어서 말하지 않아도 알 수 있다. 개원 15년 11월 상순 안서에 도착하였는데, 그때의 절도사는 조군(趙君)이었다(又從疎勒東行一月 至龜玆國…… 又安西南去于闐國二千里 亦足漢軍馬領押…… 從此已東 並是大唐境界 諸人共知 不言可悉 開元十五年十一月上旬 至安西 于時節度大使趙君).

그런데 위 글에 대한 정확한 판독이나 문장 기법에 유의하지 않으면, 마치 혜초가 소륵에서 동쪽으로 한 달 동안 걸어서[41] 구자에 이른

---

41. 한대에 파미르 고원(총령葱嶺) 동쪽의 오아시스 유로는 타클라마칸 대사막을 중간에 끼고 대체로 북도와 남도로 갈라졌는데, 그 주로(主路)를 보면, 북도는 파미르 고원에서 소륵~구자~

후, 남쪽으로 이천 리나 떨어져 있는 우기에 갔다가 다시 구자, 즉 안서 도호부 치소로 돌아온 것으로 오해하게 된다.[42] 바로 이러한 오해로 인해 최남선은 혜초가 "구자국에 이르고 구자로부터 서남으로 우기국까지 가서 보고 당 개원 15년 11월 상순에 도로 안서로 돌아왔다"라고 주장하였다.[43]

고병익은 이에 의문을 표시하면서, 귀국 도상에 동쪽으로 오다가 중간에 방향을 남쪽으로 돌려 타클라마칸 대사막이 가로놓여 있는 상거 이천 리 지점의 우기에 다녀왔다는 것은 믿기 어려우며, 더구나 본문에서 우기에 관해서는 별다른 기록이 없는 점으로 보아 "단지 남도(南道)의 대국인 우기국을 언급한 것에 지나지 않고, 갔다오지는 않은 것으로 생각된다"라는 탁견을 발표하였다.[44]

그러나 한 가지를 첨가하여 그 논리를 더 보강한다면, 구자에서 우기까지의 내왕을 서술하는 글에서는 전술한 관용 시문구를 쓰지 않았고, 우기에 관한 서술에서도 전문이나 자신이 이미 갖고 있는 지견에 기초해 "여기서부터 동쪽은 모두 당나라의 영역이다. 모두가 공히 알고 있어서 말하지 않아도 알 수 있다"라고 간단히 언급하였을 뿐이라는 사실이다.

이상의 몇 가지 점을 감안할 때, 혜초가 구자에서 진로를 바꾸어가면서 이미 잘 알고 있는 머나먼 우기까지 갔을 리는 없고 계속 동진해서

옥문·양관으로 이어지는 길이고, 남도는 파미르 고원에서 사차~우기~누란~옥문·양관으로 연결되는 길이다.

42. 이석호 역의 『왕오천축국전』(乙酉文化社 46, 1970, 69쪽)에도 원문 '又安西南去于闐國二千里 亦足漢軍領押'을 "또 안서(安西, 현 쿠차庫車)를 떠나 남쪽으로 우기국(于闐國, 현 신강성 남방 호탄)까지 이천 리를 가면 역시 중국 군대가 주둔하고 있다"로 번역함으로써, 혜초가 마치 쿠차에서 다시 남쪽으로 호탄까지 이천 리를 갔다온 것처럼 착각하게 할 소지를 주고 있다.

43. 崔南善, 『新訂三國遺事』附錄, 1943, 17쪽.

44. 高柄翊, 「慧超의 往五天竺國傳」, 16쪽, 주 42 참고.

장안으로 돌아왔다고 보는 것이 합리적인 판단일 것이다.

2) 혜초의 대식 역방

혜초의 서역기행 노정과 관련하여 가장 모호한 부분은 바로 여정의 서단(西端) 문제이다. 다시 말해 혜초가 실제로 페르시아와 아랍 그리고 동로마(대불림大拂臨, 비잔틴) 제국까지 여행하였는가 하는 문제이다. 지금까지 학계의 압도적인 견해는 혜초가 당시 동서교통의 요충지였던 토화라에서 페르시아와 대식, 대불림 등 인근 여러 나라들에 관해 전문한 것을 기술하였을 뿐, 현지에 직접 가지는 않았다는 것이다. 그 근거로는 구법 목적으로 인도에 간 그가 이교인 회교(回敎, 이슬람교)나 기독교가 지배하는 지역에 갈 리 만무하다는 것이다.[45]

그러나 구법승들이 설사 어떤 종교적 아집으로 인하여 이교지(異敎地)에 대한 여행을 삼갔다손 치더라도 예외는 있지 않았을까 한다. 더욱이 동기나 당초 목적과 관계없이 결과만 놓고 본다면 혜초의 천축 행각은 구법 수학(修學)보다는 순방성이 다분함을 인지할 수 있다. 그의 여행 기록인 『왕오천축국전』은 대체로 성지 순례의 일정과 견문이나 전문의 기술이시, 불법에 대한 연찬(硏鑽) 기록은 아니다. 밀교의 대사인 금강지를 사사하고 밀교의 전성기에 그 본거지인 천축에 간 그가 밀교나 또 종래 불교학의 최고 전당인 나란타에 관해서는 그 곁을 지나면서도 일언반구 언급이 없다.

혜초가 실제 천축에 체류한 기간도 3년 정도밖에 되지 않는다. 그의 선행자들인 법현은 11년(399~410), 현장은 16년(627~643), 의정은

---

45. 高柄翊, 「慧超」, 131쪽; 河正玉, 「論慧超之'往五天竺國傳'殘卷」, 251쪽; 佚名, 「大食攷」, 『中國回敎』第175期, 中國回敎協會, 1980, 36쪽.

18년(671~689) 동안이나 천축에 머물면서 성지 순례는 물론, 주로 불법을 연구하며 지냈다는 사실을 감안할 때 혜초의 체류 기간은 너무 짧았으며, 그 내용도 순수 순방에 불과했다. 이러한 그가 어떤 계기나 동인으로 인해 비불교지에 갈 수도 있지 않았겠는가 하고 그 개연성을 짚어본다. 따라서 당시 이교지라는 이유 하나만으로 그의 여행 가능성을 단정적으로 배제하는 것은 설득력이 약하다. 실제로 혜초 자신이 서술한 바와 같이 그는 이미 대식의 내침을 받은 서천축이나 북천축의 일부 지역을 여행했고, 특히 이미 대식의 지배하에 들어가서 이슬람화가 상당한 정도로 진척된 토화라에도 오랫동안 체류하였다.

이러한 반론과 더불어 혜초의 여행기를 문면과 내용면에서 세심히 검토해보면 그의 여행 서단은 토화라가 아니라 대식이라는 결론에 도달하게 된다. 그 근거로 다음 세 가지를 들 수 있다.

첫째로, 문면상의 근거이다. 본문 중에 있는 "다시 토화라국에서 서쪽으로 한 달을 가면 파사국에 이른다(又從吐火羅國西行一月 至波斯國)"나 "다시 파사국에서 북쪽으로 열흘을 가서 산으로 들어가면 대식국에 이른다(又從波斯國北行十日入山 至大寔國)"에는 문면상에서 분명히 직접 답사했음을 입증해주는 관용 시문구(從……行……日……至)가 그대로 적용되고 있다.

이와 같은 문면 기술 방식에 따라 대불림과 소불림(小拂臨)[46]으로의

---

[46]. 대불림국이란 헌 터키 지방에 있던 비잔틴(동로마) 제국을, 소불림국이란 우마이야조 아랍 제국의 수도 다마스쿠스를 중심으로 한 샴(**Shām**, 헌 시리아) 일대를 지칭한다. 물론 혜초가 방문할 당시 시리아 지방은 아랍 제국의 중추로서 대식국임이 분명하고, 또 파사(페르시아)도 아랍 제국의 치하에 있기 때문에 사실상 대식국의 일부이다. 그러나 혜초는 종전의 전문에 사로잡혀 대식과 소불림을 별도로 봤고, 파사가 대식(아랍)의 지배하에 있다는 사실을 알면서도 파사와 대식을 구별해서 본 것으로 생각된다.

여행 여부를 검토해보면 실상은 자명하다. 소불림국에 관해서는 대식국 왕이 본국에서 살지 않고 소불림국에 가서 살고 있다는 내용만 언급하고 있으며, 대불림국에 관해서도 "다시 소불림국에서 바다를 끼고 서북쪽으로 가면 바로 대불림국이 있다. 이 나라 왕은 강한 군사를 많이 가지고 있으며……(又小拂臨國傍海西北 卽是大拂臨國 此王兵馬強多……)"라고만 기술하였을 뿐, 관용 시문구는 없다. 또 이 대불림국의 국세(國勢)나 물산에 관한 간략한 지식 소개는 독립 문단이 아닌 대식국에 관한 문단 속에 포함되어 있다. 이러한 점으로 미루어 보아 혜초는 대식(아랍)까지는 직접 갔으나, 소불림국이나 대불림국까지는 가지 않고 대식에서 이 나라들에 대해 전문한 것을 기록한 것으로 보인다.

둘째로, 혜초가 페르시아나 대식까지 이르렀다고 보는 또 다른 근거는 이 두 곳에 관한 기술 내용이 상당히 정확할 뿐만 아니라, 서술 방식도 여타 실제 여행지에 관한 서술 방식과 거의 동일하다는 점이다. 우선 페르시아가 토화라국 서쪽에, 그리고 대식이 페르시아 북쪽에 위치한다고 본 것은 지리적으로 정확무오(正確無誤)하다. 또 페르시아와 대식의 관계에서 당시 전자가 후자에게 병합되어 있다고 한 것도 사실(史實)과 부합한다. 이슬람 교조 무함마드(Moḥammad, 570?~632)가 사망한 후 제2대 칼리파 오마르(Omar, 634~644 재위) 시대에 대식은 사산조 페르시아와의 지스르(Zisr) 전쟁(634), 까디시아(Qādisiya) 전쟁(635), 자루르(Jarur) 전쟁(637) 등 일련의 전쟁 끝에 640년에는 사산조에 대해 선년 공격을 단행하여 대부분의 영토를 공략하였다. 그 후 10년 동안 간헐적인 반항을 진압하고 651년 사산조의 마지막 왕인 야즈다기르드 3세(Yazdagird III)를 폐출함으로써 사산조는 완전히 붕괴되어 대식의 지배 아래 놓이게 되었다.

● ── 이슬람 교조 무함마드의 탄생

대식국 소개에서 왕이 본국에 살지 않고 소불림국에 가서 살고 있다고 한 것 역시 사실과 부합한다. 혜초가 대식 땅을 밟았을 때는 우마이야(Umayya)조 아랍 제국(661~750)의 제10대 칼리파 히샴 이븐 압둘 말리크(Hishām Ibn Abdu'l Malik)가 집정한 시기에 해당한다. 당시 우마이야조는 다마스쿠스(현 시리아 수도)에 치소를 두고 각 지방마다 총독(아미르Amīr 혹은 왈리Wālī)을 파견해 제국의 통치체제를 유지하고 있었다. 페르시아를 비롯한 중앙아시아 지역은 대부분의 경우 호라산(Khorāsān) 총독의 관할 아래 있었다. 이러한 지방 총독은 칼리파(교조 무함마드의 계위자)의 대리인으로서 그 지방의 실권자였으며, 칼리파는 상징적인 최고 통치자에 불과했다. 그리하여 칼리파는 지방에 상주하지 않고 소불림국, 즉 중앙정부 소재지인 다마스쿠스에서 군림하였다.

페르시아나 대식에 대해 "하느님을 믿고 불법을 모른다(事天不識佛法)"라고 한 기술도 사실이다. 이미 이슬람화한 지 70~80년이나 된 이 두 지역에 불교가 있을 리 없다. 그곳에서는 오직 알라(Allāh, 이슬람교에서의 하느님, 유일신)만을 신봉하는 것이 당연지사였을 것이다. 또 "왕과 백성들의 옷이 한 가지로 구별이 없고(王及百姓衣服一種無別)" 음식을 먹는 데도 귀천을 가리지 않고 함께 한 그릇에서 먹으며, "무릎을 꿇고 절하는 법이 없다(無有跪拜法)"와 같은 구체적인 생활상과 풍습을 묘사한 부분은 놀라울 정도로 자세하고 정확하다.

게다가 서술 방식과 내용이 기타 현지 답사지의 서술 방식이나 내용 범위와 대체로 비슷하다. 페르시아와 대식에 관한 서술에서도 다른 지역에 관한 서술과 마찬가지로 왕정, 물산, 생활 풍습, 종교·신앙(특히 불교) 등을 거의 도식적으로 포함하고 있다. 그러나 그가 직접 탐방하지 않은 곳에 관한 소개에서는 이러한 내용을 두루 담고 있지 않다. 이와 같은 포괄적인 내용의 기술은 현지에서의 직접적인 견문에 의거하지 않고 타지에서 타인의 전문만 통해서는 결코 가능한 일이 아니다. 이와 같이 페르시아나 대식에 관한 서술 내용의 정확성과 서술 방식의 상사성(相似性)은 혜초가 현지를 답사하였다는 또 다른 증거로 간주할 수 있다.

셋째로, 혜초가 대식까지 방문하였다고 볼 수 있는 또 하나의 근거는 대식국에 관한 역사 인식에서 찾을 수 있다. 그의 기행문에도 나타나지만 혜초가 토화라를 중심으로 한 중앙아시아 일대를 순방한 때는 그 지역이 이미 대식국, 즉 우마이야조 아랍 제국의 지배와 영향하에 들어간 때이다. 페르시아의 사산조를 무너뜨린 아랍 제국은 계속해서 원정군을 아랍 해 서남쪽 호라심(Khurazim) 지방에 파견한(667) 것을 시발로 트란스옥시아나(Transoxiana)[47]에 대해 본격적인 공격을 전개하였다. 그리하여 681년에는 살림 이븐 지야드(Sālim Ibn Ziyād)를 이 지방 총독으로 임명하고 통치권을 행사하기 시작하였다.

특히 705년에 후임 총독으로 임명된 무장 쿠타이브 이븐 무슬림(Kutaib Ibn Muslim)은 대군을 이끌고 7세기 중반부터 당의 경략권 안

---

47. 트란스옥시아나는 아무다리야(Amu Darya)와 시르다리야(Sir Darya) 두 강 사이의 지역을 가리키는데, 아랍어로는 마 워라 나흐르(Mā Warā al-Nahr, 하외지역河外地域)라고 한다.

에 들어 있던 토화라를 공격하고(705), 강국(712) 등 소무구성국(昭武九姓國)[48]을 비롯한 파미르 고원 서쪽의 서투르키스탄 제국을 차례로 정복하여 강력한 행정·군사체제를 수립하였다. 승승장구하던 이슬람 세력은 계속 동진하여 715년에는 총독 쿠타이브가 사신 후바이라 이븐 칼라비(Hubairah Ibn al-Kalabi)를 중국 당조에 보내 중국 땅을 '밟지 않고는 돌아가지 않겠다'는 협박을 한 뒤 당조가 순응하지 않자, 드디어 717년에는 파미르 고원을 넘어 소륵까지 진출하였다.[49]

한편 아랍 제국은 건국 초기부터 인도 방면으로의 진출을 꾀해왔다. 659년 하리스 이븐 마라(Hārith Ibn Marrah)가 지휘하는 이슬람군은 당시 신드(Sind, 신독信毒, 인더스 강 하류 서천축) 서북방에 위치한 끼깐(Qiqan)을 정복한 제1차 원정에 이어, 664년에는 마흘라브 이븐 아비 사프라(al-Mahlab Ibn Abī Safrah)가 물탄(Multān, 인더스 강 중류) 지방에 대한 제2차 원정을 단행하였다. 그러나 동시다발적인 대외 원정으로 인해 여력이 없게 된 아랍 제국은 잠시 인도에 대한 관심을 늦추다가 708년 무장 무함마드 이븐 까심(Muhammad Ibn al-Qāsim)을 파견해 다시 인더스(아랍어로 마흐란Maḥrān) 강 하류로부터 동북 방향으로 물탄까지 진격하여 신드국 전역을 일거에 점령하고는 이 지역에 아랍인들을 대거 이주시켰다. 그러나 아랍 제국 말기에 와서 내분과 신드인들의 저항 때문에 더 이상 지탱하지 못하고 724년부터 이 지역에서 철수하기 시작하였다. 이때가 바로 혜초가 이곳 서천축을 여행하던 시기(726년

---

48. 소무구성국이란 당대 파미르 고원 서쪽 트란스옥시아나 일원에 산재하여 당의 경영권 내에 있던 강(康), 안(安), 조(曹), 석(石), 미(米), 하(何), 화심(火尋), 술지(戊地), 사(史) 9국을 가리킨다.
49. 하산 이브라힘 후사인(Hassan Ibrāhīm Hussain), 『이슬람사(Tārīkh al-Islām)』 권1, 나흐다 출판사, 1985, 306-311쪽: 『新唐書』 권327 「康國傳」.

경)이다. 그가 여행기에서 처음으로 대식을 거명하면서 서천축국은 "대식의 내침을 받아 나라의 절반이 파괴되었다(被大寔來侵 半國已損)"라고 기술한 것은 이러한 역사적 상황과 일치한다. 그러나 아랍인들이 이곳에서 이미 철수하였기 때문에, 혜초는 이곳을 대식국이라 부르지 않고 여전히 천축국의 하나인 서천축국으로 보았다.

이와 같이 혜초가 서북천축을 역방할 때, 아랍 제국의 동쪽 영역은 대체로 신드국 이북에서부터 북으로는 카스피 해와 아랄 해, 동으로는 중앙아시아 시르다리야 강까지 뻗어 있었다. 혜초가 여행기에서 트란스옥시아나에 있는 6개 호국과 시르다리야 강 동남쪽 유역에 있는 발하나국과 골탈국이 모두 대식의 지배하에 있다고 기술한 것은 당시 대식국의 동쪽 경계가 시르다리야 강까지 이르렀음을 확인시켜준다. 대식국 영내의 중앙아시아 지역은 호라산 총독의 관할 아래에 있었는데, 그 치소는 니샤푸르(Nīshāpūr)이고 주요 거점은 그 동쪽에 위치한 마루(Maru, 말브)와 부하라(Bukhara, 현 우즈베키스탄의 카르마냐 Karmanya 지방)였다.[50]

혜초는 여행기에서 토화라로부터 서쪽으로 한 달을 가면 페르시아국이 있고, 거기로부터 다시 북쪽으로 열흘을 가서 입산하면 대식국에 이른다고 하였다. 그러나 혜초는 토화라가 대식군의 진공으로 인해 왕마저 멀리 동쪽 포특산(현재 아프가니스탄 최북단에 있는 파이자바드 Faizābād 지방)으로 도망가버려 이미 대식국의 지배하에 있다고 기술하면서도 이 나라를 대식국의 일원으로는 보지 않았다. 그것은 아마 불승인 그가 이곳에서 '절도 많고 중도 많으며, 소승불교만이 성행하고

---

50. 야꾸트 하마위(Yaqūt al-Hamāwī), 『諸國辭典(Mu'ajem al-Buldān)』권2, 베이루트 출판사, 1988, 350-354쪽.

다른 종교는 믿지 않으며, 당나라와 여전히 유대관계를 유지하고 있는 현실'[51]을 목격한 데서 비롯된 것이라고 판단된다.

사실상 7세기 말부터 8세기 초 사이에 토화라와 소무구성국을 포함한 파미르 고원 서쪽 지역은 동·서 양대 제국인 대식과 당의 교전장으로서, 두 세력이 일진일퇴하는 국면이 계속되어 그 세력 범위가 들쭉날쭉하고 정세가 매우 혼란스럽고 유동적이었다. 지역 내 소국들은 양대 세력의 틈바구니에 끼어 이쪽저쪽 동요하면서 자구책을 모색하기에 급급했다. 문화 면에서도 재래의 페르시아 문화와 불교 문화 그리고 당 문화, 거기에다가 새로 들어온 이슬람 문화까지 마구 뒤섞여 있었다. 이러한 대치와 혼재, 동요 상태, 그리고 이로부터 오는 혼동 현상은 혜초의 여행기에도 여실히 나타나고 있다.

뿐만 아니라 혜초는 페르시아와 아랍 간의 역사적 관계도 바르게 기술하고 있다. 전술한 바와 같이 오래 전(651)에 이미 사산조 페르시아가 아랍인들에게 멸망당함으로써, 나라로서의 페르시아는 더 이상 존재하지 않게 되었고 행정상 아랍 제국(대식)의 한 지역으로 전락하였으며, 각 방면에 걸쳐 철저하게 이슬람화되었다. 따라서 두 지역은 대등한 국가 관계가 아니라, 중앙과 지방이라는 종속 관계에 있었다. 혜초는 이러한 사실을 반영하여 여행기에서 파사(페르시아)는 대식국에 병합되었고 대식처럼 하느님은 섬기되 불법은 모른다고 지적하였으며 전래의 조로아스터교에 대해서는 언급하지 않았다.

이상에서 고찰한 바와 같이 8세기 중엽 동서남북으로 종횡무진 영

---

51. 개원 17년(729)에 당은 토화라에 월지 도독부(月氏都督府)를 설치하고 골탈록길달(骨咄祿吉達)을 토화라 엽호 음달왕(阤火羅葉護悒怛王)으로 책봉하였다. 그러자 왕은 대식을 축출하기 위한 원군을 당에 요청하였다.

토를 확장했던 대식국이라 하면 아라비아 반도를 중심으로 한 아랍 여러 나라들에 대한 전칭(專稱)만이 아닌, 아랍 나라들과 여러 피정복국(아랍 제국)에 대한 통칭이었다.[52] 따라서 오늘날의 아랍 세계와 8세기의 대식국(아랍 제국)은 그 지역적 포괄 범위와 개념이 확연히 다르다. 바로 이와 같은 역사적 사실을 혼동한 데서 일부 논자들은 혜초 여행 당시의 대식국을 먼 서쪽에 있는 오늘날의 아랍 세계로 착각하고 그가 그곳까지 갔을 리 만무하다는 주관적 단정을 내리는가 하면, 이와는 반대로 소불림국의 수도 다마스쿠스(당시 대식국의 수도)까지 여행한 것으로 무리하게 추정하기도 한다.[53] 몰이해에서 오는 양극현상이다.

이렇게 대식국에 대한 올바른 역사적 인식에 근거해서 보면 혜초가 아직은 대식과 당의 이중 영향하에 있는 토화라로부터 사실상 대식국의 영토인 페르시아의 어느 한 곳에 도착한 것은 사실이며, 따라서 그가 대식을 역방했다는 것에는 의문의 여지가 없다.

끝으로, 그러면 혜초가 대식국의 어느 곳에 이르렀는가 하는 문제가 제기된다. 여행기에는 그가 토화라에서 진로를 서쪽으로 잡아 한 달 후에는 페르시아에, 다시 거기로부터 북쪽으로 열흘 동안 가서 산속에 있는 대식국에 도착하였다고 하였을 뿐, 구체적으로 도달한 지명을 밝히지는 않았다. 따라서 당시의 역사적 배경과 여행기의 문면상 내용을 비교 검토하는 유추의 방법으로 그 지점을 추정할 수밖에 없다.

우선 역사적 배경을 보면, 전술한 바와 같이 당시 페르시아를 포함

---

52. 周去非는 『嶺外代答』 권3 「外國門」(下)에서 대식이란 여러 나라들에 대한 총칭으로서 여기에는 천여 개의 나라가 들어 있다고 하였다.
53. 李錫浩 譯, 『왕오천축국전』, 72~73쪽에 실려 있는 〈혜초오천축국기행도〉에는 '전문에 따른 행로'로 혜초가 당시 아랍 제국의 수도인 소불림국의 다마스쿠스에 도착한 것으로 점선 표기되어 있다.

● ──니샤푸르에서 출토된 9세기 무렵의 유리그릇

한 카스피 해 남쪽과 동쪽 지역은 명실상부하게 대식국의 통치하에 있었으며, 그 중심지는 호라산 총독부의 소재지인 니샤푸르였다. 니샤푸르는 현인과 학자 들의 고향이라고까지 불리는 유명한 고도로서, 제3대 칼리파 오스만(Othmān) 시대(644~656)에 정복되어 '동방통로'의 역할을 하였다. 대식의 치하에 들어간 이곳은 여행기에서 보다시피 통치구조에서부터 사회·종교생활에 이르기까지 모든 면에서 아랍-이슬람화되어 버렸다. 그러므로 혜초가 전한 내용의 정확성으로 미루어 그가 이곳에 갔다고 추정해도 별 무리가 없을 것이다.

다음으로 여행기에 기술된 지리적 방위와 여행 소요기간 및 지세를 구체적으로 비교·검토해보면 그 윤곽이 드러난다. 지리적 방위에서 도착지는 토화라의 서북쪽에 위치하고 있는데, 거기까지의 여행 소요기간은 토화라에서 서쪽으로 한 달, 다시 북쪽으로 열흘이므로 총 40일이다. 물론 지형적 여건에 따라 보행 속도가 좌우되므로 교조적인 비교로 단정할 수는 없지만, 혜초의 선행 여정을 감안할 때 서행 1개월, 북행 열흘이면 대체로 니샤푸르 일대에 도착할 수 있을 것으로 추산된다. 지세를 봐도 니샤푸르는 유헤트(Uhet) 산맥의 서남 기슭에 자리하고 있어 주변이 산으로 에워싸여 있다.

추측하건대 혜초가 니샤푸르까지 다녀온 길은 고대부터 이용되어 온 실크로드 오아시스 육로의 한 구간으로서, 일찍이 기원전 4세기 초 알렉산드로스가 페르시아를 공략할 때 페르시아 경내의 이 길을 밟았고, 14세기 말 마르코 폴로도 아프가니스탄 경내의 이 길을 따라 이란 고원으로부터 발흐(Balkh, 토화라 수도)를 지나 파미르 고원을 넘었을 것이다.

이상과 같이 역사적 배경과 문면상 내용이 대체로 일치하므로 혜초의 대식 역방지이자 그의 서역기행의 서단은 대식국 호라산 총독부의 치소인 니샤푸르로 일단 추정해본다.

4. 혜초의 서역기행이 갖는 문명사적 의미

혜초는 분명 '위대한 한국인'이고 그의 서역기행은 거룩한 장거(壯擧)이다. 그리고 그 기록인 『왕오천축국전』은 우리의 국보급 진서이자 불후의 고전이다. 따라서 그의 서역기행은 커다란 문명사적 의미를 지니고 있다.

첫째로 그 의미는 문명교류사에서 개척자적·선구자적 역할을 수행한 것이다. 혜초는 한국인으로서는 최초로 대식(아랍)에 다녀왔으며 한(漢) 문명권에 속하는 사람으로서는 처음으로 대식 현지 견문록을 남겼고, 인도와 페르시아 그리고 아랍과 중앙아시아에 관한 귀중한 지식을 소개하고 전달하였다.

혜초가 서역을 순방하던 8세기 전반기는 서반구에서 신생 이슬람제국이 흥성하여 시들어가는 유럽 고전 문명의 맥을 이어받은 범유라시아적인 이슬람 문명권이 출현하고, 동반구에서 당(唐) 제국이 전성기를 맞아 범아시아적인 한 문명권이 형성됨으로써, 막강한 2대 문명권이 동서로 상치하고 있던 시대였다. 따라서 한 문명과 이슬람 문명 간의 교류는 곧 세계적 범위에서의 동서교류를 뜻하며, 이 양대 문명권 간의 접촉이나 이해 증진은 곧바로 동서문명교류의 촉진으로 이어졌다.

이러한 역사적 시대에 이루어진 혜초의 서역기행, 특히 페르시아와 대식으로의 역방은 여러 가지 측면에서 동서문명교류사에 큰 발자국을 남겨놓은 일대 장거이다. 한민족사(韓民族史)의 견지에서 보면, 그는 아랍-이슬람 세계로 간 첫 한국인 진출자로서, 한국과 아랍-이슬람 세계의 관계사에서 개척자 역할을 하였다. 혜초가 727년경에 대식에 다녀왔으니, 이것은 고구려 출신의 당나라 맹장 고선지(高仙芝)가 탈라스(Talās) 전투에서 이슬람 대군과 격전을 벌인 때(751)보다 약 25년이나 앞서 있은 일이다.

혜초가 문명교류사에 남긴 또 하나의 업적은 인도에서 유입된 밀교가 발전하는 데 크게 기여한 점이다. 그는 어려서 당나라에 들어간 후 당에 온 인도 밀교의 대덕이자 중국 밀종(密宗)의 '개원대사(開元大師)' 중 한 사람인 금강지를 사사하고 그의 권유에 따라 도축 구법 순례를 하였다. 당나라로 돌아온 후에는 금강지의 제자이자 중국 밀종의 또 다른 개원대사인 불공삼장의 문하에 들어가, 장안의 천복사와 만년에는 오대산 건원보리사에서 밀교 경전을 연구하고 필수·한역하며 밀교를 전파하는 데 일생을 바쳤다. 그는 이렇게 중국 밀교 창도자(唱導者)의 한 사람으로서 불교의 발전에 기여한 바가 크다.

둘째로, 여행기 『왕오천축국전』은 높은 사료적 가치를 지닌 진서이다. 우선 이 여행기는 현존하는 우리나라 최고(最古)의 서지(書誌)로서 명실상부한 국보급 진서이다. 물론 혜초 이전에도 원효(元曉, 617~686)나 의상(義湘, 625~702) 같은 고승들이 쓴 불교 관련 저작들이 있기는 하나, 모두가 그 원본들은 소실되고 후대에 사록된 것만 전해지고 있다. 그러나 『왕오천축국전』은 비록 절략본에다가 사본이기는 하지만, 8세기 후반(일설은 9세기 초) 황마지(黃麻紙)에 쓰인 사본 그대로 보존되어왔기 때문에 우리나라에서 가장 오래된 서책이다.

다음으로, 혜초가 8세기 무렵의 인도, 중앙아시아, 페르시아와 아랍에 관한 생동하고도 정확한 기술을 남겨놓음으로써, 이 여행기는 중세 세계사 연구의 귀중한 사료원이 되고 있다. 그는 인도뿐만 아니라, 중앙아시아와 서아시아의 여러 나라들을 편답(遍踏)하면서 견문이나 전문에 의거해, 비록 간략하기는 하지만 각국의 역사, 정치, 문화, 풍습, 물산, 종교 등을 사실적으로 기록하였다. 그리하여 이 여행기는 동서양 학계에서 공히 8세기 이 지역 관련 서적으로 내용의 다방면성이나 정확성에서 단연 으뜸가는 명저로 꼽히고 있다. 특히 인도와 중앙아시아에서의 불교 전파에 관한 기술 내용은 불교사의 한 장을 이루는 8세기의 불교 상황을 이해하는 데 귀중한 사료를 제공해주고 있다.

여행기에 나타난 대식 관련 기사는 특별한 문명사적 의미를 지닌다. 이슬람이 출현하기 이전까지 중국인들은 아랍을 대익(大益)이나 대의(大依), 혹은 조지(條枝·條支) 등으로 불러오다가 당대에 이르러 두 지역 사이의 교류가 확대되자 비로소 대식(大食)이라는 명칭을 공식적으로 쓰기 시작하였다. 혜초는 『왕오천축국전』의 여러 군데에서 대식의 상황을 정확하게 기술하였다. 현존 중국 문헌 중에서 '대식'이라는 단어가 최초로 출현한 경우는 당나라 승 의정이 도축 구법 여행기 『대당서역구법고승전』「현조전(玄照傳)」에 '다씨(多氏)'라고 한마디 언급한 것이다. 의정은 이 여행기에서 가필시국(迦畢試國, 『왕오천축국전』 중의 계빈국, 현 아프가니스탄 카불 지방)으로 가는 길이 침입한 '다씨'에 의해 막혔나고 하였다. 아무런 내용의 소개나 해석이 없어서 동음어에 불과한 '다씨'가 아랍의 역명 '대식'인지 아닌지에 대해서는 이론이 있지만, 상하 문맥과 당시 이슬람군이 이곳을 정벌하고 있던 역사적 상황으로 보아 아랍을 지칭한 것으로 추측된다.

관용으로 대식이 나타난 첫 문헌은 두환(杜環)의 『경행기(經行記)』를 인용한 두우(杜佑)의 『통전(通典)』 권193 「대식(大食)」조(801)이다. 두환은 당 천보(天寶) 연간에 고선지 장군이 지휘한 탈라스전에서 이슬람군에게 포로가 되어 이슬람 제국(압바스조)에 12년간이나 체류한 뒤 남해를 통해 광주로 돌아왔다. 그는 『경행기』라는 이슬람 제국 현지 견문록을 저술하였는데, 그 대부분이 소실되어 『통전』에 약간의 인용문만 남아 있을 뿐이다. 물론 이 『경행기』의 대식 관련 기사는 중국인으로서 두환이 남긴 첫 현지 견문이라는 의미가 있기는 하지만, 혜초의 대식 소개보다 약 50년 뒤에 있었던 일이다. 요컨대 혜초는 사상 최초로 아랍을 '대식'으로 명명하고, 한 문명권 내에서 처음으로 대식 현지에서의 견문을 여행기에 담아 전한 사람이다.[54]

셋째로, 『왕오천축국전』의 의미는 이 여행기가 높은 문학적 가치를 지니고 있다는 데 있다. 혜초는 간결한 필치와 정확한 표현력으로 이방의 색다른 풍물을 적절하게 서술·묘사함으로써, 현장의 탁월한 학식과 의정의 우수한 문필에 필적하는 필재(筆才)를 보여주었다. 사승(師

---

[54] 『왕오천축국전』의 높은 사료적 가치에 관해서는 고병익의 『往五天竺國傳 解題』, 14-16쪽 참고. 최남선은 여행기의 가치에 관해 "이전의 입축자(入竺者)인 법현의 『불국기』는 육왕해귀(陸往海歸)요, 현장의 『서역기』는 육왕육귀(陸往陸歸)요, 의정의 『남해기귀내법전』은 해왕해귀(海往海歸)임에 대하여 이것(혜초의 『왕오천축국전』)은 해왕육귀(海往陸歸)임에 특색이 있으며, 또 현장 이후에 인도 및 서역의 정세를 심찰하는 데 극히 중요한 기록으로 학계에 진중되어 있다"라고 평가하였다(1943년 『신정삼국유사(新訂三國遺事)』의 부록에 실은 『왕오천축국전』 본문에 대한 해제 중에서).

僧) 불공이 입적한 뒤 그의 장례에 부조를 해준 천자에게 올리는 감사의 표문을 여러 동반 중에서 혜초가 썼다는 사실도 그의 출중한 필력을 말해준다. 그는 기행문 형식의 산문뿐만 아니라, 시문에서도 재력(才力)을 보였다. 기행문의 현존 잔권에는 모두 다섯 수의 시가 있는데, 첫 수만이 믿음과 희망, 보람을 토로하고, 나머지 네 수는 모두 향수와 고난, 무상을 읊조리고 있다. 그는 고국 신라에서 연마한 시재(詩才)를 멀리 서역 땅에서 남김없이 발휘하여 시인의 심경과 함께 이국 풍물을 멋지게 묘사하였다. 확실히 혜초가 '느끼는 여행'을 함으로써 그의 여행기는 시가 있는 '서정적 여행기'이며, 그 문장은 자유자재롭고 현장감이 넘쳐흐른다.

뿐만 아니라 혜초는 서역 각지의 국명과 지명의 역어(譯語)로부터 이국 풍물의 표현 방법에 이르기까지 언어 수단의 기능적 발전에도 값진 기여를 하였다. 몇 수의 시가 들어 있는 것을 탐탁지 않게 여기고 "서술은 절망적으로 간단하고 단조롭다"라고 비하를 서슴지 않은 펠리오마저도 이 대목에서는 머리를 숙인다. 그는 혜초처럼 통례적인 중국식 명칭과 더불어 지방 원명(原名)을 기록하고 있는 것은 처음 있는 일일뿐만 아니라, 마르코 폴로나 몽골 시대의 중국측 기록보다 5세기 이상 앞서는 것이라고 지적하면서 그 일례로 '소륵(疎勒)'을 현지 명칭인 '가사기리국(伽師祇離國, Kashgar)'으로 기록한 것을 들고 있다.[55]

그러므로 혜초의 명저『왕오천축국전』은 이밖에 관한 여러 가지 역사적 사실과 지식을 전해준 여행기나 역사서로서만이 아니라, 진귀한 문학서로서도 응분의 평가를 받아야 할 것이다. 물론 앞에서 지적한 바

---

[55] P. Pelliot, "Une Bibliothèque Médiévale retrouvée au Kan-sou," p. 512.

와 같이 원본이 그러했는지 아니면 필사 과정에서 우발했는지는 알 수 없지만, 현존 잔간에 구어적 표현이나 비문법적 도치 등 미숙한 점도 몇 군데서 노출되고 있다. 그러나 설혹 이러한 점을 다 인정한다 하더라도 이 여행기의 높은 문학적 가치를 상쇄시킬 수는 없을 것이다.

5. 연구과제

지난 90여 년간 이 여행기에 관한 연구는 국내외에서 비록 영성적이 긴 하지만 끊임없이 진행되어 적지 않은 연구성과를 거두었다. 발견될 당시 앞뒤가 잘려나간 결락 필사본(缺落筆寫本)이었지만, 서명과 저자가 알려지고 각종 교감과 번역 그리고 역주 등의 작업을 통해 여행기의 내용이 대체로 밝혀졌다. 저자의 향국인 한국에서도 미흡하나마 그간 약 20편의 글을 발표하고 몇 권의 번역본(북한 포함)을 출간하였다.

그러나 이 세계적인 명저가 지니고 있는 진가를 감안할 때, 더욱이 한국의 첫 세계인이 남긴 국보급 진서에 대해 우리가 돌려야 할 응분의 민족사적 관심에 비추어 볼 때, 한 세기 가까이 소모된 긴 연구기간에 비해 연구성과는 기대치에 크게 미치지 못함으로써, 미제의 과제가 산적해 있다고 해도 과언이 아니다.

제일 큰 과제는 여행기 원문을 복원하는 것이다. 현존 여행기는 원본을 절략한 필사본으로서 원본과는 내용뿐만 아니라 자구까지도 상당한 차이가 있고 심지어 오차도 있으며, 이로 인해 연구에서 여러 가지 난관과 혼동이 야기되고 있다. 그러므로 원본을 찾아내는 것이 원문 복원의 선결 조건임은 자명한 일이다. 그러나 아직까지 원본의 실존에 관한 어떠한 징후도 포착되지 않고 있는 상황이라서 이 난제는 쉬이 풀릴 것 같지 않다.

이렇게 실종된 원본에 의한 원문 복원이 거의 불가능한 현실에서는 현존 잔본의 원문이라도 반듯하게 복원하는 것이 급선무이다. 이를 위해 공백으로 남아 있는 160여 개의 결락자(缺落字)와 이론(異論)이 분분한 약 107개의 자구를 가급적 원상 복원해야 한다. 사실 한두 개의 결락자는 문맥을 통해 그 원 글자를 추정할 수 있는 경우가 있으나, 그 이상의 결락자에 대해서는 추정이 만만치 않다. 이러한 결락자의 보완 못지않게 중요한 것은 자형(字形)의 모호함이나 어법상의 어색함, 필사에서의 오사 등 여러 가지 요인으로 인해 해석이 엇갈리고 있는 일부 자구의 확실한 복원이다. 이러한 엇갈림은 자구에 대한 심층적인 탐구가 뒷받침될 때만이 비로소 극복할 수 있을 것이다.

다음으로 풀어야 할 과제는 원문에 대한 올바른 이해를 도모하는 것이다. 국내외에서 출간된 여러 종의 번역본이나 역주본에서 보다시피, 현존 원문에 대한 해석이나 이해가 서로 다르거나 잘못된 부분이 적지 않다. 그리하여 이 시점에서 연구를 쇄신(刷新)하기 위해서는 반드시 원문에 대한 이해를 바로잡아 놓아야 할 것이다. 여기에서 무엇보다 중요한 것은 여행지에 대한 인문학적 지식에 바탕하여 여행기 내용의 진실성 여부를 밝혀내는 것이다. 여행지의 역사와 지리, 사회와 문화에 대해 폭넓은 지식을 갖추고 있을 때만이 여행기 내용을 제대로 파악할 수 있을 뿐만 아니라, 그 진위를 가려낼 수가 있다. 적지 않은 오역이나 혼미는 이러한 지식의 결여에서 비롯되고 있다.

원문에 대한 이해는 개별적 자구와 문맥 전반에 대한 이문학적 파악과 불가분의 관계에 있다. 어의나 어법, 수사어에 대한 어문학적 지식이

충분하지 못하면 문장 내용을 제대로 이해할 수가 없다. 여행기는 벽자(僻字)를 비롯해 난해한 고한문으로 쓰였기 때문에 어의나 어법, 수사법이 현대의 그것과는 사뭇 다르다. 특히 글자의 다의성(多義性)에 무지한 나머지 오역하거나 부회(附會)하여 해석하는 경우를 가끔 발견하게 되는데, 그 원인은 바로 이러한 어문학적 지식이 부실한 데 있다. 그리고 여행기에는 저자인 혜초 나름대로의 문장 기법이나 관용어가 이따금 나타나고 있는데, 이 점에도 유의해야 할 것이다.

원문을 이해하는 데서 오는 또 다른 난제의 하나는 복잡한 지명의 비정이다. 역주에서 보다시피 왕왕 한 지명을 놓고 비정되는 지칭이 수두룩하며 설도 각이하다. 이 문제를 해결하기 위해서는 문헌학적 고증과 함께 현장 실증을 하는 것이 바람직하다. 여행지에 관한 현지의 기록과 중국이나 아랍, 페르시아 등 외국의 문헌들을 대조하면서 현지를 직접 답사하거나 유적과 유물을 검증하는 것은 지명 비정을 확인하는 효과적인 방법일 것이다.

여행기 전반을 이해하는 데 무엇보다 중요한 것은 전반적인 여행 노정을 확정하는 문제이다. 지금까지는 현존 원문에 대한 이해가 엇갈린 데다가 지명마저도 제대로 비정되지 않은 탓에 도대체 견문(見聞)한 것과 전문(傳聞)한 것이 확연히 가려지지 않음으로써, 여행 노정을 확정하는 데 연구자들 사이에 심한 혼선이 빚어지고 말았다. 그리고 현존 잔간의 앞부분이 결락되었다는 이유로 중국 광주에서 출발하여 동천축에 상륙할 때까지의 항해 노정은 그 추적 작업이 아예 소외되어왔다. 그러나 『일체경음의』 '혜초왕오천축국전' 상권에 실려 있는 39개 어휘는 이 항해 노정이나 경유지를 추적해볼 수 있는 단서를 제공해주고 있다. 원문에 대한 정확한 이해에 바탕하여 구간별 세부 노정을 하나하나 확정하면서 완벽한 여행 노정 전도를 그려내야 할 것이다.

끝으로, 이제 우리는 더 이상 산적한 미제의 연구과제를 앞에 놓고 불초(不肖)의 지난날을 앉아서 통탄만 할 것이 아니라 분발해서 그 과제를 수행해야 할 것이다. 그 속에는 한국의 첫 세계인인 저자를 역사 속에서 정확히 평가하는 작업도 포함되어 있다. 역주자는 8년 전에 한국 고승전 시리즈를 기획하고 있던 한 불교서적 전문 출판사와 시리즈의 첫 호로 '혜초 평전'을 펴내기로 하였다. 출간 계약금까지 받고, 혜초가 여행한 길을 따라 현지 답사를 마치고 나서 1년 내에 집필을 끝내기로 하였다. 그러나 구금되는 바람에 이 일은 무산되고 말았다. 누군가는 이 일을 해야 할 것이다.

이와 더불어 이 '위대한 한국인'을 기리는 일에도 시대인(時代人)다움을 보여주어야 할 것이다. 남의 땅에 기념비 세우는 데나 만족하지 말고 이 땅의 아늑한 서산 기슭에 사적비 하나라도 세우는 것이 이 시대를 사는 우리 후손들의 응분의 도리가 아니겠는가. 그리고 연고도 없는 저 파리의 한 도서관에 쓸쓸히 유폐(幽閉)되어 있는, 망향의 눈물이 갈피마다에 밴 그 선현의 유품―여행기의 진본을 그의 고고지성이 메아리친 이 땅에 돌려달라고 말할 때가 바로 지금이 아니겠는가.

● ──── 원문과 역주를 읽기 전에

1. 원문의 교감(校勘)에 관한 기호는 다음과 같다.
   1) ( ): 결락자(떨어져 나간 글자)
   2) 〔 〕: 불완전하거나 틀린 글자를 복원한 글자
   3) { }: 문맥에 의해 결락자를 복원한 글자
2. 주요 참고문헌을 인용할 때는 괄호 안에 아래와 같이 약기로 표기하고 쪽번호만 써주었다.
   1) 高: 高楠順次郎,「慧超往五天竺國傳箋釋」考訂,『大日本佛敎全書』(『遊方傳叢書』1), 佛書刊行會, 1915, 1-60쪽.
   2) 金: 김찬순 역,「왕오천축국전」,『조선고전문학선집』21, 문예출판사, 1990; 연문사 영인, 2000.
   3) 大: 大谷勝眞,「慧超往五天竺國傳中の一 二に就いて」,『小田先生頌壽記念 朝鮮論集』, 京城, 1934.
   4) 藤: 藤田豊八,『慧超往五天竺國傳箋釋』, 錢稻孫校印, 1931.
   5) 山: 山崎元一,『アショーカ王傳說の硏究』, 春秋社, 1979.
   6) 桑: 桑山正進 編,『慧超往五天竺國傳硏究』, 京都大學人文科學硏究所, 1992.
   7) 羽: 羽田 亨,「慧超往五天竺國傳逸錄」,『京都大學史學科紀元二千六百年記念史學論文集』(『羽田博士史學論文集』上卷, 歷史篇), 1941, 610-629쪽.
   8) 李: 李錫浩 譯,『往五天竺國傳』(外), 乙酉文化社, 1970.
   9) 張: 張毅 箋釋,『往五天竺國傳箋釋』, 中華書局, 1994.

10) 定: 定方晟,「慧超往五天竺國傳和譯」,『東海大學文學部紀要』16, 1971, 2-30쪽.
11) 鄭: 鄭炳三 정리,「往五天竺國傳」,『世界精神을 탐험한 위대한 한국인 '慧超'』, 伽山佛敎文化硏究院, 1999.
12) 黃: 黃時鑒,「慧超'往五天竺國傳'識讀餘論」,『佛敎學報』第33輯, 東國大 佛敎文化硏究院, 1996.
13) ASIAR: *Archaeological Survey of India, Annual Report*.
14) C: Cunninghum, A., *Cunninghum's Ancient Geography of India*, edited with introduction and notes by S. N. Majumdar Sastri, Calcutta, 1924.
15) F: Fuchs, W., "Huei-chao's Pilgerrise durch Nordwest-Indien und Zentral-Asien um 726," *Sitzungsberichten der Preuβischen Akademie der Wissenschaften, Philosophisch-historische Klasse* 30, 1938, pp. 426-469.
16) L: Law, B. C., *Historical Geography of Ancient India*, 2nd ed., Paris, 1968.
17) S: Smith, V. A., *The Early History of India*, 4th ed., Oxford, 1924.
18) St: Strong, J. S., *The Legend of King Aśoka, A Study and Translation of the Aśokāvadāna*, Princeton, 1983.
19) Y: Yang Han-sung et al., *The Hye Ch'o Diary*.

1-3	폐사리국	139-146	계빈국
4-9	구시나국	146-151	사율국
10-14	피라날사국	151-155	범인국
14-20	마게타국	155-161	토화라국
20-24	중천축국	161-166	파사국
24-41	오천축국 풍속	167-172	대식국
41-48	중천축국 4대탑	172-175	대불림국
48-58	남천축국	175-181	호국
59-65	서천축국	182-184	발하나국
65-70	사란달라국	185-189	골탈국
70-72	소발나구달라국	189-193	돌궐
72-74	탁사국	193-202	호밀국
74-86	신두고라국	203-208	식닉국
87-102	가섭미라국	209-211	총령진
102-105	대발률국·양동국·사파자국	211-213	소륵국
105-111	토번국	213-215	구자국
111-115	소발률국	215-217	우기국
116-131	건타라국	217-224	안서
132-135	오장국	224-227	언기국
135-137	구위국		
137-139	람파국		

●— 왼쪽의 숫자는 원문의 행수

『왕오천축국전』 원문

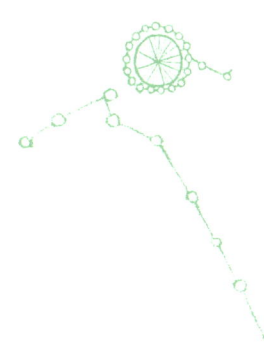

(缺)

〔三〕寶 赤足裸形 外道不著〔衣〕(缺, 約十六字)

〔逢〕食卽喫 亦不齋也 地皆平(缺, 約十六字) 〔無〕

有奴婢 將賣人罪與煞人罪人不〔殊〕(缺, 約十五字)

一月 至拘尸那國 仏入涅槃處 其城荒廢 無人住也 仏入涅槃處置塔 有

禪師 在彼掃灑 每年八月八日 僧尼道俗 就彼大設供養 於其空中 有

幡現 不知其數 衆人同見 當此日之發心非一 此塔西有一河 伊羅鉢〔底〕

水 南流二千里外 方入恒河 彼塔四絕 無人住也 極荒林木 往彼禮拜者〔被〕

犀牛大虫所損也 此塔東南三十里 有一寺 名娑般檀寺 有〔三十餘人村庄三〕五〔所〕

常供養 彼禪師衣食 令在塔所供養(缺, 約十一字)

日 至彼羅痆斯國 此國亦廢 無王 卽〔六〕(缺, 約十三字)

彼五俱輪 見素形像在於塔中 (缺, 約十五字)

上有師子 彼幢極麤 五人合抱 文里細(缺, 約十三字)

塔時 并造此幢 寺名達磨斫葛羅〔僧〕(缺, 約十二字)

外道不着衣服 身上塗灰 事於大天 此寺中有一金銅像 五百(缺, 約三字)

是摩揭陁國 舊有一王 名尸羅栗底 造此像也 兼造一金銅(缺, 約三字)

〔幅〕團圓正等三十餘步 此城俯臨恒河北岸置也 卽此鹿野苑 拘尸那

舍城 摩訶菩提等 四大靈塔在摩揭陁國王界 此國大小乘俱行〔于〕

〔時〕得達摩訶菩提寺 稱其本願 非常歡喜 略題述其愚志 五言

不慮菩提遠 焉將鹿苑遙 只愁懸路險 非意業風飄 八塔誠難見

〔參〕差經劫燒 何其人願滿 目觀在今朝 又卽從此彼羅痆斯國〔西〕〔行〕

〔兩〕月 至中天竺國王住城 名葛那及自 此中天王境界極寬 百姓繁閙
王有九百頭象 餘大首領各有三二百頭 其王每自領兵馬鬪戰 常與餘四
天戰也〔中天〕王常勝 彼國法 自知象少兵少 卽請和 每年輸稅 不交陣
相煞也 衣着言音人風法用 五天相似 唯南天村草百姓 語有差別 仕〔宦〕
之類 中天不殊 五天國法 無有枷棒牢獄 有罪之者 據輕重罰錢 亦無
〔刑〕戮 上至國王下及黎庶 不見遊獵放鷹走犬等事 道路雖卽足賊
取物卽放 亦不殤煞 如若〔悋〕物 卽有損也 土地甚暖 百卉恒靑 無有霜
雪 食唯粳〔糠〕餠麨蘇乳酪等 無醬有鹽 惣用土鍋 煑飰而食
無鐵釜等也 百姓無別庸稅 但抽田子五一石與王 王自遣人運將 田主〔勞〕
不爲送也 彼土百姓 貧多富少 王官屋裏及富有者 着氎一雙 自〔外〕
一隻 貧者半片 女人亦然 其王每坐衙處 首領百姓惣來遶王 四面而坐 各
諍道理 訴訟紛紜 非常亂閙 王聽不嗔 緩緩報云 汝是 汝不是 彼百
姓等 取王一口語爲定 更不再言 其王首領等 甚敬信三寶 若對師
僧前 王及首領等 在地而坐 不肯坐床 王及首領 行坐來去處 自
將牀子隨身 到處卽坐 他牀不坐 寺及王宅 並皆三重作樓 從下第
一重作庫 上二重人住 諸大首領等亦然 屋皆平頭 塼木所造 自外〔 〕
並皆草屋 似於漢屋兩下作也 又是一重 土地所出 唯有氎布象馬〔等〕
物 當土不出金銀 並從外國來也 亦不養駝騾驢猪等畜 其牛惣白
萬頭之內 希有一頭赤黑之者 羊馬全少 唯王有三二百口六七十疋 自外
首領百姓 惣不養畜 唯愛養牛 取乳酪蘇也 土地人善 不多愛煞
〔於〕市店間 不見有屠行賣肉之處 此中天大小乘俱行 卽此中天界內有四
大塔 恒河在北岸有三大塔 一舍衛國給孤薗中 見有寺有僧 二毗耶
離城菴羅薗中 有塔見在 其寺荒廢 無僧 三迦毗耶羅國 卽佛本
生城 無憂樹見在 彼城已廢 有塔無僧 亦無百姓 此城最居〔北〕林木荒
多 道路足賊 往彼禮拜者 甚難方〔達〕四三道寶階塔 在中天王住城

西七日程 在兩恒河間 佛當從刀利天變成三道寶階下閻浮提地處 左
金右銀 中吠瑠璃 佛於中道 梵王左路 帝釋右階 侍佛下來 即於此處
置塔 見有寺有僧 即從中天國南行三箇餘月 至南天竺國王〔所〕
住 王有八百頭象 境土極寬 南至南海 東至東海 西至西海 北至中天西天
東天等國接界 衣着飲食人風 與中天相似 唯言音稍別 土地熱於
中天 土地所出 㲲布象水牛黃牛 亦少有羊 無駞騾驢等 有稻田 無〔有〕
黍粟等 至於綿絹之屬 五天惣無 王及〔首領〕百姓等 極敬三寶 足寺
足僧 大小乘俱行 於彼山中 有一大寺 是龍樹菩薩〔使〕夜叉神造 非人
所作 並鑿山爲柱 三重作樓 四面方圓三百餘步 龍樹在日 寺有三千
僧 獨供養以十五石米 每日供三千僧 其米不竭 取却還生 元不減少
然今此寺廢 無僧也 龍樹壽年七百 方始亡也 于時在南天路 爲言曰
五言 月夜瞻鄕路 浮雲颯颯歸 〔緘〕書忝去便 風急不聽廻 我國天
岸北 他邦地角西 日南無有鴈 誰爲向林飛
又從南天北行兩月 至西天國王住城 此西天王〔然〕五六百頭象 土地所出㲲
布及銀象馬羊牛 多出大小二麥及諸荳等 稻〔穀〕全少 食多餠麨
乳酪蘇油 市賣用銀錢㲲布之屬 王及首領百姓等 極敬信三寶 足
寺足僧 大小乘俱行 土地甚寬 西至西海 國人多善唱歌 餘四天國不
如此國 又無枷棒牢獄形戮等事 見今被大寔來侵 半國已損 又五天
法 出外去者 不將粮食 到處即便乞 得食也 唯王首領等出 自賷
粮 不食百姓祇〔擬〕又從西天北行三箇餘月 至北天國也 名闍
蘭達羅國 王有三百頭象 依山作城而住 從玆已北 漸漸有山 爲國
狹小 兵馬不多 常被中天及迦葉彌羅國屢屢所呑 所以依山而住 人
風衣着言音 與中天不殊 土地稍冷於中天等也 亦無霜雪 但有風
冷 土地所有出象㲲布稻麥 驢騾少有 其王有馬百疋 首領三五疋 百
姓並無 西是平川 東近雪山 國內足寺足僧 大小乘俱行 又一月程過雪

山 東有一小國 名蘇跋那具怛羅 屬土蕃國所管 衣〔著〕〔共〕北天相似 言
音卽別 土地極寒也 又從此闍蘭達羅國西行經一月 至一社吒國 言
音稍別 大分相似 衣〔著〕人風土地所出節氣寒暖 與北天相似 亦足寺足僧
大小乘俱行 王及首領百姓等 大敬信三寶 又從此吒國西行一月 至新頭故羅
國 衣〔著〕風俗節氣寒暖 與北天相似 言音稍別 此國極足駱駝 國人取乳
酪喫也 王及百姓等 大敬三寶 足寺足僧 卽造順正理論衆賢論師
是此國人也 此國大小乘俱行 見今大宲侵 半國損也 卽從此國乃至五
天 不多飲酒 遍歷五天 不見有醉人相打之者 縱有飲者 得色得力
而已 不見有歌儛作劇飲宴之者 又從北天國有一寺 名多摩三
磨娜 仏在之日 來此說法 廣度人天 此寺東澗裏 於泉水邊有一塔〔而〕
仏所剃頭及剪爪甲 在此塔中 此見有三百餘僧 寺有大辟支仏牙及
骨舍利等 更有七八所寺 各五六百人 大好住持 王及百姓等 非常敬信
又山中有一寺 名那揭羅馱娜 有一漢僧 於此寺身亡 彼大德說 從中天來明
閑三藏聖敎 將欲還鄉 忽然違和 便卽化矣 于時聞說 莫不傷心 便題四
韻 以悲冥路 五言 故里燈無主 他方寶樹摧 神靈去何處 玉〔貌〕已成灰
憶想哀情切 悲君願不隨 孰知鄉國路 空見白雲歸
又從此北行十五日入山 至迦羅國 此迦彌羅 亦是北天數 此國稍大 王有三百
頭象 住在山中 道路險惡 不被外國所侵 人民極衆 貧多富少 王及首領
諸富有者 衣〔著〕與中天不殊 自外百姓 悉〔披〕毛毯 覆其形醜 土地出銅鐵氍
布毛毯牛羊 有象少馬 粳米〔蒱〕桃之類 土地極寒 不同已前諸國 秋霜
冬雪 夏足〔霖〕雨 百卉亘靑 葉彫 冬草悉枯 川谷狹小 南北五日程 東西一
日行 土地卽盡 餘並蔭山 屋並板木覆 亦不用草瓦 王及首領百姓等
甚敬三寶 國內有一龍池 彼龍王每日供養〔不一〕羅漢僧 雖無人見彼聖
僧食 亦過齋已 卽見餅飯從水卜紛紛亂上 以此得知 迄今供養不絕 王及大
首領 出外乘象 小官乘馬 百姓並皆〔徒〕途步 國內足寺足僧 大小乘俱行 五

天國法 上至國王至國王王妃王子 下至首領及妻 隨其力能各自造寺
〔也〕還別作 不共修營 彼云 各自功德 何須共造 此旣如然 餘王子等亦爾
凡造寺供養 卽施村庄百姓 供養三寶 無有空造寺不施百姓者 爲
外國法 王及妃〔姤〕各別村庄百姓 王子首領各有百姓 布施自由不〔問〕王也 造寺亦然
須造卽造 亦不問王 王亦不敢遮 怕招罪也 若富有百姓 雖無村庄布施 亦勵
力造寺 以自經紀得物 供養三寶 爲五天不賣人 無有奴婢 要須布
施百姓村蘭也 又迦葉彌羅國東北隔山十五日程 卽是大勃律國 楊
同國 娑播慈國 此三國並屬吐蕃所管 衣着言音人風並別 着皮
裘氈衫靴袴等也 地狹小 山川極險 亦有寺有僧 敬信三寶 若是
已東吐〔蕃〕惣無寺舍 不識佛法 當土是胡 所以信也 已東吐蕃國 純住冰
山雪山川谷之間 以氈帳而居 無有城郭屋舍 處所與突厥相似 隨
逐水草 其王雖在一處 亦無城 但依氈帳以爲居業 土地出羊馬猫牛
〔毯〕褐之類 衣着毛褐皮裘 女人亦爾 土地極寒 不同餘國 家常食麨
少有餅飯 國王百姓等 惣不識佛法 無有寺舍 國人悉皆穿地作〔坑〕而
臥無有床席 人民極黑 白者全希 言音與諸國不同 多愛喫虱 爲着毛
褐 甚饒蟣虱 捉得便〔抛〕口裏 終不棄也 又迦葉彌羅國西北隔山七日
程 至小勃律國 此屬漢國所管 衣着人風飲食言音 與大勃律相似 着
氈衫及靴 剪其〔鬚髮〕頭上纏疊布一條 女人在髮 貧多富少 山川狹小
田種不多 其山憔枯 元無樹木及於諸草 其大勃律 元是小勃律王所住
之處 爲吐〔蕃〕來逼 走入小勃律國坐 首領百姓在彼大勃律不來
又從迦葉彌羅國西北隔山一月程 至建〔馱〕羅 此王及兵馬 惣是突厥 土人〔是〕
胡 兼有婆羅門 此國舊是罽賓王王化 爲此突厥王阿耶 領一部落兵馬 投
彼罽賓王 於後突厥兵盛 便煞彼罽賓王 自爲國主 因玆國境突厥覇王
此國已北並住〔山〕中 其山並燋 無草及樹 衣着人風言音節氣並別 衣是皮〔毯〕
氈衫靴袴之類 土地宜大麥小麥 全無黍粟及稻 人多食麨及餅 唯除〔迦〕

葉彌羅大勃小勃楊同等國 卽此建馱羅國 乃至五天崑崙等國 惣無〔捕〕
〔桃〕(缺, 約二字)〔甘〕蔗 此突厥王象有五頭 羊馬無數 駝騾驢等甚多 地與胡
(缺, 約五字)廻不過 向南爲道路險惡 多足劫賊 從玆已北〔惡〕業者多 市〔店〕
之間 極多屠煞 此王雖是突厥 甚敬信三寶 王王妃王子首領等 各各造寺 供
養三寶 此王每年兩廻設無遮大齋 但是緣身所愛用之物 妻及象馬等
並皆捨施 唯妻及象 令僧斷價 王還自贖 自餘駝馬金銀衣物家具 聽僧貨
賣 自分利養 此王不同餘已北突厥也 兒女〔亦〕然 各各造寺 設齋捨施 此城俯臨辛頭
大河北岸而置 此城西三日程 有一大寺 卽是天親菩薩无着菩薩所住之寺 此寺名葛
諾歌 有一大塔 每常放光 此寺及塔 舊時葛諾歌王造 從王立寺名也 又此城東
〔南〕(缺, 一字)
里 卽是仏過去爲尸毗王救鴿處 見有寺有僧 又仏過去捨頭捨眼餧五夜叉
等處 並在此國中 在此城東南山裏 各有寺有僧 見今供養 此國大小乘俱行
又從此建馱羅國正北入山三日程 至烏長國 彼自云鬱地引〔那〕 此王大敬三寶
百姓村庄 多
分施入寺家供養 少分自留以供養衣食 設齋供養 每日是常 足寺足僧 僧稍多
於俗人也 專行大乘法也 衣着飮食人風 與建馱羅國相似 言音不同 土地足駝騾
羊馬氎布之類 節氣甚冷 又從烏長國東北入山十五日程 至拘衛國 彼
自呼奢摩褐羅闍國 此王亦敬信三寶 有寺有僧 衣着言音與烏長國
相似 着氎衫袴等 亦有羊馬等也 又從此建馱羅國西行入山七日 至覽波
國 此國無王 有大首領 亦屬建馱羅國所管 衣着言音與建馱羅國相似
亦有寺有僧 敬信三寶 行大乘法 又從此覽波國西行入山 經於八日程 至罽
賓國 此國亦是建馱羅國王所管 此王夏在罽賓 逐涼而坐 冬往建馱羅 趂暖而
住 彼卽無雪 暖而不寒 其罽賓國冬天積雪 爲此冷也 此國土人是胡 王及兵馬
突厥 衣着言音飮食與吐火羅國大同小異 無問男之與女 並皆着氎布衫
袴及靴 男女衣服無有差別 男人並剪鬚髮 女人髮在 土地出駝騾羊馬驢牛

氎布捕桃大小二麥鬱金香等 國人大敬信三寶 足寺足僧 百姓家各[並]造寺
供養三寶 大城中有一寺 名沙糸寺 寺中見佛螺髻骨舍利 見在王官百姓每日供
養 此國行小乘 亦住山裏 山頭無有草木 恰似火燒山也 又從此罽賓國西行
七日〔至〕謝䫻國 彼自呼云社護羅薩他〔那〕 土人是胡 王及兵馬卽是突厥 其
王卽是罽賓王姪兒 自把部落兵馬 住〔於此〕國 不屬餘國 亦不屬阿叔 此王
及首領 雖是突厥 極敬三寶 足寺足僧 行大乘法 有一大突厥首領 名娑
鐸幹 每年一廻設金銀無數 多於彼王 衣着人風土地所出 與罽賓王相似 言
音各別 又從謝䫻國北行七日 至犯引國 此王是胡 不屬餘國 兵馬强多
諸國不敢來侵 衣着氎布皮毬毾衫等類 土地出羊馬氎布之屬 甚
足捕桃 土地有雪極寒 住多依山 王及首領百姓等 大敬三寶 足寺足僧 行
大小乘法 此國及謝䫻等 亦並剪於〔鬚髮〕 人風大分與罽賓相似 別異處
多 當土言音 不同餘國 又從此犯引國北行二十日 至吐火羅國 王住城名爲
縛底耶 見今大寔兵馬 在彼鎭押 其王被其王被逼 走向東一月程 在捕
特山住 見屬大寔所管 言音與諸國別 共罽賓少有相似 多分不同 衣
着皮毬氎布等 上至國王 下及黎庶 皆以皮毬爲上服 土地足〔駝〕騾羊馬
氎布捕桃 食唯愛餠 土地寒冷 冬天霜雪也 國王首領及百姓等 甚敬三
寶 足寺足僧 行小乘法 食肉及葱〔韮〕等 不事外道 男人並剪鬚髮 女人在髮 土
地足山 又從吐火羅國西行一月 至波斯國 此王先管〔大寔〕 大寔是波斯王放駝
戶 於後叛 便煞彼王 自立爲主 然今此國 却被大寔所呑 衣舊着寬氎布衫
剪〔鬚髮〕 食唯餠肉 縱然有米 亦磨作餠喫也 土地出駝騾羊馬 出高大
驢氎布寶物 言音各別 不同餘國 土地人性〔愛興〕易 常於西海汎舶入南海
向師子國取諸寶物 所以彼國云出寶物 亦向崑崙國取金 亦汎舶漢地 直
至廣州 取綾絹絲綿之類 土地出好細疊 國人愛煞生 事天不識佛法
又從波斯國北行十日入山 至大寔國 彼王〔不住〕本國 見向小拂臨國住也 爲
打得〔彼國 彼國〕復居山島 處所極窄 爲此就彼 土地出駝騾羊馬疊布毛毬

亦有寶物 衣着細疊寬衫 衫上又披一疊布 以爲上服 王及百姓衣服 一種無別
女人亦着寬衫 男人剪髮在〔鬚〕 女人在髮 喫食無問貴賤 共同一盆而
食 手〔亦把〕匙〔筋〕取 見極惡 云自手煞而食 得福無量 國人愛煞事天
不識仏法 國法無有跪拜法也 又小拂臨國傍海西北 卽是大拂臨
國 此王兵馬强多 不屬餘國 大寔數廻討擊不得 突厥侵亦不得 土
地足寶物 甚足駞騾羊馬疊布等物 衣着與波斯大寔相似 言
音各別不同 又從大寔國已東 並是胡國 卽是安國 曹國 史國 石騾
國 米國 康國等 雖各有王 並屬大寔所管 爲國狹小 兵馬不多 不能自
護 土地出駞騾羊馬疊布之類 衣着疊衫袴等及皮毬 言音不同
諸國 又此六國 惣事火祆 不識佛法 唯康國有一寺 有一僧 又不解敬也
此等胡國 並剪〔鬚髮〕 愛着白氎帽子 極惡風俗 婚姻交雜 納母及
姉妹爲妻 波斯國亦納母爲妻 其吐火羅國 乃至罽賓國 犯引國 謝
國等 兄弟十人五人三人兩人 共娶一妻 不許各娶一婦 恐破家計
又從康國已東 卽跋賀那國 有兩王 縛又大河當中西流 河南一王屬大
寔 河北一王屬突厥所管 土地亦出駞騾羊馬疊布之類 衣着皮毬疊
布 食多餠麨 言音各別 不同餘國 不識仏法 無有寺舍僧尼
又跋賀那國東有一國 名骨咄國 此王元是突厥種族 當土百姓 半胡半
突厥 土地出駞騾羊馬牛驢捕桃疊布毛毬之類 衣着疊布皮〔裘〕
言音半吐火羅半突厥半當土 王及首領百姓等 敬信三寶 有寺有僧 行
小乘法 此國屬大寔所管 外國雖云道國 共漢地一箇大州相似 此國男〔人〕
剪〔鬚髮〕 女人在髮 又從此胡國已北 北至北海 西至西海 東至漢國 已
北惣是突厥所住境界 此等突厥不識佛法 無寺無僧 衣着皮毬
氎衫 以〔宍〕爲食 亦無城廓住處 氎帳爲屋 行住隨身 隨逐水草 男
人並剪〔鬚髮〕 女人在頭 言音與諸國不同 國人愛煞 不識善惡 土地足駞騾
羊馬之屬 又從吐火羅東行七日 至胡蜜王住城 當來於吐火羅國 逢

漢使入蕃 略題四韻取辭 五言 君恨西蕃遠 余嗟東路長 道
荒宏雪嶺 險澗賊途倡 鳥飛驚峭嶷 人去偏樑(難) 平生不捫淚 今日灑千行
冬日在吐火羅 逢雪述懷 五言 冷雪牽氷合 寒風壁地(裂) 巨海凍
墁壇 江河凌崖囓 龍門絕(瀑)布 井口盤蚰結 伴火上(陵)歌 焉能度播
蜜 此胡蜜王 兵馬少弱 不能自護 見屬大寔所管 每年輸稅絹
三千疋 住居山谷 處所狹小 百姓貧多 衣着皮裘氈衫 王着綾絹疊布
食唯餠(麨) 土地極寒 甚於餘國 言音與諸國不同 所出羊牛 極小不大
亦有馬騾 有僧有寺 行小乘法 王及首領百姓等 惣事佛 不歸外道 所
以此國無外道 男並剪除(鬚髮) 女人在頭 住居山裏 其山無有樹水及於百草
又胡蜜國北山裏 有九箇識匿國 九箇王各領兵馬而住 有一箇王 屬
胡蜜王 自外各並自住 不屬餘國 近有兩窟王 來投於漢國 使命安
西 往來(不)絕 唯王首領 衣着疊布皮裘 自餘百姓 唯是皮裘氈衫
土地極寒 爲居雪山 不同餘國 亦有羊馬牛驢 言音各別 不同諸國
彼王常遣三二百人於大播蜜川 劫彼興胡及於使命 縱劫得絹 積
在庫中 聽從壞爛 亦不解作衣着也 此識匿等國 無有仏法也
又從胡蜜國東行十五日 過播蜜川 卽至葱嶺鎭 此是屬漢 兵馬見今(鎭)
押 此卽舊日王裴星國境 爲王背叛 走投土蕃 然今國界無有百姓 外
國人呼云渴飯檀國 漢名葱嶺 又從葱嶺步入一月 至疎勒 外國自
呼名伽師祇離國 此亦漢軍馬守捉 有寺有僧 行小乘法 喫肉及葱
菲等 土人着疊布衣也 又從疎勒東行一月 至龜茲國 卽是安西
大都護府 漢國兵馬大都集處 此龜茲國 足寺足僧 行小乘法 食肉及
葱菲等也 漢僧行大乘法 又安西南去于闐國二千里 亦足漢軍馬
領押 足寺足僧 行大乘法 不食肉也 從此已東 並是大唐境界 諸人共知
不言可悉 開元十五年十一月上旬 至安西 于時節度大使趙君
且於安西 有兩所漢僧住持 行大乘法 不食肉也 大雲寺主秀行 善能

講說 先是京中七寶臺寺僧 大雲寺都維〔那〕名義超 善解律藏 舊

是京中庄嚴寺僧也 大雲寺上座 名明惲 大有行業 亦是京中僧

此等僧大好住持 甚有道心 樂崇〔功德〕龍興寺主 名法海 雖是漢兒

生安西 學識人風 不殊華夏 于闐有一漢寺 名龍興寺 有一漢僧 {名}(缺, 約二字)

是彼寺主 大好住持 彼僧是河北冀州人士 疏勒亦有漢大雲寺 有一漢

僧住持 卽是崏州人士 又從安西東行(缺, 約二字) 至焉耆國 是漢軍兵{馬}

領押 有王 百姓是胡 足寺足僧 行小乘〔法〕(缺, 約六字)〔此〕卽安西四鎭 名〔數〕

一安西 二于闐 三疏勒 四焉耆 (缺, 約十三字)

(缺, 約四字)〔大〕依漢法 裏頭〔着〕裙(缺, 約十五字)

『왕오천축국전』 번역 · 원문 · 주석

1

폐사리국(바이샬리)

삼보(三寶)를 …… 맨발에 알몸이다. 외도(外道)는 옷을 입지 않는다. …… 음식은 보자마자 먹어치우며 재계(齋戒)도 하지 않는다. 땅은 모두 평평하고 …… 노비가 없으며 사람을 파는 죄와 사람을 죽이는 죄는 다르지 않다.

[吠舍釐國]¹

……{三}² 寶 赤足裸形 外道³ 不著⁴〔衣〕⁵(缺, 約十六字) 〔逢〕⁶食卽喫 亦不齋⁷也 地皆平(缺, 約十六字) {無}有⁸奴婢 將賣人罪與煞人罪不〔殊〕 (缺, 約十五字)

주

1. 혜초는 바닷길로 중국을 떠나 인도의 동북 해안 어느 곳에 상륙하여 오천축국(인도) 여행을 시작하였다. 여행기의 앞 부분이 결락(缺落)되었기 때문에 이 바닷길 구간의 노정이나 상륙 지점은 미상이나, 상륙 후 경유한 지방은 여행기 첫 부분에 남은 기록으로 추정할 수 있다. 추정에 의하면, 그곳은 바로 폐사리국(吠舍釐國, 바이샬리 Vaiśālī)이다. 그 근거는 이 부분의 내용이 당시 폐사리국 상황과 대체로 일치한다는 데 있다.

바이샬리(일명 비사리毗舍離, 폐사리薛舍離, 유야리維耶離)는 고대 동

● ―― 바이샬리 전경

인도 리차비(Licchavi) 부족의 수부(首府)로서(張, 1), 간다크(Gandak) 강 좌안, 무자파르푸르(Muzaffarpur) 지방의 바사르(Basarh, 북위 25° 58´, 동경 85° 11´)에 자리하고 있다(C, 373-374). 20세기 초 고고학자 블로흐(T. Bloch)가 이곳에서 세 개의 문화층을 이룬 성보(城堡) 유적을 발굴했는데, 굽타(Gupta) 왕조(320~647)에 해당하는 중간층(상층은 10세기 이후 이슬람 통치시대, 하층은 굽타 이전 시대)의 작은 방에서 700여 매의 니봉(泥封, 밀랍한 후 도장을 찍은 서찰 따위)을 발견하였다. 한 니봉의 겉면에 '바이샬리 ……가 장(家長) 인(印)'이라는 글자가 찍혀 있어 이곳이 바이샬리의 고지(故地)라 는 것이 고증되었다(ASIAR, 1903-1904, 74·110).

바이샬리는 불교와 자이나교(Jainism)의 성지로서 특유의 관행이 유행 하였다. 『장아함경(長阿含經)』이나 『대반열반경(大般涅槃經)』 같은 경전 기록에 의하면 불타가 이곳에서 여러 번 설교를 한 바 있으며, 열반 후 이곳 에서 유명한 칠백인집회(제2차 결집)가 거행되기도 하였다. 혜초 이전에 법현(法顯)과 현장(玄奘) 등 도축고승들(인도로 간 승려들) 그리고 당나라 사신인 왕현책(王玄策)도 이곳을 순례하였다.

한편 바이샬리는 자이나교를 크게 일으킨 마하비라(Vardhamāna Mahāvīra, 대웅大雄, 제24대 교주, 기원전 540~468)의 출생지로서, 이 교의 성지이기도 하다. 마하비라가 죽은 후 제자들은 백의파(白衣派, 슈베탐바라Svetāmbara, White-clad)와 천의파(天衣派, 또는 공의파空衣派, 디감바라Digambara, Sky-clad)의 두 파로 분열되었다. 불교도들은 정결을 상징하는 흰옷을 입고 고행하며 남녀평등을 주장하는 백의파를 백의외도(白衣外道)라고 부르고, 무소유의 이념에 따라 이른바 천지사방(天地四方)을 옷으로 삼고 몸에는 요대만 걸치고 알몸으로 다니는 천의파를 나형외도(裸形外道)라고 부른다. 이 천의파들은 살상을 하지 않기 위해 공작새 꼬리나 소의 꼬리로 만든 비로 길 위에 있는 벌레들을 쓸어내며, 여성의 사회활동을 불허한다. 혜초가 여행기 중에 알몸으로 다니는 외도라고 부른 자들은 바로 이 천의파, 즉 나형외도를 가리킨 것이라고 짐작된다.

일부 학자들은 의정(義淨, 635~713)의 여행기에 나오는 '나인국(躶人國, 즉 나인국裸人國)'이나 '나형국(躶形國)' 등을 근거로 이곳을 인도양의 니코바르 제도(Nicobar諸島)(藤)나 말레이 반도 북부 서해안(大; 高)에 비정하고 있는데, 이것은 설득력이 약하다. 왜냐하면 의정이 묘사한 '나인국'이나 '나형국'의 '나형(躶形)'은 문자 그대로 원시 인간의 알몸이고, 바이샬리의 '나형(裸形)'은 원시 시대를 벗어난 종교적 행태로서의 알몸으로 이 두 가지는 서로 차원이 다르기 때문이다.

혜초보다 600여 년 후인 14세기 전반에 니코바르 제도 일원(바라흐나카르)을 방문한 아랍의 대여행가 이븐 바투타(Ibn Batūtah)는 이곳 남자들을 '아무 것도 가리지 않은 벌거숭이'이고 '짐승처럼 내놓고 성행위를 하는 야만인들'이라고 직접 견문을 전하고 있다(졸역, 『이븐 바투타 여행기』 2, 창작과 비평사, 2001, 308-309쪽). 따라서 "사람을 파는 죄와 사람을 죽이는 죄는 다르지 않다"라고 하며 인신매매를 중죄시한 이곳이 14세기까지도 야만인들이 살았던 니코바르 제도 같은 곳은 결코 아닐 것이고, 그곳보다는 훨씬 문명화된 바이샬리일 것이다. 이렇게 여행기에 잔존하는 첫 부분을 바이샬리에 비정하는 것이 중론이라면, 그 비정에 의혹을 제기하는 학자들(定, 6; Y, 39)도 있으며 이곳을 마가다(Magadha)로 보는 학자(F, 431)도 있다.

2. '보(寶)'자 앞의 글자는 엉켜 있어 분간할 수 없으나, 여행기 원문 중에 '삼보'에 관한 언급이 자주 나타나는 점을 감안해 '삼(三)'자로 추측할 수 있다. 불교에서 '삼보(三寶)'란 불(佛)·법(法)·승(僧)을 말한다. 또한 같은 추리로 '재계도 하지 않는다'는 점으로 보아 원래 어구는 '불경삼보(不敬三寶, 삼보를 공경하지 않는다)'였을 것으로 짐작된다(張, 1 참고).

3. 불교에서 '외도(外道)'는 불교 이외의 다른 종교를 말한다. 본문에서는 자이나교를 말하는 것처럼 보이나, 여행기 전편에서는 그 밖의 힌두교나 이슬람교를 지칭하기도 한다.

4. 원본에는 '저(著)'자가 분명한데, 일부 교감본(校勘本)(桑, 15; 鄭, 104)은 '착(着)'자로 적고 있다. '착(着)'자는 '저(著)'자의 속자(俗字)로서 '입다'라는 뜻에서는 같고, 또 국한문에서는 다 같이 '착'으로 읽기도 하지만 원본대로 '저(著)'자를 쓰는 것이 옳을 것이다.

5. 원본에는 '돼지해머리 두(亠)'와 비슷한 획만 남았는데, 앞 글자가 '무엇을 입다'를 뜻하는 '저(著)'자이기 때문에 이 남은 획의 원래 글자는 옷을 뜻하는 '의(衣)'자가 거의 확실하다. 이 문단에서 '옷을 입지 않는 알몸의 외도'는 자이나교도(니르그란타Nirgrantha)를 지칭하는데(F, 431), 구체적으로는 천의파를 말한다(주 1 참고). 그런데 인도에서 알몸의 외도는 자이나교도뿐만 아니라 원문 14행에서 보다시피 시바교(Śiva敎, 습파교濕婆敎, 힌두교)의 교도(파수파타Pāśupata)들도 있다. 따라서 바이샬리에 있는 알몸의 외도는 시바교도일 가능성도 있다(桑, 52).

6. 원문에서 '책받침 착(辶)'획은 명확해서 거의가 이 자를 '만나다'라는 뜻을 가진 '봉(逢)'자로 보고 있으나, 비슷한 뜻을 지닌 '우(遇)'자로 보는 견해도 있다(張, 1).

7. 여기에서의 '재(齋)'는 '재계(齋戒)'로서, 물론 자이나교나 시바교에도 나름의 재계가 있기는 하지만, 불승인 혜초의 입장에서는 '이비시식계(離非時食戒, 정오를 지나서는 식사를 금하는 계)'를 비롯한 불교의 팔재계(八齋戒)를 염두에 두었을 것이다.

8. '유(有)'를 문면 그대로 '유노비(有奴婢)', 즉 '노비가 있다'(張, 1; 李, 39; 金, 8)로 보는 견해와 '유(有)'자 앞에 '무(無)'자가 결락되었다고 보아 '무유노비(無有奴婢)', 즉 '노비가 없다'(F, 131; 桑, 15; 鄭, 114)로 해석하는 상반된 두 가지 견해가 있다. 후자의 경우, '원문의 다른 예들을 감안할 때 2행 마지막에 '무'자가 있었음을 알 수 있다'(桑, 53)라는 판단에 근거하고 있다. 물론 이것도 일리가 없지는 않으나, 근거가 박약하다. 왜냐하면 원문 중에는 '유(有, 있다)'라는 표현도 가끔 나타나기 때문이다. 이 '무유' 주장을 확실하게 해주는 근거는 혜초가 14절에서 '오천국에서는 사람을 팔지 않으며 노비도 없다(爲五天不賣人 無有奴婢)'라고 한 말에서 찾을 수 있다(14절 주 30 참조). 따라서 '유노비'는 '유'자 앞에 '무'자가 결락된 '무유노비', 즉 '노비가 없다'로 이해해야 할 것이다.

2

구시나국(쿠시나가라)

한 달 만에 구시나국(拘尸那國, 쿠시나가라Kuśinagara)에 이르렀다. 부처님이 열반(涅槃)에 드신 곳이나 성은 이미 황폐화되어 아무도 살지 않는다. 부처님이 열반하신 곳에 탑을 세웠는데 한 선사(禪師)가 그곳을 깨끗이 청소하고 있다. 해마다 팔월 초파일이 되면 남승과 여승, 도인과 속인들이 그곳에 모여 크게 공양 행사를 치르곤 한다. 탑 상공에는 깃발이 휘날리는데, 하도 많아 그 수를 이루 다 헤아릴 수가 없다. 뭇사람들이 함께 그것을 우러러보니, 이 날을 맞아 보리심(菩提心)을 일으키는 자가 한둘이 아니다.

이 탑의 서쪽에 강 하나가 있는데, 이라발저(伊羅鉢底, 아이라바티 Airavatī, 아지라바티 Ajiravatī)강이라고 한다. 이 강은 남쪽으로 이천 리를 흘러 항하(恒河, 갠지스 강)로 들어간다. 이 탑의 사방 먼 곳까지도 사람이 살지 않으며 숲은 여지없이 거칠어졌다. 그래서 거기로 예배하러 가는 자는 무소나 호랑이에게 해를 입기도 한다.

이 탑 동남쪽 삼십 리에 절이 하나 있는데, 사반단사(娑般檀寺)라고 부른다. 거기에 삼십여 명이 사는 마을이 3~5개 있는데, 늘 절에 공양한다. 그 선사의 의복과 음식은 탑에 있는 것으로 공양하도록 되어 있다.……

拘尸那國

一月 至拘尸那國[1] 仏入涅槃處[2] 其城荒廢 無人住也[3] 仏入涅槃處置塔 有禪師[4] 在彼掃灑 每年八月八日[5] 僧尼道俗 就彼大設供養[6] 於其空中[7] 有幡[8]現 不知其數 衆人同見 當此日之發心非一[9] 此塔西有一河 伊羅鉢 〔底〕水[10] 南流二千里外 方入恒河[11] 彼塔四絶[12] 無人住也 極荒林木 往 彼禮拜者〔被〕[13]犀牛[14]大虫[15]所損也 此塔東南三十里 有一寺 名娑般檀 寺[16] 有〔三十餘人村庄三〕五〔所〕 常供養 彼禪師衣食 令在塔所供養 (缺, 約十一字)

주

1. 쿠시나가라(Kuśinagara, 한명은 구시나국拘尸那國, 혹은 구사나갈 국拘私那竭國, 구이국拘夷國, 구시성拘尸城, 구이나갈성拘夷那竭城, 구시 나갈성拘尸那竭城, 구시나게라국拘尸那揭羅國, 구시국俱尸國)가 부처의 열반처라는 것은 틀림없는 사실이나, 그곳이 어디인가에 관해서는 여러 설 이 있는데 크게는 두 설이다. 일설은 네팔 영내 카트만두(Kāthmāndu) 동 쪽 30마일 지점에 있는 간다크 강과 소라프티(小Rāpti) 강의 합류처라고 하는 설인데(S. 167 note), 지금은 부정되고 있다. 현재의 통설은 인도 영내 우타르프라데시(Uttar Pradesh) 주 데오리아(Deoria) 지방의 카시아 (Kasiā, 북위 26° 45′, 동경 83° 55′) 서남쪽 3.22킬로미터 지점에 비정하고 있 다(C. 493ff). 이 카시아설은 커닝엄(A. Cunningham)이 처음으로 제시한 후 그의 조수인 칼레일(A. C. L. Carlleyle)의 발굴에 의해 고증되었다. 칼레 일은 1877년에 발굴 작업을 시작하여 열반처의 중심에서 스투파(stupa, 불 탑)와 거대한 열반석상을 발굴하였다(ASIAR 18, 55-97, PLs. V-VI). 그 후

● ──── 부처의 열반처인 쿠시나가리의 중심부에 있는 스투파

1904년에서 1907년과 1910년에서 1912년 사이에 인도 고고국(考古局)이 발굴 작업을 이어받아 열반처임을 입증하는 많은 유물과 승원 유적들을 발견하였다. 지금 열반처의 중심부에 있는 스투파는 불타가 입적한 후 곧바로 지은 것을 나중에 확충한 것으로 보인다.

원래의 스투파는 쿠시나가라의 말라(Malla)족이 8분할된 석가의 유골 중 1분을 안치하기 위해 만든 것으로 추측되나, 그 장소가 어디인지는 열반 관련 문헌에 명확하게 기재되어 있지 않다. 스투파 건조에 관한 말라족의 전설에 의하면, 마우리아(Maurya) 왕조 제3대 왕 아소카(Aśoka, 아육阿育, 기원전 268?~232? 재위)가 묻혀 있던 석가의 유골을 세분하기 위해 원래의 스투파를 파괴하였다고 한다(山, 72-91; St, 109-119, 219-221). 이 전설이 사실이라면 스투파는 아소카 왕에 의해 개수(改修)되었다고 볼 수 있다. 일찍이 현장은 열반상과 스투파를 직접 보고『대당서역기(大唐西域記)』에 머리를 북쪽으로 향해 누워 있는 여래 열반상을 봤는데, 그 곁에 무우왕(無憂王, 즉 아소카 왕)이 지은 솔도파(窣堵婆, 스투파)가 있으며, 그 높이는 이백여 장(丈)이나 된다고 기록하였다. 1911년에 이 스투파가 열반처의 스투파임을 시사하는 여러 점의 동판이 발굴되었다. 1927년 미얀마 불교도들은 스투파를 연와(煉瓦)로 개수하고, 1956년에 길이 6미터의 열반석상을 기리는 사당을 개축하기도 하였다.

쿠시나가라의 원명은 카사바티(Kaśavati)로 말라족의 수부였다. 『장아함경』 같은 원시 불전에는 카사바티로 나온다. 불타 시대에 쿠시나가라로 개명했는데, 당시 이곳은 성보만도 일곱 군데나 있는 넓고 번화한 고장이었다(張, 6).

2. 열반(涅槃)이란 도를 이루어 모든 고통과 번뇌가 끊어진 해탈(解脫)의 경지를 말하는데, 부처님이 열반에 드셨다는 것은 세상을 떠났다는 뜻이다(부처님의 열반처에 관해서는 바로 앞의 주 1을 참고).

3. 혜초보다 약 백년 전 현장이 쿠시나가라에 들렀을 때, 이곳은 옛 성터의 둘레가 십여 리나 되지만 성곽이 이미 무너지고 읍리(邑里)는 한산하며 사는 사람이 별로 없었다(『대당서역기』 권6 「구시나게국(拘尸那揭國)」조).

4. '선사(禪師)'란 불교에서 참선하여 삼매경(三昧境)에 이른, 즉 선정(禪定)에 통달한 고승에 대한 경칭으로서 사원 내의 일반 승려들과 구별된다. 따라서 선사는 불교의 한 파(派)인 선종(禪宗)의 율사(律師)나 법사(法師)에게만 국한된 지칭은 아니다.

5. 여기서 팔월 초파일은 불타의 입적일을 말한다. 그런데 그의 입적일에 관해서는 불전(佛典)이나 역경(譯經)에 따라 몇 가지 설이 전해오고 있다. 가장 유력한 불교 부파(部派)의 하나인 설일체유부(說一切有部)의 율장(律藏) 『살파다비니비파사(薩婆多毗尼毗婆沙)』 권2(원전은 소실, 5세기 전반에 번역)에 "부처님은……팔월 초파일 불성(弗星, 푸샤Pusya, 성수星宿)이 나타났을 때 열반에 드셨다(佛……以八月八日弗星出時取般涅槃)"라는 기록이 있어, 이 파는 팔월 초파일을 불타의 입적일로 기리고 있다. 원문에서의 팔월 초파일은 이 파의 소견을 따른 것으로 보인다. 그러나 법장부(法

藏部)의 『장아함경』(5세기 전반 번역)은 이월 초파일로, 『반니원경(般泥洹經)』(소속 부파나 번역 연대 미상)은 사월 초파일로 입적일을 각각 전하고 있다. 이 두 경전은 다 같이 푸샤(성수)가 나타날 때라고 한다. 그런가 하면 동남아의 상좌부(上座部)는 자파(自派)의 경전인 『선견율비파사(善見律毗婆沙)』에 의해, 일본은 대승 경전인 『열반경(涅槃經)』에 의해 입적일을 다 같이 2월 15일로 잡고 있다(桑, 56).

6. '설공양(設供養)'에서 '설(設)'자는 '베풀다' '갖추다'라는 뜻을 지니고 있기 때문에, '설공양'은 단순히 누구에게 무엇을 공양한다라는 뜻보다는 다분히 공양 의식이나 행사를 의미한다고 할 수 있다.

7. 일부 학자는 '어기공중(於其空中)'의 '어기(於其)'를 '그때'로 번역하는데(李, 35; 鄭, 114) 그런 뜻이 아니고, '거기(의)'(본문에서는 '탑'을 지칭)라는 뜻이다. 따라서 '어기공중'은 '탑(혹은 거기, 그곳) 상공에'로 번역하는 것이 적절하다고 본다.

8. '번(幡)'은 발인할 때 상주가 들고 나가는 조기(弔旗)처럼 수직으로 거는 좁고 긴 깃발이다.

9. '발심비일(發心非一)'에서 '발심'은 불교(불법)를 믿으려는 마음(결심)이 아니라 성불득도(成佛得道)하려는 보리심을 일으키거나 갖는다는 뜻이다. 본문의 내용을 봐도 부처님의 입적일에 공양차 모인 사람 중에는 불교에 귀의하려고 온 사람도 물론 있기는 하겠지만, 일부는 이미 불교를 믿고 있는 불자들로서 그들의 발원(發願)은 보리심을 일으키는 것일 것이다. 그리고 '비일'의 본뜻은 '하나가 아니다'이므로 원문의 '발심비일'은 '발심하는 사람이 한둘이 아니고 적지 않다'라는 뜻이다. 이것을 '발심이 한결 같지는 않고 여러 가지다'라고 풀이하는 학자도 있다(桑, 57).

10. '이라발저수(伊羅鉢底水)'가 어느 강인가에 관해서는 불타의 입적처를 어디로 보느냐에 따라 학자들 사이의 견해에 큰 차이가 있다. 지금 통

설로 되고 있는 인도 영내의 카시아를 입적처로 인정할 때, 이 강에 관한 기술이 나오는 것은 크게 부파 계통의 경전과 대승 계통의 경전 두 가지이다.

전자의 경우는 대체로 '히란야바티(Hiraṇyavatī, 팔리어로는 Hirannavatī, 히란야hiranya는 금, 바티vatī는 강이라는 뜻)'로 쓰여 있는데, 역경에서는 '희연선하(熙連禪河)'(『장아함경』 권4 「유행경(遊行經)」), '희연하(熙連河)'(『반니원경』 하권), '금하(金河)'(『근본설일체유부비나야잡사(根本說一切有部毘那耶雜事)』 권37)로 한역하였다. 후자의 경우에는 보통 '아지라바티(Ajiravatī, 팔리어로 Aciravatī)'로 쓰여 있는데, 역경에서는 '아리라발제하(阿利羅跋提河)'(『대반열반경(大般涅槃經)』 북본, 권40), '아이라발제하(阿夷羅跋提河)'(『대반열반경』 남본, 권36)로 한역하였다. 도축승들의 여행기인 『불국기』는 부파 계통의 '희연선하(希連禪河)'로, 『대당서역기』는 대승 계통의 '아시다벌저하(阿恃多伐底河)'로 음사하였다. 그 밖에 『일체경음의』 권22에는 『대반열반경』과 같이 '아리라발제하'로 역음이 적혀 있다.

이 강의 위치에 관해 혜초는 원문에서 탑, 즉 열반처의 서쪽에 있다고 했으나, 현장은 『대당서역기』에서 그 반대편인 동쪽에 있다고 하였다. 이 문제에 관해 일부 학자들은 강의 수로가 변경되었을 수도 있다고 주장하나, 두 사람의 여행 시기가 약 백 년밖에 차이나지 않는데, 그 사이에 과연 수로가 바뀔 수 있었는지가 의문스럽다. 또 일부 학자들은 두 사람이 말하는 강이 서로 다른 강일 수도 있다고 주장한다.

열반처를 네팔 경내로 추정하는 학자들의 일부는 소라프티 강을 아지라바티 강에 비정하고, 간다크 강을 히란야바티 강에 비정한다(S, 167 note). 한편, 히란야바티 강과 아지라바티 강을 같은 강으로 보고 지금의 소간다크 강이라고 하는 주장과 아지라바티 강과 아이라바티(Airāvatī) 강을 같은 강으로 보고 지금의 라프티 강이라고 하는 주장도 있다(L, 69-70)(이상 桑, 57-59 참고).

11. 항하(恒河)는 갠지스(Ganges, 일명 강가Gaṅgā) 강의 한역명이다. 이 강은 힌두교에서 숭배의 대상이 되는 성하(聖河)로서 불교와도 관련이 있으며, 연안에 많은 성지와 유적들이 있다. 길이가 약 2500킬로미터에 달하는 이 강은 히말라야 산맥의 남쪽 기슭에서 발원하여 남동쪽으로 흘러 힌두스탄 평원을 적시고 하류에서 브라마푸트라(Brahmaputra) 강과 합류하여 큰 삼각주를 이루고 벵골(Bengal) 만으로 들어간다.

12. '절(絕)'자에는 '끊다'라는 뜻과 함께 '서로 멀리 떨어지다'라는 뜻이 있다. 원문의 '사절(四絕)'은 '사방 먼 곳' 또는 '사방 멀리 떨어진 곳'으로 번역할 수 있다.

13. '서우(犀牛)' 앞의 희미한 글자는 문맥으로 보아 '피(被)'자나 '위(爲)'자로 추측되는데, 두 글자 모두 '~에게'라는 뜻을 가지고 있다.

14. '서우(犀牛)'는 '물소(수우水牛, buffalo)'(李, 36; 鄭, 114)가 아니라 '무소(코뿔소, rhinoceros)'다. 무소는 몸집이 크고 성질이 둔하며 머리에 인도산은 한 개, 그 밖의 지역의 것은 두 개의 뿔이 있다. 고기는 식용하고 뿔은 약재로 쓰인다.

15. '대충(大虫·大蟲)'은 호랑이다. 일찍이 동진(東晉)의 간보(干寶)가 쓴 『수신기(搜神記)』권2에는 호랑이를 '대충(大蟲)' 또는 '대영(大靈)'이라 부른다고 나오는데, '대영'은 후세에 별로 쓰이지 않았으나 '대충'은 송원 시대까지도 줄곧 사적에 나타나고 있으며 지금까지도 광동성 남부 양강(陽江) 지방에서 방언으로 쓰이고 있다. 당대(唐代) 이조(李肇)의 『당국사보(唐國史補)』권상(卷上)에서는 한유(韓愈)의 말을 인용해 대충(大蟲)과 쥐(노서老鼠)는 십이지 동물에 속한다고 하였다. 『오대사(五代史)』권95에는 당대의 용감무쌍한 역사(力士) 적장(翟璋)을 대충(大蟲), 즉 치호(癡虎, 어리석은 호랑이)에 비유하였다. 그리고 유명한 『수호전(水滸傳)』제1회에는 "대충은 복육(伏肉, 죽은 짐승의 고기)을 먹지 않는다"라는 기사가 있

다. 내용으로 봐서 여기의 '대충'도 분명히 호랑이이다(桑, 59-60 참고).

16. '사반단사(娑般檀寺)'는 불타의 다비처(荼毗處)에 있는 절로 알려져 있다. 『장아함경』 권4에 의하면 이 절의 산스크리트 이름은 'Makuṭa-bandhana-caitya'이다. 여기서 'makuṭa'는 왕관, 'bandha'는 매는 끈, 'caitya'는 절이라는 뜻이다. 따라서 한역 불전에는 이 절 이름을 '천관사(天冠寺)'(『장아함경』 권4「유행경」), '보관지제(寶冠支提, 지제는 절이라는 뜻)'(『대반열반경』 하권), '정결지이(頂結支夷)'(『십송율(十誦律)』 권60), '주여파단전(周黎波檀殿)'(『불반니원경(佛般泥洹經)』 하권) 등으로 의역하였다. 다비처의 절에 관해 법현과 현장은 언급이 없으나, 의정은 『대당서역구법고승전(大唐西域求法高僧傳)』 권상「도희(道希)」조에서 '수파반나(輸婆伴娜)'로 명기하고 있다.

문제는 다비처의 위치가 어디인가 하는 것인데, 기록이 각이하다. 『장아함경』과 현장은 쿠시나가라의 북쪽이라고 하고, 팔리어나 티베트어 역경, 한역 『대반열반경』은 성의 동쪽이라 한다. 그런데 지금은 대체로 열반처라고 보는 카시아에서 동남쪽으로 약 1500미터 지점에 있는 라마브하르(Rāmabhar)로 추정하고 있다(桑, 60-61; 張, 8-9 참고).

피라날사국(바라나시)

 며칠 걸려 피라날사국(彼羅痆斯國, 바라나시Vārāāṇasī)에 이르렀으나, 이 나라 역시 황폐화되어 왕도 없다. 즉 여섯 …… 구륜(俱輪)을 비롯한 그 다섯 비구의 소상(塑像)이 탑 안에 있는 것을 보았다.……석주(石柱) 위에 사자(師子)가 있다. 그 석주는 대단히 커서 다섯 아름이나 되지만 무늬는 섬세하다.…… 탑을 세울 때 그 석주도 함께 만들었다. 절 이름은 달마작갈라(達磨斫葛羅)이다. 승려…… 외도는 옷을 입지 않고 몸에 재를 바르며 대천(大天)을 섬긴다.

彼羅痆斯國

日[1] 至彼羅痆斯國[2] 此國亦廢 無王[3] 卽〔六〕(缺, 約十三字) 彼五俱輪[4] 見素形像[5] 在於塔[6] 中 (缺, 約十五字) 上有師子[7] 彼幢[8] 極麗[9] 五人合抱 文里[10] 細 (缺, 約十二字) 塔[11] 時 并造此幢 寺名達磨斫葛羅[12] 〔僧〕(缺, 約十二字)外道不着衣服 身上塗灰[13] 事於大天[14]

 주

1. '일(日)'자 앞에는 '며칠'을 나타내는 숫자가 있었음직한데, 결락되어 버렸다. 『자은전(慈恩傳)』 권3에 의하면 구시나국에서 피라날사국까지의 거리가 500여 리라고 하니, 그 구간의 여행기간은 열흘쯤 되었을 것이다(張, 9).

2. 피라날사(彼羅疿斯, 바라나시Vārāṇasī, 일명 파라나波羅奈·婆羅那, 파라날사波羅捺斯·婆羅疿斯, 파라나사波羅那斯·婆羅㮈斯, 패나륵사貝拿勒斯)의 한역 음사에서 원문은 '피(彼)'자를 썼는데, 혜림의 『일체경음의』는 '피(彼)'자가 아닌 '파(波)'자를 썼다. 원음을 고려할 때 '파(波)'자가 맞다고 본다.

피라날사는 지금의 베나레스(Benares)로서 북방주의 알라하바드(Allahabad) 강 하류 80마일, 갠지스 강 좌안에 위치해 있다. 이 도시는 바라나(Vārāṇa) 강과 아시(Asi) 강 사이에 자리하고 있기 때문에 두 강 이름을 합친 이 이름이 지어졌다고 한다. 이곳은 고대 인도 16대 강국의 하나인 카시(Kāśī)의 수도로서 카시성(카시나가라Kāsinagara)이라고도 한다. 그래서 사적에는 바라나시와 카시가 혼용되기도 하고, 심지어 합성어 '카시바라나시(Kāśī-Bārāṇasī)'가 사용되기도 한다.

3. 7세기 전반 이곳을 방문한 현장은 다음과 같이 묘사하고 있다. 주위가 사천여 리나 되고 도성은 서쪽으로 긍가강(殑伽江, 갠지스 강)에 면해 있으며 길이는 18~19리, 너비는 5~6리나 된다. 여염(閭閻, 마을 입구의 문)이 즐비하고 주민이 번성하며 집집이 다 거부(巨富)로 기화(奇貨)가 가득하다. 인성이 온화하고 학구열이 강하다. 외도를 많이 믿으며 불법은 별로 공경하지 않는다. 가람이 30여 소에 승도가 삼천여 명이며 소승정량부 교법을 배우고 있다. 천사(天祠, 힌두교 사원)가 백여 개나 되고 외도가 만여 명이나 된다. 알몸에 옷을 입지 않고 몸에는 재를 바르며 근면 고행을 한다(『대당서역기』 권7). 이렇게 7세기까지만 해도 피라날사국은 번성하고 있었다. 그러나 백 년도 지나지 않아 혜초가 들렀을 때는 이미 황폐하여 왕조차 없었다. 10세기 중엽 송나라의 승 계업(繼業)이 파라나국(波羅奈國)에 갔을 때는 도성이 5리 거리를 두고 두 개로 나뉘어 서쪽으로 갠지스 강에 임하고 있었다.

4. '피오구륜(彼五俱輪)'에서 '오(五)'는 불타가 최초로 설교하여 득도시킨 다섯 제자 비구를 가리키고, '구륜(俱輪)'은 그 중 한 사람이다. 이 문구에서 '그 피(彼)'자를 사용한 점으로 보아 이 앞에 약 열세 자가 결락된 곳에서 그들에 관한 어떤 이야기가 있었을 성싶다. 그들 다섯 명은 교진여(憍陳如, 구린), 마가나마(摩訶那摩, 마하바남), 발파(跋波, 바부), 아사파사(阿捨婆闍, 아습비), 발타라사(跋陀羅闍, 바데)인데, 본문에 나오는 '구륜(구린 拘隣, 팔리어로 Kondiṇṇa, 산스크리트로 Kauṇḍinga)'은 교진여이다.

『불국기』, 『과거현재인과경(過去現在因果經)』 권3, 『문원영화(文苑榮華)』 권862의 「양주용흥사경률원화상비(揚州龍興寺經律院和尚碑)」, 『법원주림(法苑珠林)』 등 여러 사적의 기록에 의하면, 이 다섯 사람은 원래 석가와 함께 6년간 고행을 같이하기로 하였다. 그러나 석가가 고행을 그만두고 소 먹이는 여인으로부터 우유를 얻어먹고 선정에 들어간 것을 석가가 타락한 것으로 오인하여 그와 떨어져 따로 수행하였다. 석가는 부다가야(Buddha Gayā)로 가서 보리수 아래서 오랜 명상 끝에 사제(四諦) 십이인연(十二因緣)을 깨달아 부처가 되었다. 석가는 스스로 깨달은 진리를 이들 다섯 사람에게 맨 먼저 설교하려고 그들이 사는 녹야원(鹿野苑, Mṛgadavā)으로 찾아갔다. 그때 구륜 등은 멀리서 오는 석가를 보고 "석가는 아직까지 득도하지 못했을 것이다. 그래서 우리를 찾아오는 것이다. 그러니 못 본 체하고 인사도 하지 말자"라고 약속하였다. 그러나 석가가 다가오자 그들은 석가의 위광(威光)에 압도되어 그만 저들의 약속을 잊고 모두 일어나 절을 하며 맞이하였다. 석가가 그들을 위해 묘리(妙理)를 설교하며 안거(安居)를 마치자 다섯 사람도 증과(證果, 수행으로 온갖 번뇌를 끊어버리고 진리를 깨닫게 되는 결과)를 얻게 되었다(李, 75 주 ⑧). 그러므로 석가의 초전법륜처(初轉法輪處), 즉 그가 맨 처음 이 다섯 제자에게 설교한 곳은 바라나시에서 북쪽으로 9.6(또는 6.5)킬로미터 떨어진 지금의 사르나트(Sārnāth,

● —— 6세기 무렵 부처의 초전법륜처에 세워진 다메크 탑

북위 25°22′ 동경 83°1′)이다.

5. '소형상(素形像)'이 소상(塑像, 진흙으로 빚어 만든 상)이라는 데는 학자들 사이에 이의가 없다. 일찍이 후지타 도요하치(藤田豊八)는 "소형상이 곧 니소형상(泥塑形像)"(藤, 6a)이라고 지적하였고, 푹스(W. Fuchs)를 비롯한 모든 연구자들(역자나 역주자 포함)도 이에 동의하였다. 그러나 그 근거에 관해서는 확실하지가 않다가 근래에 '소(素)'자가 '소(塑)'자의 차용어라는 것이 밝혀지면서 그 실마리가 풀렸다. 중국 학자 장용천(張湧泉)은 『당함통육년수중악묘기(唐咸通六年修中岳廟記)』와 『장씨수공덕기(張氏修功德記)』 등의 문헌기록에 근거해 '소(素)'자가 차용어란 점을 밝히면서 '소박함'이란 뜻을 지닌 '소(素)'자와의 혼동을 피하기 위해 속자(俗字)에서는 이 글자에 '토(土)'변을 붙여 '塐'자를 만들어냈으며, 그것이 결국 '소(塑)'자와 같은 자가 되었다고 하였다(장용천, 『한자속자연구』, 악록서사岳麓書社, 1995, 89쪽)(黃, 229 참고).

6. 이 탑은 초전법륜처에 6세기경 세워진 다메크(Dhamekh) 탑이다. 기부의 직경이 28.5미터, 높이가 33.53미터(기단까지는 42.06미터)나 되는 현존 탑의 상부는 연와를 쌓아 만든 것인데 절반이 무너졌고, 지상에서 11.2미터까지의 하부는 석재로 건조하였다. 표면에는 장식문이 새겨 있고, 일정한 거리를 두고 여덟 개의 벽감이 설치되어 있다.

7. '사자(師子)'는 짐승 '사자(獅子)'를 말한다. 고문에는 가끔 이렇게 짐승을 나타내는 '개 견(犭)'변을 붙이지 않은 '사(師)'자를 쓰기도 한다.

"위에 사자가 있다. 그 석주(幢)는……"이라는 기록(실제로 돌기둥 위에 조각된 사자 네 마리가 앉아 있음)과 문맥으로 보아 앞에 약 열다섯 자가 결락된 부분은 돌기둥에 관한 내용임이 틀림없다.

8. '당(幢)'은 원래 깃발의 일종이나, 불교에서는 경문을 새긴 석주(石柱)를 말한다. 본문의 당은 석가의 초전법륜처인 녹야원(사르나트) 서남쪽에서 발굴된 다르마라지카(Dharmarājikā) 탑에서 서북쪽으로 30여 미터 거리에 있는 석주이다. 기원전 3세기에 아소카 왕이 세운 것으로 알려진 이 석주의 높이는 약 15.25미터(발굴 때 세 토막으로 잘려 있었음)이고, 기부의 직경은 71.1센티미터, 상단의 직경은 55.9센티미터로서 꽤 큰 돌기둥이라고 말할 수

●──아소카 왕이 세운 돌 기둥 위의 사자상

있다. 현장은 『대당서역기』에서 석주의 높이가 70여 척으로 석가의 초전법륜처에 세워졌다고 하였다(이것은 착각이다).

석주의 머리에는 정교하게 조각된 네 마리의 사자가 네 방향을 향해 몸을 서로 맞붙인 채 앉아 있다. 이 사자두주상(獅子頭柱像)은 인도의 국장으로 채택되었다. 지금 사르나트 박물관에 소장되어 있는 이 석주의 파편으로 미루어 보아 원래 이 사자들의 머리 위에는 법륜이 조각되어 있었던 것으로 추측된다. 주신(柱身)에는 아소카 왕의 칙령이 새겨 있으며, 석재는 붉은색이 약간 섞인 추나르산(Chunār産) 회색 사암(砂岩)이다. 앞에서 말한 다르마라지카 탑도 아소카 왕이 세운 것으로 알려져 있는데, 최초의 탑 직경은 약 13.49미터였고, 12세기까지 여섯 번이나 증수하였다.

9. '추(麤)'자를 일부 학자들은 아름답다는 뜻의 '려(麗)'자(羽; 金; F; Y

는 beautiful)로 인식하고 있으나, 기실은 '추(麁)'자이다. '추(麁)'자는 '추(麤)'자의 속자로서 뜻은 '거칠다' '크다'이다. 따라서 본문에서는 '큰'(기둥)으로 해석하는 것이 합당하다(黃, 230 참고).

10. '문리(文里)'는 '문리(紋理)'로서 무늬, 문양이란 뜻이다.

11. 이 탑은 석주에서 30여 미터 거리에 있는 다르마라지카 탑을 지칭한다.

12. 다르마라지카 탑 부근에서 상반신이 떨어져 나간 불좌상이 발견되었는데, 그 좌대의 위쪽에 세 줄의 명문이 새겨 있다. 그 내용은 티라팔라(Thirapāla)와 바산타팔라(Vasantapāla)라는 두 형제가 다르마라지카 탑과 다르마카크라(Dharma-cakra) 사당(절)을 완전히 수리하고 따로 석조 불전 사일라간다쿠티(Śaila-gandhakuṭi)를 1026년 파우사(Pauśa)월 11일에 지었다는 것이다. 이 두 형제는 팔라조(Pāla朝)의 왕 마히팔라(Mahīpāla)의 자식들이다. 이 다르마카크라 절이 바로 본문에 나오는 '달마작갈라(達磨斫葛羅)' 절로 보인다. 이렇게 보면 녹야원과 그 부근에는 여러 개의 절이 있었던 것으로 짐작된다(桑, 67 참고). '다르마카크라'는 '법륜(法輪)'이라는 뜻으로 원문의 '달마작갈라'라는 절을 '법륜사(Dharma-Cakra-Samgha rāmā, 〔僧숭〕 뒤에 결락된 글자를 가람伽藍으로 추측)'라고 주장하는 학자도 있다 (張, 11).

13. 외도 중 옷을 입지 않고 몸에 재를 바르는 교파는 시바교의 일파인 파수파타(Pāśupata)파이다. 그들은 알몸으로 있기도 하고, 때로는 곤(褌, 가랑이가 짧은 홑바지)을 입고 다니기도 한다. 몸에 재를 바를 뿐만 아니라, 재로 목욕하고 재 속에 누워 있기도 한다.

14. '대천(大天, Mahādeva)'과 '대자재천(大自在天, Maheśvara)'은 같은 신으로서 힌두교의 최고신 시바(Śiva)의 별칭이다. 원래 폭풍과 빛의 신인 시바는 아리아인들의 신이 아니라서 베다(Veda, 폐타吠陀)에는 루드

● ──힌두교의 최고신인 시바(왼쪽)와 비슈누(오른쪽) 신상

라(Rudra)라는 다른 이름으로 나타난다. 그런데 『리그베다(Rigveda, 이구폐타梨俱吠陀)』에서 이 루드라는 불의 신인 아그니(Agni)와 동일시된다. 따라서 루드라건 아그니건 점차 시바의 별칭으로 발전하게 되었다. 그러나 그 지위는 아직 서사시 『마하바라타(Mahābhāratā)』에 나오는 주재신 비슈누(Viṣṇu, 편인천偏人天)보다 높지 못했다. 그렇지만 『푸라나(Purāṇa, 왕세서往世書)』 시대에 와서는 시바가 비슈누나 브라마(Brahmā, 범천梵天)와 함께 힌두교의 3대 주신(主神)으로 군림한다.

전설 속의 시바는 그 법력이 무한하여 파괴의 신이면서 동시에 창조의 신이기도 하다. 그의 이름이나 신상(神像)은 여러 가지거니와 신화 또한 다양하다. 그는 선정(禪定)하는 자세로 앉아서 명상에 잠겨 있으며, 머리에는 세 개의 눈이 있는데, 세 번째 눈은 이마 한가운데에 박혀 있다. 뿔 모양의 상투를 하고 머리 위에는 난(鸞)새(봉황과 비슷한 전설 속의 영조靈鳥) 한 마리와 초승달 장식이 있으며, 목에 푸른빛이 돈다. 푸른빛이 도는 것은 세계를 궤멸시킬 독물(毒物)을 먹었기 때문이라고 한다. 목에는 뱀이 한 마리 서려 있고 사람의 두개골을 꿰어 만든 목걸이(Muṇḍamālā)가 걸려 있으며 옷은 호랑이나 사슴, 코끼리 가죽으로 지은 것을 입고 있다. 때로는 흰 소를 타고 손에는 삼지창을 든 신의 모습을 하기도 한다. 시바는 바라나시의 수호신 으로 이 성을 근거지로 삼고 있다. 시바와 비슈누 사이에 이곳을 둘러싼 쟁탈전이 여러 번 발생하였다. 비슈누의 화신인 크리슈나(Kṛiṣṇa, 흑천黑天)가 몇 차례 바라나시를 불사르거나 두 세력이 서로 타협한 적도 있지만, 시바가 여전히 강세를 보여왔다.

시바의 유명한 세주묘(世主廟, Visvanatha)가 있는 이곳은 힌두교의 7대 성지 중 하나이다. 『석가방지(釋迦方志)』에 따르면 이곳에는 천사(天祠)가 백여 소 있고 외도(주로 힌두교)만도 만여 명에 이르며 천근(天根, 즉 남근男根, linga)을 숭배하고 있다. 성내에는 20여 소의 남근상이 있는데, 그 높이가 무려 백여 장에 달한다. 7세기 중엽 현장이 이곳을 찾아갔을 때도 사정은 비슷하였다. 남근은 시바의 상징이자 숭배 대상이다. 하라파(Harappā)에서 출토된 유물 중에는 남근상이 상당수 있다. 모헨조다로 유지에서 나온 시바 신상은 머리에 뿔이 달려 있고 주위가 남근상으로 에워싸여 있다. 이것은 남신이 주신으로 부상하고 프리티비(Prithivi)나 아디티(Aditi) 같은 여신은 하위에 속해 있었음을 말해준다. 이 점은 여신이 남신보다 상위에 있던 인더스 문명과 대조적이다(張, 12-13).

마게타국(마가다)

이 절 안에는 한 구의 금동상이 있다. 오백……이 마게타국(摩揭陁國, 마가다Magadha)에는 옛적에 왕이 한 명 있었는데, 시라표저(尸羅票底, 실라디탸Śilāditya)라고 하였다. 그가 이 상과 함께 금동 법륜(法輪)도 만들었는데……테두리가 반듯하고 30여 보나 된다.

이 성은 갠지스 강을 굽어볼 수 있는 북안(北岸)에 위치해 있다. 바로 이 녹야원(鹿野苑)과 구시나(拘尸那), 사성(舍城), 마하보리(摩訶菩提) 등 4대 영탑(靈塔)이 마게타국 왕의 영역 안에 있다. 이 나라에는 대승과 소승이 함께 행해지고 있다. 급기야 마하보리사(摩訶菩提寺)에 도착하고 나니 내 본래의 소원에 맞는지라 무척 기뻤다. 내 이러한 뜻을 대충 오언시로 엮어본다.

보리수가 멀다고 걱정 않는데
어찌 녹야원이 그리 멀다 하리오.
가파른 길 험하다고만 근심할 뿐
업연(業緣)의 바람 몰아쳐도 개의찮네.
여덟 탑을 친견(親見)하기란 실로 어려운데,
오랜 세월을 겪어 어지러이 타버렸으니
어찌 뵈려는 소원 이루어지겠는가.
하지만 바로 이 아침 내 눈으로 보았노라.

摩揭陁國

此寺中有一金銅像 五百¹ (缺, 約三字) 是摩揭陁國² 舊有一王 名尸羅票底³ 造此像也 兼造一金銅 (缺, 約三字) 〔幅〕團圓正等⁴三十餘步 此城俯臨恒河北岸置也 卽此鹿野苑⁵ 拘尸那⁶ 舍城⁷ 摩訶菩提等⁸ 四大靈塔⁹在摩揭陁國王界¹⁰ 此國大小乘¹¹俱行 〔于〕〔時〕¹²得達摩訶菩提寺 稱其本願 非常歡喜 略題述其愚志 五言

不慮菩提¹³遠

焉將鹿苑遙

只愁懸路險

非意業風飄

八塔¹⁴誠難見

〔參〕差¹⁵經劫燒

何其人願滿

目覩在今朝

주

1. '오백(五百)' 뒤에 약 세 자가 결락되었는데, 그 결락자가 무엇인가를 놓고 이론이 있다. 몇몇 연구자들은 그 세 자를 '독각상(獨覺像)'으로 보고 있는데(高, 1, 5; 李, 37, 76의 주 ⑩; 鄭, 115), 그 근거는 현장이 『대당서역기』에서 마가다국은 오백 명의 독각이 동시에 입적한 곳이라고 한 데 있는 것 같다. 독각이란 혼자서 도를 닦아 십이인연(十二因緣)의 이법(理法)을 인식하여 의혹을 끊어버리고 불생불멸의 진리를 깨닫는 연각(緣覺)에 도달한

● ──라자그리하(왕사성) 전경

성자를 말한다. 여기서 문제는 이 독각들의 상이 이 절 안에 있었는가 없었는가 하는 것인데, 지금까지도 확실하지 않다. 그 뒤 부분에 시라표저(尸羅票底)라는 마가다국 왕이 '그 상을 만들었다(造此像也)'라는 내용이 있다고 하여, '그 상'이 바로 '독각상'을 가리키는 것이라고는 볼 수 없다. 왜냐하면 '그 차(此)'자는 다분히 단수를 지칭하는 대명사이기 때문이다. 그러므로 이 결락자가 '독각상'이라는 견해는 신빙성이 결여되어 있다. 이에 비해 불가지론자들은 결락된 부분을 그대로 비워놓고 있다(張, 14; 金, 9; 역주자). 그 밖에 보통 절 안에 수호신상으로 아라한상(阿羅漢像)을 많이 만들어 놓는 점을 감안할 때 결락자가 '아라한상'이 아닐까 하는 조심스러운 추측도 있다(桑, 16 주 15).

2. '마게타(摩揭陁, 마가다Magadha, 일명 마게타摩揭它·摩揭陀, 마가타摩伽陀·摩訶佗·摩伽陁, 마갈摩竭, 마갈제摩竭提, 묵갈제墨竭提, 의역어로 무해無害, 무뇌해無惱害, 선승善勝, 총혜聰惠)'는 인도 고대 16대국 중의 하나로서 그 영토는 오늘의 북방주 파트나(Patna)와 비하르(Bihār) 주 가야(Gayā) 일원이다. 마가다국의 종족 구성은 대단히 복잡하여 히말라야 산맥 남쪽 기슭의 여러 부족과 도망쳐 온 노예 등 비(非)아리안계 종족

이 상당수를 차지하였다. 그래서 브라만들은 그들을 '반(半)아리안·반(半)야만인'이라고까지 비하하였다.

기원전 6세기 무렵부터 강성하기 시작한 마가다국은 '왕 중 사자'라고 불리는 건국자 빔비사라(Bimbisāra, 기원전 544~493)를 비롯해 모두 8대의 군주를 배출하였다. 초대 왕인 빔비사라 왕이 통치할 때 영내에 팔만 개의 마을이 있었고 왕사성(王舍城, 라자그리하Rajagṛha, 일명 상모궁성上茅宮城, Kuśāgarapura)에 도읍이 정해졌다. 이 구도(舊都)가 불타버리자 신도(新都)에 신왕사성을 건설했는데, 규모가 웅장하여 성문이 14개(일설은 32개)에 망루가 64개나 있었다. 이어 선왕을 시해하고 찬위(簒位)한 세자 아자타샤트루(Ajataśatru, 아사세왕阿闍世王)는 동정서벌(東征西伐)하여 동인도 36개국의 맹주가 되었고 그의 영토는 너비만도 500리그(league, 1리그는 3마일)나 되었다. 그러다가 기원전 4세기 전반에 난다(Nanda, 난타難陀) 왕조에게 멸망하였다.

기원전 4세기 말엽 알렉산드로스 대왕이 인도를 침입하자 마가다국 고지에서 월호(月護, 찬드라굽타Candragupta, 전타라급다旃陀羅笈多)가 일어나 내침한 그리스 병력을 이용해 세력을 확장하였다. 그러다가 알렉산드로스가 죽자 오하(五河) 지역에서 그리스인들을 몰아내고 마가다로 돌아와 난다 왕을 폐출하고 화씨성(華氏城, 파탈리푸트라Pāṭaliputra)에 도읍을 정하였다. 그리고 북인도를 통일하여 인도 역사상 첫 통일 제국인 마우리아(Maurya, 공작孔雀) 왕조를 건립하였다. 이 왕조의 성왕은 제3대 왕인 아소카 왕인데, 그는 불교에 귀의하여 불교의 국내외 진흥에 크게 기여하였다. 기원전 2세기 말엽에 마가다국을 약 120년간 통치한 순가(Sunga, 손가巽伽) 왕조에게 마우리아 왕조가 망한 후 이 지역은 칸바(Kāṇva, 감파甘婆) 왕조(기원전 73~28 통치)와 사타바하나(Sātavāhana, 등승等乘) 왕조(기원 후 약 300년간)의 치하에 있다가 3세기 중엽부터는 북방에서 내려온

● —— 기원전 4세기 말엽 인도를 침공한 알렉산드로스 대왕

사카족이 세운 쿠샨(Kushān, 귀상貴霜) 왕조에 점령되었다.

쿠샨 왕조의 쇠퇴를 틈타 320년 화씨성에서 기의(起義)한 찬드라굽타 1세는 강대한 통일 굽타(Gupta) 왕국을 건립하였다. 마우리아 왕조의 영토와 비견되는 영토를 확보하고 문치주의를 표방한 이 왕국의 지배자들은 비록 브라만이었지만 불교에 관용적이었다. 이 시기에 마가다국을 방문한 동진(東晉)의 고승 법현(法顯, 338~423)은 수도 파련불읍(巴連弗邑, 화씨성)에 3년간 머물면서 목격한 바를 여행기 『법현선(法顯傳)』, 즉 『불국기(佛國記)』에 적으면서, 여러 나라 중에서 이 나라의 도읍이 가장 크고 사람들은 부유하며 인의(仁義)를 다투어 행하고 있다고 하였다. 굽타 왕조는 5세기 말 서북쪽에서 내침한 백흉노(白匈奴, 에프탈Ephtalites, 엽달嚈噠)와의 거듭되는 전쟁에서 강토가 마가다국 고지로 축소되고 국력이 쇠잔해지다가 내부 분열까지 겹쳐 급기야 6세기 말에 붕괴되고 말았다.

3. '시라표저(尸羅票底)'에서 세 번째 글자가 어떤 자인가에 대해 세 가지 의견이 있다. 즉 각각 '속(粟)'자(張, 14), '율(栗)'자(桑, 16; 鄭, 115), '표(票)'자(藤, 7; 羽; 李, 37, 역주자)라는 것이다. 이 이름은 한역명 음사이기 때문에 시비를 가리자면 우선 원어명과 비교해봐야 할 것이다. 이 왕은 『대당서역기』에 나오는 계일왕(戒日王)으로서, 세칭 실라디탸(Śilāditya, 시라표저 혹은 시라아달다尸羅阿達多)라 하고 본명은 하르샤바르다나(Harṣa-vardhana, 갈리사벌탄나曷利沙伐彈那, 희증喜增)이다. 보다시피 위의 세 자는 원어명의 어디에서도 그 유사음을 찾아볼 수 없다. 그런데 원문에는 '표(票)'자와 매우 비슷하게 쓰여 있다. 桑은 이 점을 인정하면서도(桑, 16 주 16) '율(栗)'자를 택하고 있다.

실라디탸의 선조는 굽타 왕조의 봉신(封臣)이고 조모는 이 왕조의 공주였다. 그는 곡녀성(曲女城, 카냐쿱자Kanyakubja, 현 카나우지)의 왕이었지만 그 통치 영역이 마가다국까지 미쳤기 때문에 마가다국 왕으로 자칭하였다. 『신당서』 「천축국전」에서 마가다국을 인도의 별명이라고 했을 만큼 마가다국은 중국에 잘 알려진 중요한 국가였다. 현장이 인도를 방문했을 때 실라디탸는 그를 환대하고 곡녀성 갠지스 강변에다 그를 위한 성대한 법회까지 베풀었다. 당 태종 정관(貞觀) 연간에 두 왕 사이에는 수차례 사신이 교환되었는데, 왕현책의 3회 견사(遣使)는 그 대표적 일례다.

4. '폭(幅)'자 앞에 약 세 자가 결락된 것으로 짐작되는데, 그 결락된 글자들에 대해 일부에서는 전후 문맥을 고려해 '법륜(法輪)'으로 추측하고 있다(Y, 40 'dharma wheel'; 李, 37; 桑, 68; 鄭, 115; 역주자). 그 근거가 명백히 밝혀진 적은 없지만, 마가다국 왕이 앞 글에 있는 금동상(금동 불상)과 함께 금동으로 만들 수 있는 물건은 십중팔구 '법륜'일 것이란 점과, 또 뒤 글의 '폭단원정(幅團圓正)'은 둘레(테두리)가 둥글고 반듯한 무엇을 가리킨다는

●──부처의 초전법륜처인 사르나트(녹야원)

점에서 결락된 글자는 '법륜'일 가능성이 높다. 법륜이란 전륜성왕(轉輪聖王)의 금륜(金輪, 황금 수레바퀴)이 산악지대의 암석을 부스러뜨리듯 중생의 악을 없애버린다는 뜻에서 부처의 교법을 말한다. 그러나 다른 불가지론자들은 결락된 부분을 공백으로 남겨놓고 있다(藤, 8; 張, 14; 金, 9).

이어지는 '~정등(正等)~'의 '등(等)'자에 대해서도 이론이 있다. 원문의 글자 모양이 '촌(寸)'자와 비슷하다는 데서 '촌(寸)'자를 주장하는 일부 연구자들(藤, 8; 金, 9)이 있는가 하면, 대부분은 '등(等)'자의 초서('등'자의 윗부분이 생략된 자)로 보고 있다. 후지타 도요하치가 말하듯이 '촌(寸)'자라면 해석이 안 된다.

5. '녹야원(鹿野苑)'은 산스크리트로 'Mṛgadavā', 팔리어로 'Migadaya'라고 하며, 현재 명칭은 사슴의 주인이란 뜻의 'Sāranganātha'에서 유래한 '사르나트(Sārnāth)'이다. 한역 별칭으로는 약칭인 '녹원(鹿苑)'과 '녹야(鹿野)' 그리고 '선인녹야원(仙人鹿野苑, R'sipatana Mṛgadavā)'이 있다. 오늘날 북방주에 속하는 녹야원은 부처의 초전법륜처, 즉 첫 설법처로서 당시는 바라나시에 속하였다(본문에서 혜초가 마가다국 경내에 있다고 한 것은 착오이다).

녹야원의 내력에 관해서는 다음과 같은 전설이 있다. 옛날 이 근처에 우거진 숲이 있었는데, 각각 오백 마리 정도의 사슴 두 떼가 살고 있었다. 하루는 국왕이 사냥을 나가자 한 사슴 떼의 왕이 국왕에게 한꺼번에 사냥할 것이 아니라 하루에 한 마리씩 사냥하면, 국왕은 신선한 것을 먹을 수 있고 또 사슴들은 생명을 연장할 수 있으니 서로가 좋지 않겠느냐고 제언하였다. 국왕은 그대로 하기로 하였다. 어느 날 새끼를 밴 암사슴이 자기 차례가 되어 죽게 되자 자기가 속한 무리의 왕에게 뱃속의 새끼는 아직 죽을 차례가 아니니 미루어 달라고 간청했으나 거절당하였다. 그래서 이웃 사슴 떼의 왕에게 가서 같은 간청을 하니 그 왕은 "아, 이것이 어미의 자비심이라는 것이구나. 어미의 은혜는 태어나지 아니한 새끼에게도 미치고 있구나. 좋다. 내가 너 대신 희생하겠다"라고 하면서 곧바로 수도로 가서는 궁전 문 앞에 서서 대신 죽여 달라고 하였다. 이 말을 들은 국왕은 크게 감탄하면서 "아, 훌륭한 마음씨로구나. 너는 사슴의 모양을 한 인간이고, 반대로 나는 인간의 허울을 쓴 사슴이다"라고 말하였다. 그 후로는 어명으로 이 숲에서의 사슴 사냥이 금지되고 모든 사슴들이 해방되었다. 그래서 이곳을 녹야원(사슴들이 노니는 동산)이라고 부르게 되었다. 그리고 그 어진 사슴의 왕은 전생에 보살로 수행을 닦을 때의 석가이고, 또 그 비정한 사슴의 왕은 석가를 죽이려던 악한 데바닷타(Devadatta, 제파달다提婆達多)라고 한다 (李, 76-78 참고).

6. '구시나(拘尸那)'에 관해서는 2절 주 1 참고.

7. '사성(舍城)'은 '왕사성(王舍城)'을 가리키므로 앞에 '왕(王)'자가 누락된 것으로 봐야 할 것이다. 왕사성의 위치는 오늘의 비하르 주 파트나 북쪽에 있는 한 산간 마을인 라지기르(Rājgir)이다. 왕사성(Rajagṛha)이라는 이름의 유래에 관해서는 두 가지 설이 있다. 일설은 집들이 모두 왕(raja)의 집(舍, gṛha)처럼 화려하기 때문에 붙여진 이름이라는 것이고, 타설은 성주

● ──── 왕사성에 있는 죽림정사

인 빔비사라 왕이 바이샬리의 내침을 막기 위해 이 성을 지으면서 성이 완공되기 전에 미리 이사 와서 살았다고 해서 얻어진 이름이라는 것이다. 왕사성에는 신·구 두 성이 있다. 기원전 5세기까지 마가다국의 수도였는데, 이때를 구왕사성이라고 한다. 향기로운 띠풀(kuśā, 향모초香茅草)이 많다고 하여 일명 상모궁성(上茅宮城, Kuśāgarapura)이라고도 하고, 또한 군산(群山)으로 에워싸여 있다고 하여 군봉성(群峰城, Girivraja)이라고도 한다. 『대지도론(大智度論)』 권3에 의하면 왕사성은 5대산으로 둘러싸여 있는 분지인데, 그 산들 중에서 영취산(靈鷲山, 취봉산鷲峰山, Gṛdhrakūṭa, 동쪽에 위치)과 비포라산(毗布羅山, 일명 남산南山, Vaibharagiri)이 유명하다.

북문 밖에는 죽림정사(竹林精舍)가 있는데, 옛날 왕사성의 성주 빔비사라 왕이 석가의 덕을 칭송하여 수행도량으로 이 땅을 기증하고 불교 최초의 정사를 세운 것이다. 석가는 생전에 1200명의 제자를 거느리고 이곳에 와서 빔비사라 왕이 불교에 귀의하도록 하였다. 그리고 사리푸트라(Sāriputra, 사리불舍利佛)와 모드골라푸트라(Maudgolaputra, 몰특가라자沒特

伽羅子) 두 사람을 제자로 받아들였으며, 영취산에서 오랫동안 설법하였다. 석가 입적 후 얼마 안 되어 대가섭(大迦葉)을 비롯한 500명의 불자가 비포라산 칠엽석굴(七葉石窟, Saptapatragūha)에서 불전 편찬을 위한 제1차 결집대회를 거행하였다. 자이나교 창시자 마하비라도 왕사성에서 열네 차례 우안거(雨安居)를 지냈다. 그리하여 이곳은 자이나교의 성지이기도 하다. 후에 신왕사성은 구왕사성이 화재로 소진되자 5대산 북쪽에 건설되었다. 법현의 기록에 의하면 이 신왕사성은 아자타샤트루(아사세왕)가 건설하였다고 한다.

8. '마하보리둥(摩訶菩提等)'에서 '마하보리(마하보디Mahābodhi)'는 부다가야(Buddha Gayā, 불타야佛陀耶)에서 6마일 떨어진 곳에 있는 절로서, '리(提, 본음은 제)'자 뒤에 '사(寺)'자가 와야 하나 원문에 '사(寺)'자 없이 '등(等)'자가 이어진다. 그래서 일부에서는 '등(等)'자를 '사(寺)'자의 오자로 보기도 한다(張, 19). 그러나 널리 알려진 절이라서 '사'자를 생략하고 '둥'자를 써도 문맥상 하자가 없다고 본다. '마하보디'는 '대각(大覺)'이란 뜻으로 이 절은 실론(현 스리랑카) 왕이 세웠다고 한다. 이곳은 석가의 성도지(成道地)로서 여기에 유명한 보리수와 금강좌(金剛座)가 있다. 중국 당 태종 정관 19년(645) 마가다국에 출사(出使)한 왕현책은 이 절을 참배하고 한문으로 쓴 기념비를 세웠다.

9. '4대 영탑(四大靈塔)'은 부처의 생애와 관련된 성지로 자고로 순례의 대상이다. 기원전 3세기에 세운 아소카 왕의 석주 칙령(勅令) 내용이나 왕 자신에 관한 전설 등에서 그 당시 불적으로의 순례가 이미 있었음을 알 수 있다. 특히 2세기 무렵부터는 부처의 탄생, 성도(成道), 초전법륜, 열반에 대한 관심이 높아지면서 이와 관련 있는 네 곳으로의 순례가 본격화되었다. 이 네 곳에는 탑(스투파)이 상징물로 세워져 있어 '4대 영탑'이 곧 사대 성지를 의미하기도 한다. 『불국기』 「가야성(伽耶城)」조는 4대 영탑이

불생처(佛生處), 득도처(得道處), 전법륜처(轉法輪處), 반니원처(般泥洹處, 열반처)라고 한다. 이렇게 보면 혜초의 여행기에 나오는 녹야원은 법현의 전법륜처에, 쿠시나가라는 반니원처에, 마하보디는 득도처에 해당한다.

녹야원의 탑은 현대 사르나트 유적에 있는 다메크 탑이고, 쿠시나가라의 탑은 열반처에 있

● —— 마하보디의 득도처 대탑

는 탑이나, 마하보디의 탑이라는 것은 실제 탑이 아니고 부다가야의 보리수와 금강좌의 동쪽에 있는 탑형 사당(절)을 말한다. 그렇다면 왕사성은 불생처에 해당해야 하고 거기에 탑이 있어야 한다. 그런데 부처의 탄생처는 왕사성이 아니고 카필라바스투(Kapilavastu, 겁비라벌솔도국劫比羅伐窣堵國)의 룸비니(Lumbini, 랍벌니림臘伐尼林, 논민원論民園, 람비니원藍毗尼園)이며, 또한 왕사성에는 탑이 없다. 그런데 왕사성을 에워싼 5대산 중의 하나인 영취산에 설법화경탑(說法華經塔)이 있다. 혜초는 왕사성에서 가까운 이 탑을 왕사성의 탑으로 간주하고 4대 영탑의 하나로 믿었을 수 있다(桑, 69-70 참고).

10. 혜초는 4대 영탑이 모두 마가다국 영내에 있다고 했다. 그런데 기록에 의하면 녹야원은 바라나시에 속하고 쿠시나가라는 독립국이기 때문에 이 두 곳을 마가다국에 소속시킨 것은 혜초의 착오라는 견해가 있다(藤, 7b-8a; F, 433 n2). 앞의 글에서 마가다국에 있었던 왕이라고 한 실라디탸(시라표저, 계일왕)는 원래 중천축국(中天竺國)의 수도 곡녀성의 왕이었지만

마가다국도 영유(領有)하고 있어 자칭 마가다국의 왕이라고 하였고, 『신당서』「천축국전」조에서 마가다가 천축의 별명이라고 한 점 등을 고려할 때, 마가다국이 중국인들에게 북인도의 지배국으로 간주되었다고 할 수 있다. 그래서 혜초는 4대 영탑이 모두 이 나라에 있는 것으로 본 것 같다.

11. 초기 인도의 불교는 기원전 6~5세기 석가가 재세할 동안의 근본불교와 석가가 입적한 후에 갠지스 강 유역에 교단을 세우고 『아함경(阿含經)』 등 원시 경전을 성립시킨 약 200년간의 원시불교, 아소카 왕의 불교 귀의 등에 의해 교단이 급격히 발전·확대되고 아울러 교단의 분열이 연이어 일어난 부파(部派)불교, 기원전 2세기부터 기원후 1세기 사이에 대두한 대승불교로 나뉜다. 대승불교는 부파 중에서 진보적·혁신적인 대중부(大衆部)가 민간의 신자 등을 규합하여 그때까지 우세했던 전통적·보수적 불교에 대항한 일종의 종교 운동이었다. 그들은 자신을 대승이라 하고 기성 전통불교를 소승이라고 하였다. 따라서 역사적으로 보면 소승은 대승 숭배자들에 의한 비칭(卑稱)으로서 오늘날까지도 소승 신봉자들은 자신을 '소승'이라고 부르지 않는다. 그 결과 소승불교라고 하면 원시불교까지를 포함한 고대 전통불교와 대승에 대응하는 보수적 제(諸)부파불교를 말하는 두 가지 경우가 있다.

대승은 일명 산스크리트의 마하야나(Mahāyāna)를 음역한 마하연(摩訶衍) 또는 상승(上乘)이라고도 한다. 대승의 '대(大)'는 포함이나 광대함을, '승(乘)'은 운재(運載, 실어 나르다)를 뜻한다. 따라서 이러한 뜻이 종교적으로 승화되어 대승은 중생으로 하여금 생사의 바다를 넘어 열반의 피안에 도달하게 한다는 종교적 함의를 갖게 되었다. 소승은 일체 중생이 모두 부처가 되기에는 너무나 작고 보잘 것 없는 수레라고 본다. 대승은 유심현묘(幽深玄妙)하고 활동적이며 이타적인 반면에, 소승은 부천비근(浮淺卑近)하고 은둔적이며 자리적(自利的)이다. 대승은 중국이나 한국, 일본 등지에 전파되어 수많은 종파를 낳았고, 소승은 인도나 스리랑카, 타이 등 동남아시아에 분포되어 있다.

12. '득달(得達)' 앞에 분명하지 않은 두 글자가 있는데, 일부 연구자들은 구명할 수 없어 공백으로 남기거나 번역에서 무시하고(李, 37; 張, 22; Y, 40), 다른 연구자들은 나름대로 '얼마 안 되어······'(金, 10)라든가 '이렇게 하여······([于][時]······)'

●──바이샬리의 현불사의처탑

(桑, 30; 鄭, 115)로 번역하였다. 원문에서 첫 번째 자는 '우(于)'자나 '불(不)'자로 보이지만, 두 번째 자는 '시(時)'자인지 아닌지 판단하기 어렵다. 그런데 '우시(于時)'라고 가정하면 그 뜻은 '이렇게 하여'가 아니라 '옛날'이나 '지난날'이라는 뜻이므로 문맥이 통하지 않는다. 첫번째 자를 '우'자로 보면 이 자에는 방향이나 종착지를 가리키는 뜻이 있기 때문에 두 번째 자를 무시하더라도 '급기야 ~에'로 번역할 수 있지 않을까 한다.

13. '보리(菩提)'는 보리수를 말한다. 보리수는 석가가 그 아래에 앉아서 도를 깨달아 정각(定覺)을 이루었다는 나무로서 이름은 피팔라(Pippala) 나무이며, 부다가야에 있다.

14. '8탑(八塔)'은 이 절 주 9에 있는 4대 영탑과 카필라바스투의 불강생탑(佛降生塔), 바이샬리의 현불사의처탑(現不思議處塔), 데바바타라(Devāvatāra, 니빅말다泥縛襪多, 상카샤Sāṅkaśya)성 종천강하 삼도보계탑(從天降下三道寶階塔), 슈라바스티(Śrāvastī, 실라벌室羅伐)의 서다림

급고독원 설마가반야바라밀다도외도처탑(逝多林給孤獨園說摩訶般若波羅蜜多度外道處塔)의 네 개 탑을 함께 가리킨다.

15. '경겁(經劫)' 앞의 두 자는 원문이 희미하여 학자들 사이에 의견이 다르다. 첫 번째 자가 '참(參)'자라는 데는 대체로 의견이 일치하나, 두 번째 자에는 '저(著)'자(藤, 10a; F)나 '자(者)'자(張, 22; Y, 81), '치(差)'자(혜림의 『일체경음의』; 桑, 16; 黃, 230-231; 鄭, 104)라는 세 가지 설이 있다. '저'자나 '자'자라고 볼 때는 의미가 통하지 않으나 '치'자, 즉 '참치(參差)'라고 볼 경우는 '가지런하지 않음' '들쭉날쭉함' '흩어짐' '어지러움'이란 뜻이 있어 문맥이 통한다.

중천축국

다시 이 피라날사국에서 서쪽으로 두 달 걸려 중천축국(中天竺國) 왕의 거성(居城)에 이르렀는데, 그 성 이름은 갈나급자(葛那及自)이다. 이 중천축국의 강역은 무척 넓으며 백성도 번성하다. 왕은 구백 마리의 코끼리를 소유하고 있으며 다른 대수령들도 각각 이삼백 마리씩 가지고 있다. 그 왕은 매번 친히 병마를 거느리고 싸움을 한다. 항상 다른 네 천축국과 싸움을 하는데, 늘 중천축국 왕이 이기곤 한다. 그 나라들의 관행에 따르면, 코끼리가 적고 병력도 적은 줄을 스스로 알면 곧 화친을 청하고 해마다 세금을 바치며, 서로 싸우거나 죽이지는 않는다.

中天竺國

又卽從此彼羅痆斯國〔西〕{行}〔兩〕¹月 至中天竺國²王住城 名葛那及自³ 此中天王境界極寬 百姓繁閙 王有九百頭象 餘大首領各有三二百頭 其王每自領兵馬鬪戰 常與餘四天⁴戰也〔中天〕王⁵常勝 彼國法⁶ 自知象少兵少 卽請和 每年輸⁷稅 不交陣⁸相煞也

주

1. '월(月)'자 앞의 세 자 중 첫 번째 자와 세 번째 자는 글자의 획이 좀 남아 있어 복원을 시도할 수 있고, 두 번째 자는 결자이지만 추정이 가능하

다. 첫 번째 자는 '서(西)'자로 복원할 수 있고, 두 번째 자는 원문의 다른 곳에서 유사한 표현법이 나온다는 점을 감안하여 '행(行)'자로 복원할 수 있을 것이다. 이것은 중천축국이 바라나시의 서쪽에 있다는 사실과도 부합된다. 단 세 번째 자에 관해서는 복원 불가능으로 비워 두는 경우(藤, 10a; 張, 22)와 반 달(李, 39), 한 달(Y, 40), 두 달(桑, 30; 鄭, 116) 등으로 보는 몇 가지 견해가 있다. 남아 있는 글자의 획으로 보면 '반(半)'자는 아니고, 그 위치로 봐서 '일(一)'자도 아니다. 또한 두 곳 사이의 거리를 따져보면 '삼(三)'자도 아닌 듯하다. 따라서 획이나 위치, 거리로 미루어 '이(二)'자에 수긍이 간다.

2. '중천축국(中天竺國)'의 위치나 경계는 명확하지 않다. 천축은 불교가 중국에 유입된 후 인도에 대해 관심이 높아지면서 3~5세기 사이에 중국인들이 고대 인도에 붙인 이름이다. 그 어원은 인더스 강을 일컫는 옛 페르시아어인 '헨뚜(Henttu)' 아니면 미얀마어인 '턴뚜(Tenttu)'에서 유래하였다고 한다. 그런데 천축을 동서남북과 가운데의 다섯 부분, 즉 5천축으로 명확히 나누어 밝힌 것은 혜초의 여행기가 처음이다. 고대 인도의 지리에 관한 문헌기록을 보면 인도를 7부나 9부로 나눈 경우는 있어도 5부[五國]로 나눈 적은 없다.

3. '갈나급자(葛那及自, 카냐쿱자Kanyakubja, 현 카나우지Kanauj)'의 별칭으로는 계요이성(罽饒夷城)(법현), 갈약국사국(羯若鞠闍國), 곡녀성(曲女城)(현장), 건나구발사(鞬拏究拔闍)(『속고승전(續高僧傳)』), 고가성(高歌城), Godhipura), 향모원(香茅原, Kuśasthala), 대자성(大慈城, Mahādaya), 화성(花城, Kusumapura) 등이 있다.

카냐쿱자는 6세기부터 라지푸트(Rājput) 시대를 거쳐 12세기까지 줄곧 북인도의 정치·경제·군사의 중심 도시였다. 혜초는 중천축국이라고 했지만 현재의 북인도에 해당한다. 그는 이 도시의 위치에 관해 언급하지 않았지만 선행자들의 기록을 보면 갠지스 강의 동쪽에 자리한 것으로 보인다. 법현은 『불국기』에서 도성 서쪽 6~7리 거리에 있는 갠지스 강 북안에 불타의 설법처가 있다고 하였으며, 현장은 『대당서역기』에서 설법처가 "서쪽으로 긍가하(殑伽河, 갠지스 강)에 임해 있다"라고 하였다. 그러나 지금은 그 강이 카나우지의 동쪽에서 흐르고 있다. 이것은 아마 수로가 바뀌었기 때문일 것이다.

혜초 방문 당시의 통치자는 야소바르만(Yaśovarman, 725~752)으로 본문에도 나오지만 그 통치 영역이 대단히 넓었다. 브라클리트어로 쓰인 동시대의 문학작품인 『가우다바호(Gauḍavaho)』는 야소바르만의 강역이 동쪽으로 벵골 만까지 미쳤으며, 주변 지역으로 출전할 때마다 늘 압도적인 승리를 거두곤 하였다고 묘사하고 있다.

현장은 이 도성을 곡녀성(曲女城)이라고 하였는데, 그 명명 유래에 관해서 다음과 같은 전설이 있다. 옛날 이 나라 왕에게는 왕자가 천 명이 있고 딸도 백 명이나 있었다. 그때 갠지스 강가에는 나이가 수만 살이나 되고 말라빠진 나무 같은 대수선인(大樹仙人)이 살고 있었다. 어느 날 이 선인은 강가에서 노는 공주들을 보자 애욕이 생겨 왕궁으로 찾아가 딸 하나를 아내로 맞이하게 해달라고 요청하였다. 왕이 여러 딸에게 사연을 말했으나 응하는 딸이 없었다. 선인의 요청이라 거절할 수도 없어 왕은 퍽 난처하였다. 이때 가장 나이 어린 딸이 자청해 나섰다. 왕이 이 어린 딸을 데리고 선인한테로 갔더니, 선인은 화를 내면서 하필이면 어린것을 데리고 왔느냐고 야단이었다. 왕은 할 수 없이 사실대로 이야기하였다. 그랬더니 선인은 "그렇다면 그 니머지 계집들 아흔아홉 명의 허리를 굽게 해서 아무에게도 시집을 가지 못하게 하겠다"라고 엄포를 놓고는 주문을 외워댔다. 왕이 황급하게 왕궁에 돌아와 보니 딸들의 허리가 모두 굽어 있었다. 그래서 그 뒤부터 이곳을 '곡녀성', 즉 '굽은 여인의 성'이라 불렀다고 한다(李, 80-81 참고).

4. '사천(四天)'이란 기타 천축국, 즉 동천축, 남천축, 서천축, 북천축을

말한다.

5. '천중왕(天中王)'은 '중천왕(中天王)'의 오사(誤寫)로서 중천축국의 왕이라는 뜻이다.

6. '피국법(彼國法)'에서 '피국(彼國)'은 뒤에 이어지는 문장의 내용으로 보아 '그 나라', 즉 중천축국만을 가리키는 것이 아니라, 중천축국을 포함한 주변 네 천축국 전체를 가리키는 말로 이해해야 할 것이다. 그리고 병력이 약하면 화친을 청한다는 등의 내용으로 미루어 여기에서의 '법(法)'은 사회 질서를 유지하기 위한 하나의 공식적 법률이라기보다는 여러 천축국들이 상황에 따라 좇고 있는 관행 같은 것으로 보는 것이 타당하다고 본다.

7. '수(輸)'자에는 '나르다'라는 뜻과 함께 '바치다'라는 뜻이 있다. 여기서는 승자에 대한 패자의 세금 납부를 뜻하는 만큼 '보내다'(桑, 30)보다는 '바치다'로 번역하는 것이 정확하다.

8. '교진(交陣)'에서 '진(陣)'자는 '군사를 배치하는 곳'이라는 뜻도 갖지만, '전쟁' 또는 '전쟁터'란 의미도 갖고 있다. 따라서 '교진'은 '대진(對陣)', 즉 '두 편의 군사가 서로 상대하여 진을 치다'(李, 39; 鄭, 116)가 아닌, '서로 싸우다' '교전하다'(金, 11)로 번역하는 것이 옳을 것이다. 그래야 바로 뒤의 '상살(相煞, 서로 죽이다)'과도 걸맞은 대칭어가 된다.

오천축국 풍속

　의복, 언어, 풍속, 법률은 오천축국이 서로 비슷하다. 다만 남천축국 시골 사람들의 말은 좀 다르나, 벼슬아치들의 말은 중천축국 말과 다르지 않다. 오천축국 법에는 목에 칼을 씌우거나 매질을 하거나 투옥하는 일이 없다. 죄를 지은 자에게는 죄의 경중에 따라 벌금이나 물리지, 형벌이나 사형을 내리는 일은 없다. 위로는 국왕에서부터 아래로는 서민에 이르기까지 수렵에 나가서 매를 날리고 사냥개를 내모는 것 같은 일을 하는 것은 보지 못하였다. 길은 많은 도적들로 득실거리지만 그들은 물건만 빼앗고는 곧 놓아주며 해치거나 죽이지는 않는다. 그러나 물건을 아끼다가는 곧 바로 다치기 일쑤다.
　토지(기후)가 대단히 따뜻하여 온갖 풀이 늘 푸르청청하며 서리나 눈은 내리지 않는다. 먹는 것은 멥쌀과 미숫가루, 빵, 찐 곡물 가루, 유지방(乳脂肪) 식품, 젖, 치즈 같은 것뿐이고 장(醬)은 없으나 소금은 있다. 모두 흙으로 만든 솥으로 밥을 지어 먹으며 무쇠 가마 따위는 없다. 백성들에게 별다른 부역이나 세금은 없다. 다만 땅에서 나는 곡식의 다섯 섬은 거두어들이고 한 섬은 왕에게 바치는데, 왕이 사람을 보내 운반해가지 땅 주인이 일부러 보내지는 않는다. 이곳 백성들 중에는 가난한 사람이 많고 부자는 적다. 왕과 관리 집안이나 부유한 사람들은 무명 옷 한 벌을 입고, 다른 사람들은 한 가지를 입으며, 가난한 사람들은 반 조각만 걸친다. 여자들도 마찬가지이다.
　이 나라 왕이 등청(登廳)하여 앉기만 하면 수령들과 백성들이 모두 몰려와 왕을 에워싸고 사방에 둘러앉는다. 그러고는 각자가 도리를 놓고 논쟁을 하는데, 소송이 분분하여 매우 소란스럽지만 왕은 듣기만 하고 화를 내지는 않는다. 그러다가 느직하게 '그대는 옳고, 그대는 옳지 않다'고 알린다. 그러면 백성들은 왕의 이 한마디 말을 결정적인 것으로 받아들여 다시는 더 이상 언급하지 않는다. 이 나라 왕과 백성들은 삼보를 매우 경신(敬信, 공경하고 믿음)한다. 만약 스님 앞에 마주하게 되면 왕이건 수령들이건 땅바닥에 앉지 감히 좌탑(坐榻)에 앉으려 하지 않는다. 왕이건 수령이건 어디에 다녀올 때면 스스로 좌탑을 지니고 다니면서 목적지에 이르면 곧 자기 좌탑에 앉고 남의 좌탑에는 앉지 않는다. 절이건 궁궐이건 모두 삼층으로 지었는데, 아래층은 창고로 쓰고 위 두 층에는 사람이 산다. 여러 대수령들의 집도 그러한바, 지붕은 평평하고 벽돌과 목재로 지었다. 그 밖의 집은 모두 초가집인데, 중국의 맞배집과 비슷하게 지었으며 또한 단층이다.

 토산물로는 모직물, 천, 코끼리, 말 따위뿐이다. 이곳에는 금과 은이 나지 않아 외국에서 들여온다. 낙타나 노새, 당나귀, 돼지 같은 가축도 기르지 않는다. 그곳 소는 모두 흰데, 만 마리 중 어쩌다가 한 마리씩 붉거나 검은 놈이 있다. 양과 말은 아주 적어 왕만이 이삼백 마리의 양과 육칠십 필의 말을 가지고 있을 뿐이다. 그 밖의 수령과 백성은 아무도 가축을 기르지 않는다. 그저 소만 즐겨 길러 젖과 치즈, 유지방 식품을 얻는다. 토착인들은 착하여 살생을 그리 좋아하지 않는다. 그래서 시장 점포 안에는 짐승을 도살해서 고기를 파는 곳을 볼 수가 없다.

五天竺國 風俗[1]

衣着言音人風法用[2] 五天相似 唯[3]南天村草百姓 語有差別[4] 仕(宦)[5]之
類 中天不殊 五天國法 無有枷棒牢獄 有罪之者 據輕重罰錢 亦無

〔刑〕[6]戮[7] 上至國王下及黎庶 不見遊獵放鷹走犬等事[8] 道路維卽足[9]賊 取物卽放 亦不殤煞[10] 如若〔悋〕[11]物 卽有損也 土地甚暖[12] 百卉恒靑 無 有霜雪 食唯粳〔糇〕[13]餠[14]麨[15]蘇[16]乳酪[17]等 無醬[18]有鹽 惣用土鍋[19] 煑飰[20]而食 無鐵釜等也 百姓無別庸[21]稅 但抽田子五一石與王[22] 王自 遣人運將 田主{勞}[23]不爲送也 彼土百姓 貧多富少 王官屋裏及富有者 着㲲一雙 自{外}一隻 貧者半片[24] 女人亦然 其王每坐衙處[25] 首領[26]百 姓惣[27]來遶王 四面而坐 各諍道理 訴訟粉紜 非常亂鬧 王聽不嗔 緩緩 報云 汝是 汝不是 彼百姓等 取王一口語爲定 更不再言 其王首領等 甚敬信三寶 若對師僧[28]前 王及首領等 在地而坐[29] 不肯坐床[30] 王及首 領 行坐來去處 自將牀子隨身 到處卽坐 他牀不坐 寺及王宅 並皆三 重作樓[31] 從下第一重作庫 上二重人住 諸大首領等亦然 屋皆平頭 塼 木所造 自外{ }[32]並皆草屋 似於漢屋兩下作也[33] 又是一重 土地所出 唯有㲲布象馬〔等〕[34]物 當土不出金銀[35] 並從外國來也 亦不養駝騾驢 猪等畜 其牛惣白 萬頭之內 希有一頭赤黑之者 羊馬全少 唯王有三二 百口六七十疋 自外首領百姓 惣不養畜 唯愛養牛 取乳酪蘇也 土地人 善 不多愛殺 〔於〕[36]市店間 不見有屠行賣肉之處[37]

주

  1. 혜초는 가보지 않은 기타 천축국의 풍속을 중천축국에서 전문에 의해 기술하였는데, 특히 중천축국과 비교를 많이 하였다.

  2. '의착언음인풍법용(衣着言音人風法用)'이란 말의 원래 뜻은 '옷 입기, 말의 발음, 사람의 풍습, 법의 운용'이다. 그러나 이것을 함축시켜 '의복, 언어, 풍속, 법률'로 번역하였다. 따라서 '법용'만 풀이하여 '법의 운용'이라고 번역하는 것(桑, 30)은 형평상 타당하지 않다고 사료된다.

3. 본문에서 '유(唯)'자와 '유(維)'자가 자주 나오는데, '오직‧오로지‧~뿐'으로 해석 가능하다. 그 밖에 '유(惟)'자도 동의어로 쓰인다.

4. 인도의 동부나 중부, 서부, 북부의 언어는 아리안어(Aryan語) 계통에 속하는 언어로서 서로 어느 정도 차이는 있으나 기본 어휘라든가 문법 구조는 대동소이하다. 단, 남인도 언어는 드라비다어(Dravida語, 달라유도어達羅維茶語) 계통의 언어로서 아리안어와는 완전히 다르다. 그러나 왕족, 귀족, 승려 등 남천축국의 상류층은 대부분 산스크리트(Sanskrit)와 프라크리트(Prakrit, 방언)를 알고 있다. 혜초가 말한 '촌초백성(村草百姓, 시골 백성)'은 타밀어, 말라얄람어 등 드라비다어 계통의 말을 하는데, 다른 지역의 말과는 크게 다르다.

5. '사(仕)'자 뒤의 글자가 결락되었는데, 학자들에 따라 공백으로 남겨 두는 경우(藤, 11b; 羽, 613)와 나름대로 글자를 보충하는 경우가 있다. 보충하는 경우에도 '사관(仕官)'(定, 9), '사환(仕宦)'(F, 434 n5; 張, 25; 桑, 16), '벼슬아치'(李, 40; 金, 11), '관리'(鄭, 116)와 영어로는 'the class of officials'(Y, 40) 등 여러 가지로 번역하였다. '벼슬을 하다' 혹은 '벼슬'이란 뜻의 '사환(仕宦)'이 적당하다고 보며, '사관(仕官)'이란 말은 쓰지 않는 말이다.

6. 원문에는 '형(形)'자 비슷하게 보이나, 내용상으로 미루어 '형(刑)'자가 타당하다(藤, 11b; Y, 81; 李, 96; 金, 342). 그러나 '형(形)'자로 인정하는 학자들도 있다(張, 26; 桑, 16; 鄭, 105).

7. 고대 인도의 형법(刑法)에 관해 도축승들의 여행기에 기록이 남아 있는데, 그 내용이 서로 다르다. 본문에서 보다시피 혜초는 오천축국에서 목에 칼을 씌우거나 매질을 하거나 투옥하는 일이 없으며, 죄인들은 죄의 경중에 따라 벌금만 물면 그만이고 형벌이나 사형도 없다고 했다. 일찍이 법현도 『불국기』에서 이와 비슷하게 형벌은 내리지 않고 죄인은 죄의 경중에 따라 벌금에 처한다고 하였다. 단, '악역(惡逆)'을 반복할 때는 오른손을

절단한다고 하였다. 그런가 하면 현장은 『대당서역기』 권2의 형법과 관련한 기술에서 인도에는 코나 귀, 손 혹은 발꿈치를 자르는 월족(刖足)과 같은 체형(體刑)이 있다고 하고, 물이나 불, 심지어 독(毒)을 이용하는 잔인한 형구(刑具)에 관해서도 언급하고 있다.

불교의 불살생 계율을 감안해 사형 같은 극형은 삼가는 경향이 없지 않았지만, 그곳에서도 각종 형벌이 법적으로 규정되어 있었고 실제로 실행도 되었다. 특히 고대 인도의 첫 통일국가인 마우리아 왕조 초기에는 법이 매우 엄격하였으며, 제3대 아소카 왕대에 이르러서야 조금 완화되었다. 그러나 고급문벌이나 자유민에게는 관대하였더라도 하급문벌이나 노예들에게는 여전히 엄혹하였다.

기원전 2세기부터 기원후 3세기 사이에 만들어진 것으로 알려진 현존 『마누법전(Manu-Smṛti, 마노법론摩奴法論)』은 이러한 사실을 극명하게 전하고 있다. 형벌 부분에 해당하는 법전 제8권 338조는 수드라(Śūdra, 수타라首陀羅, 카스트 제도하에서 가장 낮은 계급인 제4계급)는 어떤 물건이든지 훔치기만 하면 보통 벌금의 여덟 배를 지불해야 한다고 규정하고 있다. 사형이나 혹형에 관해서도 명문 규정이 있는데, 명문세가의 것, 특히 금강석 같은 고가의 보석을 훔치거나 부녀를 겁탈한 경우에는 사형에 처하며(323조), 수드라가 브라만(Brahman, Brāhmaṇa, 바라문婆羅門, 카스트 제도하에서 가장 높은 제1계급)의 부녀를 범접하면 사형에 처한다고 하였다(359조). 그러나 브라만의 간부(姦夫)에 대해서는 수염이 깎이는 수모를 주는 것으로 사형을 대체한다고 하였다(379조).

혹형에 관한 규정도 명문화하였다. 사형에 처할 남자 죄인은 벌겋게 달군 무쇠 침상에 올려놓고 지진 다음 화목(火木)을 덮어씌워 완전히 타버리게 한다(372조). 수드라에 대한 혹형은 더 잔인하다. 만약 수드라가 고급문벌을 비방하면 그의 혀를 자르거나 열 손가락 길이의 벌겋게 달군 쇠꼬챙

이를 입속에 찔러 넣으며, 브라만을 비방한 경우에는 펄펄 끓는 기름을 입이나 귀 속에 부어 넣는다(張, 26-27 참고).

8. 혜초는 본문에서 이곳 사람들이 수렵에 나가서 매를 날리거나 사냥개를 내모는 것을 본 적이 없다고 하였는데, 이것은 다른 기록과 다르다. 『마누법전』 8권 260조에 의하면 인도에는 수렵인이나 새 잡는 사람, 뱀 잡는 사람이 있었다.

9. '족(足)'자는 '다(多)', 즉 '많다'라는 뜻이다. 이 글자는 주로 시어(詩語)로 사용되는데, 혜초가 여행기와 같은 산문에 이 글자를 사용한 것은 외국인으로서 그가 지닌 한문 지식의 한계를 드러낸 것이라는 견해가 있다(桑, 71). '무유(無有, 없다)'도 같은 경우라고 한다. 그리고 이 '족(足)'자는 '도(盜)'자의 와전(訛傳)으로서 응당 '도적(盜賊)'이어야 한다는 주장도 있다(張, 27).

10. '길가의 도적들은 물건만 빼앗고는 곧 놓아주며 해치거나 죽이는 일은 없다'라고 혜초는 기록하고 있다. 그보다 얼마 앞서지 않아 인도를 방문한 현장이나 의정의 기록을 보면, 그들은 여러 차례 도적을 만나 목숨을 잃을 뻔하였다. 번번이 구제된 것이 도적들의 관용 때문은 아니었을 것이다.

11. '린(悋)'자가 원문에서 명확하지 않아 여러 글자로 추측하고 있다. '심(忄)'변만 취하는가 하면(藤, 11b), '겁(怯)'자(겁물怯物, 羽, 628 n14)나, '정(情)'자와 '회(懷)'자(정물情物, 회물懷物, F, 434 n8)로도 이해하고 있다. Y는 F의 견해를 좇아 '귀한 물건(things too dear)'으로 영역하였다. 그러나 문맥으로 보아 '린(悋)'자로 복원하여 '물건을 아끼다'라는 뜻의 '인물(悋物)'로 보는 것이 그나마 타당한 것 같다. 즉 본문에서는 '물건을 아끼다가는 화를 입는다'라는 뜻이다.

12. 혜초는 오천축국의 기후가 '대단히 따뜻하다'라고 하였다. 그러나 '대단히 덥다'라는 표현이 더 적절할 것이다. 인도는 북위 8도와 37도 사이

에 있는 열대지방으로서 세계에서 가장 더운 곳 중의 하나이다. 북부의 히말라야 산맥과 서북부 변방의 산악지대를 제외하고는 서리나 눈이 내리는 곳이 없다. 같은 위도상에 있어도 인도는 더 덥다. 페샤와르(Peshāwar, 파키스탄의 도시)의 1월 평균 온도는 화씨 49도인데, 이것은 같은 위도상의 중국 서안(西安)보다 15도나 더 높으며, 같은 시기에 캘리컷(Calicut, 인도 남서부의 도시)은 화씨 65도로 홍콩보다 6도나 더 높다. 따라서 인도는 사계절 분법을 따르지 않고 전통적인 6분법을 쓴다. 즉 하계(夏季, griśma), 우계(雨季, prāvṛtkāla), 추계(秋季, śaratkāla), 초동(初冬, hemauta), 동계(冬季, śiśira), 춘계(春季, vasanta)의 여섯 계절로 나눈다.

현장의 『대당서역기』 권2의 「세시(歲時)」조에 의하면 정월 16일부터 3월 15일까지는 점점 더워지는 점열기(漸熱期)이고, 3월 16일부터 5월 15일까지는 매우 더운 성열기(盛熱期), 5월 16일부터 7월 15일까지는 비가 오는 때인 우시(雨時), 7월 16일부터 9월 15일까지는 초목이 무성한 무시(茂時), 9월 16일부터 11월 15일까지는 점점 추워지는 점한기(漸寒期), 11월 16일부터 정월 15일까지는 매우 추운 성한기(盛寒期)이다(張, 28 참조).

13. '구(糗)'자(Y, 83; 張, 27)를 '량(糧)'자(藤, 11b; 李, 96)나 '량(粮)'자(桑, 16; 鄭, 105; 金, 342)로 인정하여 '곡물'이나 '양식'으로 번역하는 것은 타당하지 않다고 본다. 왜냐하면 '구'자 바로 앞의 '갱(粳, 멥쌀)'도 일종의 곡물이자 양식이므로, 앞뒤에 오는 식품 모두가 양식(식량, 糧나 粮)이 되기 때문이다. '구(糗)'는 '미숫가루'나 '볶은 쌀'이란 뜻이다. 桑과 金은 특이하게 '갱구(粳糗, 멥쌀과 미숫가루)'를 '갱량(粳粮)'으로 보고 각각 '멥쌀 같은 곡물류'(桑, 31)와 '멥쌀가루'(金, 11)로 번역했고, Y는 '볶은 밀가루(baked wheat flour)'로 영역하였다.

14. '병(餠)'에 관해 『석명(釋名)』「식음식(釋飮食)」조에는 "병(餠)은 병(幷)이라고도 하는데, 밀가루〔麵〕를 반죽하여〔溲〕 만든 것이 병(幷, 빵)

이다(餠幷也 溲麪使合幷也)"라고 설명하고 있다. 명대(明代)의 왕삼빙(王三聘)이 지은 『고금사물고(古今事物考)』에는 "무릇 밀가루로 먹게 만든 것은 모두 병(餠)이라 한다(汎以麪爲食具者 皆謂之餠)"라고 하였다. 이와 같이 일반적으로 밀가루 같은 곡물 가루를 반죽하여 만든 음식을 병(餠, 빵)이라고 한다.

15. '초(麨)'에 관해 『본초강목(本草綱目)』 권25 「초(麨)」조에는 "초는 쌀이나 보리를 쪄서 볶은 다음 갈아서 만든다(麨 蒸米麥熬過 磨作之)"라고 하였다. 이와 같이 초는 쌀이나 보리 등 곡물을 찐 다음 가루로 만든 건조식품이다.

16. '소(蘇)'는 '소(酥)'와 동음동의어이다. 『정화본초(政和本草)』 권16 「소(酥)」조에는 소에 관해 다음과 같이 기술하고 있다. 소(酥)는 외국에서 나는 것인데, 익주(益州)를 거쳐 전래되었다. 소나 양의 젖으로 만들며 불경에도 젖으로 만든다고 씌어 있다. 소로 황백색의 제호(醍醐, 우유에서 정제한 최상의 음료로 불교에서는 이를 최상의 불법에 비유함)를 만든다. 이와 같이 소는 소나 양의 젖을 응고시켜 만든 유제품 일반을 지칭한다. 그러나 본문에서는 소(蘇・酥), 유(乳), 락(酪)을 병렬시키고 있어 여기서의 소는 대체로 유지방에 해당한다.

17. '락(酪)'에 관해 『본초강목』 권50 「락(酪)」조에 다음과 같은 설명이 있다. 락은 소나 양, 물소 또는 말의 젖으로 만드는데, 물소의 젖으로 만든 것은 빛깔이 짙고 소 젖으로 만든 것보다 더 맛이 있으며, 말 젖으로 만든 것은 비교적 차다. 당나귀 젖은 락을 만들면 너무 차서 쓰지 않는다. 락은 치즈나 요구르트에 해당한다(桑, 72). 『대반열반경』에는 소에서 젖이 나오고, 젖에서 락이 나오며, 락에서 생소(生酥)가 나오고, 생소에서 숙소(熟酥)가 나오며, 숙소에서 제호(醍醐)가 나온다고 한다. 그리고 제호는 최상의 것으로 복용하면 만병이 제거된다고 한다.

18. '장(醬)'은 원래 동양에서는 고기나 생선으로 만든 조미료의 일종이었으나, 지금은 주로 콩을 재료로 하는 식품이 되어버렸다. 『주례(周禮)』 「천관선부(天官膳夫)」의 '장용백유이십옹(醬用百有二十甕)'에 대한 정주(鄭注)에는 '장은 혜해라고 부른다(醬謂醯醢也)'라고 하였다. 여기서의 혜해(醯醢)는 식초를 섞은 육장(肉醬, 고기젓이나 젓갈)을 말한다. 그리고 『설문(說文)』에는 "장은 해(醢, 즉 육장)인데, 고기에 술을 섞어 절여서 만든다(醬醢也 從肉酉酒 以和醬也)"라고 하였다. 만들 때는 단지에 넣어 밀폐한다. 인도나 동남아시아에서는 고기 대신 생선을 쓰고 술은 넣지 않는다(桑, 73 재인용).

19. '토과(土鍋)'를 혜림의 『일체경음의』는 '토과(土堝)'로 쓰면서 그것은 '토부(土釜)', 즉 흙가마라고 설명하였다. 현장도 『대당서역기』에서 인도인들의 그릇은 대부분 흙으로 만든 것이고 구리로 만든 것은 적다고 하였다.

20. 원문에는 분명히 '자반(煮飯)'이다. '자(煮)'자는 '자(煮)'자와 동음동의어로 '삶다' '달이다'라는 뜻이고, '반(飯)'자는 '반(飯)'자와 동음동의어로 '밥'이라는 뜻이다(張, 27 참고).

21. '용(庸)'자는 주로 '평범한' '일상적인' '하찮은' 등의 의미로 쓰이는 글자로서, 본문에서는 '일상적인 일'이란 뜻에서 '부역'으로 번역된다. '용용(庸庸)'은 고생하거나 수고하는 모습을 일컫기도 한다.

22. 이 문장 중 '석(石)'자 앞의 글자가 무슨 글자인지와 또 같이 '오일(五)'로 보면시도 그에 내한 해석이 서로 날라서 논란거리이다. '석'자 앞의 글자를 '오(五)'자로 보는 견해(藤, 12a; F, 459; 羽, 613; 李, 96)와 '오일(五一)'자로 보는 견해(Y, 41, 83; 鄭, 105)가 있는가 하면, 특이하게도 '일(一)'자로만 보는 학자(張, 28)도 있다. '오'자로 보는 학자들은 예외 없이 '다섯 섬을 왕에게 바친다'로 번역하였다. '오일'자로 보는 경우에는 '다섯 섬 중 한

섬을 왕에게 바친다'로 번역하기도 한다(桑, 31). 이색적인 것은 '오일'로 써 놓고도 '다섯 섬을~'로 옮겨 놓은 경우다(鄭, 105, 116).

본문에서의 '전자(田子)'는 문맥으로 보아 땅에서 나는 소출(수확물)이 분명하며, 『구당서(舊唐書)』「식화지(食貨志)」나 돈황문서(敦煌文書)에 나오는 '지자(地子)'와 같은 뜻으로 이해된다. 고대 인도의 지세는 비교적 가벼운 편이었는데, 보통 '삿바가(ṣaḍbhāga)'라고 하는, 수확량의 6분의 1을 바치는 조세제도를 택하였다. 현장의 『대당서역기』 권2에도 "왕의 땅을 부치는 경우 6분의 1을 세로 바친다(假種王田 六稅其一)"라고 하여 이러한 제도를 확인해주고 있다. 따라서 당시 인도의 세제를 감안할 때, '오일'로 인정하고 '땅에서 나는 곡식의 다섯 섬은 거두어들이고 한 섬은 왕에게 바친다'로 번역하는 것이 타당하다고 본다.

『마누법전』에는 조세제도에 관한 상세한 언급이 있는데, 세율이 8분의 1, 심지어 12분의 1인 때도 있으며(권7의 131조; 권10의 120조), 어려울 때도 기껏해야 4분의 1만 징수한다(권7의 118조). 수공업품에 대해서도 수익의 6분의 1을 징수한다(권7의 131, 132조). 따라서 수확물 중 다섯 섬을 바친다는 것은 이러한 세제에 어긋나는 일이다. 이유는 밝히지 않고 '일석(一石)'으로 본 張은 "그 뜻이 이해하기가 어려우며, 5분의 1 징수로 볼 수도 있지 않을까 한다"라고 모호하게 견해를 피력하였다(桑, 73; 張, 28-29 참고).

23. 이 결락자에 대해 무시하는 경우(藤, 12a; 金, 342)와 공백으로 남겨두는 경우(Y, 83; 張, 28; 鄭, 105, 단 '수고로이'로 번역)가 있는가 하면, '로(勞)'자로 보는 견해(羽, 613; 桑, 16; 李, 96, 그러나 번역에서 무시)가 있다. 원문을 보면 결락된 글자가 분명하므로 무시할 수는 없다. '수고하다' '폐를 끼치다' '애쓰다' 등의 의미를 지닌 '로(勞)'자로 보는 것이 일리가 있다고 판단된다. 이러한 맥락에서 桑은 '일부러·고의로(わざわざ)'로 번역하였다.

24. 천축국 사람들의 의상을 소개한 이 문장에는 몇 가지 논의해야 할

대목이 있다. '첩(氎)'은 모직물인 '전포(氈布, felt)'(李, 40; 鄭, 116)가 아니라, 무명 혹은 목면(木棉)이다. 물론 올이 가는 모직물을 일컫기도 하지만, 여기서는 무명을 가리킨다고 본다. 왜냐하면 기온이 높은 인도에서 펠트 같은 모직물을 의상의 재료로 쓸 리 없기 때문이다. 아마 이러한 의미에서 氎(31)은 '목면'으로 일역(日譯)한 것 같다.

'자(自)'자 뒤의 결락된 글자에 관해서는 공백으로 남긴 경우(藤, 12a; Y, 83; 張, 29)와 '외(外)'자로 보고 '자외(自外)'를 '기타'(李, 40; 桒, 31; 金, 11; 張도 '외外'자 같다고 함, 29)로 해석한 두 가지 경우가 있다. 다른 문장(36행)에서 '자외'란 표현이 나오는 점으로 미루어 후자가 맞다고 생각한다.

다음으로 의상의 단위로서 '쌍(雙)'과 '척(隻)' '반편(半片)'이 나오는데, '쌍'은 한 벌, '척'은 상의나 하의 중 한 가지, '반편'은 반 조각이란 뜻으로 몸에 걸치는 자그마한 천 조각을 말하는 것 같다. 자고로 인도는 기후가 무덥기 때문에 일반적으로 의상이 간단하다. 천 한 조각이면 족하다. 현장의 『대당서역기』 권2 「의식(衣飾)」조에 보면, 남자는 허리를 묶고 겨드랑이를 감싸며 옷의 오른쪽 솔기를 트지만, 여성은 앞치마를 길게 내려 드리우고 어깨로부터 온몸을 가린다. 의정은 『남해기귀내법전(南海寄歸內法傳)』 권2에서 관리 등 귀인들은 백첩(白氎, 흰 무명) 한 벌을 입지만 빈천한 사람들은 베옷〔布衣〕이나 입는다고 하였다.

불교도들이 입는 옷에는 상가티(Samghati, 승가지僧伽胝, 복의腹衣)라고 하여 입궁 때나 설교 때 입는 겉옷과 우타라상가(Uttarasanga, 울다라승鬱多羅僧, 온달라승가溫呾羅僧伽)라고 하여 평상시에 입는 겉옷 그리고 안타라바사카(Antaravāsaka, 안달파사安呾婆娑)라고 하는 속옷, 이 세 가지가 있다. 그 밖에 니바사나(Nivāsana, 산스크리트로 Samkaksita, 팔리어로 Samkaccika, 니박시나呢縛些那, 승각기僧却崎, 승기시僧祇支, 엄액의掩腋衣)라고 하는 치마가 있다. 이 옷들의 재봉 방법은 교파마다 서로 다르다.

이른바 '외도'라고 하는 이교도들의 의상은 더욱 복잡하다. 『대당서역기』 권2에 의하면 외도들은 형형색색의 공작새 꼬리로 장식한 옷을 입고 목에 해골구슬 목걸이를 걸고 다니거나, 벌거벗기도 하고 풀잎으로 몸을 가리기도 한다. 힌두교의 일파인 편인천파들은 공작새 꼬리로 장식한 옷을 입고 다녀서 '공작행자(孔雀行者, Mauyuravratin)'라 부르기도 한다. 다른 일파인 시바교도들은 해골구슬을 목에 걸고 다녀서 '해골구슬자(Kapālamalin, 촉루영락자髑髏瓔珞者)'라고 한다. 자이나교도 중에 천의파들은 나체로 다닌다.

25. '좌아처(坐衙處)'에서 '아처'는 옛날의 관청이나 관공서로서 '좌아처'는 '관청에 앉다'라는 의미, 즉 '등청(登廳)'이다. Y는 '매좌아처(每坐衙處)'를 '매위처(每衛處)'(Y, 83)로 보았는데, 이것은 오인이다.

26. 본문에 '수령(首領)'이라는 말이 자주 나오는데, 그 뜻은 '호족(豪族)'(桑, 31)이나 '왕의 다음으로 되는 두목'(金, 11)이 아니라, 호족이나 관료들을 포함한 각 기관이나 집단의 수장(首長, 우두머리)에 대한 범칭으로 이해해야 한다. 그래서 단수인 수령보다는 Y가 영역한 'chiefs(수령들)'처럼 복수로 번역하는 것이 맞다. 호족은 권세 있는 혈연집단을 일컫는 말이기 때문에 '수령'과는 뜻이 다르다고 봐야 할 것이다. 그리고 '왕의 다음으로 되는 두목'이라고 하면 왕 다음의 제2인자 한 사람을 지칭하므로 이 역시 부당하다.

27. '총(惣)'자는 '총(揔)'자의 속자이고, '총(揔)'자는 '총(摠)'자의 속자로서 본문에서는 '모두'라는 뜻을 지닌다.

28. '사승(師僧)'을 대부분 '스승 되는 승'(鄭, 117), '스승이 되는 중'(金, 12) 또는 'monk-master'(Y, 41)로 번역하였다. '사승(師僧)'(李, 41; 桑, 31)이라는 한자를 그대로 쓴 경우에도 앞의 뜻으로 이해한 것이 아닌가 추측된다. 그러나 '사승'은 우리말로 '스님'이라는 뜻이다. 원래 스님이란 승려가

그의 스승을 일컫는 말이다. 그런데 요즘은 모든 승려를 통틀어 스님으로 부르고 있는데, 이것은 원뜻과는 다르다.

29. '재지이좌(在地而坐)'는 방석 같은 좌구(坐具)를 쓰지 않고 '땅바닥에 앉다' '맨땅에 앉다'라는 뜻이다. 중국 명나라 낭영(郎瑛)이 쓴 『칠수유고(七修類稿)』 권21 「좌지석상(坐地席上)」조에는 "옛날에는 올라앉는 의자 없이 땅을 자리로 하고 앉았다. 그래서 '앉을 좌(坐)'자가 흙토 변을 따르게 되었다.……오늘날의 방언에도 '땅에 앉다'라는 말이 있는데, 그 어원 역시 옛날의 뜻에 두고 있다(古無登椅 座地而坐 故坐字從土……今方言曰坐地 亦原於古之意歟)"라고 기술되어 있다.

30. '좌상(坐床)'은 좌구의 일종으로 앉는 평상, 즉 좌탑(坐榻)을 말한다. 여기에서의 '상(床)'은 '상(牀)'과 동음동의어로 일반적으로 앉거나 눕는 평상을 일컫는다. 의정의 『남해기귀내법전』「식좌소상(食坐小牀)」조는 좌탑에 관해 다음과 같이 기술하고 있다. 중들은 식사할 때 반드시 발과 손을 씻고 각자 자그마한 상에 걸터앉는데, 상의 높이는 약 7촌(寸)이고 너비는 한 자쯤 된다. 등나무 끈으로 엮었고 다리는 둥글며 가볍다.

현장은 『대당서역기』 권2에서 인도의 궁전에 관해 서술하면서 용상(龍床)이나 일반 좌탑의 장식을 언급하고 있다. 그에 의하면 왕이나 왕족, 귀족, 일반인의 좌탑은 장식이나 규격 면에서 서로 다르다. 용상은 단연 높고 크며 온갖 주옥으로 장식하는데, '사자상(師子床·獅子床, simhāsana)'이라고도 한다. 관리나 서민 들도 기호에 따라 여러 가지로 조각하고 장식한다. 『사분율(四分律)』(제11과 제15)과 망월(望月)의 『불교대사전(佛敎大辭典)』「상(牀)」항 등 사적의 기록에 의하면, 비구의 좌탑에는 두 종류가 있는데, 하나는 걸터앉는 좌상(坐牀, 혹은 좌선상坐禪牀, 산스크리트로 pīṭha, 끈으로 엮어 만들었다고 하여 보통 승상繩牀이라 함)이고, 다른 하나는 눕는 와상(臥牀, 산스크리트로 mañca 혹은 khaṭvā, 보통 목상木牀이라 함)이다. 좌상은 비구가 지녀야 할 18물(物)의 하나로서 주로 등나무 끈(간혹 풀줄기나 가죽, 머리카락 등도 사용)으로 엮어서 만드는데, 가볍고 접을 수 있어 두타(頭陀, dhuta, 행각승)들이 행각할 때나 순유할 때 휴대한다.

카스트 제도하의 인도에서 저급 신분자는 고급 신분자의 좌석에 앉을 수 없다. 『마누법전』 권8, 281조에는 최하 계급인 수드라는 최고위 계급인 브라만의 좌석에 앉기만 해도 그 수드라의 엉덩이에 낙인(烙印)을 찍은 후 추방하거나, 아니면 왕의 칙령으로 그 자의 엉덩이에 상처를 낸다고 규정하고 있다(桑, 74; 張, 30-31 참고).

31. "절이건 궁궐이건 모두 삼층으로 지었다(三重作樓)"는 혜초의 기록은 당시 인도 건축 양식의 한 단면을 전해주는데, 그 실상에 관해 살펴볼 필요가 있다. '중(重)'은 건물의 '층(層)'이고 '누(樓)'는 '누중옥야(樓重屋也)'라고 한 『설문』의 기록처럼 2층 이상의 건물을 말한다. 청나라 금악(金鶚)이 지은 『구고록예설(求古錄禮說)』 권3 「누고(樓考)」조에 의하면 원래 선진(先秦) 시대의 '누'는 작은 창문이 달린 군사용 망루(望樓)를 지칭하였다. 현장의 『대당서역기』 권2에는 "불교 가람들은 아주 괴상하게 지어졌는데, 네 모퉁이에 누(樓)가 하나씩 있고 각(閣, 문설주)은 3중으로 되어 있다"라고 하였다. 이런 건물이 어떤 구조인지는 분명하지 않다.

혜초가 인도를 방문했을 때와 가까운 시대의 건물 구조를 알아보려면 회화나 벽화에서 찾아볼 수밖에 없다. 그러한 일례로 아잔타(Ajanta) 석굴 벽화를 들 수 있다. 이 벽화의 주제는 불교 설화로서, 왕궁 장면이 있기는 하나 완전하지 않다. 원래 고대부터 중세에 이르기까지 인도의 벽화는 배경 묘사가 발달하지 않아서 왕궁을 비롯한 건물 묘사가 미흡한 점이 많다. 대체로 부분 묘사로 그쳤기 때문에 전체적인 파악이 어렵다. 5세기 후반의 것으로 추정되는 아잔타 제17굴 벽화 중 우측 주랑(走廊) 벽 전면에 그려진 심할라아바다나(Siṃhala-avadāna) 벽화 좌측 상단에 3층으로 지은 왕궁

● —— 왕궁을 묘사한 아잔타 석굴 제17굴의 벽화의 일부

장면이 보이는데, 묘사 내용으로 봐서 왕궁보다는 별궁인 것 같다. 1층은 결락되어 분명하지 않고 2층은 여성들의 처소, 3층은 왕의 침소로 보인다.

지상에 지은 불교 사원 건물로서 남아 있는 유적 중에 1층과 2층으로 된 것들은 있으나 3층짜리는 별로 없어서, 사원 건물이 일반적으로 3층이었는지는 확인하기 어렵다. 석굴 사원인 경우는 예컨대 7세기 말에서 8세기 초 사이에 굴설된 것으로 보이는 엘로라(Ellora) 석굴을 보면, 제11굴과 제12굴은 3층으로 되어 있다. 그러나 제11굴의 경우 미완성이어서 거처가

● ──── 3층 건물로 된 엘로라 석굴 제12굴

어느 층인지 알 수 없고, 제12굴에는 승려들의 거처가 1층과 2층에 있다. 이것은 1층은 창고, 2층과 3층은 거처라는 혜초의 기록과 다르다(桑, 75-76 참고).

32. 張은 여기에 '인(人)'자가 결락된 것으로 보고 있다(張, 30).

33. '한옥양하(漢屋兩下)'(桑, 17; 鄭, 105)에 대한 이견(異見)이 분분하다. '막옥우하(漠屋雨下)'(藤, 12b; 金, 342), '한옥우하(漢屋雨下)'(李, 97; F, 436 n2), '막옥양하(漠屋兩下)'(張, 30) 등 여러 가지로 이해하고 있다. 우선 '막옥(漠屋)'의 '막'자가 문제인데, '막'자가 지닌 여러 뜻 중에서 '옥'자와 결합할 만한 것으로 사막이란 뜻을 적용하면 어색하긴 하지만 '막옥', 즉 '사막집'이 된다. 그런데 이 단어는 의미가 모호할 뿐만 아니라, 인도의 가옥 중 견줄 대상이 없다. 따라서 '막옥'은 부적당하고 '한옥', 즉 '중국 가옥'이 적당할 것이다. 金은 '막옥'으로 직역하고 '막집인가?'라는 의문을 표시하기도 하였다.

다음으로 '양하(兩下)'의 '양'자가 문제인데, 李는 '우하작(雨下作)'이라고 하여 '빗물이 추녀로 쏟아지도록 지어진 것'(李, 41)이라고 하는데, 설명이 없어 신빙성이 적다. 『예기(禮記)』「단궁(檀弓)」상(上)에 나오는 소(疏, 임금에게 올리는 글) '견약복하옥자의(見若覆夏屋者矣)'에는 "하대의 가옥은 양하식뿐이다(夏代之屋 唯兩下而己)"라고 기술하고 있다. 여기서 '양하'가 지붕 양쪽이 흘러내려간 듯한 모양의 건축 양식, 즉 지붕의 완각(지붕의 측면)이 잘린 듯 팔(八)자 모양을 이룬 맞배지붕을 말하는 것으로서 짐작하면, '양하작(兩下作)'은 '맞배지붕으로 지은 맞배집'으로 이해할 수 있으리라고 본다. Y도 이와 유사하게 '박공식 중국 가옥(the gabled Chinese house)'(Y, 41)이라고 영역하였다. 박공(牔栱, 박풍牔風, 박공널)은 맞배집 양편에 '팔(八)'자 모양으로 붙인 두꺼운 널을 말한다.

34. 이 글자를 '만(萬)'자로 보는 견해가 있는데(藤, 13a; 張, 31), 문맥으로 보아 '둥(等)'자가 확실하다. 張은 '만(萬)'자를 '둥(等)'자의 와전으로 보고 있다(張, 31).

35. 혜초는 '당토불출금은(當土不出金銀)', 즉 "이곳에는 금과 은이 나지 않는다"라고 하였는 데 반해, 현장은 『대당서역기』권2의 인도와 관련한 종합 서술에서 '금은은 유석, 백옥, 화주와 함께 토산물로서 가득 쌓여 있다(若其金銀鍮石白玉火珠 風土所産 彌復盈積)'라고 하였다. 자고로 인도에서 금은 중요한 광물의 하나로 취급되었는데, 그 대부분은 물에서 건져낸 사금이다. 금은 인도의 '칠보(七寶, saptaratna)' 중 하나였다.『불설아미타경(佛說阿彌陀經)』에 나오는 칠보는 금, 은, 폐유리(吠琉璃), 파리(玻璃), 적주(赤珠), 마노(瑪瑙), 산호(珊瑚)이다.

36. 대부분의 학자들은 '어(於)'자로 보나, 일부는 공백으로 남기고(藤, 13a; 張, 31; 金, 342), 일부는 '성(城)'자로 보기도 한다(張, 31).

37. 『불국기』「마두라국(摩頭羅國)」조에도 "모든 국민들이 살생을 하

지 않고 술도 마시지 않으며 파나 마늘을 먹지 않는다. 또한 돼지와 닭은 기르지 않으며 시내에는 도살점이 없고 술 마시는 자도 없다. 다만 전도라(旃茶羅, 어랍사漁獵師, 어부)들만이 고기를 판다" 라고 하였다.

중천축국 4대탑

이 중천축국에서는 대승과 소승이 함께 행해진다. 바로 이 중천축국 경내에 네 개의 큰 탑이 있는데, 세 개는 항하(恒河) 강 북안에 있다. 첫째는 사위국(舍衛國) 급고원(給孤薗)에 있는데, 절도 있고 승려도 있는 것을 보았다. 둘째는 비야리성(毘耶離城) 암라원(菴羅薗)에 있는데, 거기서 탑은 봤으나 절은 황폐해지고 승려는 없다. 셋째는 가비야라국(迦毘耶羅國)에 있는데, 그곳이 바로 불타가 태어난 성이다. 거기서 무우수(無憂樹)는 봤으나 성은 이미 폐허가 되었다. 탑은 있으나 승려는 없고 백성도 없다. 이 성은 중천축국의 가장 북쪽에 자리하고 있는데, 숲이 많이 황막(荒漠)해지고 길가에는 도적이 득실거려 그곳으로 가는 예배자들은 대단히 어렵게 (목적지에) 당도한다. 넷째는 삼도보계탑(三道寶階塔)으로 중천축국왕의 거성(居城)에서 서쪽으로 7일 거리의 두 항하 사이에 있다. 여기는 부처님이 도리천(刀利天)으로부터 삼도보계가 만들어지자 염부제(閻浮提)로 내려온 곳이다. 삼도보계는 왼쪽 길을 금으로, 오른쪽 길을 은으로, 가운데 길을 폐유리(吠瑠璃)로 장식하였다. 부처님은 가운데 길로, 범왕(梵王)은 왼쪽 길로, 제석(帝釋)은 오른쪽 길로 부처님을 모시고 내려와 바로 이곳에 탑을 세웠다. 절도 있고 승려도 있는 것을 보았다.

中天竺國 四大塔

此中天[1]大小乘俱行[2] 即此中天界內有四大塔[3] 恒河在北岸[4]有三大塔 一舍衛國[5]給孤薗[6]中 見有寺有僧 二毗耶離城[7]菴羅薗[8]中 有塔見在 其寺荒廢 無僧 三迦毗耶羅國[9] 即佛本生城 無憂樹[10]見在[11] 彼城已廢 有塔無僧 亦無百姓 此城最居〔北〕[12]林木荒多 道路足賊 往彼禮拜者 甚難方〔達〕[13] 四三道寶階塔[14] 在中天王住城[15]西七日程 在兩恒河[16]間 佛當從刀利天[17]變成[18]三道寶階下閻浮提地[19]處 左金右銀 中吠瑠璃[20] 佛於中道 梵王[21]左路 帝釋[22]右階 侍佛下來 即於此處置塔 見有寺有僧

주

1. '중천(中天)'은 '중천축(Madhyadeśa)'을 말하는데, 그 범위는 히말라야(희마랍아喜馬拉雅) 산 남쪽부터 빈댜야(Vindhya, 문저야文底耶) 산 북쪽, 비나사나(Vinasana, 비나사나毗那莎那) 동쪽부터 프라가야(Pragaya, 보라가야普羅伽耶) 서쪽까지 해당하는 광대한 지역이다.

2. 현장의 『대당서역기』 권5 「갈약국사국(羯若鞠闍國)」조에 의하면 중천축에 있는 이 나라(카냐쿱자)는 '사정이도(邪正二道)', 즉 외도와 불교 신자가 대략 절반씩인데, 가람은 백여 소이고 승도는 만여 명이며 대승과 소승을 연찬하고 있다. 한편, 천사는 이백여 소이고 외도는 수천 명에 달한다.

3. 중천축에서의 4대탑은 4절 주 9에서 밝힌 4대 영탑과는 다른 4대탑이며, 4절 주 14에서 언급한 8대탑이 바로 이 4대탑과 4대 영탑을 합한 것이다.

4. '항하재북안(恒河在北岸)'에서 '재(在, ~에 있다)'자의 위치는 어법상 응당 '재항하북안(在恒河北岸)'으로 바뀌어야 한다. 아니면 '재(在)'자

●──── 중천축국의 4대 영탑과 4대탑(표, 69 참고)

는 필요 없이 끼어든 연문(衍文)으로 볼 수 있을 것이다.

5. '사위국(舍衛國, 산스크리트로 슈라바스티Śrāvastī, 팔리어로 사바티Sāvatthi)'은 여러 가지 한역명으로 알려져 있다. 법현은 구살라국(拘薩羅國, 코살라Kosala) 사위성, 현장은 실라벌실저국(室羅伐悉底國), 현응(玄應)은 십라파실제야성(拾羅婆悉帝夜城)(『일체경음의』)이라고 하였다. 불경의 역경서에는 사파제(舍婆提)나 사라파실제성(舍羅婆悉帝城)(『기세인본경(起世因本經)』), 무물불유국(無物不有國)(『십이유경(十二遊經)』) 등으로도 한역되어 있다.

슈라바스티(사위국)의 위치에 관해서는 여러 설이 있는데, 가장 유력한 설은 커닝엄(A. Cunningham)의 설이다. 그는 이곳을 라프티(Rapti, 랍보제拉普提) 강 남안의 한 고지(현 사헤트마헤트Sahet-Mahet, 사혁특마혁특沙赫特馬赫特)에 비정하였다(C. 344-346). 이 유지에서 'Śravasti'라는 명문이 새겨진 큰 불상이 출토됨으로써 그 비정의 신빙성이 입증되었다. 이곳은 인도 북방주의 바라이크(Bahraich)에서 26마일 떨어진 변방 지역이다.

슈라바스티의 기원에 관해서는 불교와 브라만교에 서로 다른 전설이 전해오고 있다. 불경의 대주석가인 붓다고사(Buddhaghosa, 각음覺音)는 슈라바스티가 이곳에 살았던 현자 사바타(Savattha, 사위타舍衛它)의 이름을 따서 명명되었고, 처음에는 종교 활동을 위한 장소였으나 차츰 도시로 발달하였다고 주장한다. 브라만교 경전에도 그 유래에 관한 언급이 있는데, 『비습노왕세서(毗濕奴往世書, 비슈누푸라나 Viṣṇupurāṇa)』는 슈라바스타(Śravasttha, Śravastaka, 실라벌실다室羅伐悉多) 왕이 이 성을 건설한 데서 이 이름이 지어졌다고 한다. 『범천왕세서(梵天往世書, 브라마푸라나 Brahmāpurāṇa)』와 『어왕세서(漁往世書, 마치야푸라나 Matsyapurāṇa)』는 이 슈라바스타 왕이 유바나스바(Yuvanāśva, 유마幼馬)의 아들이라고 한다. 그러나 서사시 『마하바라타(Mahābhāratā)』는 그가 유바나스바의 아들이 아니라 슈라바(Śrāva, Śravattha, 실라벌室羅伐)의 아들이며 유바나스바에게는 손자벌이 된다고 한다.

슈라바스티는 아지라바티(Ajiravatī, 아지라벌제阿支羅伐帝) 강 기슭에 위치하고 있는데, 이곳은 3대 강의 합류지점이다. 그리고 동으로는 왕사성, 서로는 알라카(Alaka, 아라가阿羅加) 등지로 통하는 대로가 이곳을 관통하여, 교통이 발달하고 상업도 번성하였다. 슈라바스티 내 마하마트라(Mahāmatra, 마하파특라摩訶婆特羅)에서 출토된 동반(銅盤)에 새겨진 명문에 의하면, 이 나라의 길가에는 상점이 즐비하고 화물이 산더미처럼 쌓여 있었다고 한다. 『방광대장엄경(方廣大莊嚴經, Lalitavistara)』, 즉 『신통유희경(神通遊戱經)』에도 사위국은 '높은 벼슬아치들이 구름떼처럼 모여드는 곳(冠蓋雲集之地)'이라고 하면서, 집들이 5만 7000호나 된다고 하였다. 이와 같이 슈라바스티는 상업 요지인 동시에 종교와 문화의 중심지이기도 하였다.

이곳에 불타가 25년간이나 머물면서 여러 번 중요한 설법을 하였고, 유명한 기원정사(祇洹精舍, 제타바나 비하라Jetavana Vihara)를 비롯한 여러 불교 유적도 여기에 있다(『대당서역기』 권6 참고). 슈라바스티는 브라만교의 연고지이기도 하다. 자누사니(Janusani, 사노사니闍奴娑尼)가 일찍이 이곳에서 브라만 서원(書院)을 운영한 바 있다. 자이나교에서는 슈라바스티를 찬드라푸르(Candrapur, 월광성月光城)라고 하는데, 여기서 두 조사(祖師)가 탄생하였으며 교주 마하비라(대웅)도 이곳을 여러 차례 순유하고 우안거를 지내기도 하였다. 그리고 이 교의 성인인 카필라(Kapila, 가비라迦毗羅)와 바드라(Bhadra, 발다라跋多羅)도 이곳에서 출가하고 구도하였다. 그러던 슈라바스티가 쇠퇴하게 된 주요인은 아지라바티 강의 범람과 관련이 있는 것으로 보인다.

법현이 이곳을 찾아갔을 때, 성내에는 겨우 이백여 가구밖에 없었고 기원정사 주변에는 아홉 개의 가람이 있어 중들이 주석(駐錫)하고 있었다. 그 밖에 96개소의 외도가 행인이나 출가자들에게 음식과 숙소를 제공하고 있었다. 현장이 방문했을 때도 성은 이미 황폐화되어 가람 수백 소 대부분이 파괴되고 얼마 안 되는 승도들이 정량부를 배우고 있었다. 반면 천사는 백여 소가 있고 외도도 대단히 많았다. 이렇게 성쇠를 거듭한 슈라바스티는 1800년간 불교의 중심지 역할을 해왔다(인도 학자 로B. C. Law의 저서 『인도 문학 중의 슈라바스티(Śrāvastī in Indian Literature)』 참고).

6. '급고원(給孤園)'의 '원(園)'자 앞에 '독(獨)'자가 결락되었다. 이 '급고독원'이 바로 기원정사이다. 법현의 『불국기』는 기원정사에 관해 다음과 같이 묘사하고 있다. 정사는 성 남문 밖으로 1200보 떨어진 거리에 있는데, 상자(長子) 수다타(Sudatta, 수달須達)가 세웠다. 정사는 동쪽을 향해 문이 열려 있으며 문 양측에 석주가 서 있는데, 좌측 석주 상단은 바퀴 모양, 우측 석주 상단은 소 모양으로 되어 있다. 연못은 청정하고 숲이 우거져 있으며 경치가 이색적이어서 참으로 볼 만하다. 현장의 『대당서역기』

●── 슈라바스티(사위성)의 급고독원 전경

권6에는 성의 남쪽 5~6리에 서다림이 있는데, 그곳이 바로 급고독원이라고 하였다. 서다림(逝多林, 제타바나Jetavana)은 태자 서다(逝多)의 임원(林苑)이라는 뜻이다.

전설에 따르면 장자 수다타는 늘 가난한 사람들을 구제하고 고아와 늙은이들을 돌봐줘서 사람들이 그를 가리켜 '급고독(給孤獨, Anāthapiṇḍada)'이라고 불렀다. 그는 불타를 매우 존경하여 불타를 위해 정사(절)를 하나 세우기로 작심하고 거액을 들여 이곳을 매입한 뒤 마침내 정사를 세웠다. 그 후 이곳은 '서다림 급고독원(逝多林給孤獨園, Anāthapiṇḍadā-syārāma)'이라고 불렀다. 불타는 이곳에 25년간 머물면서 여러 차례 중요한 설법을 행하였다. 불전에도 '일시불재사위성기수급고독원(一時佛在舍衛城祇樹給孤獨園)'이란 구절이 나오는데, 여기서 '기수(祇樹)'는 서다림의 다른 한역어이다. 현응은 혜림의 책과 같은 이름의 저서『일체경음의』3에서 '기수(祇樹)'를 '기타(祇陀)' 혹은 '기원(祇洹)'이라고 하는 것은 모두 틀리고, 응당 '서다(逝多)'라 해야 한다고 지적하였다.

기원정사에는 지옥과 관련된 다음과 같은 전설이 전해오고 있다. 사원 경내에는 악인을 지옥으로 떨어지게 한 깊은 굴이 세 개 있다. 하나는 데바닷타(Devadatta)가 불타를 죽이려고 손톱에 독약을 칠하고 경례를 하며 가까이 가서 손을 뻗치려는 순간 지옥으로 떨어진 굴이다. 두 번째는 고가리가(Gogariga)라는 중이 데바닷타와 한 패가 되어 불타를 비방했기 때문에 떨어진 굴이다. 세 번째는 산다마나라(Shandamanara)라는 이교도 여자가 떨어진 굴이다. 그녀는 불타의 가르침이 널리 퍼지는 것을 질투해서 어떻게든 그를 욕보이려 했다. 그래서 나무로 만든 동이를 배에다 부착시켜 임신한 것처럼 가장하고, 이 정사에서 설교하는 불타를 가리키면서 자기를 간통하여 이렇게 만들었다고 욕을 퍼부었다. 그때 제석천(帝釋天)이 흰 쥐로 변하여 나무 동이를 붙들어 맨 끈을 썰어버리자 나무 동이가 땅으로 굴러 떨어졌다. 무리 중에 한 사람이 그 동이를 주어 그녀에게 보이면서 "이것이 네 아들이냐?" 라고 말하는 순간 땅이 갈라지며 그녀는 지옥으로 떨어졌다.

이 정사의 터전에는 열 개의 사원과 승원, 여덟 기의 탑 유지가 남아 있다. 그리고 정사의 북쪽 켠에는 한 층 더 높게 꾸민 '간닥디라'라고 하는 유적이 있는데, 불타가 24회의 안거를 지낸 곳이라서 가장 신성시한다. 또한 근처에는 불타가 정사를 떠났을 때, 제자인 아난(阿難)이 스승의 모습을 회상하기 위하여 심었다는 보리수도 높이 솟아 있다. 이 정사의 북쪽 5리쯤에는 사위성의 옛 성터가 있다(張, 35-36; 李, 81-82 참고).

7. '비야리성(毗耶離城, 산스크리트로 바이샬리Vaiśālī, 팔리어로 Veśāli)'은 고대 인도 리차비(Licchavi, 이차비梨車毗)족의 수부로서 법현은 '비사리(毗舍離)', 현장은 '폐사리(吠舍釐)'라고 하였다. 서사시『라마연나(羅摩衍那)』와『비슙노왕세서』에 이 성에 관한 기술이 있다. 전설에 의하면 이 성은 천녀(天女) 알람부사(Alambusa, 아람포하阿藍浦霞)의 아들 비

샬라(Vīśāla, 폐사라吠舍羅)가 건설하였으므로, 그의 이름을 따서 명명한 것이라고 한다. 산스크리트로 '비샬라'는 '광대함' 또는 '웅대함'이란 뜻이다. 그래서 오공(悟空)은 이 성을 '광엄성(廣嚴城)'이라고 한역하였다. 기원전 몇 세기 동안 이 비샬라 성은 『라마연나』에서 '상도(上都, Uttamapuri)'라고 칭할 정도로 번창한 대도시였다. 『방광대장엄경』이나 『비나야잡사(毗那耶雜事)』 같은 불전에도 이 성에 관한 기사가 보인다. 『본생경(本生經)』에 의하면 폐사리성(吠舍離城)은 3중으로 건설되었다. 티베트의 『문율장(文律藏)』은 이 성이 세 구역으로 나뉘는데, 제1구역에는 7000호가 거주하고 금탑이 있고, 중구(中區)에는 1만 4000호에 은탑이 있으며, 외성(外城)에는 2만 1000호에 동탑이 있다고 하였다.

불교나 자이나교 모두 이 바이샬리 성을 성지로 숭상하고 있다. 자이나교 교주 마하비라(대웅)는 이곳 쿤다그라마(Kundagrama, 말리촌茉莉村)에서 출생하였으며, 불교의 '제2차 결집(폐사리 결집吠舍釐結集)'도 바로 이곳에서 거행되었다. 『중아함(中阿含)』이나 『잡아함(雜阿含)』 『증일아함(增一阿含)』 등의 불전이 전하다시피, 불타는 이곳에서 중요한 교리들을 정리하고 선포하였다. 불교의 많은 신화들도 이곳과 관련이 있다. 예컨대 어느 날 이곳의 원숭이들이 불타의 바리때를 훔쳐가지고 나무 위에 올라가더니 꿀을 채취해서 불타에게 바쳤다고 한다. 현장이 이곳을 방문했을 때 원숭이들이 꿀을 헌상했다는 곳에 스투파가 서 있었고, 그 벽면에는 원숭이들의 군상이 새겨져 있었다. 현재 인도 캘리컷 박물관에는 기원전 2세기에 이 주제를 새긴 석각이 소장되어 있다. 현장이 이곳을 찾았을 때 폐사리는 이미 볼품없이 쇠퇴하였다. 구지(舊地)의 둘레는 약 60~70리나 되고 궁성의 둘레도 4~5리나 되었으나, 사는 사람이 얼마 없었다. 수백 개의 불사는 이미 무너지고 3~5개만 남아 있었으며 승도 수도 퍽 적었다. 그러다가 혜초가 들렀을 때는 사원이 다 폐허가 되고 중도 없었다(바이샬리에 관해

●──── 바이샬리의 암라원(망고나무 정원)

서는 1절의 주 1을 참고).

8. '암라원(菴羅蘭, Āmrapativana)'을 법현은 '암파라녀원(菴婆羅女園)', 현장은 '암몰라녀원(菴沒羅女園)'이라고 하였다. 이 정원은 바이샬리성의 남쪽 가까운 곳에 있는데, 이 성 안에 살고 있던 암라파티(산스크리트로 Āmrapati, 팔리어로 Āmbapati, 암몰라녀菴沒羅女)라는 여성이 이 정원을 불타에게 바쳤다고 전해진다. 산스크리트로 '암몰라(菴沒羅)'는 망고라는 뜻으로서 '아말라(阿末羅)' '아마륵(阿摩勒)'이라고도 한역하였다. 바이샬리에는 망고가 많이 생산되고 '암몰라녀'는 망고원의 주인이라는 뜻이다. 그녀는 불타를 위해 이곳에 정사를 짓고 그 앞에 스투파도 하나 세웠는데, 그것이 중인도 8대탑 중 하나가 되었다. 이 외에도 바이샬리에는 여러 기의 탑이 있었다고 한다.

9. 원문에는 '가비라국(迦毗羅國)'을 '가비야라국(迦毗耶羅國)'이라고 하였는데, '야(耶)'자는 무의미하게 끼워 넣은 연문이다. '가비라'를 법현은 '가유라위성(迦維羅衛城)', 현장은 '겁비라벌솔도국(劫比羅伐窣堵國)'이

라고 하였다.『방광대장엄경』에는 산스크리트로 카필라바스투(Kapilavastu, Kapilapura, Kapilāhvapura)라고 하였으며,『불본행찬경(佛本行讚經)』에는 '카필라시아바스투(Kapilasyavastu)'라고 하였다. 기타 한역명으로는 창성(蒼城), 황적성(黃赤城) 등이 있다.

카필라바스투의 위치 비정에 관해서 처음에는 여러 설이 있었다. 커닝엄은 당초에 네팔 경내 바스티(Basti, 파사저巴斯底) 서남쪽의 나가르카스(Nagar-Khas, 납가이객사納迦爾喀斯)에 비정하였으나, 얼마 후 자진 번복하고 인도 북방주 부딜라(Budila, 포저랍布底拉) 호반, 파이자바드(Faizābād, 법이찰파덕法伊札巴德) 동북쪽 25마일, 바스티 서북쪽 15마일 지점이라고 시정하였다. 그러나 일부에서는 바스티 북방의 피프라바(Piprāvā, 필보랍와畢普拉瓦)로 보기도 하였다.

그러다가 1896년에 네팔 경내의 니글리바(Nigliva, 니격리벌촌尼格里伐村) 서남쪽 13마일 지점에서 석주 하나를 발견하였는데, 거기에 새겨진 명문에 "천희애견(天喜愛見, Devanam priya priyadarśin) 왕 폐하께서 즉위 12주년에 즈음해 석가모니 탄생지인 이곳에 친히 왕림하여 경의를 표하시고 말 한 필이 서 있는 그림의 석각과 또 불생처(佛生處)임을 공시하는 석주 하나를 세우도록 명하시었다. 그리고 룸비니(Lumbini, 논민원論民園)의 부세(賦稅)를 폐하고 수확의 8분의 1만 징수하도록 하시었다"라고 쓰여 있었다. 부근에서는 불타를 출산한 마야부인의 등신(等身) 석상이 발견되기도 하였다. 여기서 '천희애견'은 마우리아조 제3대 왕인 아소카 왕을 말하며, 이곳이 바로 석가의 탄생지인 룸비니이다. 카필라바스투 고지는 거기서 서쪽으로 몇 리 떨어진 곳에 있던 고장일 것이다.

많은 논쟁 끝에 카필라바스투 고지는 지금의 틸라우라(Tilaura)라는 데 대체적인 의견의 접근을 보았다. 이곳은 타라이(Tarai, 탑뢰塔賴)의 수부 타울리바(Tauliva, 도리벌陶里伐) 북쪽 2마일, 가라카푸라(Garakhapura,

낭랍객포라廊拉喀浦羅) 북쪽에 있는 니글리바의 서남쪽 약 3.5마일 지점에 해당한다. 위의 석주라든가 명문에 관해 아직도 이러저러한 견해가 있지만,『아소카왕전』산스크리트본과 3종 한역본에는 석주나 명문, 룸비니의 부세 폐지에 대한 내용이 전혀 언급되어 있지 않다.『대당서역기』나『석가방지』등의 사적에는 아소카 왕이 이곳에 석주를 세운 일을 전하고 있다. 비록 카필라바스투가 불타의 탄생지이기는 하나 이곳에서 불교가 성행한 것은 아닌 듯하다. 법현은 이곳을 순례하면서 이렇게 쓰고 있다. "가유라위성(迦維羅衛城) 안에는 왕이건 백성이건 별로 없고 대단히 황막하여 중과 백성을 모두 합쳐도 열 가구에 불과하다.……가유라위는 나라는 크지만 텅 비어 황량하고 백성이 드물며 도로에 흰 코끼리나 사자가 있어 겁이 나서 함부로 다닐 수가 없다."
현장이 찾아갔을 때는 빈 성이 수십 개나 되고 왕성이 매우 황폐해졌으며, 내성의 둘레가 14리나 되지만 인적이 거의 없었다. 대군주 없이 성마다 군주를 옹립하고 있으며, 궁성 한 켠에 가람 하나가 있는데 승도는 30여 명 뿐이고 소승정량부 교법을 배우고 있다. 천사가 2개소이며 서로 다른 종교들이 잡거하고 있다(張, 38-39 참고).

10. '무우수(無憂樹)'는 '근심이 없는 나무'라는 뜻이다. 석가의 어머니인 마야부인이 출산하기 위하여 친정으로 가는 길에 룸비니원에 이르러 어떤 나무 밑에서 석가를 고통 없이 순산하였는데, 이 나무가 바로 무우수, 곧 보리수(菩提樹, 산스크리트로 아소카Aśoka 나무)이다.

11. '견재(見在)'는 타동사 '견(見)'자와 목적어 '무우수(無憂樹)'가 도치된 문장으로서 '(거기에) 있는 ~을 보았다'라는 뜻이다.

12. '비(比)'자로도 보여 '비'자를 쓰는 경우(藤, 14b; 李, 97; 張, 37, 그러나 '북北'자의 오지라고 주에서 밝힘)가 있는데, 이 경우 의미를 풀이하기가 어렵다. 문맥으로 보아 '북(北)'자가 틀림없다(桑, 17; Y, 85; 金, 342; 鄭, 105).

13. 원문에서 이 글자가 뚜렷하지 않아 보기에 따라서는 '미(迷)'자나 '도(途)'자로도 볼 수 있다. 그래서 '미(迷)'자라는 견해(藤, 14b; Y, 85; 李, 97; 鄭, 105)와 '도(途)'자라는 견해(桑, 17; 金, 342)가 있다. 그러나 이 두 가지 견해로는 뜻을 풀이하기가 어려우므로 타당성이 적다. 대신 '달(達)'자로 볼 수 있다는 張의 견해(38)에 수긍이 간다. 보기에도 '달'자의 초서로 보인다.

14. '삼도보계(三道寶階)'는 불교에서 전해오는 전설 중 하나로서 『아육왕전』이나 『증일아함』 같은 경전과 법현의 『불국기』 「승가시국(僧伽施國)」조, 현장의 『대당서역기』 권4 「겁비타국(劫比他國)」조, 『자은전』 권2 등 사적에도 그것에 관한 기록이 있다. 『불국기』에 의하면 옛날 상카샤(Sānkaśya, 승가시僧伽施)에서 불타가 도리천(忉利天)에 올라가 사흘간 어머니를 위해 설법하고 내려왔는데, 내려올 때 삼도보계가 만들어져 불타는 가운데 길의 칠보계를 타고 내려왔다. 범천(梵天)은 흰 채를 들고 불타를 모시면서 오른쪽 백은계(白銀階)로, 천제석(天帝釋)은 칠보산(七寶傘)을 들고 불타를 모시면서 왼쪽 자금계(紫金階)로 내려왔다고 한다.

『대당서역기』는 이에 관해 다음과 같이 기술하고 있다. 겁비타(劫比他, 카피타Kapita)의 왕성에서 동쪽으로 20여 리 되는 곳에 있는 대가람의 담 안에 남북 3열로 동쪽을 향한 삼보계(三寶階)가 있는데, 이곳은 여래가 삼십삼천(三十三天)에서 내려온 곳이라고 한다. 여래는 승림(勝林, Jetavana)에서 천궁(天宮)으로 승천하여 선법당(善法堂)에 기거하면서 어머니를 위해 설법하였다. 3개월이 지나서 하강하려고 하자 천제석이 신력을 발휘해 보계를 건조했는데, 가운데 보계는 황금으로, 왼쪽 보계는 수정(水精)으로, 오른쪽 보계는 은으로 만들었다. 여래가 선법당을 떠나자 여러 천중(天衆)이 따라나섰다. 여래는 가운데 보계로 하강하고 대범왕(大梵王)은 흰 채를 들고 오른쪽에서 그를 모시고 은보계를 따라 그리고 천제석은 보산(寶傘)을 들고 왼쪽에서 그를 모시고 수정보계를 따라 내려왔다. 천중은 하늘 높이 올라가 꽃을 뿌리면서 그의 공덕을 찬양하였다. 수백 년 전에는 그 보계가 남아 있었으나 지금은 깡그리 함몰되고 말았다.

겁비타는 법현이 말한 상카샤로서 지금의 상키사(Sankisa, 상결사桑結莎)이며, 항하(恒河, 갠지스 강)와 줌나(Jumna, 야무나Yamunā) 강 사이에 있다. 그래서 혜초는 이곳이 두 항하 사이에 위치한다고 하였다. 혜초는 본문에서 '삼도보계탑'을 중천축국 4대탑의 하나로 꼽고 있다. 그런데 이 탑의 실체에 관해서는 구체적 설명이 없을 뿐만 아니라 선행자들의 기록에서도 그것을 확인할 수가 없다. 『불국기』에는 석가가 하강한 삼도계(三道階)는 땅속에 묻혀버려 일곱 계단만 지상에 남아 있다가 아소카 왕 때에 이르러 이 일곱 계단 위에 정사를 세웠고, 그 한가운데에 여섯 장 높이의 입불상(入佛像)을 세웠다고 할 뿐 탑에 관해서는 언급이 없다. 그런가 하면 『대당서역기』에도 여러 나라 왕들이 연와(煉瓦)나 석재로 석가가 내려온 곳에 옛날의 보계를 본떠 높이 70여 장의 보계를 만들고 그 위에 석조 불상을 앉혔으며, 좌우 계단에 천제석과 범천의 하강 모습을 새겨 놓았다고 할 뿐 탑에 관해서는 별다른 기록이 없다. 『자은전』도 비슷한 기록을 남기고 있다. 혜초가 말한 '탑'은 현장이 언급한 이 70여 장 높이의 보계가 아닌가 짐작된다(張, 40-41; 桑, 77-78).

15. '중천왕주성(中天王住城)', 즉 중천축국 왕의 거성은 카냐쿱자이다(카냐쿱자에 관해서는 5절 주 3 참고).

16. '양항하(兩恒河)'는 두 항하, 즉 두 갠지스 강이라는 뜻이 아니라, 갠지스 강과 줌나 강을 말하며, 삼도보계는 이 두 강 사이에 자리하고 있다.

17. '도리천(刀利天, Trāyastrimśa)'에서 '도(刀)' 자를 법현의 『불국기』나 현장의 『대당서역기』에서는 '도(忉)' 자로 쓰고 있다. 도리천은 불교에서 말하는 욕계 6천(慾界六天)의 둘째 하늘이다. 불교에서는 하늘을 33천(三十三天)으로 나누는데, 욕계가 6천, 색계(色界)가 18천, 무색계(無色

界)가 9천으로 모두 33천이다. 이들 하늘의 중앙에 천제석이 머물고 그 사방에 하늘이 8천씩 벌려 서 있다. 이 도리천은 수미산(須彌山) 꼭대기에 있다고 한다.

18. '변성(變成)'은 보통 '~으로 되다'의 뜻이나, 여기서는 어떤 일이 신의 힘을 빌어 기적적으로 일어난다는 의미이다.

19. '염부제지(閻浮提地, Jambudvipa)'는 염부나무가 무성한 땅이라는 뜻으로서, 수미 사주(須彌四洲)의 하나이다. 수미산(須彌山, 수메루 Sumeru) 남쪽 바다 가운데 있는 삼각형의 섬으로서 너비가 칠천 유순(由旬, 유순은 거리 단위)이나 된다. 일명 첨부주(瞻部洲)라고도 하며, 인간세계(현세)의 범칭으로 쓰인다. '염부(閻浮)'도 인간이 사는 속세라는 뜻이다.

20. '폐유리(吠瑠璃)'는 산스크리트로 'vaiḍūrya', 팔리어로 'veḷuriya'이며, 다른 한역명으로는 비유리(毗瑠璃·鞞瑠璃), 비조리야(鞞稠利夜), 비두리(鞞頭梨) 등이 있다. 폐유리는 일반적으로 청옥(青玉)이나 묘안석(猫眼石, 캐츠아이cat's-eye)으로 알려져 있다. 현응의 『일체경음의』 권23에는 유리(瑠璃)가 곧 폐유리(吠瑠璃)인데, 비유리(毗瑠璃) 혹은 비두리(鞞頭梨)라고도 한다고 하였다. 그리고 산 이름을 따서 명명한 것으로서 원산(遠山, Vidura, 수미산)의 청색 보석이고, 절대로 파괴되지 않기 때문에 연기나 화염에도 녹지 않으며 신통력을 가진 귀신만이 파괴할 수 있다고 하였다. 이 책의 『섭대승론(攝大乘論)』「유리(琉璃)」조에도 이와 비슷한 기록이 있다.

혜림의 『일체경음의』에도 폐유리는 산스크리트의 보석 명칭으로 비유리 혹은 그저 유리라고도 하며, 수미산 남쪽에서 이 보석이 나오는데 청색으로 맑고 빛이 나서 어떤 물건이든지 가까이 하기만 하면 그 빛을 따라 발한다고 하였다. 그런가 하면 법운(法雲)의 『번역명의집(翻譯名義集)』 권3에는 폐유리가 파라나성(波羅奈城)에서 얼마 멀지 않은 서역의 한 산에서 나는데, 그 산 이름을 따서 명명하였다고 한다. 그러면서 법운은 이 산이 바로 현응 법사가 말한 원산, 즉 수미산일 것이라고 하였다.

『한서(漢書)』권96 상 「서역전」상 '계빈국(罽賓國)'조에 보면 이 나라의 물산 중에 '벽유리(璧流離)'라는 것이 있다고 하는데, 이것도 폐유리인 것 같다. 뵈틀링크(Böhtlingk)와 로스(Roth)의 산스크리트 사전(1855-1875, Ⅵ, 1391쪽)은 이 폐유리를 '녹주석(綠柱石, 에메랄드)'이라고 했다가 그 후에 발간한 간략판(1879-1889, Ⅲ, 165쪽)에서는 '묘안석'으로 수정하였다. 그 후 여러 산스크리트 사전들이 이를 따르고 있다. 그러나 '녹주석'으로 보는 일부 견해도 여전히 남아 있다(張, 41; 桑, 79-80 참고).

● ─── 힌두교의 3대 주신 중 하나인 브라마

21. '범왕(梵王, 브라마Brahmā)'은 '범천왕(梵天王)'의 준말이다. 인도의 전통 철학에서 '범(梵, 브라만Brahman)'은 우주의 근본이란 뜻이다. 범왕은 원래 힌두교 신화에 나오는 최고신으로서 우주 만물의 창조자이다. 붉은색에 네 개의 손과 네 개의 얼굴을 가지고 있으며, 처인 길상천녀(吉祥天女, 사라바스티Saravasti)는 학문과 지혜의 신이다. 불교에서도 이 신화를 받아들여 유력한 신 중 하나로 섬기나, 그 지위는 붓타의 뒤로 밀려나 있다. 그리하여 불상의 좌우에 모신다.

22. '제석(帝釋)'은 '제석천(帝釋天, 샤크라Sakra, 일명 천제석天帝釋)'의 준말이다. 제석천은 베다 중의 '인타라(因陀羅, 인드라Indra)'로서 최고신이다. 그리하여 베다 중에는 그에 대한 찬송시가 다른 어느 신보다 많다. 이 신은 부모에게서 출생했으나 변화가 무쌍하고 법력이 무한하다.

전쟁의 신으로서 황금 몸에 긴 팔뚝을 가지고 쌍마 전차를 몰며, 손에는 금강저(金剛杵)와 화살을 잡고 온갖 원수를 정복한다. 또한 은혜의 신으로서 비를 내리게 하고 땅을 기름지게 하며 풍작을 이루게 한다. 폭풍우와 번개, 소나기까지 관장한다. 베다 이후의 신화에서 그의 지위는 점차 약화되어 급기야는 힌두교의 3대 주신인 브라마(범천梵天)와 비슈누(Viṣṇu, 편인천 偏人天), 시바(Śiva, 자재천自在天)의 뒤에 놓이게 되었다.

불교에서도 이 신을 받아들여 이 신이 불교에 귀의한 자들을 보호하고 수하에 4천(天) 국왕과 32천을 관장하도록 하고 있다. 불교에서 제석천은 12천의 하나로, 수미산 꼭대기의 도리천에 살며 희견성(喜見城)의 주인으로서 대위덕(大威德)을 거느리고 있다.

남천축국

중천축국에서 곧바로 남쪽으로 석 달 남짓 가면 남천축국 왕이 사는 곳에 이른다. 왕은 코끼리 팔백 마리를 소유하고 있다. 영토가 매우 넓어서 남쪽으로는 남해에, 동쪽으로는 동해에, 서쪽으로는 서해에 이르며, 북쪽으로는 중천축국과 서천축국, 동천축국 등의 나라들과 경계가 맞닿아 있다. 의복과 음식, 풍속은 중천축국과 비슷하다. 다만 언어는 좀 다르고 기후는 중천축국보다 덥다. 그곳 산물로는 무명, 천, 코끼리, 물소, 황소가 있다. 양도 조금 있으나 낙타나 노새, 당나귀 따위는 없다. 논은 있으나 기장이나 조 등은 없다. 풀솜이나 비단 같은 것은 오천축국 어디에도 없다. 왕과 수령, 백성들은 삼보를 지극히 공경하여 절도 많고 승려도 많으며, 대승과 소승이 더불어 행해진다.

그곳 산 중에 큰 절이 하나 있는데, 그것은 용수 보살(龍樹菩薩)이 야차신(夜叉神)을 시켜 지은 것이지, 사람이 지은 것이 아니다. 산을 뚫어 기둥을 세우고 삼층짜리 누각으로 지었는데, 사방의 둘레가 삼백여 보나 된다. 용수 생전에는 절에 삼천 명의 승려가 있었고 공양미만도 열다섯 섬이나 되어, 매일 삼천 명의 승려들을 공양하였다. 그래도 쌀이 바닥나는 일이 없었고 써도 다시 생기곤 하여 원래의 양이 줄어들지를 않았다. 그러나 지금은 이 절이 황폐해져 승려가 없다. 용수는 나이 칠백이 되어서야 비로소 입적하였다. 때마침 남천축국의 여행길에서 하고픈 말을 오언(五言)으로 이렇게 읊었다.

달 밝은 밤에 고향길을 바라보니

뜬구름은 너울너울 돌아가네.

그 편에 감히 편지 한 장 부쳐 보지만

바람이 거세어 화답(和答)이 안 들리는구나.

내 나라는 하늘가 북쪽에 있고

남의 나라는 땅끝 서쪽에 있네.

일남(日南)에는 기러기마저 없으니

누가 소식 전하러 계림(鷄林)으로 날아가리.

南天竺國

即從中天國南行三箇餘月 至南天竺國[1]王〔所〕住[2] 王有八百頭象 境土極寬 南至南海 東至東海 西至西海[3] 北至中天西天東天等國接界 衣着飮食人風 與中天相似 唯言音稍別[4] 土地熱於[5]中天 土地所出 氀布[6]象水牛黃牛[7] 亦少有羊 無駝騾驢等 有稻田[8] 無〔有〕黍[9]粟等 至於綿[9]絹[10]之屬 五天惣無 王及〔首領〕[11]百姓等 極敬三寶 足寺足僧 大小乘俱行 於彼山中 有一大寺[12] 是龍樹菩薩[13]〔使〕[14]夜叉[15]神造 非人所作 並鑿山爲柱 三重作樓 四面方圓[16]三百餘步 龍樹在日 寺有三千僧 獨[17]供養以十五石米 每日供三千僧 其米不竭[18] 取却還生 元不減少 然今此寺廢 無僧也 龍樹壽年七百 方始[19]亡也 于時在南天路 爲言曰五言[20]

月夜瞻鄕路

浮雲颯颯[21]歸

〔緘〕[22]書忝[23]去便

風急不聽廻

我國天岸北

他邦地角西

日南[24]無有鴈

誰爲向林[25]飛

1. 혜초가 방문한 남천축국은 바타피(Vātāpī, 벌타비伐他毗, 일명 바다미Bādāmi, 파타밀波陀密)를 수도로 하고 나르마다(Narmadā) 강 이남의 남부 인도를 지배하던 서찰루키아(西Chālukya, 서차루기西遮婁其) 왕조 (543~757)를 말한다. 건국자는 풀라케신 1세(Pulakeśin I, 보라계사補羅稽舍 1세, 543~566 재위)이다.

현장은 『대당서역기』에 이곳을 '마가랄차국(摩訶剌侘國, 마하라스트라Mahārastra)'이라고 하면서 순방한 뒤 현지 견문록을 남겨 놓았다. 당시의 국왕은 풀라케신 2세(610~642 재위)였다. 현장은 이 나라에 관해 다음과 같이 묘사하였다. 둘레가 육천여 리나 되고 나라 안에 큰 도시가 있으며, 서쪽은 바다에 면해 있다. 땅이 기름지고 곡식이 풍성하며 기온은 온화하고 풍속은 순박하다. 용사(勇士) 수백 명을 양성하여 결전에 내보내는데, 모두 술에 취한 채 그들 중 한 사람이 선봉에 서면 다른 사람들이 그 뒤를 따른다. 코끼리 수백 마리도 전장에 나가는데, 그 놈들 역시 술을 마시고 맹위를 떨치면 당할 자가 없다. 왕은 이렇게 사람들과 코끼리들을 가지고 인접국들을 능멸하곤 한다.

현장이 다녀간 후 얼마 안 있어 풀라케신 2세는 발라파국(拔羅婆國)의 왕 마헨드라(Mahendra, 마헤인다라摩醯因陀羅)의 아들 나라심하바르만 1세(Narasimhavarman I)에게 피살되었다. 그 후 찰루키아국은 13년간의 공궐기(空闕期)를 거쳐 풀라케신 2세의 아들 비크라마디티아 1세(Vikramāditya I, 초일왕超日王 1세, 655~681 재위)에 이르러 실지(失地)를 회복하고 군사력을 강화하였다. 그의 후계자들인 비나야디티아(Vinayāditya, 율일왕律日王, 681~696 재위)와 비자야디티아(Vijayāditya, 승일왕勝日王, 696~733 재위)는 강력한 위정자들이었다. 혜초가 이곳을 방문했을 때는 바로 비자야디티아 왕이 다스리고 있을 때였다(張, 43-44 참고).

2. '남천축국 왕이 사는 곳'이란 서찰루키아국의 수도 나시크(Nasik, 납석극納昔克)이다. '지남천축국왕소주(至南天竺國王所住)'를 직역하면 '남천축국 왕이 사는까지'로, 말이 되지 않아 '~가 사는 곳까지'로 의역해야 한다. 그러나 문장이 완결되자면 응당 '~소주성(所住城, ~가 사는 성)' 또는 '~소주처(所住處, ~가 사는 곳)'가 되어야 할 것이다.

3. '남지남해 동지동해 서지서해(南至南海 東至東海 西至西海)'에서 '남해'나 '동해' '서해'는 특정 바다를 가리키는 고유명사가 아니다. 아대륙(亞大陸)인 인도의 삼면이 바다로 에워싸여 있는 지리적 위치를 감안할 때, 대륙의 남쪽과 동쪽, 서쪽에 면한 바다라는 뜻이다. 그때까지만 해도 아직 인도 동남쪽의 바다나 서쪽 바다에 '인도양'이나 '아라비아 해' 같은 이름이 지어지지 않았기 때문에 이렇게 지리적 위치에 준해 명명한 것은 무리가 아니다.

4. 인도의 종족과 언어는 실로 다종다양하다. 그러나 힌두교를 비롯한 종교의 통합성으로 인해 문화는 상당한 정도의 통일성을 나타내고 있다. 따라서 의복이나 음식, 풍습은 서로 비슷하다. 단, 언어면에서는 남북간에 현격한 차이를 보이고 있다. 남인도의 언어는 드라비다 어계에 속하는 데 비해, 북인도나 중인도의 언어는 아리안 어계에 속하여 문법과 어휘가 서로 크게 다르다. 그럼에도 불구하고 장기간의 남북 접촉과 교류로 인해 남방 언어 속에는 적지 않은 아리안 어계의 산스크리트 어휘가 뒤섞여 있다.

5. '토지열어(土地熱於)'에서 '토지'는 '땅' '토지' '농토'와 함께 '영토' '국토'라는 뜻이 있기 때문에 여기서는 '토지'(李, 43)라고 번역하기보다는 '나라'(Y, 42, 국토the land로 번역)나 '기후'(金, 13; 鄭, 118)로 번역하는 것이 낫다고 본다. 그리고 '열(熱)'자가 우리말에서는 '뜨겁다'라는 뜻이지만 중국어나 고어에서는 '덥다'라는 의미도 있으므로 '~보다 뜨겁다'(鄭, 118)가 아니라, '~보다 덥다'(李, 43; 金, 13)로 번역하는 것이 맞다.

남인도는 북회귀선 남쪽에 위치한 열대성 기후이나 일부 지역이 해양성 기후의 영향을 받으므로, 인도에서 가장 더운 곳은 아니다. 가장 더운 4~5월에도 이런 곳은 섭씨 38도를 넘지 않는다. 이에 비해 인도 서북부는 같은 기간에 기온이 보통 섭씨 40도 이상에 이른다.

6. '첩포(氎布)'는 각각 '첩(氎)'과 '포(布)'라는 두 단어로서 합성어가 아니다. '첩(氎)'은 무명이나 목면 또는 올이 가는 모직물이고, '포(布)'는 일반적으로 무명실이나 삼실로 짠 천을 말한다. 따라서 '첩포'를 '전포'(李, 43)나 '모포'(金, 13), '모직물'(鄭, 118), '면포(棉布)'(桑, 3, 혹은 백첩포白疊布라고 한 쪽은 80; Y, 42, 면포cotton cloth로 번역)로 번역하는 것은 재고할 필요가 있다고 본다.

7. '황우(黃牛)'는 '황소'를 말한다. 『본초강목』「우(牛)」조에 의하면 소에는 '황우, 오우, 수우(黃牛烏牛水牛)' 등 몇 종이 있는데, 남방 사람들은 '수우(水牛, 물소, 일명 오우吳牛)'를 소라고 한다. 여기서 '황우(黃牛)'는 황소이고, '오우(烏牛)'는 검은 소이다. 그 밖에 중국어에서 '황우'는 전의되어 '거간꾼' '암표상'이란 의미로도 쓰인다.

8. '도전(稻田)'은 '벼 심는 논'(李, 43)이나 '벼논'(鄭, 118)이라기보다는 그저 '논'(Y, 43, 'rice fields'로 번역)이다. 金은 뒤에 오는 '기장'과 '조'라는 곡물과 대응시키기 위해 '도전'을 '벼'로 번역(金, 13)한 것 같다.

9. '면견(綿絹)'을 하나의 합성어로 보고 '견제품(絹製品)', 즉 비단 제

품으로 번역(桒, 32)한 것은 타당하지 않다고 본다. 그리고 '면(綿)'자와 '견(絹)'자를 두 단어로 보고, '면(綿)'자를 '솜'(李, 43; 鄭, 118) 또는 '면포'(金, 13)로 번역하였는데, 이 역시 타당하지 않다고 생각한다. '면(綿)'은 허드레 고치를 늘여서 만든 솜, 즉 '풀솜'이다. 솜은 목화의 삭과(蒴果) 속에 든 흰 섬유를 따서 씨를 뽑아낸 것으로 초면(草綿, cotton)이라고도 한다. 면포(綿布)는 무명실로 짠 피륙을 말한다. Y는 '풀솜(floss)'으로 정확히 영역하였다(Y, 43).

10. 혜초가 말하는 '견(絹)', 즉 비단은 중국식 양잠에 의해 얻어낸 비단이다. 그러나 현장은 인도의 비단으로 알려진 카우세야(kauśeya, 교사야憍奢耶)를 야생잠(野生蠶)에서 실을 뽑아내 짠 천이라고 하였다(『대당서역기』 권2).

11. 본문에는 '영수(領首)'로 되어 있는데, 다른 경우에 비추어 볼 때, '수령(首領)'의 오사로 판단된다.

12. 법현이나 현장은 그들의 여행기에서 이 '대사(大寺, 큰 절)'에 관해 기록하고 있다. 법현의 『불국기』에는 다음과 같은 기술이 있다. 구담미국(枸睒彌國)에서 남쪽으로 2백 유연(由延, 거리의 단위)을 가면 달친(達嚫, Dakṣiṇa)이라는 나라가 있는데, 여기에 '가섭불(迦葉佛, Kasyapa) 승가람(僧伽藍)'이 있다. 이 가람은 큰 바위산을 뚫어 5층으로 지었다. 최하층은 코끼리 모양으로 500칸, 2층은 사자 모양으로 400칸, 3층은 말 모양으로 300칸, 4층은 소 모양으로 200칸, 5층은 비둘기 모양으로 100칸의 석실이 각각 있다. 여기서 '파르바타(Parvata, 파라월波羅越)'라는 절 이름이 만들어졌는데, 파르바타는 천축 말로 비둘기라는 뜻이다. 달친국은 궁벽한 곳에 있고 길이 험하여 법현도 가보지는 못하였다. 이 기록에 의하면 가섭불 승가람이 바로 그 '큰 절'이다.

이와는 좀 다르게 현장은 『대당서역기』 권10에서 교살라국(憍薩羅國,

Kosala, 『자은전』에서는 남교살라국南憍薩羅國, Dakṣiṇakosala)에서 남서쪽으로 300여 리를 가면 발라말라기리(跋邏末羅耆釐, Bhrāmaragiri)라는 대단히 험준한 산에 이르는데, 인정왕(引正王, Sātavāhana)이 용맹 보살(龍猛菩薩)을 위해 이 산을 뚫어 5층짜리 가람을 건조하였다고 하였다. 이 가람이 바로 그 '큰 절'이다. 용맹이 거처한 이 산은 일명 '흑봉산(黑蜂山)'이라고도 하는데, 원래 '흑봉(Bhrāmara)'은 시바의 처(妻)인 파르바티(Pārvatī, 설산신녀雪山神女)의 별명이다. 이 산은 또한 '길상산(吉祥山, 스리파르바타Śriparvata)'(티베트인 다라나달多羅那達이 지은 『인도불교사』)이라는 이름도 갖고 있다.

어떤 학자는 이 절을 안달라국(案達羅國)의 동차루기(東遮婁其, 동찰루키아)에 있는 패자와달(貝玆瓦達, 베즈와다Bezwāda) 부근의 옹달유리(翁達維里, Undavilli)산에 있는 한 석굴사(石窟寺)에 비정하기도 하고, 어떤 학자는 애라랍(艾羅拉, 엘로라Ellora)의 동탑이사(東塔爾寺, Don-Thal寺)나 정탑이사(丁塔爾寺, Tin-Thal寺)(이 두 절은 모두 3층임)로 보기도 한다. 이렇게 보면 이 큰 절은 석굴 사원임이 분명하다. 그런데 이 산의 소재지에 관해서는 여러 가지 견해가 있다. 가장 신빙성이 있는 견해는 마니크두르그(Manikdurg, 마니극두격馬尼克杜格)에서 남쪽으로 250마일 거리에 있는 크리슈나 강 남안의 준령이라는 것이다(버제스설Burges說). 이 산에는 길상사(吉祥寺, 속칭 Śrīsailam)라는 오래된 힌두교 사원이 있다. 또 어떤 학자는 크리슈나 강 우안의 용수산(龍樹山, Nāgārjunakoṇḍa)에 비정하기도 한다.

13. '용수(龍樹, 산스크리트로 나가르주나Nāgārjuna, 일명 용맹龍猛, 용승龍勝)'는 대승불교의 대사(大師)이자 중관학파(中觀學派)의 시조이다. 기원후 2~3세기경(150~250) 남인도의 비달라국(毗達羅國) 브라만 가문에서 출생한 그는 어릴 적에 4대 베다 등 브라만 전적을 숙지하였고, 청년 시절에는 천문, 지리, 의학, 역학 등의 학문을 습득하였다. 하지만 그때까지

●──── 불교에 귀의하는 중생들(돈황 막고굴 445동)

그는 대단히 방종한 생활을 하였다. 그러다가 불교에 귀의해 3년간 소승을 공부한 후에 대승을 연찬하였다. 삼장(三藏)에 정통하여 '천부론주(千部論主)'라 불렸다. 그는 일체 현상이 인연화합(因緣和合)으로 생기는 것이므로 그 성(性)이 모두 공(空)하여 일체를 부정하는 곳에 제법실상(諸法實相)이 있으며, 이것이 곧 열반의 경지라고 주장하였다. 그의 대표작은 『중론(中論)』과 『십이문론(十二門論)』이다. 그는 또한 『대지폐론(大智廢論)』으로 『마하반야바라밀경(摩訶般若波羅密經)』을, 『십주비파사론(十住毗婆沙論)』으로 『화엄경(華嚴經)』을 해석하였다. 후에는 남천축의 금강살타(金剛薩埵)로부터 『대일경(大日經)』을 면수(面授)하여 지명장(持明藏, 주문呪文)에도 정통하였다.

중국이나 티베트에서는 그를 대승불교의 조사(祖師)로 여긴다. 대장경 중에는 구마라습(鳩摩羅什)이 한역한 『용수보살전(龍樹菩薩傳)』이 있다. 그의 700년 장수설은 혜초의 여행기에서만 보인다. 물론 다른 기록에도 그의 장수설이 나오기는 한다. 예컨대, 티베트의 다라나달이 지은 『인도불교사』에는 그가 중인도에서 200년, 남방에서 200년, 스리파르바타(길상산)에서 129년(혹은 171년)을 머물러 도합 529년(혹은 571년)을 살았다고 한다. 현장의 『대당서역기』 권10 「교살라국(憍薩羅國)」조에도 사타바하나(Sātavāhana) 왕 시대에 용수는 묘약(妙藥)을 써서 수백 년 장수했다는 기록이 있다. 그런데 불교사에서 용수는 두 사람이 있다. 한 사람은 위에서 말한 중관학파의 시조인 용수이고, 다른 한 사람은 7~8세기 『보디치타비바라나(Bodhicittavivaraṇa)』 등 밀교 관련 저작을 찬술한 용수이다. 이 밀교와 관련된 용수라는 인물의 경우 한 사람이 아니라 여러 사람일 수도 있다는 견해가 있다. 보살(菩薩)은 불도를 닦아 보리(菩提, Bodhi)를 구할 뿐만 아니라, 중생을 교화함으로써 부처의 다음 가는 지위에 있는 성인을 일컫는 말이다.

14. 원문에는 '편(便)'자로 보이나 문맥으로 보아 '~을 하게 하다(시키다)'의 뜻을 가진 '사(使)'자의 오사로 봐야 할 것이다. 거의 모든 학자들이 이에 동의하여 본문은 '편(便)'자를 쓰고 있으나, 번역은 '사(使)'자의 의미로 하고 있다.

15. '야차(夜叉, 산스크리트로 야크샤Yakṣa)'는 형상이 괴이하고 추하며 사람을 해치는 악귀를 일컫는다.

16. '방원(方圓)'은 '주위' '둘레'라는 뜻이다. 동의어로는 '주회(周回)'가 있다. 예컨대 송대(宋代)의 『동경몽화록(東京夢華錄)』 권1에는 "동도(東都)의 외성 주위는 40여 리이고……구경성(舊京城) 주위는 약 20리쯤 된다(東都外城方圓四十餘里……舊京城方圓約二十里許)"라는 기록이 있는데, 여기서의 '방원(方圓)'은 '주위'라는 뜻이다. 그런가 하면 『송회요집고(宋會要輯稿)』에서는 "주위〔周回〕는 48리 233보(周回四十八里二百三十三步)"라고 하여 '주위'의 의미로 '주회(周回)'를 쓰고 있다(촂, 82 참고).

17. '독(獨)'자는 '혼자' 또는 '단독'이란 뜻이 있지만, 부사로서 '다만'

'오직'이란 뜻도 있다. 따라서 본문의 '독공양이십오석미(獨供養以十五石米)'는 "혼자 공양하는 쌀이 15섬이나 된다"(李, 44; 鄭, 118, 사실 문맥도 통하지 않음)라는 뜻이 아니라, "공양미만도 15섬이나 된다" 라는 의미이다.

18. '불갈(不竭)'에서 '갈(竭)'자는 '다 소모되어 없어지다' 또는 '다하다'라는 뜻이기 때문에 '불갈'은 '모자라는 일이 없다'(李, 44; 鄭, 118)가 아니라, '다 소모되는 일이 없다', 즉 '바닥나는 일이 없다'로 번역하는 것이 타당할 것이다.

19. '방시(方始)'는 '~(되어)서야 ~하다'라는 뜻이다. 따라서 '용수수년칠백 방시망야(龍樹壽年七百 方始亡也)'를 "용수는 나이가 700살이나 되어 세상을 떠났다"(李, 44)라든가, "용수는 700살을 살다가 바로 그때 죽었다"(鄭, 118)라든가 아니면 "용수보살은 700살을 살다가 세상을 떠났다"(金, 14)는 제대로 된 번역(적어도 어감상)이 아니고, 응당 "용수는 나이 칠백이(700세가) 되어서야 비로소 입적하였다" 라고 하는 것이 적절한 번역이라고 사료된다.

20. '위언왈 오언(爲言曰 五言)'을 "여수(旅愁)를 오언시로 읊었다"(李, 44)라든가, "오언시를 엮었다"(鄭, 118)라든가, "아래와 같이 오언시 한 수를 읊었다"(金, 14) 둥 여러 가지로 번역하고 있는데, 모두가 마뜩치 않다. 그 의미는 '하고픈 말을 오언으로 읊었다'일 것이다.

21. '삽삽(颯颯)'은 '바람이 쏴쏴 부는' 혹은 '비가 쏴쏴 내리는' 소리를 뜻하는 의성어로서 부운(浮雲, 뜬구름)이 너울너울 흘러가는 양상과는 다소 어울리지 않으나, 뜬구름이 세차게 흘러간다는 뜻으로 이해하면 될 것 같다.

22. 원문에서 '감(減)'자같이 보여서 '감서(減書)'라고 보는 경우(Y, 87; 張, 47; 鄭, 106)가 있는데, 그러면 의미가 불통한다. 따라서 '함(緘)'자로 보는 것이 타당하다(桑, 18; 李, 98; 金, 343). 동사일 때 '함(緘)'자는 '편지를 봉

하다'라는 뜻이 있으나, 이로부터 전의되어 '편지를 부치다'를 의미하기도 한다. 명사로는 '서신' '편지'라는 뜻이다.

23. 본문에서는 '첨(忝)'자가 분명한데, 이유는 알 수 없으나 일부에서는 '참(參)'자로 보고 있다(Y, 87; 張, 47; 鄭, 106; 金, 343). '참(參)'자는 '참(叅)'자(藤은 '첨忝'자로 봄, 20a)와는 '참여하다'라는 의미에서 같은 글자이나, 그와 혼동할 수 있는 '첨(忝)'자와는 전혀 다른 글자이다. '참(參)'자는 '참여하다' '참조하다' '알현하다' '추천하다' 등의 뜻이 있어서 '참거(參去)'라고 하면 그 의미를 해석할 수 없다. 한편, '첨(忝)'자(桑은 '첨忝'자로 보았으나 그 뜻은 명확치 않음, 18)는 부사일 경우는 '황송하게' '송구스럽게'라는 뜻이 있기 때문에 '첨거(忝去)'는 '황송하게 가다'라는 뜻이고 본문에서는 '감히 부치다'로 번역해야 적절할 것이다.

24. '일남(日南)'은 오늘날의 베트남 중부를 지칭한 고대어로서 남해의 출발 항구였다. 남해를 거쳐 중국에 오는 외국 상인들도 거개가 이 항구로 상륙했다. "일남에는 기러기가 없다(日南無有雁)"라는 기술은 뜨거운 남쪽 지방인 일남에 기러기가 있을 리 만무하므로 내용상 정확무오하며, 아울러 이렇게 기술했다는 사실은 혜초가 남해로를 거쳐 인도에 갔음을 입증한다. '일남'은 '남쪽', '남방'으로도 해석할 수 있다.

25. '임(林)'자의 뜻에 관해서는 몇 가지 설이 있다. '상(牀)'(藤, 20a, '평상'이나 '마루' '결상'으로 해석; 金, 343, 해석은 없음)으로 보는가 하면, '고향의 숲'(桑, 33) 또는 '고향'(Y, 43, homeland; 鄭, 119)이나 '내 고향 계림'(李, 45)으로 해석하기도 한다. 고병익(高柄翊)은 '숲'이라고 하면서 괄호 안에 계림(鷄林), 즉 신라라고 주석하였다(『동아사의 전통』, 일조각, 1979, 121쪽).

『삼국사기』 권1 「신라본기(新羅本紀)」 1에는 "시림을 고쳐 계림이라 명명하고 그것을 국호로 삼았나(改始林名鷄林 因以爲國號)"라는 기록이 나온다. 여기에서의 '시림(始林)'은 금성(金城)의 서편에 있는 숲으로서,

사라국(斯羅國) 시대에는 숲을 신성시하였다. 그래서 전불(前佛) 때의 7가
람 중 흥륜사(興輪寺)는 천경림(天鏡林)에, 천왕사(天王寺)는 신유림(神遊
林)에 있었다고 전해온다. 이렇게 신라 시대에 '임(林)', 즉 '숲'을 신성시
했고, 시림을 계림으로 개명하여 국호(사라나 신라)로 삼았다는 점을 감안
할 때, 혜초가 향수에 잠겨 고향을 그리면서 읊조린 '임'은 고국인 계림, 즉
신라를 지칭한다고 봐도 무리가 없을 것이다.

서천축국

다시 남천축국에서 북쪽으로 두 달을 가면 서천축국 왕의 거성에 이른다. 이 서천축국 왕도 오륙백 마리의 코끼리를 가지고 있다. 이 땅에서 나는 산물로는 모직물과 천, 은, 코끼리, 말, 양, 소가 있고, 보리와 밀, 콩 따위도 많이 난다. 하지만 벼는 아주 적다. 빵과 보릿가루, 젖, 치즈, 버터기름을 많이 먹으며, 매매는 은전이나 모직물, 천 따위로 한다. 왕과 수령, 백성들은 삼보를 지극히 존경하여 믿는다. 절도 많고 승려도 많으며 대승과 소승이 함께 행해지고 있다.

땅이 매우 넓어서 서쪽으로는 서해에 이른다. 이 나라 사람들은 노래를 대단히 잘 부르는데, 여타 사천축국은 이 나라만큼 못한다. 또한 목에 칼을 씌우거나 곤장을 안기며 감옥에 가두고 사형에 처하는 일은 없다. 지금은 대식(大寔, 아랍)의 내침으로 나라의 절반이 파괴되었다. 또한 오천축국 사람들은 출타할 때 양식을 갖고 다니지 않아도 가는 곳마다 구걸만 하면 먹을 것이 생긴다. 단, 왕과 수령 등은 출타할 때 스스로 양식을 가지고 다니며, 백성들이 마련한 것은 먹지 아니한다.

西天竺國

又從南天北行兩月 至西天國¹王住城² 此西天王〔然〕³六百頭象 土地所出氎布及銀象馬羊牛 多出大小二麥及諸荳等 稻〔穀〕⁴全少 食多餅麨乳酪蘇油⁵ 市賣⁶用銀錢氎布之屬 王及首領百姓等 極敬信三寶 足寺足

僧 大小乘俱行 土地甚寬 西至西海[7] 國人多善唱歌 餘四天國不如此國 又無枷棒[8]牢獄形戮[9]等事 見今被大寔[10]來侵[11] 半國已損 又五天法[12] 出外去者 不將粮食 到處卽便乞 得食也 唯王首領等出 自費粮 不食百姓祇〔擬〕[13]

주

1. 본문에서 "대식(大寔, 아랍)의 내침으로 나라의 절반이 파괴되었다"라고 한 기술로 미루어 보아 서천축국은 신드(Sind, Sindh, 신덕信德, 『대당서역기』 권11 중의 신도국信度國, 현 파키스탄 남부) 지방이 분명하다. 711년 이슬람 동정군이 정복하기 전후의 신드의 역사에 관해서는 아랍 사적이 가장 많이 그리고 신빙성 있게 기술하고 있다. 정복 전의 역사에 관해서는 8세기에서 12세기 사이에 아랍어로 쓴 것을 12세기에 페르시아어로 번역한 『차츠나마(Chach-nāma)』 한 권이 전해주고 있다.

마줌다르(R. C. Majumdar)는 그의 논문 「아랍의 인도 침략(The Arab Invasion of India)」(Journal of Indian History 10, Supplement, 1-60, 1931, pp. 23-28)에서 앞의 사적 내용을 인용해 다음과 같이 전하고 있다. 7세기 초 신드는 시하라스(Sīharas)라는 왕이 지배하였는데, 그 영토를 보면 북은 카슈미르, 동은 카나우지, 서는 무크란(Mukrān)까지 이르는 넓은 땅이었다. 수도는 알로르(Alor)이고 국토를 브라마나바드(Brahmanābād), 시비스탄(Sivistān, 현 세완Sehwan), 이스칸다(Iskandah), 물탄(Multān) 등 네 개 지역으로 나누어 영주들이 통치하였다. 7세기 초 시하라스 왕이 죽자 아들 라이 사하시(Rāy Sāhasī)가 계위하였는데, 그가 치세할 때 차츠(Chach)라는 브라만이 부상하여 라이 사하시 왕이 죽자 왕위를 찬탈하였다. 당초 지방 영주들이 찬탈자의 종주권을 인정하지 않고 반발하자 차츠는 정벌전을 통해 그들을 복속시켰다. 그는 선왕의 미망인과 결혼하여 다하르시야(Daharsīya)와 다하르(Dāhar)란 두 아들을 얻었다. 차츠 사후의 계위자는 그의 아우 찬다르(Chandar)였다. 찬다르가 죽자 조카 다하르가 알로르의 왕위에 등극하고, 찬다르의 아들 디우라즈(Diwrāj)는 브라마나바드를 자신의 지배하에 두었다. 후일 디우라즈는 다하르시야를 추종함으로써, 알로르의 다하르와 브라마나바드의 다하르시야 양대 세력이 대치하는 국면이

●——신드(서천축국)와 주변국(桑, 83 참고)

30년 동안이나 지속되었다. 그러다가 7세기 말 다하르시야가 별세하자 다하르가 유일한 왕이 되어 신드 전역을 지배하였다. 이슬람군의 내침에 저항한 왕이 바로 이 다하르 왕이다(桑, 83-84 참고).

2. 혜초 방문 당시 서천축국의 왕은 711년 이라크 총독 핫자즈 이븐 유수프(al-Ḥajjāj Ibn Yūsuf)가 파견한 신드 원정군 총사령관 무함마드 이븐 까심(Muhammad Ibn al-Qāsim)에게 살해된 신드 왕 다하르의 아들 자이시야(Jaysīya, Jayasiṃha)였고, 그의 거성은 이슬람 원정군에게 재정복된 신드의 수도 알로르가 아니라 자이시야가 탈환한 브라마나바드로 짐작된다.

3. 원문에서 이 '연(然)'자가 초서로 쓰여 명확하지 않은 것은 사실이나, 그 자형이 판이한 '역(亦)'자(藤, 20a; Y, 87; 李, 98; 張, 48; 鄭, 106; 金, 343)나 '우(又)'자(桑, 18)로 보는 것은 타당하지 않다고 본다. 아마 '역시' 또는 '~도'라는 뜻을 살리려다 보니 그렇게 무리한 교감을 한 것 같다. 그런데 '연'

자도 '그렇다' '그러한'이란 뜻을 가지고 있기 때문에 '역'자나 '우'자의 동의어로 볼 수 있다. 따라서 원문의 글자는 분명히 '연'자로 봐야 할 것이다.

4. 이 글자에 관해서는 '곡(穀)'자(桑, 18; 鄭, 106)라는 견해와 '화(禾)'변 (張, 48; 金, 343)이나 '시(示)'변(Y, 87; 李, 98) 또는 '미(未)'변(藤, 20b) 위에 '성(殼)'자를 결합한 글자(聲·磬·磬)라는 견해가 있다. '성(殼)'자는 '성(聲)'자의 옛 글자로서, '미(未)'변과 결합한 글자는 쓰이지 않는 벽자이다. 바로 앞 글자인 '도(稻)'자의 '화(禾)'변과는 모양이 판이하게 다르므로 이 글자의 아랫변이 '화'자도 아니라고 말할 수 있다. 다음으로 '시(示)'변과 결합한 글자 가운데서 곡식과 관련된 글자는 찾기 어려울 뿐만 아니라, 그 아랫변 글자의 모양이 '미(米)'자와 비슷하므로 십중팔구는 이 글자가 곡식과 관련된 글자라고 볼 수 있다. 우선, 형태상으로는 '미(米)'변 위에 '성(殼)'자나 '살(殺)'자와 결합한 것으로 볼 수 있는데, 전자와 같은 글자는 없다. 그러나 후자의 경우『설문(說文)』의「살(榖)」항 단주(段注)에 '살본위산미(榖本謂散米)', 즉 '살(榖)은 본래 산미(散米, 흩어진 쌀)라고 불렸다'라고 주석하고 있다. 이 경우 앞의 '도(稻)'는 '벼의 쌀'이란 뜻으로서 '벼'라고 해도 좋고 '쌀'이라고 해도 무방하다.

다음으로 이 글자를 '곡(穀)'자의 변이 치환(置換, 서예에서 간혹 변이 치환되는 경우가 있음)된 것(榖)으로 보아 '도곡(稻穀, 벼 곡식, 즉 벼)'이라고 할 수도 있다. '도곡'은 벼의 합성어로 쓰이기도 하였다.『주례(周禮)』「하관직 방씨(夏官職方氏)」에 "정남을 형주라고 하는데 그곳 곡식은 곧 벼이다(正南曰荊州 其穀宜稻)"라는 기록이 있는데, 여기에서 보다시피 '그곳 곡식은 곧 벼'라고 하여 벼를 일종의 곡식으로 간주하고 있다.『북사(北史)』권30 「여문위전(廬文偉傳)」에는 "문위가 범양성에서 도곡을 빌렸다(文偉債稻穀 于范陽城)"라고 하여 '도곡(稻穀)'을 벼의 합성어로 사용하고 있다. 이 두 가지 중 어느 경우를 막론하고 도곡은 벼(쌀 포함)를 지칭한다. '벼와 곡식

(rice and corn)'이라고 영역(Y, 43)한 Y의 번역은 바로 앞 문장에 '보리나 밀, 콩류 등이 많이 나온다'는 내용과 모순되므로 오역으로 봐야 할 것이다.

5. '소(蘇)'는 버터를 비롯한 유지방(乳脂肪) 제품을 말하며, '소유(蘇油)'는 '버터기름'을 일컫는다. 따라서 '기(ghee, 인도 고유의 물소 버터기름)'로 영역(Y, 43)한 것은 정확하나, '버터'로 번역(李, 45; 鄭, 119)하거나, '유락소유(乳酪蘇油)'를 '젖과 유제품'으로 일역(桑, 33)한 것은 타당하지 않다고 사료된다('소蘇'에 관해서는 앞의 6절 주 16 참고).

6. '시매(市賣)'에서 '시(市)'자는 '시장'이나 '도시'라는 뜻과 함께 '사다' '팔다' '사고 팔다'라는 뜻이 있기 때문에, '시매'를 '시장에서 물건을 사다'(李, 45)라거나, '저자'(시장, 金, 14)로 번역할 것이 아니라, '사고 팔다' 혹은 '매매'로 번역해야 할 것이다.

7. 여기서의 '서해(西海)'는 한적(漢籍)에서 지중해를 지칭하는 서해가 아니라, 인도 서쪽에 면한 바다, 즉 지금의 아라비아 해를 말하는 것이다.

8. '가봉(枷棒)'에서 '가(枷)'는 죄인의 목에 씌우는 형구인 칼이고 '봉(棒)'은 '몽둥이' '방망이'라는 뜻인데, 여기서는 죄인에게 형벌을 가하는 형구인 곤장(棍杖)을 말한다.

9. '형륙(形戮)'에서 '형(形)'자는 '형(刑)'자의 오자(張, 48)로서 '형륙(刑戮)'은 '형벌로 죽이다', 즉 '사형'이란 뜻이다.

10. '대식(大寔)'은 '대식(大食)'의 고자(古字)로서 '아랍'을 지칭한다. 아랍에 대한 한역명은 시대에 따라 여러 가지로 나타난다. 대체로 중국 당대 이전에는 '대익(大益, 혹은 대의大依)' '죠지(條枝·條支)'라 일컫다가 당대 이후 이슬람의 대거 동진과 함께 '대식(大食)'으로 개칭하였으며, 명대부터 근세까지는 다시 아랍의 음사인 아랄필(阿剌必) 혹은 아랍백(阿拉伯)을 쓰게 되었다.

한국의 경우, 혜초의 이 여행기에 나타난 대식(大寔)이 아랍에 관한 기록의 효시(嚆矢)이다. 통일신라 시대부터 한반도와 아랍-이슬람 제국 간에는 분명히 접촉이 있었으나 한국측 문헌에는 관련 기록이 아직 발견되지 않고 있다. 고려 시대에 이르러서야 대식 상인들의 고려 내왕에 관한 기사를 『고려사』 권5의 「현종세가(顯宗世家)」와 권6의 「정종세가(靖宗世家)」에서 찾아볼 수 있다. '대식(大食)'이란 단어의 유래에 관해서는 여러 가지 설이 있다. 그 일설은 조지설(條枝說)인데, 조지는 한대(漢代)와 3국 시대 때 현 시리아 지방에 대한 지칭으로서, 당대 이후 아랍을 가리키는 대식과는 그 원류에서 무관하다. 대식이란 명칭의 유래에 관한 여러 설 가운데서 가장 유력한 설은 '타지설(Tazi說)'이다. 이 설에 따르면 페르시아인들이 아랍을 '타지(Tazi)'라고 불렀는데, 그것이 중국에 와전되어 대식으로 음역되었다는 것이다. 페르시아인들이 아랍을 '타지'라고 부른 유래를 찾아보면, 고대 아라비아 반도에는 '타이(Tayy)'라는 유목민들이 살고 있었는데, 그들과 인접한 페르시아인들이 이 '타이'를 유사음인 '타지'로 불렀다는 것이다. 그리고 당과 페르시아 간의 내왕이 밀접해짐에 따라 페르시아인들이 말하는 '타지'가 중국에 전해져서 비로소 중국인들이 아랍을 대식으로 음사하게 되었다. 그런데 한자 '식(食, shi)'자의 고음 중에 '이(異, ii)'음이 있었다는 것을 고려할 때 중국인들이 페르시아인들에 의한 와전음을 그대로 받아들인 것이 아니라, 직접 '타이'의 정확한 대음으로 발음하였을 가능성도 있다. 근자에 와서 중국이나 한국에서는 이 '타지'설을 거의 정설로 수용하고 그에 입각해 대식의 유래를 인지하고 있다.

대식이라는 말이 현존 중국 문헌 중에 최초로 출현한 예는 당나라 도축 고승 의정이 인도 구도 여행기『대당서역구법고승전』「현조전(玄照傳)」에서 '다씨(多氏)'라고 한마디 언급한 것이다. 동음어인 '다씨'가 아랍의 한 역명인 대식인지의 여부에 관해서는 이의도 있으나, 상하 문맥으로 보아 대식이 맞는 것으로 추측된다. 관용 대식으로 나타난 첫 문헌은 두환(杜環)의 『경행기(經行記)』를 인용한 두우(杜佑)의 『통전(通典)』이다. 두환은 당나라 천보(天寶) 연간 고구려 유민의 후예인 맹장 고선지(高仙芝) 휘하에 전개된 탈라스 전투(751)에서 이슬람군의 포로가 되어 압바스(al-Abbās)조 이슬람 제국에 12년간 체류한 뒤 남해로를 통해 광주(廣州)로 돌아왔다. 그리고 『경행기』란 견문록을 저술했는데, 그 대부분이 망실되어 『통전』에 약간의 인용문만이 남아 있을 뿐이다. 이 견문록에서 두환은 대식에 관해 다음과 같이 기술하고 있다. "대식(大食)은 일명 '아구라(阿俱羅)'라고 하며 대식 왕은 '모문(暮門)'이라고 부른다.······(대식인들은) 귀천을 가리지 않고 하루에 다섯 번씩 하나님께 예배한다"(『통전』 권193 「모문(暮門)」조). 이 글에서 '아구라(아쿨라Akula)'는 당시 압바스조의 수도 쿠파(Kūfah)의 별칭이며, '모문'은 '아미르 무어미닌(Amīr Muaminīn, 신자들의 장長, 즉 칼리파의 아호)'에서 '아미르'자가 탈락된 것으로 짐작된다. 대식 왕을 모문이라고 부르는 점으로 보아 대식은 도시인 아구라의 별칭이 아니라, 나라인 압바스조를 지칭함이 분명하다.

정확히 국명으로서 대식을 거론한 최초의 기록은 혜초의 본 여행기에서 찾아볼 수 있다. 그는 북천축국을 두루 여행한 후 당시 아랍이 통치하고 있던 페르시아를 돌아보고 다음과 같이 기술하고 있다. "토화라국에서 서쪽으로 한 달을 가면 파사국(波斯國, 페르시아, 현 이란)에 이른다. 이 나라 왕은 전에 대식을 지배했었다.······그러던 이 나라가 지금은 도리어 대식에게 병합되어버렸다." 혜초는 이 글에서 페르시아와 아랍(대식) 간의 정복과 피정복의 역사를 언급하고 있다. 여기서의 '식(寔)'자는 '식(食)'자와 동음어이므로, 후일 고문자인 '식(寔)'자 대신 평이한 글자인 '식(食)'자를 택했다는 것이 학자들의 일반적인 견해이다. 앞의 기사를 비롯해 혜초의 대식에 관한 기술은 중세 아랍-이슬람 문명과 한 문명 간의 교류사 연구에서 중요한 의미를 갖는다. 그것은 한 문명권 내에서의 아랍에 관한 첫 기술이기 때문이다. 앞에서 언급한 의정의 '다씨'는 문단 중 한마디 지나가는 말에 불과하고, 『통전』의 대식 관련 기사는 중국인으로서의 첫 현지 견문기라는 데는 의미가 있지만, 혜초가 대식을 소개한 때로부터 약 50년 후에 있었던 일이다.

한국의 문헌 중 『고려사』에는 고려 초인 1024년과 1025년 그리고 15년 뒤인 1040년에 도합 수백 명의 대식 상인들이 교역을 위해 고려의 수도 개경에 왔다는 기사가 있다. 『고려사』에는 "대식국은 서역에 있다(大食國在西域)"라고만 하였지 그 구체적 지칭 대상이나 위치는 밝히지 않았다. 최남선이 대식을 '페르샤(페르시아)'라고 오인(『조선상식문답(朝鮮常識問答)』, 삼성문화고 16, 1972, 222쪽)한 점으로 보아, 근세에 이르기까지 학계에서마저도 대식에 관한 정확한 이해가 결여되어 있었음을 알 수 있다.

●──낙타를 타고 실크로드를 오가는 서역인 대상

이웃인 일본의 경우는 일찍부터 대식이라는 명칭을 사용해온 것으로 전해지고 있다. 그 첫 출처는 『속일본서기(續日本書紀)』 권19이다. 이 책에는 당 천보 12년(753)에 일본의 견당부사(遣唐副使)가 대식국 사절의 상좌에 앉아서 현종(玄宗)을 알현했다는 기사가 있다. 이와 같이 대식은 중세 이슬람의 동진 물결을 타고 한 문명권 내의 중국이나 한국, 일본에까지 알려지게 되었다.

역사상 대식에는 상징적인 색깔에 따라 구별되는 3대식, 즉 흑의대식

(黑衣大食)과 백의대식(白衣大食), 녹의대식(綠衣大食)이 있었다. '흑의대식'은 압바스조 이슬람 제국(750~1258)을 지칭한다. 이런 명명의 기원에 관해서는 여러 가지 설이 있으나, 그 중 가장 유력한 설은 앞 조대인 우마이야조 아랍 제국(661~750) 시대에 박해를 받아온 압바스가(교조 무함마드의 숙부 압바스를 원조로 한 가문)가 저항의 표식으로 검은색 옷을 입고 검은색 깃발을 사용한 데서 비롯된 것이라는 설이다. 그 시초는 우마이야조 14대 칼리파 마르완 2세(Marwān II, 744~750 재위)가 압바스가의 이맘(종교지도자) 이브라힘(Ibrahīm)을 살해한 데 항의해 압바스가 성원들이 일제히 검은 옷을 입고 나선 때부터이다. 후일 압바스조가 건국되면서 공식적으로 검은색을 국가의 상징색으로 채택하였다.

압바스조가 검은색을 국가의 상징색으로 책정하고 검은 옷과 검은 깃발을 사용한 데 비해, 이와 구별하기 위한 목적으로 앞 조대인 우마이야조를 '백의대식'이라고 부른다. 이렇게 백의대식이란 명칭은 그 지칭 대상인 우마이야조가 존재했을 당시에 생겨난 것이 아니라, 추후 압바스조 시대에 두 조를 구별하기 위해 만들어진 것이다. 우마이야조가 압바스조에 의해 밀려나게 되자 우마이야조의 귀족인 압둘 라흐만은 이베리아 반도의 안달루스(al-Andalus, 현 스페인)로 도피하여(750) 코르도바(Cordova)에 도읍을 정하고 제2우마이야조(756~1031)를 건립하였다. 이 제2우마이야조도 아라비아 반도에 판도를 두고 있던 제1우마이야조를 직접 계승한 것으로 인정하여 계속 백의대식이라고 불렸다.

한편, 압바스조의 제7대 칼리파인 마어문(al-Ma'mūn, 813~833 재위)은 816년에 정통칼리파의 세4대 칼리파 알리('Alī)의 후예인 알리 리다(Ali al-Rida)를 계위자로 결정하고 압바스조의 상징색인 검은색을 녹색으로 교체한다고 선포하였다. 그것은 알리파들이 줄곧 녹색을 자파의 상징색으로 습용하여왔기 때문이다. 그러나 얼마 못 가서 압바스가의 반대 때문에 이 선포는 철회되고 검은색으로 원상회복되었다. 이리하여 비록 짧은 기간이지만 마어문 시대를 이슬람사에서는 '녹의대식 시대'라고 한다.

우마이야조와 압바스조 전기는 통일적·중앙집권적 권력구조를 유지하고 있었기 때문에 이 두 제국에 대해서는 대식국이라고 통칭하였다. 그러나 압바스조 후기부터는 지방 할거 국면이 나타나면서 중앙집권적인 하나의 대식국은 점차 분열되어 속국 형식의 여러 '대식 소국'이 난립하게 되었다. 그래서 송대에 이르러서 대식국은 일원화된 개체로서의 '대식 일국'이 아니라, 다원화된 집합체로서의 '대식 제국'으로 그 개념이 바뀌었다. 남송 초 주거비(周去非)는 저서 『영외대답(嶺外代答)』 권3 「외국문(外國門)」조에서 대식을 하나의 국가로 간주하지 않고 '제국의 총칭'이라고 일컬으면서 그 산하에 천여 개국이나 속해 있는데, 이름이 알려진 나라는 몇 개뿐이라고 지적하였다. 그리고 조여괄(趙汝适)의 『제번지(諸蕃志)』 「대식국(大食國)」조는 대식 제국의 속국으로 마라말(麻囉抹), 시갈(施曷), 노발(奴發) 등 42개국을 열거하고 있다(졸저, 『신라·서역 교류사』, 단국대학교출판부, 1992, 82-101쪽 참고).

11. 대식, 즉 아랍의 인도 내침은 일찍부터 시작되었다. 4대에 걸친 정통칼리파 시대(632~661)에 이미 중앙아시아 일원에 대한 원정을 개시한 이슬람 동정군(東征軍)은 636년에서 637년 사이에 인도 봄베이 부근의 타나(Thana, 탑나塔那)에 진출한 데 이어 바루치(Bharūch, 파락기巴洛奇)와 데발(Debal, Daybul, 덕파이德巴爾)에까지 이르렀다. 바루치는 가탐의 『사이술(四夷述)』 중의 발율(拔颮)이자 현장의 『대당서역기』 중의 발록갈첩파국(跋祿羯呫婆國)이고, 데발은 가탐의 위의 책 중 제율(提颮)이다.

7세기 중엽에 이르러 아프가니스탄의 남부를 점령한 이슬람군은 무크란(Mukrān, 마극란馬克蘭, 현 발루치스탄Baluchistan)을 몇 차례 공격했으나 인도 땅을 정복하지는 못하였다. 8세기 초 이슬람 원정군은 실본

(Ceylon) 왕이 칼리파에게 보낸 선물을 해적들이 약탈하고 선상의 무슬림 부녀자들을 납치해갔다는 이유로, 데발 항에 웅거한 해적들에 대한 소탕전을 벌였으나 성공하지는 못하였다. 그러다가 711년 이라크 총독 핫자즈 이븐 유수프가 조카인 무함마드 이븐 까심을 총사령관으로 하는 신드 원정군을 파견하였다. 원정군은 시라즈(Shīrāz)를 출발해 우선 무크란을 장악한 다음 인더스 강 하구인 데발(712)에 이어 니룬(Nirūn, 나룽奈龍, 현 하이데라바드 근교), 시비스탄, 시삼(Sisam) 등지를 차례로 공략하고 대첩을 거둔 라와르(Rāwar, 랍오이拉奧爾) 전투에서 신드 왕 다하르(Dāhar)를 살해하였다. 신드 왕이 피살된 후에도 만 오천 명의 잔여병들은 왕후를 보위하면서 라와르 성보를 사수하려 하였다. 그러나 역부족이어서 보루가 함락되었고 그러자 왕후와 궁녀들은 모두 분신자살하였다. 원정군은 계속해서 브라마나바드와 북쪽의 알로르를 점령하고 드디어 713년에는 물탄(Multān, 목이탄木耳坦, 『대당서역기』중의 무라삼부로국茂羅三部盧國)을 공략하였다. 그러다가 우마이야조 아랍 제국에서 분란이 일어나 715년 칼리파 술라이만(Sulaimān)이 등극하자 이라크 총독 유수프 계열이 배척되면서 원정군 사령관 까심은 소환되어 옥사하였다. 이에 인도에 대한 이슬람군의 진격은 잠시 중단되고 말았다. 까심의 소환과 더불어 하비브 이븐 무할라브(Habīb Ibn Muhallab)가 신드의 총독으로 임명되었다. 그러나 피살된 선왕 다하르의 아들 자이시야는 이슬람 점령군에 반기를 들고 기의하여 알로르와 브라마나바드를 탈환하였다. 717년 아랍 제국의 칼리파 오마르(Omar)가 이슬람을 받아들이기만 하면 칼리파의 송주권하에서 독립을 인정할 것이라는 포고를 반포하자 자이시야를 비롯한 신드의 여러 지방 수장들은 오마르의 제안을 수용하여 여러 지방을 할거하게 되었다. 724년 칼리파 히샴(Hishām)이 즉위하자 주나이드 이븐 압둘 라흐만

(Junayd Ibn Abdu'l Rahmān)이 신드의 총독으로 임명되었다. 혜초가 서천 축국인 신드를 역방(725~726년경)한 때는 바로 이 주나이드 총독의 치하에 이슬람군이 인더스 강 하류를 점령하고 있었기 때문에 '나라의 절반이 파괴'되었던 것이다. 이슬람군의 인도 정복은 비록 간헐적이기는 하였지만 지속되어 10세기에는 펀자브 지방까지 진출했고, 11세기 초부터는 아프가니스탄의 이슬람 왕조들이 연이어 인도 서북부 일원에 대한 정복전을 벌였다. 13세기 초부터는 노예(奴隷) 왕조(1209~1290), 힐지(Khiljī) 왕조(1290~1320), 투글루크(Tughluq) 왕조(1320~1414), 로디(Lodi) 왕조(1450~1526), 무굴(Mughal) 제국(1526~1857) 등 5대 이슬람 왕조가 나타나 인도를 약 650년간 지배하였다(桑, 84-86; 張, 48-49 참고).

12. 여기에서의 '법(法)'은 강제력을 가진 국가의 공식 법률이라기보다는 관행, 즉 '~는 법'이라는 식으로 이해해야 할 것이다(5절 주 6 참고).

13. '기의(祇擬)'라는 이 두 글자의 형태가 원문에서 명확하지 않은 것은 사실이다. 그래서 '의(擬)'자를 공백으로 남겨두기도 하고(藤, 20b; 金, 343), '기종(祇從)'(Y, 87), '기□(祇糦)'(張, 48; 李, 98), '기□(祇糦)'(桑, 18), '기조(祇糟)'(鄭, 106) 등 각양각색으로 보고 있다. 우선 '기(祇)'자는 '기공(祇供)' '기후(祇候)' '기대(祇待)' 등의 예에서 보다시피 '공경하다'는 뜻에서 파생되어 '삼가……'의 의미로 어두에 사용된다. 다음으로 원문의 글자 형태로 보아 '기(祇)'자 다음의 글자는 '의(擬)'자로 추측된다. 현대어에서 '의(擬)'는 '기초하다' '~하려 하다' '모방하다' '헤아리다' 등 몇 가지 뜻을 가지고 있지만, 돈황변문(敦煌變文)에서 보여주는 바와 같이 고문에서는 '준비하다' '비치하다' '마련하다'의 의미를 지니고 있다(이에 관해서는 黃, 233 참고). 따라서 본문의 '기의(祇擬)'를 직역하면 '삼가 마련한 것'이 되는데, 이를 '시물(施物)'이나 '공물(供物, 바치는 물건)'의 뜻으로 이해해도 무방할 것이다.

10

사란달라국(잘란다라)

또 서천축국에서 북쪽으로 석 달 남짓 가면 북천축국에 이르는데, 이름이 사란달라국(闍蘭達羅國, 잘란다라Jālandhara)이라고 한다. 왕은 코끼리를 삼백 마리 가지고 있으며 산에 의지해 성을 쌓아 거기서 살고 있다. 여기서부터 북쪽으로는 차츰 산이 있어 나라가 협소하다. 병마도 많지 않아 늘 중천축국이나 가섭미라국(迦葉彌羅國)에게 먹히곤 하다 보니 산에 의지해 살게 되었다. 풍속과 의상, 언어는 중천축국과 다르지 않으나, 기후는 중천축보다 좀 추운 편이다. 여기도 서리나 눈은 없지만 바람이 불어 춥다. 이 땅에서 나는 것으로는 코끼리, 모직물, 천, 벼, 맥류가 있고, 당나귀와 노새는 적다. 이 나라에서 왕은 말 백 필을, 수령들은 네댓 필씩 가지고 있지만 백성들은 전혀 가지고 있지 않다. 서쪽은 평야이고 동쪽은 설산과 가깝다. 나라 안에는 절도 많고 승려도 많으며 대승과 소승이 함께 행해지고 있다.

闍蘭達羅國

又從西天北行三箇餘月 至北天國也 名闍蘭達羅國[1] 王有三百頭象 依山作城而住 從玆已北 漸漸有山 爲[2] 國狹小 兵馬不多 常被中天及迦葉彌羅國屢屢所吞 所以依山而住 人風衣着[3]言音 與中天不殊 土地稍冷 於中天等也 亦無霜雪 但有風冷 土地所有出[4]象氎布稻麥 驢騾少有 其王有馬百疋 首領三五疋 百姓並[5]無 西是平川[6] 東近雪山[7] 國內足寺足僧 大小乘俱行

주

1. '사란달라국(闍蘭達羅國, 잘란다라Jālandhara)'의 한역명은 여러 가지로 의정의 『대당서역구법고승전』 권2의 「현조전」에는 '사란타(闍闌陀)', 현장의 『대당서역기』 권4에는 '사란달라(闍爛達羅)', 『자은전』 권2에는 '사란달나(闍爛達那)', 같은 책 권5에는 '사란달(闍蘭達)', 『석가방지』에는 '사란달나(闍爛達那)', 『계업행정(繼業行程)』에는 '좌람타라(左藍陀羅)', 돈황사본인 『천서로경(天西路經)』에는 '좌람달라(左藍達羅)' 등으로 음사되어 있다.

『연화왕세서(蓮花往世書, 파드마푸라나 Padmapurāṇa)』에 의하면 이 나라의 도성은 덕강단국(德江丹國)의 왕 사달(闍達)의 거성으로서, 그로부터 사란달라국이란 이름이 유래하였다. 『유가여행자달다라(瑜珈女行者怛多羅, Yoginitantra)』는 이 나라의 영토가 북부의 참바(Chamba, 첨파瞻巴)와 동부의 만디(Mandi, 만지曼地), 수커트(Sukhet, 소극특蘇克特), 동남부의 사타드르(Satadre, 사탑덕로莎塔德魯) 등의 지방을 아우르고 있다고 기술하고 있다.

『대당서역기』 권40 「사란달라국(闍爛達羅國)」조에 의하면 이 나라의 동서는 천여 리이고 남북은 팔백여 리며, 도성 둘레는 12~13리나 된다. 곡물 생산의 적소로 메벼가 많이 나고 숲이 우거졌으며 과실이 생산된다. 기온은 따뜻한 편이고 사람들의 성품은 강직하나 용모는 천하게 생겼다. 그러나 집집이 다 풍요롭다. 가람은 50여 개소가 있으며 승도는 이천여 명이다. 그들은 대승과 소승을 열심히 공부한다. 또 이 책은 이 나라의 선왕이 중인도 왕으로부터 전역의 불교총감직을 위임받은 바 있다고 전한다.

『자은전』에 의하면 현장은 귀로에 프라야가(Prayāga, 알라하바드)에서 사란달라국 왕인 우디타(Udita, 오지다烏地多) 예하의 군대에 경전과 불상을 운반해줄 것을 위탁하였으며, 마게타국의 왕 실라디탸는 우디타 왕에게 큰 코끼리 한 마리와 금화 삼천 냥, 은화 만 냥을 주어 현장의 여비로 쓰도록 했다고 한다. 『대당서역구법고승전』에는 7세기 중엽 현조(玄照)가 토번(吐蕃, 티베트)의 문성공주(文成公主)를 만나고 나서 이 나라에 이르러 4년간 체류하면서 국왕의 공양을 받고 경장(經藏)과 율장(律藏)을 연찬하며 산스크리트도 배웠다는 기록이 있다. 그 후 현조는 이곳에서 부다가야(막가보리사莫訶菩提寺)로 갔다. 현조에 관

● —— 토번 왕 손챈감포에게 출가한 당나라의 문성공주

한 이러한 기사나 혜초의 본문 내용을 감안할 때, 이 나라는 펀자브 지방의 교통 요로에 자리하고 있었음을 알 수 있다. 『대당서역기』에는 이 나라를 북인도 경내에 있는 것으로 기술하고 있으며, 『자은전』도 우디타 왕을 북인도 왕으로 소개하고 있다. 본문에서도 이 나라의 사정을 중천축국과 비교하는 대목이 있다. 이러한 점들로 미루어 이 나라는 서천축국이나 중천축국이 아니고 북천축국임이 분명하다(張, 51; 桑, 87 참고).

2. 桑은 혜초가 '위(爲)'자를 사용하는 데 문제가 있다고 하면서, '위(爲)'자를 '유(由)'자 또는 '인(因, ~때문에, ~으로써 등)'자 대신 쓰는 경우가 많다고 지적하였다. 이렇게 혜초가 마치 '위'자를 오용하고 있는 것처럼 전제하고는, 본문의 '위(爲)'자는 '소탄(所呑, ~에게 병탄되다)'까지 관련된 용어라고 해석하였다(桑, 88). 그래서 桑은 본문을 "산이 점차 많아져서 나라가 협소해지고 병마가 많지 않았기 때문에[因] 늘 중천축국이나 카슈미르에게 병탄되곤 하였다"라고 본문을 이해하고 있는 듯하다. 그러나 이것은 오해라고 본다. 우선 여기서의 '위(爲)'자는 '인(因)'의 의미가 아니

라, '위(爲)'의 본연의 뜻 중의 하나인 '~으로 되다'라는 의미이다. 즉 본문의 뜻은 '산이 점차 많아져서 나라가 협소하게 되었다'로서, 혜초는 '위(爲)'자를 제대로 사용한 것이다. 다음으로 '소탄(所吞)'은 '위(爲)'자와 전혀 관련이 없으며, 관련이 있는 글자는 '피(被, ~에게)'자이다.

3. '저(著)'와 '착(着)'에 관해서는 앞의 1절 주 4 참고.

4. '토지소유출(土地所有出)'에서 '유출(有出)'은 '출유(出有)'의 도치라고 봐야 할 것이다. 그래야 '땅에서 나는(생산되는) 것으로 ~이 있다' 혹은 '땅의 소출로는 ~이 있다'라고 해석할 수 있다.

5. '병(並)'자는 부사로 쓰일 때는 '결코' '조금도' '전혀' '별로'라는 뜻을 가진다. 따라서 본문에서의 '백성병무(百姓並無)'를 "백성들은 아무것도 가지고 있지 않다"(李, 46, 여기서의 '아무것도'는 '말을 포함한 다른 모든 것들'이라는 뜻이므로 '말을 전혀 가지고 있지 않다'라는 본문의 뜻과는 다르다)라든가, "백성은 아무도 가지고 있지 않다"(鄭, 120)라든가 "백성들은 (말이) 없다"(金, 15)라고 번역하는 것은 오역이며, '백성들은 (말을) 전혀 가지고 있지 않다'가 정확한 번역이다.

6. '평천(平川)'은 '평평한 하천 지방'(李, 46)이나 '평탄한 하천 지방'(鄭, 120), '평평한 하천'(金, 15)이라는 뜻이 아니라 '평야'나 '평원'이라는 뜻이다. '천(川)'은 보통 '내'나 '하천'이란 뜻으로 쓰이지만, '벌' '평야' '평원'이란 뜻도 있다.

7. '설산(雪山)'은 만년설을 이고 있는 히말라야 산을 말한다.

소발나구달라국(수바르나고트라)

 다시 한 달을 가서 설산을 넘으면 동쪽에 작은 나라가 하나 있는데, 이 름이 소발나구달라국(蘇跋那具怛羅國, 수바르나고트라Suvarṇagotra)이 라고 한다. 토번국(티베트)의 관할 아래 있다. 의상은 북천축과 비슷하나 말은 다르며 지대가 대단히 춥다.

蘇跋那具怛羅國

又一月程過雪山 東有一小國 名蘇跋那具怛羅[1] 屬土蕃國所管 衣〔著〕[2]
〔共〕[3] 北天相似 言音卽別 土地極寒也

주

1. '소발나구달라국(蘇跋那具怛羅國, 수바르나고트라Suvarṇagotra, 현 카슈미르의 스리나가르Srīnagar 지방)'은 현장의 『대당서역기』 권4「바 라흡마보라국(婆羅吸摩補羅國)」조의 소벌랄나구달국(蘇伐剌拏瞿呾國)이 자 여러 사적에 언급되어 있는 동녀국(東女國)이다. 현장의 기술에 의하면 바라흡마보라국 북쪽의 대설산(大雪山) 속에 소벌랄나구달국이 있는데, 황 금이 나서 사람들이 김씨(金氏) 성을 갖고 있다. 동서가 길고 남북이 짧다. 왕이 여자이기 때문에 동녀국 또는 그냥 여국(女國)이라 칭한다. 부군도 왕 이기는 하지만 정사에는 간여하지 않는다. 남편들은 전장에 나가거나 농사

만 짓는다. 땅은 맥류 재배에 적합하고 양과 말을 많이 기른다. 기후는 몹시 춥고 사람들의 성품은 난폭하다. 동은 토번에, 북은 우기국(于闐國, 호탄 Khotan)에, 서는 삼파가국(三波訶國, 일명 손파孫波, 소비蘇毗, 색피索皮, Supi, Sumpo, 티베트어로 Sobyi)에 접해 있다.

이 나라는 티베트의 서부에 있던 여국인 동녀국이다. 그 일족은 아마 현장이 인도로 간 시기보다 앞서 중국 사천(四川)의 금천(金川, Gyim-shod) 지역으로 동천하여 다른 하나의 여국을 세웠다. 이 여국의 왕성(王姓)은 습랑(Sbrang, 수바르나의 와전음)이다. 티베트의 서쪽에 있는 여국, 즉 동녀국은 티베트 제국의 중앙아시아 진출 요로에 위치하고 있어 결국 티베트에 병탄되고 말았다. 그때가 대략 650~660년대이므로 현장이 인도 여행을 한 이후이고 혜초가 인도로 가기 이전이다. 『석가방지』에 의하면 동녀국은 인도 치하에 있지 않고 토번의 관할하에 있었다(桑, 89; 張, 51-55).

2. '저(著)'에 관해서는 앞의 1절 주 4 참고.

3. 일부에서는 아마 뜻을 고려해 이 글자를 '여(與, ~와)'자로 보기도 하고(藤, 22b; 李, 78; 金, 343), 글자가 희미하여 아예 공백(Y, 89)으로 남겨놓기도 한다. 그러나 자세히 보면 그 형태가 '공(共)'자와 비슷하다. 뿐만 아니라 '공(共)'자는 '여(與)'자와 마찬가지로 '~와'라는 뜻을 가지고 있다. 또한 다음 절 '탁사국'에 나오는 초서 형태의 '여(與)'자가 이 글자와 완전히 다른 모양이기 때문에 '공'자로 보는(桑, 18; 張, 51; 鄭, 106) 것이 타당하다고 사료된다.

탁사국(탁샤르)

다시 사란달라국에서 서쪽으로 한 달을 가면 탁사국(吒社國, 탁샤르 Takshar)에 이른다. 언어만 좀 다르고, 다른 것은 대체로 비슷하다. 의복과 풍속, 땅 소출, 절기, 기후(추위와 더위) 등이 북천축과 비슷하다. 절도 많고 승려도 많으며 대승과 소승이 함께 행해지고 있다. 왕과 수령 및 백성들은 삼보를 크게 경신한다.

吒社國

又從此闍蘭達羅國西行經一月 至一社吒¹國² 言音稍別 大分相似 衣〔著〕人風土地所出節氣寒暖³ 與北天相似 亦足寺足僧 大小乘俱行 王及首領百姓等 大敬信三寶

 주

1. '사탁(社吒)'은 '탁사(吒社)'가 도치된 오자이다.
2. '탁사(吒社)'는 '타카데샤(Takkadeśa)'의 변음인 '탁샤르(Takshar)'로서 현장의 『대당서역기』 권4에는 '책가(磔迦)'로 나온다. 이 책에 의하면 이 나라의 둘레는 만여 리에 이르며 동은 비아스(Bias, 비파사毗播奢) 강, 서는 인더스(신도信度) 강에 임해 있다. 대도성의 주위는 20여 리에 달하며 서남쪽으로 14~15리에 있는 사칼라(Sākala, 사갈라奢羯羅, 수

도) 고성은 비록 허물어지기는 했으나 기반이 여전히 든든하며 둘레가 20여 리나 된다. 이 고성에는 둘레가 6~7리 되는 작은 성채도 있다.『자은전』은 알라사보라국(遏邏闍補羅國, Rajapura, Rajaori)의 동남쪽에서 하산하여 강을 건넌 후 700여 리를 가면 책가국(磔迦國)에 이른다고 하면서, 알라사보라국에서 이틀을 간 후 찬드라브호자 강(Candrabhoja, 전달라파가 하㢮達羅婆伽河, 현 체나브 강Chenab江, 기납포강奇納布江)을 건너면 사야보라(闍耶補羅)성에 이르고, 여기서 다시 하루를 가면 사갈라(奢羯羅)성에 들어가게 된다고 기술하고 있다. 이로부터 책가국, 즉 탁샤르는 현 체나브 강과 라비아라바티(Ravi-Aravati, 랍유拉維) 강 사이의 지역, 즉 북쪽은 히말라야 산기슭에서부터 남쪽은 물탄 아래 5강 합류처까지의 광활한 지역을 포함하는 오늘의 파키스탄 펀자브(Punjab, 반사포般邪布) 지방이었음을 알 수 있다. 수도 외에 자야푸라(Jayapura)와 나라싱하푸라(Narasiṃhapura)라는 두 개의 큰 도시가 있다(張, 55-56).

3. '절기한난(節氣寒暖)'은 '절기'와 '추위·더위'라는 뜻이다. 여기서 '추위·더위'는 '기후' 또는 '날씨'라고 의역해도 무방할 것이다. 즉 '절기한난'은 '절기와 기후(추위·더위)'란 뜻이므로 '계절의 바뀜'(桑, 34)이라든가, '기후가 차고 따뜻한 정도'(鄭, 120)라든가, 그저 '기후'(金, 16)라고만 번역하는 것은 부적절하다고 본다.

신두고라국

다시 탁사국에서 서쪽으로 한 달을 가면 신두고라국(新頭故羅國)에 이른다. 의복과 풍습, 절기, 기후 등은 북천축과 비슷하나 언어는 좀 다르다. 이 나라에는 낙타가 대단히 흔하며 사람들은 젖과 버터를 즐겨 먹는다. 왕과 백성들이 삼보를 크게 경배하니 절도 많고 승려도 많다. 순정리론(順正理論)을 찬술한 중현(衆賢) 논사가 바로 이 나라 사람이다. 이 나라에는 대승과 소승이 함께 행해지고 있다. 지금은 대식(大寔, 아랍)이 침략해 나라의 절반이 손상을 입었다.

이 나라를 비롯해 오천축국 사람들은 술을 많이 마시지 않는다. 오천축국을 두루 돌아다니면서도 술이 취해서 서로 치고받는 자들은 별로 보지 못했다. 설령 마셨다 하더라도 의기나 좀 양양하고 기운이나 좀 얻을 뿐, 노래하고 춤을 추며 떠들썩하게 술자리를 벌이는 자는 보지 못하였다.

다시 북천축에서……절 하나가 있는데, 이름이 다마삼마나(多摩三磨娜, 타마사바나Tamasāvana)라고 한다. 부처님이 살아계실 때 이곳에 오셔서 설법을 하시고 사람과 하늘을 널리 제도하셨다. 절 동쪽 골짜기에 있는 샘물가에 탑이 하나 있는데, 부처님이 깎은 머리카락과 손발톱이 이 탑 속에 있다. 여기에는 삼백여 명의 중들이 있다. 전에는 대벽지불(大辟支仏)의 이빨과 뼈 사리 등이 있다. 또한 일곱 개의 절이 더 있는데, 절마다 사람이 오륙백 명씩이나 되며 불법을 대단히 잘 간수하여 지니고 있다. 왕과 백성들은 (삼보를) 대단히 경신한다.

신중에는 절이 또 하나 있는데, 이름은 나게라타나(那揭羅馱娜, 나가라다나Nagaradhana)라고 하며, 여기에 중국인 승려 한 분이 있었다. 그는 이 절에서 입적하였다. 그 절 대덕이 말하기를 그 승려는 중천축에서 왔으며 삼장(三藏)의 성스러운 가르침을 환히 습득하고 고향으로 돌아가려고 하다가 갑자기 병이 나서 그만 천화(遷化)하고 말았다고 하였다. 그때 이 말을 듣고 너무나 상심하여 사운(四韻)의 오언 율시(五言律詩)를 적어 그의 저승길을 슬퍼하였다.

고향의 등불은 주인을 잃고,
타향의 보물나무는 꺾였으니.
신령은 그 어디메로 갔는가.
옥 같던 용모는 이미 재가 되었구나.
생각하니 가엾고 애절토다.
그대 소원 못 이룸이 섧구나.
그 누가 고향 가는 길 알리오.
흰구름만 덧없이 떠돌아가네.

新頭故羅國

又從此吒國[1]西行一月 至新頭故羅國[2] 衣〔著〕風俗節氣寒暖 與北天相似 言音稍別 此國極足駱駝 國人取乳酪喫也 王及百姓等 大敬三寶 足寺足僧 即造順正理論衆賢論師[3] 是此國人也 此國大小乘俱行 見[4]今大寔侵[5] 半國損也 即從此國乃至五天 不多飲酒 遍歷五天 不見有醉人相打之者 縱[6]有飲者 得色得力而已 不見有歌儛作劇[7]飲宴之者 又從北天國有一寺[8] 名多摩三磨娜[9] 仏在之日 來此說法 廣度人天 此寺東澗裏 於泉水邊有一塔〔而〕[10]仏所剃頭及剪爪甲 在此塔中 此見[11]有三百餘僧

寺有大辟支仏¹²牙及骨舍利等 更有七八所寺 各五六百人 大好住持¹³
王及百姓等 非常敬信 又山中有一寺 名那揭羅馱娜¹⁴ 有一漢僧 於此寺
身亡 彼大德說 從中天來明閑¹⁵三藏聖敎¹⁶ 將欲還鄕 忽然違和¹⁷ 便卽
化¹⁸矣 于時聞說 莫不傷心 便題四韻 以悲冥路 五言

故里燈無主

他方寶樹¹⁹摧

神靈去何處

玉〔貌〕²⁰已成灰

憶想哀情切

悲君願不隨

孰知鄕國路

空見白雲歸

주

1. '탁국(吒國)'은 앞 절의 '탁사국'으로 '사(社)'자가 누락되었다.

2. '신두고라국(新頭故羅國)'이라는 명칭의 유래나 위치의 비정에 관해 여러 가지 설이 있다. 일찍이 藤은 "신두고라국이란 어느 나라인지 알 수가 없다. 낙타가 대단히 많고 대식의 침략을 받아 나라의 절반이 손상을 입었다"라고 하였다. 이 말에 따른다면 이 나라는 오늘날의 라지푸타나 (Rājputana, 라사보탄羅闍補吅) 같다. 이곳은 사막지대이고 북쪽은 책가 (탁샤르)와 접해 있으며, 『대당서역기』 권11의 구절라국(瞿折羅國, 구르자라Gurjarā)이 바로 이곳에 있었다. '고라(故羅)는 구절라의 와사(訛詞)'라고 藤은 덧붙였다(藤, 25b-26a). F도 이곳을 라지푸타나에 비정하면서 '고

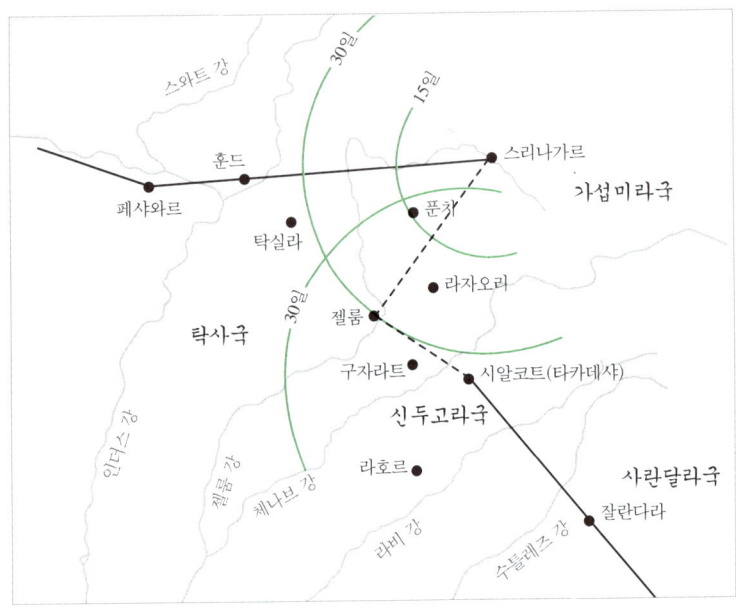

● ──신두고라국과 그 주변(훗, 91 참고)

라'를 현장이 『대당서역기』에서 언급한 '구절라'로 보고 '신두고라'를 '신드구르자라(Sindh-Gurjarā)'로 음사하고 있으며(F, 440 주 1), Y도 F의 견해를 따르고 있다.

현장은 『대당서역기』 권11에서 이 구절라국은 둘레가 오천여 리나 되고 땅이나 풍속은 소랄타국(蘇剌佗國)과 같다고 하면서, 소랄타국은 땅에 염기가 있어 꽃이나 과실이 희소하고 추위와 더위가 엇비슷하며 바람이 잘 때가 없다고 전하고 있다. 이러한 상황은 사막을 연상케 하는데, '낙타가 매우 많은 나라'라고 혜초가 말한 곳도 바로 이러한 지역, 즉 사막일 수 있다.

구르자라는 구자라트(Gujarāt, 고길랍古吉拉)인들이 세운 나라이다. 구자라트인들이 인도 토착인인가 아니면 외래인인가 하는 인종적 시원에 관한 문제는 인도사에서 큰 논쟁거리 중 하나이다. 그들은 6세기 후반에 갑자기 인도의 역사 무대에 출현하여 굽타 왕조가 쇠퇴한 틈을 타 나라를 세웠다. 그 영토는 라지푸타나를 중심으로 한 그 일원이고 수도는 만다브야푸르(Mandavyapur, 만달유아보라曼達維亞普羅)이다. 이 지역은 일명 구자라트라(Gujarātra, 고길랍특나古吉拉特那)라고 하였으며, 이것이 오늘날 사용하는 구자라트라는 말의 어원이다. 건국자는 하리찬드라(Haricandra, 가리전타라訶里旃陀羅)이고, 그를 계승해 아들 나라바타(Narabhata, 나라발탁那羅跋吒)와 손자 나가바타(Nagabhata, 나가발탁那伽跋吒)가 등위하였다. 현장은 나가바타의 아들 타타(Tāta, 달탑達塔)가 즉위한 초기에 구르자라를 방문하였다. 구자라트인들은 세력을 남쪽으로 확장해 카티아와르(Kathiawar) 반도까지 이르렀고 구르자라국은 총 9대 10왕으로 약 200년간 존속하였다(張, 56-57 참고).

桑은 혜초가 이 나라에 대해 탁샤르로부터 1개월, 카슈미르로부터는 15일 거리에 있고 낙타가 많으며, 중현 논사의 출생지고 대식의 내침으로 파괴되었으며, 카슈미르로 갈 때 '산에 들어갔다'고 한 점으로 미루어 평지였을 거라는 등, 본문의 내용을 감안해 그 위치를 펀자브 북부지역의 탁실라(Taxila), 젤룸(Jhelum), 솔트(Salt) 산맥 등지로 추정하고 있다(桑, 90-93 참고).

3. 혜초는 이례적으로 중현(衆賢, 상가바드라Saṃghabhadra, 승가발타라僧伽跋陀羅) 논사를 신두고라국 사람이라고 했는데, 보통은 카슈미르인이라 전해지고 있다. 중현과 그의 대표적 저서『순정리론(順正理論, *Nyā-yānusāra*, 혹은 *Nyāyānusāri*, 80권)』에 관해 현장은『대당서역기』에서 다음과 같이 기술하고 있다. 불이(佛牙) 가람 남쪽 14~15리에 작은 가람이 하나 있고, 그 동남쪽 30여 리에 오래된 가람이 또 하나 있다. 웅장한 이 가람의 한 모퉁이에서 옛날 승가발타라(당나라에서는 중현이라 함) 논사가『순정리론』을 지었다(『대당서역기』권3 「가습미라국(迦濕彌羅國)」조).

덕광(德光) 가람 북쪽 3~4리에 있는 대가람은 중현 논사가 입적한 곳이다. 논사는 가습미라국(카슈미르Kashmir) 사람으로서 총명하고 박식하여 어려서부터 그 명성이 자자하였다. 그는 특히 설일체유부의 『비파사론(毘婆娑論)』을 깊이 연구하였다. 당시 세친 보살이 『아비달마구사론(阿毗達摩俱舍論, Abhidharmakoṣabhāṣya)』(약칭 『구사론』)을 지었는데, 중현은 그것을 반복하여 독파하면서 12년간이나 연찬하였다. 연찬 끝에 『구사박론(俱舍雹論)』 2만 5000송(頌)을 지어 세친의 『구사론』을 비판하였다(『대당서역기』 권4 「말저보라국(秣底補羅國)」조).

중현은 책가국(磔迦國)에 가서 세친을 직접 만나 변론을 벌이려 했으나 세친은 예봉(銳鋒)을 피하기 위해 그를 만나주지 않았다. 후일 중현은 자신의 경거망동을 후회하면서 임종 때 세친에게 서한을 보내 사죄하고 유작 『구사박론』을 보관해줄 것을 청하였다. 세친은 고려 끝에 그의 요청을 받아들여 보관하면서 책명을 『순정리론』으로 바꾸었다. 이와 같이 『순정리론』은 세친의 『구사론』에 대한 비판서이다. 사실 세친은 설일체유부의 교의(敎義)를 일부 수정하고 산문 부분에 경량부(經量部) 교의를 포함시켰다. 여기에 불만을 가진 중현은 정통 유부(有部)의 입장에서 세친을 비판하였다. 그리하여 보통 중현이 귀속한 부파를 신설일체유부(新說一切有部, 신살파다新薩婆多)라고 한다. 중현에 관한 가장 오래된 사료인 『바수반두법사전(婆籔槃豆法師傳)』에 의하면 중현은 아요다(Ayodhyā)에서 『구사론』에 대한 비판서를 썼다고 한다(張. 58; 桑, 93-94 참고).

4. '견·현(見)'자는 보통 '보다' '만나보다' '나타나다' '드러나다'라는 같은 뜻 외에 '당하다' '있다' '~가 되다'와 같이 수동을 나타내는 뜻으로도 쓰인다. 예컨대 '견중(見重)'은 '중용되다'이고, '견문(見問)'은 '질문을 받다'라는 뜻이다. 본문의 '견금(見今)'에서 '견(見)'은 '육안으로 무엇을 보다'라는 뜻이 아니라, '지금 ~한 일이 있다(일어나다·나타나다)'라든가, '~을 당하다'라는 의미이다. 그래서 '지금으로 봐서는' '지금으로서

는' 또는 그저 '지금'이라고 번역할 수 있을 것이다.

5. 여기서의 '대식침(大寔侵)'은 711년 무함마드 이븐 까심 휘하의 이슬람 원정군이 신드 지방에 침입(9절 주 11 참고)한 이후의 내침을 말한다. 비록 대대적인 군사행동으로 이어지지는 않았지만, 주나이드(Junaid, 고내덕賈奈德)가 신드 총독으로 임명된 후, 그는 서인도 일원에 점진적인 정복을 단행하여 말리바(Malibah, 즉 말라바Mālava, 마랍파摩臘婆), 우자인(Ujain, Ujjayini, 오사연나鄔闍衍那), 바르와스(Barwas, Barukacca, 발록갈첩파跋祿羯呫婆, 파락기巴洛奇, 현 바루치Bharūch), 소랄타(蘇剌佗), 발랍비(伐臘毗) 등지를 차례로 공략하였다. 이슬람군의 이러한 정복 활동은 혜초가 서인도를 역방하던 724년에서 727년 사이에 진행되었다. 그 활동의 요로에 있던 신드국은 혜초가 본문에서 말하다시피 피해를 입어 나라가 반파(半破)되고 말았다.

6. 중국어에서 '종(縱)'자는 '세로의'(형용사), '놓아주다'(동사)라는 뜻과 함께 접속사로서 '설사(설령) ~일지라도'라는 뜻도 가지고 있다. 본문에서는 바로 이러한 뜻으로 사용되었다. 예컨대 '종유천산만수(縱有天山萬水)……'는 '설사 수많은 산과 강이 있다 할지라도……'라는 의미이다.

7. '작극(作劇)'에서 '극(劇)'자는 '극' '연극'이란 뜻과 함께 '격렬' '번잡'이란 뜻도 갖고 있다. 본문에서는 후자의 경우로, '작극'을 '번잡을 일으키다', 즉 '소란을 피우다' 또는 '떠들썩하다'로 번역할 수 있다.

8. '우종북천국유일사(又從北天國有一寺)'는 '다시 북천축국으로부터 절 하나가 있다'라는 문장으로서 의미가 통하지 않는다. 유사한 앞 문장들의 구성을 감안하면 '국(國)'자와 '유(有)'자 사이에 '~쪽으로(방향) ~동안 가면(기간) ~에 이른다(장소)'라는 글이 누락된 것으로 짐작된다. 桑(35)과 張(58), 金(16)은 이 점을 지적했으나, 李(48)와 鄭(121)은 '또 북천축국에 하나의 절이(절이 하나) 있는데'라고 번역하였는데, 이것은 원문의 뜻

과도 맞지 않는 부회적인 오역이라고 판단된다(이 결문缺文에 관해서는 다음 주 9 참고).

9. '다마삼마나(多摩三磨娜, 타마사바나Tamasāvana, 당대에는 사림 闍林)'는 현장의 『대당서역기』에 나오는 '답말소벌나(荅秣蘇伐那)'로 추정 되는데, '다마삼마나'에서 '마(磨)'자가 산스크리트의 '바(va)'자의 음사인 지에 대해서는 의문의 여지가 있다. 이 책 권4의 「지나복저(至那僕底)」조 에 의하면 지나복저국(Cinabhukti)은 주위가 이천 리에 달하고 도읍 성곽 의 둘레는 14~15리나 된다. 도읍에서 동남쪽으로 오백여 리를 가면 답말 소벌나의 가람에 이르는데, 이곳에는 승도 삼백여 명이 있으며 설일체유부 를 배우고 있다고 한다. 여기서의 '오백여 리'는 『자은전』 권2의 관련 내용 에 비추어 '오십여 리'의 오사로 봐야 할 것이다. 이 나라의 도읍은 카수르 (Kasūr, 잡소이 卡蘇爾)에서 27마일 떨어진 비아스 강 서안 10마일 지점에 위치한 현 파티(Patti, 파체帕蒂)에 비정된다.

혜초의 본문에는 지나복저국에 관한 기술이 없는데, 앞의 주 8에서 설 명했다시피 '종북천국(從北天國)'과 '유일사(有一寺)' 사이에는 분명히 어 떤 결문이 있다. 그 결문의 전부 혹은 일부가 바로 현장의 여행기에 나오는 이 '지나복저국'으로 추측된다. 따라서 "북천축국에서 (~쪽으로 ~동안 가면) 지나복저국에 이르는데, 거기에 절 하나가 있다"라고 원문을 정리할 수 있을 것이다. 일찍이 현장은 이곳 돌사살나사(突舍薩那寺)에 14개월간 주석(駐錫)하면서 『오온론석(五蘊論釋)』『유식삼십론석(唯識三十論釋)』 을 지은 고승 대덕 비이다발랍파(毗膩多缽臘婆, 조호선調虎先)로부터 『대 법론(對法論)』『현종론(顯宗論)』『이문론(理門論)』 등을 배웠다(張, 59; 桑, 94-95 참고).

10. '이(而)'자(藤, 26a; Y, 91; 張, 58; 金, 343) 대신 '즉(卽)'자(桑, 19; 鄭, 107)로 보는 경우가 있는데, '즉'은 '곧' '바로'라는 뜻을 가지고 있으므로

접속어 '이'가 합당하다고 본다.

11. '견(見)'자는 '보았다'(李, 48; 鄭, 121)라는 뜻보다는 '현재 ~가 있다(At present, there are ~)'(Y, 45)라는 뜻으로 쓰였다(앞의 주 4 참고).

12. '대벽지불(大辟支仏, 프라티에카 붓다Pratyeka Buddha)'은 독각(獨覺)이란 뜻으로서, 꽃이 피고 잎이 지는 등의 외연(外緣)에 의하여 스승 없이 혼자 깨달음을 이룬 부처를 말한다.

13. '대호주지(大好住持)'에 대하여 "안주하여 법도 닦기를 매우 좋아하다"(李, 48), "안주하기를 좋아하다"(鄭, 121), "주지들이 있다"(金, 16), "승원들이 잘 운영된다(The monasteries are well-managed)"(Y, 45), "(불타의 가르침을) 확실하게 간직하면서 생활하다"(桑, 33) 등 여러 가지로 이해하고 있다. 『화엄경』(『팔십화엄(八十華嚴)』) 권70에는 "보살은 늘 충만하여 여러 불(佛)의 법(法)을 주지(住持)한다" 라 하고, 『승사유범천소문경론(勝思惟梵天所問經論)』 권4에는 "불법승(佛法僧) 등의 주지에 의해 업(業)이 성취된다" 라고 하였다. 이 두 경문에서 보면 '주지(住持)'는 '불타나 삼보(불법승)가 불법을 잘 간직한다 · 간수한다 · 지킨다'의 뜻으로 쓰이고 있음을 알 수 있다. 따라서 '대호주지'는 '불법을 대단히 잘 간수하여 지니고 있다'라든가, '지키고 있다'로 번역하는 것이 타당하다고 사료된다 이러한 어원에서 절을 주관하는 중에 대한 지칭〔住持〕이 파생된 것으로 보인다. 원문의 218 · 221 · 223 · 224행에 나오는 '주지'도 이러한 맥락에서 구체적으로 살펴봐야 할 것이다.

14. '나세라나나(邢揭羅馱娜, 나가라다나Nagaradhana)'에 관해서는 『자은전』 권2의 「사란달나국(闍爛達那國)」조에 "……사란달나국에 이른다. 이 나라에 들어가면 나가라타나사(邢迦羅馱那寺)에 이른다. 이 절에는 대덕 전달라벌마(旃達羅伐摩, Candravarman)가 있는데, 그는 삼장을 깊이 연찬하고 있다" 라는 기록이 있다. 현장은 이곳에 4개월간 체류하였는데,

『대당서역기』권4의 「사란달라국」에는 가람이 50여 소가 있다고 할 뿐, 이 나게라타나사에 관해서는 언급이 없다.

15. '한(閑)'은 '익히다' '습득하다'라는 뜻이고, '명한(明閑)'은 '명철하게(환히) 습득(터득)하다'라는 의미이다.

16. '삼장성교(三藏聖敎)'에서 삼장은 석가의 설법을 기술한 경장(經藏, 현존 1500여 부)과 불교도들이 준수해야 할 계율이나 예법, 교단 규약 같은 것을 기술한 율장(律藏, 분량은 경장과 비슷함), 여러 나라에서 각 시대의 불교도들이 경장과 율장을 해석하고 논술한 논장(論藏, 분량은 경장의 5분의 2)을 말한다. '성교(聖敎)'는 성스러운 가르침이라는 뜻이다.

17. '위화(違和)'는 '병이 나다'라는 뜻이다.

18. 불교에서 '화(化)'는 '죽다' '입적하다' '천화(遷化)하다'라는 뜻과 함께 '보시(布施)를 청하다'라는 뜻도 있지만, 본문에서는 문맥으로 보아 '천화하다'라는 뜻으로 쓰였다.

19. '보수(寶樹)'는 '칠중보수(七重寶樹)'의 준말로서, 극락에 줄지어 서 있는 금, 은, 유리, 산호, 마노, 파리(불교에서의 일곱 가지 보석의 하나), 차거(硨磲, 일명 거거車渠, 어패류 중 가장 큰 조개)의 일곱 가지 나무를 말한다(앞의 6절 주 35 참고).

20. 원문에는 '아(兒)'자 비슷한 형태인데, '모(貌)'자의 약자로 볼 수 있으므로(張, 59) '옥모(玉貌)', 즉 '옥같이 아름다운 용모'로 이해된다.

14

가섭미라국(카슈미르)

다시 여기서 북쪽으로 보름을 가서 산속으로 들어가면 가라국(迦羅國), 카슈미르Kaśmīra)에 이른다. 이 가미라(迦彌羅)도 역시 북천축국에 속하는데, 이 나라는 조금 큰 편이다. 왕은 삼백 마리의 코끼리를 가지고 산속에서 산다. 길이 험악하여 외국의 침략을 받지 않는다. 인구는 대단히 많으나 가난한 자가 많고 부자는 적다. 왕과 수령 그리고 여러 부자들의 의복은 중천축과 별로 다르지 않다. 그 밖의 백성들은 모두 펠트를 걸치고 추한 곳을 가린다. 이 땅에는 구리, 철, 모직물, 천, 펠트, 소, 양 등이 난다. 그리고 코끼리, 작은 말, 멥쌀, 포도 같은 것도 있다.

땅은 몹시 추워서 앞에서 말한 나라들과 같지 않다. 가을에는 서리가 내리고 겨울에는 눈이 내린다. 여름에는 장마가 지고 갖가지 풀들이 내내 푸르청청하다가 잎이 시들어 겨울이 되면 다 말라버린다. 내와 골짜기는 협소하다. 남북은 닷새 여정, 동서는 하루 보행 거리로 편지가 끝나며 나머지는 산으로 뒤덮여 있다. 가옥은 널판자로 지붕을 씌우고 풀이나 기와는 쓰지 않는다. 왕과 수령 및 백성들은 삼보를 매우 공경한다.

나라 안에는 용지(龍池)가 하나 있는데, 그 용왕은 매일 나한승(羅漢僧)만 공양하는 것이 아니다. 아무도 그 성승(聖僧)들이 식사하는 것을 본 적은 없지만, 일단 재(齋)가 끝나기만 하면 빵과 밥이 물 속에서 물 위로 잇달아 떠오르는 것을 볼 수 있다. 이것으로써 (용왕이 성승들을 공양한다는 것을) 알 수 있다. 공양은 지금까지도 끊이지 않고 계속된다. 외출할 때 왕과 대수령들은 코끼리를 타고, 낮은 벼슬아치들은 말을 타지만, 백성들은 모두 걸어다닌다. 나라 안에는 절도 많고 승려도 많으며 대승과 소승을 함께 행한다.

 오천축국에서는 위로 국왕과 왕비, 왕자에 이르기까지, 아래로 수령과 그의 처에 이르기까지 능력에 따라 각자가 절을 짓는데, 서로 따로 짓지 함께 짓지는 않는다. 그들은 '각자의 공덕인데 어찌하여 함께 지어야 하는가' 라고 말한다. 이것은 이미 그럴 법한 일로 되어서 나머지 왕자들도 그렇게 따라 한다. 무릇 절을 지어 공양하는 것은 마을과 백성들에게 은혜를 베풀어 삼보를 공양하도록 함이다. 헛되이 절만 짓고 백성들에게 은혜를 베풀지 않는 일은 없다. 외국(천축국)에서는 왕과 왕비가 각기 따로따로 마을과 백성을 가지고 있는 법이다. 왕자와 수령 들도 각기 백성을 가지고 있는데, 보시는 자유여서 왕에게 묻지 않는다. 절을 짓는 것도 그렇다. 지어야 한다면 곧바로 짓지 굳이 왕에게 묻지 않으며, 왕 역시 죄를 받을까 두려워서 감히 막지 못한다. 만약 백성을 많이 가지고 있다면 마을에 대한 보시는 없지만 절은 힘써 짓는다. 몸소 경영하여 얻은 재물은 삼보에 공양한다. 오천축국에서는 사람을 팔지 않으며 노비도 없다. 그래서 백성과 마을에 반드시 보시를 해야 한다.

迦葉彌羅國

又從此北行十五日[1]入山 至迦羅國 此迦彌羅[2] 亦是北天數[3] 此國稍大[4] 王[5]有三百頭象 住在山中 道路險惡 不被外國所侵[6] 人民極衆 貧多富少 王及首領[7]諸富有者 衣〔著〕[8]與中天不殊 自外[9]百姓 悉〔披〕[10]毛毯 覆其形醜 土地出銅鐵氎布毛毯牛羊 有象少馬[11] 粳米〔蒱〕桃[12]之類 土地極寒 不同已前諸國 秋霜冬雪 夏足〔霖〕[13]雨 百卉亘[14]青 葉彫[15] 冬草悉枯 川谷狹小 南北五日程 東西一日行[16] 土地卽盡 餘並蔭山[17] 屋並板

木覆 亦不用草瓦 王及首領百姓等 甚敬三寶[18] 國內有一 龍池[19] 彼龍王 每日供養[不一][20]羅漢僧[21] 雖無人見彼聖僧食 亦過齋已 卽見餠飯[22]從 水下紛紛亂上 以此得知 迄今供養不絕 王及大首領 出外乘象 小官乘 馬 百姓並皆[徒][23]步 國內足寺足僧 大小乘俱行[24] 五天國法 上至國王 至國王王妃王子 下至首領及妻 隨其力能各自造寺[也][25] 還別作 不共 修營 彼云 各自功德 何須共造 此旣如然 餘王子等亦爾 凡造寺供養 卽施村庄[26]百姓 供養三寶 無有空造寺不施百姓者 爲外國法[27] 王及妃 [妠][28] 各別村庄百姓 王子首領各有百姓 布施自由不[問][29]王也 造寺亦 然 須造卽造 亦不問王 王亦不敢遮 怕招罪也 若富有百姓 雖無村庄布 施 亦勵力造寺 以自經紀得物 供養三寶 爲五天不賣人 無有奴婢[30] 要 須布施百姓村蘭也

주

1. "다시 여기서 북쪽으로 15일을 가다(又從此北行十五日)"에서 '여기'가 어디인가 하는 문제가 제기된다. 앞 절에서 혜초는 신두고라국에 이른 후 "다시 거기(북천축)에서 어디론가 가니 다마삼마나라는 절이 하나 있다"라고 하였다(13절 주 8 참조). 문제는 그가 간 곳에서 다시 북쪽으로 15일간 갔다고 하니, 그 '간 곳'이 어디인가 하는 것이다. 현장의 기록에 의해 그곳을 지나복저국(至那僕底國)으로 추정하였다(13절 주 9 참조). 그렇지만 지나복저국에서 카슈미르까지의 거리가 15일 거리인지는 사료가 미흡하여 확인할 수 없다. 한편, 신두고라국에서 북쪽으로 15일(약 190마일)을 가면 카슈미르에 이를 수 있다. 그 노정은 젤룸(Jhelum, 신두고라국의 수도)→코틀리(Koṭlī)→푼치(Punch)→토사마이단(Tośamaidan) 고개→스리나가르로 이어지는 길이다. 桑은 스리나가르로부터 인도 서북부의 펀자브 지방으로

● —— 젤룸(펀자브)~스리나가르 간의 교통로(桑, 96 참고)

연결되는 일곱 개의 길과 그 노정을 밝히고 있다(桑, 96-98).

2. 본문에 나오는 '가라국(迦羅國)'이나 '가미라(迦彌羅)'는 '가섭미라(迦葉彌羅, 카슈미르Kashmir, 산스크리트로 Kaśmīra, Kāśmīra)'의 탈자(脫字)다. 현장은 『대당서역기』 권3에서 '가습미라(迦濕彌羅)'로, 의정은 『남해기귀내법전』에서 '갈습미라(羯濕彌羅)'로, 『신당서』「서역전」과 『책부원구(册府元龜)』는 '개실밀(箇失密)'로 각각 음사하고 있다.

카슈미르는 불교사에서 중요한 곳이다. 여기서 쿠샨 왕조의 제3대 왕 카니슈카(Kanishka, 가니색가迦膩色迦, 120~144경 재위)의 비호와 파르샤바(Parśava, 협존자脇尊者)의 주도 아래 불교의 제4차 결집이 거행되었다. 파르샤바는 대식인 아스바고사(Aśvaghoṣa, 마명馬鳴)의 은사이고, 카니슈카 왕은 아스바고사의 후견인이었다.

여러 여행자들의 기록에 의하면 카슈미르의 지세는 대단히 험준하다. 『대당서역기』는 이 나라의 둘레가 칠천 리나 되고 사방이 험준한 산으로 에워싸인 좁다란 통로뿐이어서 자고로 인근 적들이 도저히 공략할 수가 없었다고 기술하고 있다. 『오공행기』에도 이 나라는 사방이 산으로 외곽을 이루고 있어 동은 토번, 북은 발률(勃律), 서는 건타라(乾陀羅)로 통하는 세 갈래의 길과 그 밖의 길 하나가 더 있을 뿐이나, 그마저도 항시 차단되어 있다고 전한다. 이러한 난공불락의 자연 지세는 이 나라의 안정과 번영을 보장하는 유리한 여건이었다. 오늘날의 행정 중심지(주도)는 스리나가르(Srīnagar)이지만, 혜초가 방문했을 당시의 수도는 프라바라세나 2세(Pravarasena II, 6세기 후반 재위)에 의해 구도로부터 천도한 프라바라푸라(Pravarapura, 현 스리나가르)인지 아니면 랄리타디티아(Lalitāditya)가 천도한 파리하사푸라(Pari-hāsapura)인지 명확하지 않다. 왜냐하면 후자의 천도 연대가 밝혀지지 않았기 때문이다(張, 60; 桑, 98 참고).

3. '수(數)'는 '세다' '헤아리다'와 함께 '꼽(히)다' '~축에 들다'라는 뜻을 가지고 있어 '~에 속하다'라고 옮길 수 있다.

4. '초대(稍大)'는 '조금 크다'라는 뜻이다. 여기서 카슈미르(국)를 '조금 크다'라고 한 것은 카슈미르 분지뿐만 아니라 현장이 『대당서역기』에서 밝힌 것처럼 주위의 산악지대까지 포함하면 둘레가 칠천 리나 되므로 그렇게 말했을 수 있다.

5. 7세기 전반부터 9세기 중엽까지 카슈미르를 지배한 것은 카르코타(Kārkota) 왕조다. 시조는 현장이 방문했을 때의 왕인 두를라바바르다나 프라즈나디티아(Durlabhavardhana Prajnāditya, 627~662)이고, 그 뒤를 두를라바카 프라타파디티아(Durlabhaka Pratāpāditya, 663~712, 2대),

찬드라피다 바즈라디티야(Candrāpīḍa Vajrāditya, 713~720, 3대), 타라피다 우다야디티야(Tārāpīḍa Udayāditya, 720~724, 4대), 무크타피다 랄리타디티야(Muktāpīḍa Lalitāditya, 724~760, 5대)가 이었다. 이상은 스타인(A. Stein)의 추정으로, 『당서』 권221 하 「개실밀국(箇失密國)」조에 나오는 연대와는 차이가 있다. 예컨대 「개실밀국」조에 의하면 개원 8년에 진타라비리(眞陀羅秘利)를 이 나라의 왕에 책봉했다고 하는데, 이 해는 720년에 해당된다. 음사로 보아 진타라비리는 찬드라피다인데, 그가 등극한 해는 720년이 아니라 713년이다. 스타인의 추정 연대에 의하면 혜초가 카슈미르를 방문한 시기는 5대 왕 무크타피다 시대다.

6. 험준한 산으로 둘러싸인 카슈미르가 외국의 침략을 받지 않았다는 것은 외국의 관련 기록이나 현지에서 발간된 산스크리트 문헌이 일치해서 강조하는 사실이다. 5대 왕 무크타피다의 후계자는 '카슈미르의 위정자는 외구(外寇)를 두려워할 필요가 없고, 다만 나라 안에서 강력한 세력이 등장하는 것을 막는 데 전념해야 한다'라는 유언을 남겨놓았다.

7. '수령(首領)'과 뒤에 오는 '대수령(大首領)'(94~95행), '소관(小官)'(95행)은 직위나 관직을 말하는데, 구체적으로 어떻게 구분되는지는 명확하지 않다. 10세기 무렵 인도의 관직에 관한 기록에 의하면, 수도에서의 유력자는 수도에 상주하는 유력한 지방 영주(sāmanta), 대신(saciva/ amātya/ mantrin), 수도 경비군 지휘관(ekāṅga), 근위군 장교(tantrin) 등이 있으며, 정권 내의 권력자로는 상기인들 외에 왕자(pārthiva), 재상(mahāmantrin), 관료(kāyastha, 특히 토지나 세수 관리관) 등이 있다. 따라서 '수령'에는 'sāmanta'나 'mantrin'이, '대수령'에는 'mahāmantrin'이, '소관'에는 'kāyastha'가 해당할 것으로 본다(桑, 99 참고).

8. 카슈미르의 의상은 대체로 상하가 한 벌(vastrayuga, vastrayugma)을 이루는데, 신상에 입힌 옷을 보면 상의는 비단(cīnāṁśuka)으로, 하의는

면으로 지은 것으로 이것을 상류층의 의상으로 볼 수 있을 것이다. 터번 (śiraḥśāta)도 쓴다. 그 밖의 모직 옷으로는 캄바라(kambara), 프라바라나 (prāvaraṇa), 쿠타(kuthā) 등 몇 가지가 더 있다.

9. '자외(自外)'는 의식적으로 어떤 범위의 밖에 위치하거나 반대의 입장에 선다는 뜻으로, 본문에서는 '그 밖에'로 옮길 수 있다.

10. '피(披)'자가 본문에서는 '목(木)'변의 '피(柀)'자로 보이나, 이것은 오사이고 문맥으로 보아 '(옷을) 걸치다'는 뜻을 가진 '피(披)'자가 맞다고 판단된다.

11. '소마(少馬)'에서 '소(少)'자를 어떻게 해석하느냐에 따라 연구자들은 본문을 다음과 같은 네 가지로 옮기고 있다. ① '소'자를 '적다'로 해석하고 말에만 국한하여 "코끼리는 있으나 말은 적고 멥쌀, ······은 있다"로 번역(桑, 36); ② '소'자를 '적다'로 해석하되 이하 글 전체에 해당시켜 "코끼리가 있고 말과 멥쌀, ······은 적다"로 번역(鄭, 122; 李, 50); ③ '소(少)'자의 해석이 여의치 않으니 아예 무시하고 "코끼리, 말, 멥쌀, ······이 있다"로 번역(金, 18); ④ '소(少)'자를 '소(小)'자의 오사로 보고 "코끼리, 소마(작은 말), 멥쌀, ······이 있다"로 번역(F, 462; Y, 46). 이 네 가지 번역 가운데서 ④가 타당하다고 판단된다. 왜냐하면, 우선 ①이나 ②와 같은 식으로 해석하는 것은 문맥에서 '있다'와 '적다'의 아귀가 잘 맞지 않아 무리한 해석이다. 뿐만 아니라 카슈미르에서는 실제로 작은 말이 유행하고, 포도가 특산물 중 하나이므로 이렇게 번역하면 사실과도 맞지 않다.

12. '포도(蒲桃)'는 카슈미르의 특산물로서 인도에서는 포도를 'kāśimira'라고 부르기도 한다. 이곳에서는 포도 수확기에 촌제(村祭)를 지내고, 초설(初雪) 축제일에는 포도를 마시며 춤을 추는 세습도 전해온다.

13. 이 글자를 '상(霜)'자(藤, 28b; 桑, 19; 張, 61; 鄭, 107; 金, 344) 대신 '림(霖)'자(F, 462)로 보는 견해가 있다. Y는 F의 견해를 따라 '많은 비(plenty

of rainfall)'(Y, 46)로 영역하였고, 桑은 '뇌(雷)'자라는 주석도 덧붙였다(桑, 19, 주 35). '상우(霜雨)'란 없는 말이므로 억지로 '추운 비'로 해석해볼 수도 있으나, 카슈미르의 여름에 이러한 '추운 비'가 내릴 리 만무하다. '뇌우(雷雨)'는 우렛소리와 함께 오는 비라는 뜻은 있으나, 원문 글자의 형태상 '상(相)'자와 '전(田)'자는 차이가 있다. 따라서 이 두 견해는 타당하지 않다고 본다. 반면에 '임우(霖雨)'에는 '장맛비'라는 뜻이 있는데, 여름에 장맛비가 내리는 것은 가능하므로 '임우'가 맞다고 판단된다. 문제는 계절풍이 없는 카슈미르 분지에 이런 장맛비가 있을 수 있는가이다.

14. '환·선·긍(亘)'은 '끊임없이 이어지다' '계속되다'라는 뜻을 가지고 있으므로 '긍청(亘靑)'은 '늘(내내) 푸르다'라는 의미이다.

15. '엽조(葉彫)'에서 '조(彫)'자는 흔히 '새기다'라는 뜻으로 쓰이지만, '조잔(凋殘)하다(말라서 시들다)'라는 뜻도 가지고 있어 '조(凋)'자와 동음동의어라고 할 수 있다. 문맥으로 보아 '잎이 지다'라는 뜻의 이 두 글자 앞에는 '경추(經秋, 가을을 지내면서)' 같은 글자가 탈락된 것으로 짐작된다(張, 61). 그렇지 않고는 문장을 해석할 수 없다.

16. 카슈미르 분지는 서북쪽에서 동남쪽으로 길쭉한 타원 모양인데, 긴 지름은 약 135킬로미터이고 짧은 지름은 약 40킬로미터이다. 따라서 본문에서 '남북은 닷새 여정(南北五日程)'은 전자를, '동서는 하루 보행 거리(東西一日行)'는 후자를 말한다.

17. '음산(蔭山)'에서 '음(蔭)'자는 '그늘'이란 뜻도 있지만 '덮다' '가리다'라는 뜻도 있다. 문맥으로 보아 '음산'은 '산속으로 그늘진 곳'(鄭, 122)이 아니라, '산으로 뒤덮여 있다(dense mountains)'(Y, 46)로 이해하는 것이 타당하다.

18. 혜초는 "왕으로부터 백성에 이르기까지 삼보를 매우 공경한다"라고 하며 불교에 대해서만 관심을 보였다. 그러나 사실상 카슈미르에는 불

교 외에도 힌두교나 나가〔龍〕숭배 등 다양한 종교와 신앙이 병존하고, 다신교적인 중층(重層) 신앙 구조도 있었다. 예컨대 프라바라세나 2세는 열렬한 시바교도이면서도 비슈누 신을 위해 사원을 세워주었고, 반면 그의 백부와 대신들은 불교 가람이나 대사원을 지었다. 라나디티아(Rānāditya) 왕의 경우, 자신은 시바 사원이나 파수파타(Pāśupata, 시바교의 일파) 연수원(마트하maṭha)을 기증했는가 하면, 그의 왕비는 불교 사원을 지어주었다. 혜초보다 한 세기 앞서 이곳을 방문한 현장도 이러한 다신교 현상을 기록하고 있다. 그런데 이때는 힌두교가 점차 강세를 보이고 있었다.

19. '용지(龍池)'는 스리나가르에서 서북쪽으로 35킬로미터 지점에 있는 카슈미르 분지 최대의 호수인 불라르(Vular, Wular) 호수를 말한다. 용(나가Nāga)은 옛부터 카슈미르 지방의 수호신으로 샘이나 호수, 내 등 수중에 산다고 한다. 사람의 머리를 한 뱀이 사람의 형상으로 나타나는데, 화가 나면 큰 비와 눈, 우박을 내려 곡물을 망쳐놓는다고 한다. 현재까지도 많은 지명 뒤에 이 용과 관련된 '-nāg(a)'자가 붙어 있다. 『대당서역기』 권3 「가습미라국」조와 『자은전』 권2에는 마디야니카 아르하트(Madhyānika Arhat, 말전저가라한末田底迦羅漢)가 이곳 용왕을 교화하여 중들에게 공양하도록 하였다는 이야기가 나온다. 한편, 『아육왕전』 권3과 『근본설일체유부비나야잡사』에는 마디야니카 아르하트가 카슈미르 용왕을 굴복시켜 불교를 선언하게 했다는 이야기는 있으나, 용왕이 중들에게 공양했다는 이야기는 없다.

20. '불일(不一)'에서 '불(不)'자를 여러 학자들이 '천(千)'자로 볼 뿐만 아니라, '천일(千一)'을 '일천(一千)'의 도치로 판단하여 '일천 명의 나한승(一千羅漢僧)'이라 번역하고 있다(F, 442; Y, 46; 桑, 36; 李, 50; 鄭, 122; 金은 '불일'을 누락시킴). 이에 반해 藤은 '불일'로 쓰고(藤, 38b), 張은 본문에서는 '천일'로 쓰고 있으나 '불일'이라는 주석을 달고 있다. 그러나 원문의 글

자 모양이 '천'자보다는 '불'자에 더 가까운 데다가, 불교 전설에 오백(五百) 나한승은 있어도 일천 나한승은 없다는 점을 감안할 때 '일천'은 무리한 해석이라 생각된다. '불일'은 '한가지가 아니다' '일치하지 않다'라는 뜻을 가지고 있으므로, 본문은 '나한승만 아니라……'라는 의미로 해석할 수 있다. 그런데 '불일'은 술어로만 쓰이고 수식어로는 쓰이지 않기 때문에 어순에서 '불일'은 '나한승' 다음에 와야 한다.

21. '나한승(羅漢僧)'은 아난다(Ananda, 아난阿難)의 제자 마디야니카 아르하트이다. 아라한(阿羅漢)의 준말인 나한은 소승불교의 수행자 중 가장 높은 지위에 있는 자로서, 온갖 번뇌를 끊고 사제(四諦)의 이치를 깨달음으로써 세상 사람들의 공경을 받을 만한 공덕을 갖추게 된 성자를 말한다. 전설에 의하면 마디야니카 아르하트는 기원전 3세기 인도 타파라(陀頗羅) 사람으로서 아난다의 제자가 되어 아라한과(阿羅漢果)를 얻었다. 그는 아난다가 죽은 뒤 북인도 간다라국 동북쪽 히말라야 산기슭에 위치한 카슈미르에 가서 불법을 전파하였다.

22. '병반(餅飯)'은 빵과 밥을 말한다. 카슈미르 지방의 빵에는 '아푸파(apūpa)'와 '모다카(modaka)' 두 가지가 있는데, 전자는 쌀(śāli)이나 보리(yava) 가루에 물과 버터(때로는 향료나 설탕)를 넣어 구운 둥근 빵이고, 후자는 같은 재료에 설탕이나 꿀을 많이 넣어 찐 과자로 더 달다. 밥은 '카루(caru)' 혹은 '오다나(odana)'라고 하는데, 짓는 방법이 좀 다르다. 젖을 많이 넣어서 지은 것을 '파야사(pāyasa)'라 하고, 버터와 젖을 함께 넣어서 지은 것을 '그르타파야사(ghṛta-pāyasa)'라고 한다. 쌀 대신에 보리로 지은 밥을 '야바아나(yava-anna)'라고 한다. 이러한 빵이나 밥은 브라만 승의 향연이나 신에게 바치는 공물에도 쓰인다.

23. 모든 역자들이 원문대로 '도보(途步)'로 써놓고는 '도보(徒步)', 즉 '걷다'로 번역하고 있다. '걷다'라는 뜻이 없는 '도(途)'자는 '도(徒)'자의

오기로 봐야 할 것이다.

24. 혜초가 방문하기 전후의 이곳의 불교 상황에 관해 한승(漢僧)들이 남긴 기록을 보면 다음과 같다. 『자은전』 권2에는 가람 백 소와 승 오천여 명, 스투파 네 기가 있고 대승학승(大乘學僧)이 있다고 하고, 『대당서역기』 권3에는 가람 백여 소와 승도 오천여 명, 스투파 네 기가 있고 도성에서 서쪽으로 140~150리 되는 큰 강 북안에 대중부 가람이 있다고 하며, 『남해기귀내법전』 권1에는 북방 어디에나 유부(有部)가 있는데, 주로 대중부라고 하였다. 그리고 13세기 중엽 유욱(劉郁)이 쓴 『서사기(西使記)』에 의하면 인도 서북부에 흘석밀서(迄石密西)라는 불교국이 있는데, 석가의 의발(衣鉢, 가사와 바리때)을 전승하고, 사람들의 외모는 달마상(達磨相)이며, 마늘과 술은 먹지 않고, 하루에 메벼 한 홉씩만 먹고 살며, 불법만 이야기하고, 날이 저물 때까지 선정을 하고서야 말을 한다고 하였다.

25. 왕을 비롯한 지배 계급들이 각자 사원이나 수련소 등 종교시설을 짓는 것은 일종의 시류였다. 이러한 시설들 대부분에는 건립자와 그가 소속된 종교를 식별할 수 있는 이름이 씌어 있다. 힌두교 사원에는 시바 신이나 비슈누 신의 별칭인 '-īśa' '-īśvara' '-svāmin'과 같은 접미사가 붙은 복합어 이름이 씌어 있으며, 불교 사원인 경우는 '-vihāra' '-bhavana' 같은 접미사가 붙어 있다. 예컨대 무크타스바민(Mukta-svāmin)은 비슈누 사원으로 건립자는 무크타피다 왕이고, 비자야이스바라(Vijaya-īśvara)는 시바 사원으로 건립자는 비자야(Vijaya) 왕이며, 찬쿠나비하라(Caṅkuna-vihāra)는 불교 사원으로 건립자는 재상 찬쿠나(Caṅkuna)이며, 아난가브하비니(Anaṅga-bhavana) 역시 불교 사원으로 건립자는 왕비 아난갈레카(Anaṅgalekhā)이다.

학식이 있는 브라만들도 수련소 같은 것을 세웠다. 이러한 종교시설을 건조하고 유지하기 위해 인근의 도시나 촌락(agrahāra)을 부속시켜 경비를 갹출하였다. 왕족이나 고관 들뿐만 아니라 부유한 자들도 이러한 종교시설을 갖추어놓았다. 예컨대 상인 노나(Nona)는 노나마트하(Nona-maṭha)를, 학자 브하파타(Bhappata)는 브하파타이스바라(Bhappata-īśvara)를, 의학자 이사나찬다(Īśnacanda)는 이사나찬다비하라(Īśānacanda-vihāra)를 세워 운영하였다(桑, 103 참고).

26. '장(庄)'자는 '장(莊)'자의 오기라고 짐작된다.

27. '외국법(外國法)'에서 '외국'이란 저자 혜초를 놓고 볼 때는 '천축'을 말하고, '법'은 규제적 성격을 띤 법률이라기보다는 관행처럼 '~는 법'으로 보인다(9절 주 12 참고).

28. '구(姤)'자는 '후(后)'자의 별자(別字)이다.

29. 본문에서는 '불왕야(不王也)'인데, 문맥상으로 보나 바로 뒤에 오는 '역불문왕(亦不問王)'이라는 문장으로 보나 '불(不)'자와 '왕(王)'자 사이에 '문(問)'자가 누락된 것으로 판단된다. '불문(不問)'은 '묻지 않고 그대로 내버려두다'라는 뜻이다.

30. 혜초가 방문했을 당시 "오천축국에서는 사람을 팔지 않으며 노비도 없다(爲五天不賣人 無有奴婢)"라는 것이 과연 사실인지에 대해서는 의문을 제기하지 않을 수 없다. 왜냐하면 불전을 비롯한 여러 사적에서 알 수 있듯이, 고대 인도 사회에도 엄격한 노예제도가 있었기 때문이다. 이에 관해 張은 혜초가 독실한 불교도로서 인도를 '미화'했을 수도 있고, 또한 바쁜 여행길에 인도 사회를 '깊이 요해할 수도 없는'데서 '사실과 다른 기재를 면할 수가 없었다'라고 평하였다(張, 63).

고대 인도 사회에도 노(奴, dāsa)와 비(婢, dāsi)가 있었고 사람을 팔고 사기도 하였다. 불전인 『본생경』에는 노예와 노예 매매에 관해 여러 곳에서 언급하고 있다. 팔리문 율장에는 3종의 노예, 즉 노예에게서 출생한 노예(anto-jalako), 매입한 노예(dhakkito), 외국에서 데려온 노예(karamaranito)가 있다고 하였으며, 『장부경전(長部經典, Digha-nikaya)』에는 지원 노예(saman dasavayam)라는 종을 하나 더 첨가했다. 브라만 경전인 『마노 법전』 제8권 415조에는 노예가 7종, 『이론(利論, 아르타샤스트라 Artha-śastra)』에는 14종, 『나라타법전(那羅陀法典, Naroda-Smṛti)』에는 15종이 라고 기술하고 있다.

대발률국 · 양동국 · 사파자국

다시 가섭미라국에서 동북쪽으로 산을 사이에 두고 보름 걸리는 곳에 바로 대발률국(大勃律國)과 양동국(楊同國), 사파자국(娑播慈國)이 있다. 이 세 나라는 모두 토번의 관할 아래 있는데, 의상과 언어, 풍속이 (천축과) 다르다. (이 나라 사람들은) 가죽 옷과 모직 옷, 적삼, 가죽신, 바지 등을 착용한다. 땅이 협소하고 산천이 매우 험하다. 절도 있고 승려도 있으며 삼보를 공경하고 신봉한다. 그러나 동토번만 가더라도 도무지 절간이라곤 없고 불법도 알지 못한다. 이 땅(세 나라의 땅)은 호인(胡人)들의 땅이라서 (불교를) 믿고 있다.

大勃律國 · 楊同國 · 娑播慈國

又迦葉彌羅國東北隔山十五日程 卽是大勃律國[1] 楊同國[2] 娑播慈國[3] 此三國並屬吐蕃所管[4] 衣着言音人風並別[5] 着皮裘氈衫[6]靴袴等也 地狹小 山川極險 亦有寺有僧 敬信三寶 若是已東吐〔蕃〕 惣無寺舍 不識佛法[7] 當土是胡[8] 所以信也[9]

주

1. '발률(勃律)'의 티베트어는 '브루자(Bru-zha)'이다. 역사상 발률은 대발률과 소발률로 나누어지는데, 혜초가 이곳을 방문했을 당시(중국 당대)

대발률(볼로르Bolor)은 현재의 발티스탄(Baltistan, 파이제사탄巴爾提斯坦)이었고, 소발률은 현재의 길기트(Gilgit, 길이길특吉爾吉特)였다. 중국과 인도 간의 교통 요로에 위치한 발률에 관해 동서양 학계에서 적지 않은 연구가 이어져왔는데, 그 지칭만도 다음과 같이 대단히 다양하다.

지맹(智猛)의 『고승전』 권3(5세기) - 파륜(波倫·波淪); 송운(宋雲)·혜생(慧生)의 『낙양가람기(洛陽伽藍記)』 권5(6세기) - 발려륵(鉢廬勒); 『위서(魏書)』 「세종본기(世宗本紀)」 - 불류사(不流沙); 『위서』, 『북사』 「서역전」 - 발려륵(鉢廬勒), 파로(波路); 『불본행집경(佛本行集經)』 권11(수대 번역) - 파류사(波流沙); 『대당서역기』 권3(7세기) - 발로라(鉢露羅); 『석가모니여래상법멸진지기(釋迦牟尼如來像法滅盡之記)』 - 발률(勃律); 『구당서』 「서융전(西戎傳)」 - 대발률(大勃律), 소발률(小勃律), 발로(鉢露), 포로(布露); 계업의 『오선록(吳船錄)』(10세기) - 포로주국(布路州國); 『회강지(回疆志)』(청대) - 복라이(卜羅爾), 파아희(巴兒希); 『서역도지(西域圖志)』(청대) - 박락이(博洛爾); 프톨레마이오스(Ptolemaios) - Bultai, Byltae; 길기트 사본(비문) - Paṭola, Palora; 각종 티베트어 문헌 - Bru-zha, Bru-sha, Bri-sha, Bru-shal, Bal-ti, Ba-le; 『세계의 경계(Ḥudūd al-'Ālam)』(982~983) - Bulūr; 비루니(al-Bīrūnī, 11세기) - Bolor; 가르디지(Gardīzī, 11세기) - Bolor; 마르코 폴로(Marco Polo) - Belor; 라쉬드(Rashīd)의 『집사(集史)』(14세기) - Balur, Balurstan, Balti; 쇼(Shaw)와 커닝엄(19~20세기) - Pálor, Balor, Balti; 현대 - 발티스탄(Baltistan).

이상의 여러 가지 명칭들을 대별하면 ①볼로르(Bolor), ②브루자(Bru-zha), ③불타이(Bultai)의 3대 유형으로 나뉜다. 그 중 어느 것이 원어(티베트어)의 근사치인지에 관해서는 학자들 사이에 이견이 분분해서 아직 정론은 없는 듯하다. 여러 시적이 이렇게 각이한 명칭으로 대발률에 관해 기술하고 있다. 법현의 『불국기』에 명확한 지칭은 없지만 총령(葱嶺, 파미르 고원)을 넘어 북천축 입경지(入境地)에 타력(陀歷, Darel)이라는 자그마한 나라가 있는데, 승려들이 있으며 소승을 배우고 있다고 하면서 여기서부터 남서쪽으로 15일을 가면 신두강(新頭江, 인더스 강)에 이르며 강을 건너면 곧 오장국(烏萇國)이라고 하였다. 『송운행기(宋雲行紀)』에는 총령을 넘어 사람과 말이 겨우 다니는 험준한 산길을 따라가면 발로륵(鉢盧勒)에 이르고, 거기서부터 쇠사슬에 아찔하게 높이 매달린 현수교(懸垂橋)를 건너서 걸어가면 오장국(烏場國)에 도착한다고 하였다.

현장은 '발로라(鉢露羅)'라고 지칭하면서 이 나라에 관해 이렇게 쓰고 있다. "발로라국은 주위가 사천여 리나 되고 대설산 속에 있으며 동서는 길고 남북은 좁다. 맥류와 콩이 많고 금과 은이 나며 자금(資金)이 많아 나라가 넉넉하다. 날씨는 몹시 춥고 인품은 사납다. 인의(仁義)는 얄팍하고 예절을 무시하며 행동은 조잡하다. 의복은 가죽 옷이고 문자는 인도와 대체로 같으며 언어는 다른 나라들과 다르다. 가람 수백 소에 승도 수는 수천 명이나 되지만 습득한 전문 분야는 없고 계행(戒行)은 남발(濫發)일 지경으로 번다하다"(『대당서역기』 권3 「발로라국」조).

중국 정사인 『신당서』 권221 하 「서역전」 하 '대소발률(大小勃律)'조에는 "대발률은 일명 포로(布露)라고 하는데, 토번의 서쪽에 있는 소발률과 접해 있고, 서쪽은 북천축의 오장국과 이웃하고 있다. 울금(鬱金)의 적지이고 토번에 예속되어 있다. 만세통천(萬歲通天, 696~697)과 개원(713~741) 연간에 세 차례 사신을 보내 조공(朝貢)했다. 그래서 그 군주인 소불사리지리니(蘇弗舍利支離泥)를 왕에 책봉했다. 그가 죽자 소린타일(蘇麟陀逸, Surendrāditya)의 아들을 왕으로 책봉했는데, 그는 재차 대수령을 파견해 공물을 바쳤다"라는 기록이 있다.

『책부원구』 권796에도 개원 5년(717)에 전술한 소불사리지리니를 발률국 왕으로 책봉했다는 기록이 보인다. 당조가 파미르 고원 이남의 카슈미르나 발률 같은 나라들에 관심을 가지고 왕들을 책봉한 것은 중국과 인도 간의 통로 소통을 보장하려는 의도와 함께 서쪽으로 대식을 견제하고 남쪽으로 토번을 방어하려는 목적에서였다. 당조나 오아시스 육로 남도의 각국이 안서4진(安西四鎭)에서 파미르 고원을 넘어 인도에 가려면 반드시 발률을 거쳐야 한다. 한편 토번도 안서4진에

● ── 마르코 폴로의 초상(살비아티F. Salviati가 제작한 모자이크)

진입하려면 발률을 거쳐야 한다. 그리하여 토번은 항시 발률을 복속시키려 하였으며, 당조도 여러 번 발률을 도와 토번의 내침을 물리치게 한 바 있다. 예컨대 722년에는 소발률을 도와 토번을 격퇴했고, 737년에는 토번의 내침을 받은 발률이 당조에 급고(急告)하자 원군을 급파해 청해(靑海)에서 토번 군대를 격파하였다.

　이로부터 약 600년 후 마르코 폴로는 파미르 고원을 넘은 이야기를 할 때, 이곳에 관해 이렇게 기술하였다. "이제 이곳을 떠나 동북쪽과 동쪽으로 더욱더 먼 다른 곳에 대해 이야기해보도록 하자. 내가 여러분에게 말한 이 사흘 거리를 다 가면, 동북쪽과 동쪽 사이로 거의 40일 거리를 줄곧 산과 능선과 계곡을 지나고 수많은 강과 황야를 거쳐서 기행해야 한다. 이 40일 거리 내내 집도 숙소도 없기 때문에 여행자들은 스스로 음식을 갖고 가지 않으면 안 된다. 이 지방은 벨로르(Belor)라고 불리는데, 사람들은 매우 높은 산에 살고 우상숭배자들로서 매우 야만적이며 오로지 짐승들을 사냥해서 먹고 산다. 그들의 의복은 동물 가죽으로 만들어졌고, 그들은 힘이 세고

사악한 사람들이다. 이제 이 지방을 떠나 카슈가르 지방에 대해 이야기해 보도록 하자"(마르코 폴로 저, 김호동 역주,『동방견문록』, 사계절, 2000, 161-162쪽)(張, 64-65; 桑, 104-106 참고).

2.『신당서』와『구당서』에 '양동(羊同)'으로 나오는 '양동국(楊同國)'에서 '양동(Jiāng-dung)'은 티베트어로 '코끼리 영웅(상웅象雄)'이란 뜻이다. 양동국의 위치에 관해서는 중앙 티베트의 서부인 Gtsang 지방이란 설과, Gtsang 서부로부터 Guge와 라다크(Ladakh)에 이르는 서티베트 일원이라는 설이 있다. 그리고 티베트 문헌에 나오는 'Zhang-zhung'을 양동으로 보고 서티베트에 있던 여국(女國, 소발나구달라국)과 동일시하는 견해도 있다. 이 경우 양동(Zhang-zhung)을 대양동과 소양동으로 나누어 동반부의 대양동과 여국을 같은 곳으로 보는 견해와 여국을 대양동의 서쪽에 위치한 것으로 보는 견해가 있다.

양동국에 관한 기록이 여러 사적에 있다.『통전(通典)』「변방전(邊防典)」에는 "대양동은 동쪽으로 토번과 접하고 서쪽으로 소양동과 접하고 북쪽은 우기이다"라고 하였고,『당회요(唐會要)』권99「대양동국」조에는 다음과 같이 기술되어 있다. "대양동은 동쪽으로 토번과 접하고 서쪽으로 소양동과 접하며 북쪽은 우기로서, 동서 천 리나 된다. 강한 병사 8~9만 명을 소유하고 변발(辮髮)에 모직 옷과 가죽 옷을 입고 목축을 생업으로 한다.……이 나라 왕의 성은 강(姜)씨이며 네 명의 대신이 국사를 관장한다. 정관 5년 12월에 조공사를 보내왔으며, 15년에 중국 위세가 당당함을 알게 되자 또 사신을 보내 조공했다. 태종은 먼 길을 온 것을 가상히 여겨 의례로 위로하였다. 정관 말에 이르러 토번에게 멸망하여 부중(部衆)들이 뿔뿔이 흩어졌다." 이와 같이 정관 5년, 즉 토번과 통사가 있기 전에 양동은 벌써 당과 내왕하고 있었다.

양동은 인구가 많아 토번의 12개 방(邦) 중 수위를 차지하였다. 분교

(苯敎) 전설에 의하면 양동은 토욕혼(吐谷渾), 당항(黨項), 소비(蘇毗)와 함께 '내4족(內四族)'에 속하며 맹족(孟族)과 돌궐(突厥), 토번, 한족(漢族)은 '외4족(外四族)'이라고 한다. 이것은 토번이 흥기하기 전에 양동이 티베트에서 중요한 비중을 차지했음을 말해준다. 원래 티베트 서부의 고원 지대에 자리한 양동은 후장(後藏)과 호수 하나를 사이에 두고 토번을 얕잡아보고 있었다. 토번은 대외전쟁을 벌이면서 후환을 예방하기 위해 우선 양동을 정복하였다. 6세기 말 양동은 소비와 함께 토번과 결맹(結盟)하고 그 외척(外戚)이 되었다. 토번 왕 낭일론찬(郞日論贊)이 시해된 후 양동이 반란을 일으켰으나, 644년경 손챈감포(Srong-btsan sgam-po, 송찬간포松贊干布, 617~650)에게 진압당했다. 손챈감포는 토욕혼 정벌에 양동 병력을 동원하기도 하였다. 손챈감포 사후 양동은 몇 차례 반란을 일으켰으나 번번이 실패하고 말았다.

3. '사파자(娑播慈)'가 『일체경음의』에서는 '파파자(婆簸慈)'로 음사되어 있다. 그 위치 비정에 관해서는 아직 정설이 없으나 대체로 사파자를 티베트어 'hbrasspung'의 음사로 보고 그곳이 니파라국(尼波羅國, 현재의 네팔)이라는 견해(藤, 32b)와, 라다크 지방의 레(Leh) 서쪽이자 인더스 강 상류 알치(Alchi) 대안의 Sa-spo-rtse 지방이라는 견해, 두 가지가 있다. 니파라국이라면 당시 당에게는 상당히 익숙한 고장이다. 현조 법사가 귀국할 때 이곳을 지났고, 도선(道宣)의 『석가방지』「유적편(遺跡篇)」에도 당에서 토번과 니파라를 거쳐 북천축으로 갔다는 기록이 있으며, 사신 왕현책이 중천축에서 불의의 공격을 받자 토번에 피신해서 니파라국 기병 칠천 명을 초모(招募)해 반격을 가했다는 유명한 일화도 있다. 이러한 사실들을 모를리 없는 혜초가 '니파라'라는 이름을 쓰지 않고 굳이 티베트어인 '사파자'를 썼다는 것은 이 두 곳이 과연 같은 곳인가에 대해 의문을 던져주고 있다.

4. 세 나라가 토번의 관할 아래 있게 된 것은 토번이 대외로 진출한 결

과이다. 티베트가 세계무대에 알려지게 된 것은 7~9세기 토번이 왕국 시대에 중앙아시아 일대로 진출한 때와 당이 서북방 일원으로 진출한 때부터이다. 중앙아시아로 진출하려면 서북 방향으로 파미르 고원에서부터 우기, 소륵(疎勒, 카슈가르Kashgar)을 지나는 길을 택해야 하는데, 이 길 위에 바로 양동(楊同・羊同, Zhang-zhung)과 여국(소발나구달라국), 발률, 사파자 등의 나라들이 자리하고 있었다. 그리하여 토번은 중앙아시아 진출을 위해 이러한 나라들을 차례로 정복하지 않을 수 없었다. 토번이 가장 가까운 양동을 복속시킨 것은 손챈감포가 다스리던 때인 643년부터 645년 사이이다. 여국이나 발률(초기는 대발률과 소발률로 나뉘어 있지 않음), 사파자가 언제 토번에 복속되었는가에 대해서는 명확한 기록이 없으나, 현장의 『대당서역기』 권4에 "소벌랄나구달라(즉 여국)는 동으로 토번과 접해 있다"라고 한 기사로 미루어, 적어도 현장이 중앙아시아나 인도 지방을 역방(歷訪)하던 628년부터 644년 사이에는 여국이 토번에 예속되어 있지 않았음을 알 수 있다. 이로써 여국보다 더 멀리 있는 발률이나 사파자가 그때까지는 토번의 관할 아래 있지 않았다는 것은 짐작할 수 있다. 대발률이나 양동, 사파자가 토번의 관할 아래 있다는 사실을 밝힌 것은 725년에서 727년 무렵 이곳을 찾은 혜초가 처음이다. 그런데 7세기 중엽부터 발률은 대발률과 소발률로 분할되어, 대발률은 토번에 예속되고 소발률은 당 세력권 안에 있게 되었다.

5. '병별(並別)'의 뜻을 어떻게 이해할 것인가가 문제인데, 대체로 세 나라의 의복이나 언어, 풍습이 서로 다르다는 뜻으로 이해하고 그렇게 번역하고 있다(F, 443; Y, 47; 李, 52; 鄭, 123; 金, 19). 그러나 이어지는 다음 글에서는 이 세 나라 사람들이 가죽 옷이나 바지 등을 착용한다고 하여 의복이 같음을 전한다. 따라서 앞 글의 '병별'을 세 나라간의 '서로 다름'으로 이해하면 뒤의 글과 모순된다. 또한 이 세 나라는 모두 티베트의 산간오지에 위

치하고 있어 의복이나 언어, 풍습이 서로 크게 다르지 않을 것이라는 점을 감안할 때, 桑과 같이 '병별'은 이 세 나라 간의 다름이 아니라, 천축과의 다름을 말하는 것(桑, 370)이라고 이해하는 것이 순리일 것이다.

6. '첩삼(氎衫)'에서 '첩(氎)'은 올이 가는 모직물도 말하므로 '첩삼'은 '모직 옷과 적삼'이다. 따라서 '목면 상의(baumwollene Oberkleidung)'(F, 443)라든가 '면 적삼(cotton shirts)'(Y, 47) '모직물 옷'(李, 52), '모직 옷'(鄭, 123) 등으로 이해하는 것은 재고할 필요가 있다고 본다.

7. 토번에는 "절간이라곤 없고 불법도 알지 못한다(惣無寺舍 不識佛法)"라는 혜초의 기록에 대해 그 정확성 여부를 놓고 이론이 있다. 일본의 藤(33 b)이나 桑(110)은 혜초의 기록이 부정확하다고 지적한다. 토번에는 손챈감포 왕이 다스리던 무렵(629~650 재위)에 당의 문성공주(文成公主)와 니파라의 왕비 적존공주(赤尊公主, 일부에서는 이 왕비의 존재를 부정)에 의해 불교가 전해진 것으로 알려져 있다. 왕 자신이 어느 정도 독실한 불자였는지는 미상이다. 다만 라싸(Lhasa)의 Phrul-snang 사원을 비롯한 불교 사원이 7세기부터 건립된 것만은 사실이고, 혜초와 동시대인인 티데츠쿠첸(khri lde gtsug brtsan, 기예축찬棄隷縮贊, 712~754 재위) 왕이 불교도였다는 것도 비문에 의해 실증되었다. 따라서 혜초가 방문했을 때인 8세기 중엽에 토번에 불사나 불교가 있었음은 확실하다. 다만 불교가 국교로 공인된 것은 다음 왕인 티송데첸(Khri srong lde brtsan, 적송덕찬赤松德贊, 755~796 재위) 때 일이다. 이에 앞선 티데츠쿠첸 왕 시대에는 불교를 반대하는 세력이 있었고, 또한 불교가 널리 퍼지지 않았으리라는 것이 분명하다. 그러므로 혜초가 카슈미르에서 토번에 관해 전해 들었을 때에는 토번에 불교가 있다는 사실이 전해지지 않았을 수도 있다.

그러나 張은 8세기 중엽까지도 불교가 일반인들 사이에 퍼지지 않았다는 이유를 들어 혜초의 기술에 찬성한다(張, 67-68). 비록 7세기 중엽에 문성공주와 적존공주에 의해 불교가 토번에 전해지기는 하였으나, 그 신봉자는 공주 수행원들이나 소수 인사들에게만 국한되고 아직 분교(苯敎) 세력이 뿌리 깊이 박혀 있어 일반 백성들에게는 전파되지 않았다. 8세기 중엽에 세워진 티베트문(文)의 '홍불증맹비(興佛證盟碑)'에 의하면 티데츠쿠첸 왕 때 찰마(札瑪)의 갈거(噶擧)에 절을 하나 세우기는 했으나, 왕이 죽자 일부 대신들이 미혹에 빠져 불교에 대한 조상들의 믿음을 저버리고 불법은 '좋지 못한 것'이라고 선포함으로써, 내외신민(內外臣民) 모두에게 불교를 믿는 것을 불허하였다.

불교가 토번에 널리 퍼지기 시작한 것은 혜초가 다녀간 후인 티송데첸 왕 시대부터이다. 이 시대마저도 초기에는 불교가 민간에 전파되는 것을 금지시켰다. 그러다가 왕이 태도를 바꾸어 상야사(桑耶寺)를 짓고 귀족과 총명한 서민 출신 자녀 7명, 즉 이른바 '칠각사(七覺士, Sad-mini-bdung)'의 출가를 허용하였다. 이것이 티베트에서 출가의 효시다. 토번에 불법이 없다고 한 것은 혜초만이 아니다. 예컨대 의정은 『남해기귀내법전』 권2 「의식소수(衣食所須)」조에서 "유독 파랄사(波剌斯)와 나국(裸國), 토번, 돌궐에는 불법이 없다"고 하였으며, 『책부원구』 권981 「외신부(外臣部)」조에는 숙종(肅宗, 756~762 재위) 원년 건인월(建寅月)에 토번 사절이 내조해 강화(講和)를 청하면서 토번의 관습에 따른다면 세 가지 짐승의 피를 취해 마시지만, 불사에서는 있을 수 없는 일이라고 말하였다는 기록이 있다.

8. '호(胡)'나 '이(夷)'는 중화사상에 젖은 중국인들이 춘추전국 시대부터 주변의 이민족에 대한 비칭으로 써온 말이다. 처음에는 그 용법의 한계가 불명확하여 고조선을 동이(東夷)라고 지칭하는가 하면, 춘추 시대부터 한초(漢初)에 이르기까지는 몽골의 동방에 있는 민족을 동호(東胡)라고 하였고, 조(趙)나라 무령왕(武靈王) 때에는 북방의 흉노(匈奴)를 호(胡)로 칭하고 그들의 옷을 '호복(胡服)'이라고 하였다. 그러나 진시황의 천하통일로

국토 사계(四界)가 그어지기 시작하고 한대의 서역 개통과 남해 진출로 주변 국가들과의 관계가 복잡해짐에 따라, '동이' '북적(北狄)' '남만(南蠻)' '서호(西胡, 혹은 서융西戎)'의 사이(四夷) 사상이 공식화되었다(王國維, 『觀堂集林』 권22, 「西胡考」, 河洛圖書出版社, 民國 64년). 그 결과 서호는 거의 같은 시기에 출현한 '서역'의 별칭이 되어버렸다.

위진남북조 이후 서역문물이 다량으로 중국에 유입되면서 무릇 서역문물이면 원산지를 불문하고 '호'자를 붙여 구별하였다. 그러한 문물 가운데서 가장 중요한 것은 페르시아(현재의 이란)나 중앙아시아에 있던 소그디아나의 것이었다. 그래서 흔히 이 시기의 '호'는 주로 이 두 곳이나 그곳의 문물에 대한 지칭으로 알려지고 있다. 그런데 사실은 이 두 곳뿐만이 아닌 그 밖의 서역 일원에 대한 지칭으로도 널리 사용되었다.

『북사』 권97 「서역전」 '고창(高昌)'조에는 투르판 분지 고창국에서 한문과 호서(胡書), 호어(胡語)가 병용되고 있다는 기록이 보인다. 여기에서의 호어는 소그드어일 가능성도 있지만, 다분히 인도-유럽어계의 토카라어를 말한다. 같은 책의 '언기국(焉耆國)'조에도 "이 나라 백성은 바로 호(胡)이다"라는 기술이 있다. 당시 언기인들이 토카라어를 사용한 토카라인들이라는 것이 연구결과에 의해 밝혀졌다. 『신당서』 권221 하 「서역전」 하 '발률'조에도 '불름대식제호칠십이국(拂菻大食諸胡七十二國)', 즉 '동로마제국(불름)과 대식 등 72개 호국'이란 표현이 있는데, 여기에서의 '제호(諸胡)', 즉 '여러 호'는 대식(아랍)을 비롯한 서역 여러 나라를 지칭한다. 육조(六朝) 이전에는 인도를 포함한 서역 전체를 '호'로 보았다. 수나라 때 사문(沙門) 언종(彦琮)이 『변정론(辯正論)』을 발표해 이러한 편향을 통박하였다. 그리하여 수대 이후에는 '호'에서 인도가 배제되었다. 혜초가 말하는 '호'는 주로 중앙아시아 각 민족이나 국가 들이다.

9. '당토시호 소이신야(當土是胡 所以信也)'는 '이 땅(대발률·양동·사

파자)은 호지(胡地, 호인들의 땅 또는 호인들이 사는 고장)라서 (불교를) 신봉한다'라는 뜻이지(Y, 47; 桑, 37), "그 땅은 오랑캐족(호족)이 사는 곳으로 믿어진다"(李, 52)라든가, "이곳은 오랑캐 나라로 믿어진다"(鄭, 123), "이로 보아도 오랑캐인 것을 알 수 있다"(金, 19)라는 뜻은 아니라고 본다. 당시 서부 티베트를 차지하고 있던 이들 세 나라에는 인도-이란어계의 다르드(Dard, Dardai, Darda)인과 몬(Mon)인이 거주하고 있었는데, 혜초는 이들을 불교를 신봉하는 호인으로 간주하였다. 사실 서부 티베트의 라다크와 길기트 그리고 칠라스(Chilas) 등지를 포함한 파미르 고원 남부의 산악지대에서 발견된 기원 전후의 암벽화나 명문(銘文)에서는 주민들인 다르드인이나 몬인이 불교를 신봉했다는 흔적을 찾아볼 수 있다(桑, 110-111 참고).

토번국

이보다 더 동쪽에 있는 토번국(吐蕃國, 티베트Tibet)은 순전히 얼어붙은 산, 눈 덮인 산과 계곡 사이에 있는데, 사람들은 전(氈)으로 만든 천막을 치고 산다. 성곽이나 가옥은 없으며 사는 곳은 돌궐(突厥)과 비슷한바, 물과 풀을 따라 이동한다. 이 나라 왕은 비록 한 곳에 거처하기는 하나 역시 성곽도 없이 그저 전으로 만든 천막에 의지하는데, 그것을 큰 재산으로 여긴다. 땅에서는 양, 말, 묘우(猫牛, 야크yak), 모포, 베 따위가 생산된다. 의상은 털옷과 베옷, 가죽 옷인데, 여자들도 그렇다. 다른 나라와는 달리 지대가 아주 춥다. 집에서는 늘 보릿가루 음식을 먹고 떡과 밥은 적게 먹는다. 국왕이나 백성들이 모두 불법을 알지 못하며 절간도 없다. 거개가 땅을 뚫어 구덩이를 만들고는 거기에 누워 자므로 침상이 없다. 사람들이 대단히 까맣고 흰 사람은 아주 드물다. 언어는 다른 여러 나라와 다르다. 털옷과 베옷을 입기 때문에 서캐와 이가 대단히 많은데, 이를 잡기만 하면 곧바로 입속에 넣고 끝까지 버리지 않는다.

吐蕃國

已[1]東吐蕃國[2] 純住冰山雪山川谷之間[3] 以氈帳[4]而居 無有城郭[5]屋舍[6] 處所與突厥[7]相似 隨逐水草 其王雖在一處 亦無城 但依氈帳以爲居業[8] 土地出羊馬猫牛[9]〔毯〕[10]褐[11]之類 衣着毛褐皮裘 女人亦爾 土地極寒[12] 不同餘國 家常食麨[13] 少有餅飯[14] 國王百姓等 惣不識佛法 無有寺舍 國人悉

皆穿地作〔坑〕[15] 而臥無有床席 人民極黑 白者全希[16] 言音與諸國不同[17] 多愛喫虱 爲着毛褐 甚饒蟣虱 捉得便〔抛〕[18]口裏 終不棄也

 주

1. '이(已)'자는 '이미' '벌써' '그치다' '너무' 등의 의미와 함께 '다음에' '나중에'라는 뜻도 지니고 있다. 문맥으로 보아 본문에서는 '다음에'라는 뜻으로 쓰였다. '이동토번국(已東吐蕃國)'은 '그 다음 동쪽에', 즉 '그보다 더 동쪽에 토번국이 있다(그보다 더 동쪽에 있는 토번국은)'로 이해해야 하며, '이 동토번국……'(李, 52)이나 '동으로 토번국은……'(金, 19) 또는 '동쪽에 티베트가 있다(To the east lies Tibet)'(Y, 47)로 번역하는 것은 재고해야 할 것이다.

2. '토번(吐蕃, 티베트Tibet, 일명 도백특圖伯特, 토백특土伯特, 조배제條拜提, 퇴파특退擺特)'이란 이름은 당대에 처음으로 나타난 이래(『구당서』 권196「토번전」) 여러 가지로 바뀌었다. 오대(五代)와 송대까지는 당대의 이름을 그대로 쓰다가 원대에는 '토번(土番 혹은 吐番)' 또는 중국의 서방에 있다는 의미에서 '서번(西番)'이라고도 하였다. 명대에는 '오사장(烏斯藏)'으로, 청대에는 '위장(衛藏)' 또는 '서장(西藏)'으로 불렀는데, '서장'이란 이름이 오늘날 중국에서 유행하고 있다.

'토번'의 어원에 관해서는, ① '독발(禿髮, 고원에 사는 사람)'의 와전음설(『구당서』; 프랑스 펠리오), ② '토(吐)'의 원음이 'Tu' 혹은 'Stod'이고, '번(蕃)'은 티베트의 본명인 'Bod'의 음사라는 'Tu-Bod'설(혹은 'Stod'설)(미국 록힐W. Rockhill), ③티베트어 'Tho-pho'(전승자戰勝者, 강자强者라는 뜻)의 음역설(독일 리터Ritter), ④ '토(吐)'는 티베트의 본명인 'Bod'인데, 여기에 '야생'이나 '미개'란 뜻을 가진 글자 '번(蕃)'을 첨가했다는 'Bod'설(일본 아오키 분쿄青木文敎) 등 여러 설이 있다.

토번의 조상에 관해 전설에는 관세음보살의 화신인 미후(獼猴, 원숭이의 일종)의 후손이라는 설과 역사학이나 체질인류학에서의 불가지론(『구당서』『송사(宋史)』) 외에도 삼묘설(三苗說)(『사기』 권15 「제본기(帝本紀)」), 선비종설(鮮卑種說)(『신당서』), 당항설(党項說)(『속문헌통고(續文獻通考)』 권330), 서강설(西羌說)(『당회요』 권98), 인도-아리안설(정겸丁謙,「위서외국전지리고증(魏書外國傳地理考證)」) 등 몇 가지 설이 있다. 그 중 서강설이 가장 유력하다.

토번의 건국사에 관해서도 여러 가지 추측이 있으나 이를 종합해보면, 토번사에 명확한 기록이 남아 있는 손챈감포 왕 이전에 이미 초대 왕 앙사찬보(仰賜贊普, 또는 니지찬박尼墀贊薄)로부터 31대가 계승되었으며, 손챈감포대(제32대)에 와서 비로소 불교 왕국이 건립되었다. 13세에 등극한 손챈감포는 국력을 크게 신장시켜 인도 서북부와 니파라, 서역 제국을 점령하고 토욕혼을 병탄한 후 농우(隴右)까지 접근해 당조를 위협하였다. 당 태종은 문성공주를 손챈감포에게 출가시켜 양국간의 화해를 도모했으며, 이것이 토번이 불교와 당의 문화를 받아들여 성운(盛運)을 맞게 된 한 계기였다. 문무제도를 갖추고 번성하던 토번은 당 의종(懿宗) 함통(咸通) 7년 (866)에 당에 의해 멸망하였다(유의당,『중국변강민족사(中國邊疆民族史)』 상책, 중화서국, 1982, 379-421쪽 참고).

3. '천곡지간(川谷之間)'에 대한 이해가 서로 다른데, '천곡'을 '강가나 계곡'으로 이해하거나(李, 52; 鄭, 123), '지간(사이)'을 아예 번역하지 않은 것(李; 鄭; 金, 19; Y, 48)이 그 실례다. '천곡'은 '강가나 계곡'이 아니라, 그저 '계곡'이며, 본문에서 '……산과 계곡 사이에 있다'라는 의미가 분명하기 때문에 '지간', 즉 '사이'를 생략할 수 없다.

4. '전장(氈帳)'에서 '전(氈)'은 모직물의 일종이나 여기서는 비교적 조잡(粗雜)한 (거친) 모직물을 말한다. F(443)나 Y(48), 桑(37)은 다 같이 펠트

로 번역했는데, 적절하지 않다고 사료된다. 왜냐하면 펠트는 양털을 비롯한 짐승의 털을 원료로 하여 습기나 압력, 마찰, 열을 가해 만든 비교적 고급 모직물로서, 당시 토번에 이러한 고급 모직물이 없었을 것으로 짐작되기 때문이다. 오늘날까지도 티베트인들은 이러한 펠트가 아닌, 조잡한 모직물로 텐트를 만들어 쓰고 있다. 그리하여 '전(氈)'은 그대로 '전' 또는 '거친 모직물'로 번역하는 것이 적절하다고 판단된다.

'장(帳)'은 텐트인데, 『구당서』 권196이나 『신당서』 권216, 『통전』 권190, 『책부원구』 권961, 『태평환우기(太平寰宇記)』 권185 등 여러 사적의 「토번전」에 나오는 이동식 '불려(拂廬)'가 바로 이것이다. 이들 사적에 의하면 왕은 '대불려(大拂廬)'에서, 귀족이나 백성들은 '소불려(小拂廬)'에서 산다고 한다. 한 가지 유의할 점은 토번인이 텐트에서 산다고 하면 그들을 순수 유목민으로만 생각할 수도 있는데, 사실 그들은 유목과 더불어 농경생활도 함께 해왔다는 것이다. 그들은 여름과 겨울, 고산지대와 저산지대, 북방 고원지대와 남방 하천지대를 번갈아 유목과 농경, 이동과 정착을 겸행하고 있었다. 본문에도 나오지만 그들의 주식이 보릿가루[麨]를 비롯한 맥류(麥類)라는 사실이 이를 증명해 준다.

5. 원문은 '곽(堁)'자인데 이 글자에 대한 이해가 각이하다. 桑과 鄭은 '곽(堁)'자로 보고(桑, 20; 鄭, 108) '성곽(城堁)'으로 번역(桑, 37; 鄭, 123)하였으며, 張은 '돈(墩)'자로 보면서 이것이 '곽(郭)'자의 오사라고 주장하였다(張, 68). 이에 비해 李는 '곽(廓)'자의 오사로 보고(李, 100) '성곽(城堁)'을 '성곽(城廓)'으로 번역하였다. 이러한 혼선은 '곽(堁)'자가 '곽(郭)'자의 속자임을 이해하지 못한 데서 비롯된 것 같다. 따라서 원문에는 하자가 없다.

6. "성곽이나 가옥은 없다(無有城堁屋舍)"라는 혜초의 기술은 사실과 다르다. 『구당서』 권196 「토번전」에는 "토번인들은 가축을 따라 방목하며, 늘 한 곳에 거처하는 것은 아니지만 성곽이 있다. 국도는 나사성(邏些城)이

라고 하는데, 가옥은 모두 평평한 지붕에 높이가 몇 척이나 된다. 귀인들은 불려라고 하는 전으로 만든 큰 텐트에서 사는데, 침소는 더럽고 한번도 빗질하거나 씻는 일이 없다"라는 기사가 있다. 『신당서』 「토번전」에도 "찬보(贊普, 부락 추장)는 발포천(跋布川)이나 나사천(邏些川) 강가에서 산다. 성곽도 있고 오두막집〔廬舍〕도 있지만 거기에서 거처하려 하지 않고, 짐승 솜털로 만든 텐트〔毳帳〕를 이어놓은, 수백 명을 수용할 수 있는 대불려라고 하는 데에서 거처한다"라는 기록이 있다. 혜초가 오술한 것은 아마 서북방 고원지대의 유목민 생활만 전문한 데에서 기인했다고 본다.

7. '돌궐(突厥)'의 어원에 관해서는 ①두무설(兜鍪說)−금산(金山, 알타이 산)의 모양이 두무, 즉 헬멧(helmet)과 비슷하다는 데서 나온 두무의 음사(『북사』 권99; 『수서(隋書)』 권84), ②철륵설(鐵勒說)− '연맹'을 뜻하는 '적력(狄歷)' '칙륵(敕勒)' '철륵(鐵勒)'의 음사(정겸, 「신당서돌궐전지리고증」), ③돌궐어설− '강력' '성대' '기력'의 뜻을 지닌 돌궐어 '투르크(Turk·Türk)'의 음사(홍균洪鈞, 『원사역문증보(元史譯文證補)』 권27 「서역고지고(西域古地考)」 '돌궐회홀突厥回紇') 등이 있다.

돌궐의 기원에 관해서는 ①흉노의 별종으로 서해 근처에 거주(『주서(周書)』『북사』『수서』), ②흉노의 북쪽에 있던 색국(索國)(『주서』), ③평량(平諒)에 거주한 잡호(雜胡)(『수서』), ④흉노의 북쪽에 거주한 정령(丁零), 고차(高車), 철륵(鐵勒) 등 여러 부족(『신당서』) 등 네 가지 설이 있는데, ④설이 가장 유력하다.

약 200년간(545경∼745)의 돌궐사는 크게 제1돌궐 제국과 제2돌궐 제국으로 나눈다. 제1돌궐 제국의 강성기 영토를 보면 동으로는 요동만(遼東灣), 서로는 카스피 해, 북으로는 바이칼 호, 남으로는 고비 사막까지의 광대한 지역을 아울렀다. 583년 동돌궐과 서돌궐로 분열된 후 7세기 중엽 당에 의해 제1돌궐 제국은 멸망하였다. 멸망 후 약 50년 동안 당의 기미지배

(羈縻支配, 굴레를 씌워 말을 다루듯 부속국을 지배하는 것) 아래 있다가 쿠드룩(골탈록骨咄祿)의 지휘하에 국권부흥운동을 벌여 682년에 막남(漠南, 고비 사막 이남) 지역을 중심으로 제2돌궐 제국을 건립했다. 일시 흥성했던 제2돌궐 제국은 말기에 이르러 통치집단 내부에 내홍(內訌)이 일어나면서 국력이 쇠잔해져갔다. 이 기회를 타서 구성원이었던 위구르, 바스밀, 카를루크 등 여러 부족이 연합하여 제국을 멸망시키고, 그 터전 위에 새로운 유목 제국인 위구르 제국을 건립하였다.

돌궐은 중앙아시아 유목 제국 중에서 최초로 문자를 사용한 민족일 뿐만 아니라, 최초로 지배권을 동으로 중국 변방까지, 서로는 비잔틴 제국까지 확장한 강대한 유목 국가였다. 돌궐은 또한 중앙아시아 일원의 실크로드를 장악하여 멀리 서역과도 교역을 하고 사신을 교환하는 등 동서문명교류에 불멸의 업적을 남겼다. 그리하여 서구에서는 13세기 몽골 제국이 출현할 때까지 북방 초원로 일대에 존재한 모든 유목 민족을 일괄하여 투르크로 총칭하였다(유의당, 『중국변강민족사』, 209-223쪽; 우덕찬, 『중앙아시아사 개설』, 부산외국어대학교출판부, 1998, 54-72쪽 참고).

본문에서 토번인들이 "사는 곳은 돌궐과 비슷하다(處所與突厥相似)"라고 한 것은 집 없이 이동하면서 텐트를 치고 사는 것이 유목민인 돌궐인과 비슷하다는 뜻이다.

8. '이위거업(以爲居業)'에서 '거업'에 관해 해석이 각이하다. Y는 "펠트 천막에서 일을 처리하다(carries on with his work in felt tents)"(48)라고 영역하였고, 李(52)나 金(19)도 이와 비슷하게 "일을 보다"로 옮겼으며, 鄭(123)은 누락시키고 있다. 다만 桑은 "(그것을) 재산으로 하고 있다"(37)라고 일역하고 있다. 여기서 '이위(以爲)'는 '여기다'라는 뜻이고, '거(居)'는 '살다' '거처하다' '차지하다' '품다'라는 뜻과 함께 '여기다'라는 뜻이 있다. '업(業)'은 '일' '업무' '직업' '종사하다'라는 뜻과 함께 '재산' '부동

산'이란 뜻도 지니고 있다. 따라서 본문에서의 '거업(居業)'은 '재산으로 여기다(삼다)'의 의미로 풀이된다. 문맥상으로 봐도 타당하다. 단 '이위'와 '거'가 뜻이 중복되는 점이 없지 않으나 강조를 위한 것으로 이해할 수 있을 것이다.

9. '묘우(猫牛)'는 '모우(牦牛)' 또는 '니우(犛牛)'라고도 하는데, 히말라야 산맥이나 알타이 산맥의 중간 고원지대에 서식하는 야크(yak)를 가리킨다. 『구당서』「토번전」에는 "니우, 돼지, 개, 양, 말을 많이 기른다(畜多犛牛猪犬羊馬)"라고 하고, 『신당서』「토번전」에도 "짐승으로는 니우, 명마, 개, 양, 돼지가 있다(其獸 犛牛名馬犬羊彘)"라고 하여 토번에 니우, 즉 야크가 있었음을 재확인할 수 있다. 야크는 포유류의 반추류(反芻類)이자 우제류(偶蹄類) 동물로서, 체구는 소와 비슷하나 뿔이 길며 약간 원통형이다. 몸통에는 부드럽고 광택이 나는 긴 털이 있는데, 검은색과 흰색이 있으며 간혹 두 색이 뒤섞인 것도 있다. 야생도 있고 가축도 있다.

10. 원문의 '毯'자는 '담(毯)'자의 오사로서, '담(毯)'은 모직물이나 모전(毛氈), 펠트(츞, 112)가 아니라 '모포' '담요'라는 뜻이다.

11. '갈(褐)'은 모직물(츞, 112)이 아니라 '베'이다. Y는 '담갈(毯褐)'을 '모직물·모포(woolens)'로 영역했는데, '담'과 '갈'은 합성어가 아니라 각기 다른 두 글자로서 '모포'와 '베'라는 뜻이다. 『구당서』나 『신당서』 및 『통전』의 「토번전」에 의하면 토번인은 남녀를 가리지 않고 전구(氈裘), 즉 모전 옷을 입는다.

12. 토번의 기후에 관해서 『구당서』「도번전」에는 "그곳 기후는 대단히 춥다(其地氣候大寒)"라고 하고, 『신당서』「토번전」에는 이 "나라에는 벼락, 번개, 바람, 우박이 많고 눈이 쌓여 있어 한여름이라도 중국의 봄날과 같으며, 산과 계곡은 늘 얼어붙어 있다(國多霆電風雹積雪 盛夏如中國春時 山谷常冰)"라고 하였다. 『통전』 권190이나 『당회요』 권97에도 이와 비슷

한 기술이 있다.

13. 토번인이 즐기는 '초(麨)'는 찐 보리쌀인데, 그 보리는 청과맥(靑稞麥, 일명 나맥裸麥), 즉 수염이 짧고 껍질이 쉽게 벗겨지는 쌀보리이다. 보리의 일종인 청과맥은 티베트인의 주식으로서, 보통 표고 사천 미터 전후의 고지대에서 재배된다. 탈곡하면 청록색을 띤다고 해서 이런 이름이 붙은 것으로 보인다. 티베트인들은 이 청과맥과 버터차(茶)를 함께 마시는데, 차는 당대에 티베트와 사천(四川) 사이에 차마교역(茶馬交易)이 발생하면서 티베트에 전해졌으며 송대에는 많이 유행하였다(6절 주 15 참고).

14. '병반(餠餅)'에서 '반(餅)'자는 '밥 반(飯)'자의 이체자(異體字)로서 '밥'이라는 뜻이다. 중국에서 '병(餠)'이란 밀가루나 옥수수 가루 따위에 소금이나 기름, 향료 등을 넣어 반죽한 다음 지지거나 구워서 만든 음식이다. 티베트의 '병'도 만드는 방법은 비슷하나 주재료가 보릿가루다. 한국의 떡과는 재료나 만드는 방법, 맛이 다르지만, 적당한 역어가 없어서 '떡'으로 번역한다. '떡'은 보통 곡식 가루를 시루에 안쳐 찌거나 굽거나 아니면 소댕(솥뚜껑)에 부쳐서 익혀 만든 음식의 총칭이다. Y는 '페이스트리(pastry, 가루 반죽으로 만든 과자나 파이 따위)'로 영역하였다(Y, 48; '병'에 관해서는 6절 주 14 참고).

15. '천지작갱(穿地作坑)'에서 '천지'는 '땅을 판다'(李, 52; 鄭, 123; 金, 19, '땅굴을 파다')라는 뜻이 아니라 '땅을 뚫는다'라는 뜻이고, '천지작갱'은 '땅을 뚫어서 구덩이를 만든다'라는 말이다. 혜초는 본문에서 "땅을 뚫어 구덩이를 만들고는 거기에 누워 잔다"라고 했는데, 이것은 굴속에서 지내는, 일종의 혈거생활(穴居生活)을 말한다. 그런데 혜초는 앞에서 티베트인들은 "전으로 만든 천막을 치고 산다"라고 했다. 토번에 관한 혜초의 기술은 자신의 견문에 의한 것이 아니고 전문에 의한 것이어서 기술할 때 혼동을 피하지 못한 부분도 있는 것 같다. 티베트인들은 천막생활을 위주로 하

나 간혹 혈거생활도 한다고 이해하면 무방할 것이다. 그리고 원문에서 '갱(坑)'자를 '항(抗)'자로 오사하였다.

16. '희(希)'자는 '바라다' '희망하다' '동경하다' 등의 뜻과 함께 '드물다' '적다'라는 뜻도 지니고 있다. 본문의 경우는 '드물 희(稀)'자와 같은 의미로 쓰였다.

17. 티베트어는 시나-티베트 어족에 속하여 오천축의 인도-아리안 어족과는 근본적으로 다르다. '언음여제국부동(言音與諸國不同)'에서 '제국'은 천축의 여러 나라를 지칭하는 것으로서, 티베트어가 그 나라들의 언어와 다르다고 한 것은 정확무오하다. 시나-티베트 어족에는 가타이 제어, 가무-타이 제어 등 타이-가타이 어군과 티베트-히말라야 제어, 동히말라야 제어, 북아삼 제어, 포트-카로 제어, 구키-나가 제어, 가친어, 버마-로로 제어, 가렌 제어 등 티베트-버마 어군의 2대 어군이 있다.

18. '포(抛)'자가 원문에서 좀 흐릿하게 보여 '액(扼, 움켜잡다)'자(桑, 114) 등 여러 가지로 추측하고 있는데, 문맥으로 봐서 '던지다'의 뜻을 가진 '포(抛)'자로 보는 것이 적절하다.

소발률국

다시 가섭미라국에서 북서쪽으로 산을 넘어 이레를 가면 소발률국(小勃律國)에 이른다. 이 나라는 중국의 관할 아래 있다. 의상이나 풍속, 음식, 언어는 대발률국(大勃律國)과 비슷하다. 전으로 지은 웃옷과 가죽신을 신고 수염과 머리를 깎는다. 머리에는 면포 한 장을 두르며 여인들은 머리를 기른다. 가난한 자가 많고 부자는 적다. 산천이 협소하여 농사는 많이 짓지 않는다. 그곳 산은 초췌하고 스산한데, 원래부터 나무나 다양한 풀이 없었다. 대발률은 본래 소발률 왕이 살던 곳인데, 토번이 내침하자 왕이 소발률국에 들어가 주저앉았다. 수령과 백성들은 거기 대발률에 남아 따라오지 않았다.

小勃律國

又迦葉彌羅國西北隔山七日程 至小勃律國[1] 此屬漢國所管 衣着人風飮食言音 與大勃律國相似 着氎衫及靴 剪其〔鬚髮〕[2] 頭上纏疊布[3]一條 女人在髮 貧多富少 山川狹小 田種[4]不多 其山憔杌[5] 元無樹木及於諸草 其大勃律 元是小勃律王所住之處 爲吐〔蕃〕來逼 走入小勃律國坐 首領百姓在彼大勃律不來

주

1. '소발률(小勃律)'은 오늘의 길기트(Gilgit)로서 티베트어로는 '브루자(Bru-zha)'라고 한다.『신당서』권221 하「서역전」하 '대소발률'조는 소발률에 관해 이렇게 기술하고 있다. "소발률은 경사(京師)에서 구천 리 떨어진 거리에 있는데, 약간 동남쪽으로 삼천 리 떨어진 곳에 토번 찬보의 아장(牙帳)이 있고, 동쪽(서쪽의 오인) 팔백 리에 오장(烏萇)이, 동남쪽 삼백 리에 대발률이, 남쪽 오백 리에 개실밀(箇失密, 카슈미르)이, 그리고 북쪽 오백 리에 호밀(護密)의 사륵성(娑勒城, 사르하Sarha)이 있다. 왕은 사이(Sai, 娑夷) 강가의 얼다성(蘗多城, 치트랄)에 살고 있으며, 이 성 서쪽 산속에 가포라(迦布羅, 카불Kabul)라는 큰 성이 있다. 개원 초에 왕 몰근망(沒謹忙)이 당에 내조하자 현종은 그를 자식처럼 여기고 그의 영지를 수원군(綏遠軍) 아래 두었다. 이 나라는 수차례나 토번의 핍박을 받아 곤경에 처했는데, 그럴 때마다 토번은 '우리가 그대들의 나라를 도모하고자 해서가 아니고, 길을 터서 4진(四鎭)을 공략하기 위해서다'라고 말하곤 하였다. 얼마 지나서 토번이 이 나라의 9성을 탈취하자 몰근망은 북정(北庭)에 구원을 요청했다. 절도사 장효숭(張孝嵩)은 소륵 부사(疏勒副使) 장사례(張思禮)더러 정예병 사천 명을 이끌고 출진하도록 했다. 몰근망은 이에 출병하여 토번을 대파하고 9성을 수복했다. 당이 그를 소발률 왕으로 책봉하자 그는 대수령 찰탁나사마몰(察卓那斯摩沒)을 파견해 회사(回謝)했다."

『신당서』권216「토번전」에도 이러한 기사가 실려 있는데, 때는 개원 10년(722)이라고 한다. 내발률과 소발률로 분열된 것은 개원 초로 추측되는데, 앞의『신당서』나『책부원구』권358「장수부입공(將帥部立功)」11에 의하면 개원 5년(717)에 당은 소불사리지리니를, 8년(720)에는 소린타일(蘇麟陀逸)의 아들을 각각 발률국의 왕으로 책봉했다. 소발률이 토번에게 쫓긴 것은 후자 때의 일이다. 이러한 일련의 일이 있은 뒤에 이곳에 관한 정

● ─── 고선지 서정로

보를 전문한 혜초는 소발률국이 한(漢), 즉 중국(당)의 관할하에 있다고 본 것이다. 소발률은 토번이 4진을 공격하려면 꼭 경과해야 할 전략적 요로에 위치하고 있었다. 한적과 티베트어로 쓰인 『돈황편년기(敦煌編年記)』의 내용을 종합해보면, 소발률은 737년에 토번의 지배하에 들어갔다가 747년 고선지(高仙芝)의 서정(西征)에 의해 당에 종속되었다.

발률은 전략상으로 중요했을 뿐만 아니라, 불교의 전파에도 간과할 수 없는 기여를 하였다. 예컨대 라우퍼(B. Laufer)가 지적하다시피 연화생(蓮華生) 설화는 발률어에 의해 전파되었다(B. Laufer, 「발률어와 연화생의 역사적 지위(Die Bru-zha Sprach und historische stellung des Padmasambhava)」 참고). 독일의 예트마르(K. Jettmar)는 발률의 역사와 지리에 관해 비교적 심오하게 연구하였는데, 그의 대표적인 논저로 「발률」(K. Jettmar, "Bolor—A Contribution to Pollitical and Ethnic Geography of North Pakistan," *Journal of Central Asia*, Vol. II, No. 1, 1979)과 『발률에서 발티스탄으로』 (*Von Bolor zu Baltistan—Die Baltis, ein Bergvolk in Norden Pakistan*, Museum tiir Völker Runde Frankfurt, 1989)가 있다.

2. '수발(鬚髮)'에서 '수(鬚)'자가 원문에서 명확하지 않은데 일반적으로 '수(鬚, 수염)'자로 보는 견해(Y, 95; 桑, 20; 李, 101; 鄭, 108; 金, 344)가 많으나, '발(髮, 머리털)'자의 별자(藤, 34a)로 보기도 한다. 원문에서의 '발(跋)'자는 '발(髮)'자와 같은 글자로서 '머리카락'이라는 뜻이다.

● ——고창국에서 출토된 〈복희여와도〉

3. '첩포(疊布)'는 일종의 면포로서 일명 백첩포(白疊布), 백첩(帛疊·白㲲), 백설(白㲲)이라고 한다. 왕부(王符)의 『잠부론(潛夫論)』「부치편(浮侈篇)」에는 "오늘 경사의 귀인들은……모두 무늬가 가는 채(綵, 오색 비단)와 첩(㲲)을 입고 있다"라는 기록이 있는데, 이현(李賢)이 '첩은 오늘의 첩포(疊布)다'라고 각주를 달고 있다. 사적에는 '백첩포'라는 이름으로 많이 알려져 있는데, 백첩포란 목화의 일종인 조면(草棉, gossypium, 학명은 Gossypium Herboceum)으로 짠 천인데, 4세기경 서역으로부터 중국에 공물의 형식으로 전해졌다. 이 천은 서역 일원에서 생산되었다. 『양서』 권54 「서역전」 '고창국'조에는 고창국의 물산으로 백첩자(白疊子)를 들고 있으며, 『태평어람(太平御覽)』 권820에도 석륵(石勒)이 통치하던 건평(建平) 2

년(331)에 대원국이 중국에 산호, 유리, 탑등(毾㲪, 담요의 일종) 등과 함께 백첩(白疊)을 헌상했다는 기록이 있다. '백첩'이란 중세 페르시아에서 면화를 뜻하는 'pambak dip pambak'의 한자 음사로서 '백첩'은 면화를, '백첩자'는 면직물을 말한다(B. Laufer, *Sino-Iranica: Chinese Contributions to the History of Civilization in Ancient Iran*, 489쪽).

한국의 의료사(衣料史)에 백첩포(白氎布·白疊布)라는 의료가 자주 등장하는데, 모든 연구자들이 이것을 모직물로 착각하고 있다(李順媛·白英子 공저, 『韓國服飾』, 한국방송통신대학교출판부, 1987, 7쪽). 게다가 일부에서는 '백첩포(白疊布)'가 '백첩포(白氎布)'의 오사이거나 '첩(疊)'자가 '첩(氎)'자의 약자라고 주장한다(졸저, 『문명교류사 연구』, 사계절, 2002, 268-269쪽 참고).

4. '전종(田種)'은 '밭에 종자를 뿌리다'라는 뜻으로 '농사' 또는 '농사를 짓다'를 의미한다. 따라서 '논밭'(李, 53)이나 이와 같은 뜻의 '전지(田地, 논과 밭)'(鄭, 124) 또는 '경작지(cultivable land)'(Y, 48)로 해석하는 것은 재고되어야 할 것이다.

5. '초올(憔杌)'에서 '올(杌)'자의 형체가 모호하여 '올(杌)'자(桑, 20; 李, 101; 鄭, 108)라고 하는 견해 외에 '궤(机)'자(Y, 95)나 '枛'자(張, 69) 같은 벽자로 보는 견해가 있다. 그러나 '초올(憔杌)' 말고는 의미를 풀이하기가 어렵다. '초올'은 '초췌하고 스산하다'는 뜻으로 문맥에 어울리는 단어라고 생각된다. '초올'을 '메말라'(李, 53; 鄭, 124)로 번역하는 것은 너무 비약적인 의역인 것 같다. 金은 좀 색다르게 '유항(惟杬)'으로 보고 '발가벗어'로 번역(金, 20·344)했는데, 이해하기 어렵다.

건타라국(간다라)

다시 가섭미라국에서 서북쪽으로 산을 넘어 한 달을 가면 건타라국(建馱羅國, 간다라Gandhara)에 이른다. 이 나라 왕과 군사는 모두 돌궐인이고, 토착인은 호인(胡人)이며 바라문(婆羅門, 브라만Brahman)도 있다. 이 나라는 옛날에 계빈(罽賓) 왕의 치하에 있었는데, 돌궐 왕 아야(阿耶)가 한 부락의 군대를 이끌고 그 계빈 왕에게 투항하였다. 그러다가 돌궐 병력이 강해지자 왕을 죽이고 스스로 군주가 됨으로써, 이 나라는 돌궐 패왕(霸王)과 국경을 접하게 되었다. 패왕은 이 나라 북쪽의 산속에 살고 있는데, 그 산은 민둥산으로 풀이나 나무라고는 없다.

의상이나 풍속, 언어, 절기는 사뭇 별나다. 옷은 가죽 외투와 모직 웃옷, 가죽신, 바지 따위이다. 땅은 보리와 밀의 적지로서 기장이나 조, 벼는 전혀 없다. 사람들은 보릿가루나 떡을 많이 먹는다. 가섭미라와 대발률, 소발률, 양동 등의 나라를 제외하고 건타라국이나 심지어 오천축과 곤륜(崑崙) 같은 나라에 포도는 전혀 없고……사탕수수는…… 있다. 이 돌궐 왕은 코끼리 다섯 마리를 가지고 있다. 또 그가 가지고 있는 양과 말은 헤아릴 수 없이 많으며 낙타와 노새, 당나귀 따위도 대단히 많다. 이곳(땅)은 호인들과……우회할 수 없다. 남쪽으로 가면 길이 험악하고 강도들이 득실거린다. 이곳에서 북쪽으로 가면 악업을 일삼는 자들이 많으며 시장과 가게에서는 도살하는 일이 너무나 흔하다.

이 나라 왕은 돌궐인이지만 삼보를 매우 경신하고 왕과 왕비, 왕자, 수령들은 저마다 절을 지어 삼보를 공양한다. 이 나라 왕은 해마다 두 차례씩 무차대재(無遮大齋)를 열어 몸에 지니고 애용하던 물건과 처, 코끼리, 말 등을 모두 시주한다. 단, 처와 코끼리만은 승려들더러 가격을 매기게 하고서는 값을 치르고 도로 찾아온다. 그 밖의 낙타와 말, 금과 은, 의복, 가구는 승려들로 하여금 매각하게 해서 그들 스스로가 이익을 나누어 생활하도록 하고 있다. 이것이 이 왕이 여타 북쪽의 돌궐 왕들과 같지 않은 점이다. 그러나 자녀들은 의연히 제각기 절을 짓고 재를 올리며 시주를 한다.

이 성은 인더스 강이 굽어보이는 북안에 자리하고 있다. 성에서 서쪽으로 사흘 거리에 큰 절이 하나 있는데, 그것은 바로 천친 보살(天親菩薩)과 무착 보살(無着菩薩)이 주석하던 절로서, 절 이름은 갈락가(葛諾歌, 카니슈카 Kanniṣka)라고 한다. 절에는 큰 탑이 하나 있는데, 늘 빛을 발한다. 이 절과 탑은 옛날 갈락가 왕이 지었기 때문에 지은 왕의 이름을 따서 절 이름을 지었다. 그리고 이 성 동남쪽……리 되는 곳은 불타가 과거에 시비왕(尸毗王)이 되어 비둘기를 구제한 곳으로서, 절도 있고 승려도 있는 것을 볼 수 있다. 또 불타가 과거에 머리와 눈을 던져 오야차(五夜叉)에게 먹였다는 곳도 모두 이 나라 안에 있는데, 다 이 성 남동쪽 산속에 있다. 저마다 절과 승려가 있어 오늘도 공양하는 것을 볼 수 있다. 이 나라에는 대승과 소승이 함께 행해지고 있다.

建馱羅國

又從迦葉彌羅國西北隔山一月程 至建[馱]¹羅² 此王及兵馬 惣是突厥 土人[是]胡³ 兼有婆羅門⁴ 此國舊是罽賓王⁵王化 爲此突厥王阿耶⁶ 領一部落兵馬 投彼罽賓王 於後突厥兵盛 便煞彼罽賓王 自爲國主 因玆國境⁷突厥覇王 此國已北並住[山]⁸中 其山並燋⁹ 無草及樹 衣着人風言音節氣並別¹⁰ 衣是皮[毯]氈衫靴袴之類 土地宜大麥小麥 全無黍粟及

稻 人多食麨及餅 唯除(迦)葉彌羅大勃小勃[11]楊同等國 卽此建馱羅國
乃至五天崑崙[12]等國 惣無(捕)(桃)[13](缺, 約二字)[14](甘)蔗[15] 此突厥王象
有五[16]頭 羊馬無數 駝騾驢等甚多 地與胡[17](缺, 約五字)廻不過 向南爲
道路險惡 多足劫賊 從茲已北 (惡)[18]業者多 市(店)之間 極多屠煞 此
王雖是突厥 甚敬信三寶 王王妃王子首領等 各各造寺 供養三寶[19] 此
王每年兩廻設無遮大齋[20] 但是緣身所愛用之物 妻及象馬等 並皆捨施
唯妻及象 令僧斷價 王還自贖 自餘駝馬金銀衣物家具 聽[21]僧貨賣 自
分利養 此王不同餘已北突厥也[22] 兒女(亦)然 各各造寺 設齋捨施 此
城[23]俯臨辛頭大河[24]北岸而置 此城西三日程 有一大寺 卽是天親菩薩无
着菩薩[25]所住之寺 此寺名葛諾歌 有一大塔 每常放光 此寺及塔 舊時
葛諾歌王造 從王立寺名也[26] 又此城東(南)(缺, 一字)里 卽是仏過去爲
尸毗王救鴿處[27] 見有寺有僧 又仏過去捨頭[28]捨眼[29]餧五夜叉[30]等處 並
在此國中 在此城東南山裏 各有寺有僧 見今供養 此國大小乘俱行

주

1. 원문에서는 '마(馬)'변에 '견(犬)'자를 쓰기도 하고 '대(大)'자를 쓰기도 하는데, 전자는 없는 글자로서 오사로 추측된다. 그럼에도 藤은 오자를 쓰고 있다(藤, 36b). 그리고 일부에서는 '태(駄)'자(Y, 95, 97; 桑, 20-21; 鄭, 108; 金, 344-345)(駄는 馱의 속자)를 쓰고 있는데, 그 근거는 분명하지 않다. 아마 오자인 '마(馬)'변의 '견(犬)'자를 '태(駄)'자의 오사나 이체자로 간주해서 그러는 것 같은데, 그렇다면 그것은 설득력이 없다. 왜냐하면 그 자는 오자일 뿐만 아니라 원문에 엄연히 '타(馱)'자가 있기 때문에 '타'자(張, 71, 76)를 취하는 것이 다당하다.

2. '건타라(建馱羅, 산스크리트로 간다라Gandhara)'는 한적에 건타라

●──── 현재의 복잡한 카불 시내(2003)

(犍陀羅)(『불국기』), 건타라(乾陀羅)(『낙양가람기』), 건타·소월지국(乾陀·小月氏國)(『위서』, 「서역전」), 월지(月氏)(『고승전』「담무갈전(曇無竭傳)」), 건타라(健馱羅)(『대당서역기』), 건타라(健陀邏)(『자은전』), 건타라(健陀羅)(『계업행정』) 등 각이한 음사가 있으며, 의역으로는 향편국(香遍國)·향풍국(香風國)(『일체경음의』), 향행국(香行國)(『속고승전』「사나굴다전(闍那崛多傳)」) 등이 있다. 그 밖에 섭라파국(葉羅波國)이라는 의역도 있으나 출처 미상이다.

여러 한적의 기록에 의하면 간다라는 넓은 의미와 좁은 의미의 두 가지로 나누어지는데, 전자는 나라나 지역을 지칭하고, 후자는 도시나 성을 지칭한다. 『낙양가람기』 권5에서 송운과 혜생은 건타라국(乾陀羅國)에 가서 불사복성(佛沙伏城)과 건타라성(乾陀羅城)을 방문했다고 하니, 여기서 건타라는 나라 이름이면서 동시에 주성(主城, 푸스칼라바티Puṣkalāvati)의 이름임을 분명히 알 수 있다. 『대당서역기』의 건타라(健馱羅)는 넓은 의미인 나라를 가리키나, 『대당서역구법고승전』의 건타라(健陀羅)는 그 의미가 분명하지 않다. 본문에서의 건타라(建馱羅)는 넓은 의미의 지칭이기는 하나 독립국으로서의 지칭은 아니고 지금의 아프가니스탄 카불 지방에서 인더스 강까지의 지역 동부에 해당하는 지방을 말한다. 오공이 735년 당의 특사로 카슈미르에 갔다가 약 10년 후에 들어간 건타라성(乾陀羅城)은 종전의 건타라성이 아니라, 우다반다푸라(Udabhāṇḍapura), 즉 계빈(罽賓)의 동쪽에 있는 한 도성이었다(주 23 참고).

나라로서의 간다라는 고대 인도 16대국 중의 일국이다. 『리그베다』와 아소카 왕 오호칙명(五號敕銘) 중에는 건타라인(健陀羅人)이 소개되어 있다. 팔리어의 『증일아함(增一阿含, Aṅguttaran)』『팔부서(八部書, Aṣṭādhyayi)』『풍신왕세서(風神往世書, Vāyüpurāṇa)』『어왕세서(漁往世書, Matsyapurāṇa)』같은 인도 고적이나 아케메네스조(Achaemenes朝) 페르시아 다리우스 1세(Darius I, 기원전 521~486 재위)의 명문 중에도 간다라라는 국명이 나온다.

건타라국은 대체로 오늘의 파키스탄 라왈핀디(Rāwalpindi)와 페샤와르, 아프가니스탄의 카불을 포함한 인도 펀자브 지방에 위치하고 있었다. 이곳은 중앙아시아로부터 인도로 진입하는 인후로서 전략상 요지였을 뿐만 아니라 동서문명교류의 요로이기도 하였다. 고대에는 아케메네스조 페르시아에게 정복되어 변방의 한 주로 있다가, 알렉산드로스의 동정으로 아케메네스조가 망하자 박트리아(Bactria, 대하大夏)계 그리스인들에게 다시 정복되었다. 알렉산드로스가 인도 원정에서 철수(기원전 325)한 직후에 인도사상 최초의 통일국가인 마우리아조(기원전 321~184경)가 출현하였는데, 제3대 왕 아소카대에 이르러 전성기를 맞으면서 불교가 간다라 지방으로 전파되기 시작하였다. 마우리아조는 아소카 왕 사후에 비록 영토가 마가다 구령(舊領)으로 축소되긴 했지만, 간다라 지방의 불교는 위축되지 않고 계속 성행하였다.

기원전 250년경 그리스계의 디오도투스 1세(Diodotus I)가 알렉산드로스 대제국의 후계인 셀레우코스(Seleucos) 왕조에 반기를 들고 박트리아 왕국을 세워 힌두쿠시(Hindu Kush) 산 이남과 펀자브 지역으로 세를 확장함에 따라, 간다라의 불교 미술은 점차 헬레니즘 미술의 영향을 받아 이른바 '간다라 미술'로 싹트기 시작하였다. 기원전 40년경에 푸루사푸라(Puruṣa-pura, 현 페샤와르)를 수도로 하여 대월지(大月氏)인들이 세운 쿠샨 왕조는 전성기인 3대 왕 카니슈카(Kanishka, 가니색가迦膩色迦)가 다스릴 때에 그 판도가 커져 동투르키스탄과 서투르키스탄, 아프가니스탄, 북인도의 대부분을 차지하였으며, 불교를 적극적으로 보호하고 권장하였다. 그리하여 헬레니즘 미술과 불교 미술이 융합된 독특한 간다라 미술이 정형화되었다. 간다라 미술이란 헬레니즘 미술의 양식과 수법으로 불교의 주제를 표현한 조각 위주의 미술이다. 조각(주로 불상 조각) 외에도 20세기 초 발견된 카니슈카 대탑을 비롯한 불탑 위주의 건축과 회화(상당히 발달했을 것으로 추측되나 유물이 없음) 등이 포함된다.

    간다라 미술의 특징은 우선 내용면에서 불상을 제작했다는 것이다. 초기 불교도들은 부처를 너무 숭배하고 사모한 나머지 감히 인간의 형체를 띤 불상을 만들지 못하고 단지 발자국이나 빈 좌석 등으로 표현하였다. 그러나 그리스인들은 신에게 인간의 육체나 정신과 다를 바 없는 속성을 부여한 다음 신상을 제작해 숭상하고 있었다. 이러한 신이(新異)한 현상을 목격한 불교도들은 그 영향을 받아 불상을 제작하기 시작하였다. 이로써 무형적인 불교 정신이 그리스식 조각으로 말미암아 유형적인 예배 대상을 갖추게 되었으며, 불전도(佛傳圖)의 주역으로 등장하던 석존상이 점차 독립된 예배 대상인 불상으로 제작되기에 이르렀다. 아울러 석존의 모습에 초인간적인 존재로서의 특성을 상징적·조형적으로 나타내기 위해 특별한 형상을 표현하는 여러 가지 약속이 이루어졌다. 그러한 약속이 바로 석존의 32상(相) 80종호(種好)이다.

    간다라 미술의 다른 특징은 기법에서의 섬세함과 현실성이다. 전래의 인도 조각은 단순한 웅장함과 정신적인 표현만을 추구한 반면, 간다라 조각은 인체를 아주 세심하고 아름답게 표현하면서 현실감을 살려냈다. 그리하여 조각을 비롯한 간다라 미술은 예술성을 각별히 중시하였는데, 이것이 그 발달과 전파를 추진하는 원천이자 원동력으로 작용하였다.

    간다라 미술의 발달 과정은 크게 전기와 후기로 나눌 수 있다. 전기는 기원전 1세기부터 기원후 4세기 초까지로, 그 주류는 인도 특산의 흑청색 돌로 석상을 조각한 석상 미술이다. 4세기 초부터 6세기 초까지의 후기에는 스투코(stucco, 석회석 가루 반죽)와 점토를 소재로 하여 소상을 만든 소상 미술이 주류를 이룬다. 이러한 과정을 살펴보면 간다라 미술은 기원전 1세기에 출현하여 기원후 1세기에 전성기를 지나고, 4세기에 석상 조각이 퇴보하고 소상 조각이 대두하면서 사양길에 접어들었다. 그러다가 6세기 초 인도에 침입한 흉노 제2의 맹주(왕)인 미히라쿨라(Mihirakula, 마혜라구라 摩醯邏矩羅, 510~528 재위)가 폐불정책을 강행하면서부터 드디어 명맥이 끊어질 위기를 맞게 되었다.

    1세기 이후 전성기를 거치면서 니소상(泥塑像)을 위주로 한 간다라 미술은 오아시스 육로의 남북도 연변에 널리 전파되었다. 간다라식 니소상에는 불상을 비롯한 인물상이 많다. 이러한 인물 소상은 콧마루가 높고 입술이 얇으며 어깨가 넓고, 의상은 짧고 좁아 발등이 노출되고, 평행주름무늬가 잡혀 있다. 이러한 특징 때문에 간다라식 소상은 금세 식별할 수 있다. 후진(後秦, 384~417)과 서진(西秦, 385~431) 때 축조된 감숙성(甘肅省) 천수(天水)의 맥적산(麥積山) 석굴 소상과 5세기 중엽 북위(北魏)의 조각에는 간다라식 소상풍이 여실히 나타나고 있다. 간다라식 소상은 6세기 무렵부터 하서주랑(河西走廊)을 거쳐 중원으로 동전하였으나, 7~8세기에 서전하는 당풍(唐風)의 조형예술에 흡수되어 더 이상 동전하지 못하였다.

    3세기경부터 쿠샨 왕조는 분열되어 국력이 쇠잔해지기 시작하였다.

● 중국 감숙성 맥덕산 석굴 소상

5세기 초 중앙아시아 일원에서 세력을 확장하던 에프탈(Ephtalites, 염달嚈噠, 일명 백흉노白匈奴)이 5세기 중엽 인도에 침입하였다. 수령 토루만(Torumanc, 두라만頭羅曼)은 무력으로 북인도를 공략하고는 일격에 말와(Mālwa, 마라파摩羅婆)를 거쳐 코삼비(Kausambi, 교상미憍賞彌)까지 진출하였다. 이곳에서 이와 관련된 두 개의 인장이 발견되었는데, 하나는 'To-Ra-Ma-Na(토루만)'라는 글자가, 다른 하나는 'Huṇarajā(흉노 왕)'라는 글자가 새겨져 있다. 465년경에는 간다라도 에프탈에게 점령되었다.

502년 토루만이 사망한 후 아들 미히라쿨라는 사칼라(Sākala, 사갈라奢羯羅) 성을 도읍으로 하여 북인도를 통치하였다. 『대당서역기』 권4 「책가국」조에는 미히라쿨라에 관해 지혜가 있고 용감한 왕으로서 인근 제국 중 그에게 신복하지 않은 나라가 없었다고 기술하고 있다. 그러나 그는 불교를 반대하여 사원을 파괴하고 중들을 축출하였다. 그의 이러한 폭거는 마가다 왕 발라디티아(Balādhitya, 유일왕幼日王)의 저항에 부딪쳤다. 미히라쿨라는 발라디티아의 기습을 받아 생포되었다가 가까스로 석방되기는 하였으나, 그 사이에 왕위를 형제에게 찬탈당하고 말았다. 그리하여 그는 카슈미르에 피신하여 그 나라 왕의 환대를 받았으나, 배은망덕하게도 얼마 안 가서 그 왕을 살해하고 왕위를 찬탈하였다. 그러나 얼마 후 급서했다.

일찍부터 중국 도축승들은 간다라국을 방문하고 견문한 것을 기록으로 남겨 놓았다. 가장 먼저 기록한 이는 법현으로, 그는 원흥(元興) 원년(402) 늦여름에 이곳에 들렀다. 그 후 정광(正光) 원년(520) 4월 중순에 송운도 간다라국에 이르렀는데, 그는 이 나라의 본명이 업파국(業波國)이라고 하면서 에프탈에 망해 제2대째 내근(勅勤)이 재위 중이라고 하였다. 그리고 이 에프탈 왕이 바로 흉악무도한 미히라쿨라인데, 그는 불교를 믿지 않고 귀신에게 제사를 지내지만 백성들은 불교를 신봉하고 경전을 탐독한다고 하였다. 100여 년 후에 건타라(健馱羅)를 찾은 현장은 이 나라가 동서로 천여 리이고 남북이 팔백여 리나 되며, 동은 신도하(信度河, 인더스 강)에 임해 있고, 대도성인 포로사포라(布路沙布邏, 푸르사푸라)는 주위가 40여 리에 달하며, 왕은 후예가 없어 가필시국(迦畢試國, 계빈국)에 복속되어 있다고 하였다. 사실 현장이 방문했을 때는 돌궐이 에프탈을 대신해 간다라국을 지배하고 있었다.

현장이 귀국한 후 얼마 안 되어 서돌궐이 당조에 의해 멸망(658)하자 돌궐은 몽지(濛池)와 곤릉(崑陵), 2도호부(二都護府)로 나누어졌고, 중국은 세력을 가필시(迦畢試)와 개실밀(箇失密, 카슈미르) 일대까지 확장하였다. 그리하여 가필시는 안서 도호부 예하의 수선(修鮮) 도독부(都督府)로 편입되고 왕은 당조가 책봉하였다. 혜초 이후 천보 12년(753)에 오공이 당나라 사신 장도광(張韜光)을 수행차기 위해 긴타라국(乾陀羅國)에 갔을 때는 이 나라가 계빈국(罽賓國) 동부의 한 도성이 되어, 왕이 여름이면 이곳에 머물고 겨울에는 계빈에서 보내곤 했다. 오공은 병에 걸려 당에 돌아오지 못하고 건타라국에 남아서 출가승이 되었다. 북송(北宋) 건딕(乾德) 3년(965)에 계업 등 삼백 명의 사문(沙門)이 도축 도중 건타라국에 들른 일도 있다.

3. 본문과 그 전후의 내용을 종합해보면 간다라를 비롯해 그 북쪽에 있던 대발률과 양동, 사파자 그리고 계빈국과 사율국 같은 나라들과 그 토착민들, 범인국의 왕, 대식국 동쪽 소그디아나 지방의 여러 나라들, 타림 분지 북방의 언기 등은 모두가 호인이거나 호국이며, 토화라 북동부 골탈국의 백성은 절반이 호인이고 나머지 절반은 돌궐인이다('호胡'에 관해서는 15절 주 8 참고).

4. '바라문(婆羅門)', 즉 브라만(Brahman)은 인도 카스트 제도의 4성(四姓) 중 최고인 승려 계급을 말한다. 전설에 의하면 그들은 브라마(범천)의 후예로서 그 입에서 나와 제사와 교법을 다스려 다른 3성, 즉 군인 혹은 정치적 지배 계급인 크샤트리아(Kshatriyas), 농·공·상인인 바이샤(Vaiśyas), 노예 계급인 수드라(Śūdras)의 존경을 받았다고 한다.

5. '계빈(罽賓)'은 간다라 서북쪽 카불 강 유역에 있던 카피시(Kāpiśī)로서 현장의 『대당서역기』와 의정의 『대당서역구법고승전』에는 '가필시(迦畢試)'로, 『책부원구』 「외신부조공(外信部朝貢)」 4에는 '가비시(訶毗施)'로 그리고 기타 한적에는 '계빈'으로 음사되어 있다. 『책부원구』 권964나 『구당서』 권198에 의하면 개원 26년(738) 10월 계빈 왕인 오산특근새(烏散特勤灑)가 자신은 연로하여 적자인 불림계파(佛林罽婆)에게 양위하겠다는 소청을 해오자, 당조는 그를 계빈 왕으로 책봉했다고 한다. 혜초는 이로부터 10여 년 전에 이곳에 들렀으니, 당시의 계빈 왕은 이 오산특근새일 가능성이 높다.

6. '돌궐 왕 아야(突厥王阿耶)'의 뜻이 '돌궐 왕인 아야(阿耶)'(Y, 48; 鄭, 124; 金, 20)라는 주장과 '돌궐 왕의 아버지'(桑, 38)라는 주장, 두 가지가 있다. 후자의 경우 돌궐 왕 중에 '아야'라는 왕이 없으며, '아야'가 '아버지(vater)'라는 뜻의 보통명사라는 데 근거를 두고 있다. 만일 '돌궐 왕의 아버지'를 뜻하는 것이 맞다면 돌궐 왕은 오산특근새(바로 앞의 주 5 참고)이고,

그의 아버지는 바르하 테긴(Barha Tegin, 파이합칙근婆爾哈勅懃, 이슬람 학자 비루니의 주장)일 것이다(桑, 118-110 참고). 李는 '야야'를 '바르하 테긴'으로 보고 있다(李, 53).

7. '인자국경(因玆國境)'부터 그 뒤에 오는 '……병주(산)중(並住(山)中)'까지의 문장을 어떻게 연계시키는가에 관해 여러 가지 견해가 있으며, 그에 따라 해석이 서로 다르다. 藤은 '因玆國境 突厥覇王此國已北 並住中'(藤, 39 a)이라 하고, 高는 '因 玆國境 突厥覇 王此國已北 並住 中'(高, 『대일본불교전서(大日本佛敎全書)』 소재 『혜초왕오천축국전』)이라 하였으며, 羽는 '因玆國境突厥覇王 此國已北並住中'(羽, 619)이라 하였다. 이러한 각이한 해석에 따라 역문도 여러 가지일 수밖에 없다.

Y는 "이 나라에서 그 북쪽까지의 영토는 이 나라에 살고 있는 돌궐 왕이 지배하고 있었다(Thereafter, the territory from this country to the north was all ruled by the Turkish king, who also resided in this country)"라고 영역하고(Y, 49), 桑은 "이 나라는 돌궐 패왕(覇王)과 영역을 접할 수 있게 되었다. 이 나라 북쪽부터는 모두 산속에서 살고 있다(そこでこの國は突厥覇王と領域を接することとなった. この國から北はみな(山)中に住んでいる)"라고 일역하였다(桑, 38). 李는 "그리하여 간다라국 국내에서도 돌궐 왕이 패왕이 되었고, 이 나라 이북에 있는 나라도 모두 돌궐의 패왕의 지배를 받게 되었다"로 국역하였고(李, 53-54; 鄭, 124, 李와 비슷하게 국역), 金은 "이 나라 국경에 의거한 돌궐은 이 나라 이북의 여러 나라에 대한 패권을 장악한바, 그는 산중을 근거지로 하고 있다"로 국역하였다(金, 20).

이상의 여러 해석과 번역 중에서 羽의 해석과 桑의 일역에 수긍이 간다. 관건은 돌궐 패왕에 대한 이해에 있다. 물론 돌궐 왕 야야가 계빈 왕을 살해하고 간다라의 군주가 됨으로써 간다라가 돌궐의 지배권 내에 편입되기는 하였지만, 본문의 뜻은 새로이 돌궐의 지배 아래 놓이게 된 간다라국이 기존의 돌궐 왕국과 국경을 접하게 되었다는 것이다. 여기에서의 '돌궐 패왕'은 7세기 말엽에 흥기하여 돌궐 전반에 대해 지배권을 행사한 서돌궐 계(西突厥系)의 토화라(吐火羅) 엽호(葉護, 야브구 Yabgu, 기미속국의 왕에 대한 칭호)를 말한다. 그는 현 아프가니스탄 쿤두즈(Kunduz) 서북쪽 깔라예 잘(Qal'a-ye Zal) 부근의 아완성(阿緩城, 알완성遏緩城)에 월지(月氏) 도독부(都督府)를 설치하고 25개의 주를 직접 통치한 막강한 패주였다. 일찍이 서돌궐계의 실점밀(室點蜜)이 이끄는 군사가 에프탈을 공략하고 558년에 아완성을 점령하였다. 현장이 이곳에 들른 때(628~629)는 통(統) 엽호(葉護) 가한(可汗, 카간Qaghan, 돌궐이나 몽골 등 유목 국가의 군주 칭호)의 장남이 이곳에 주둔하고 있었다. 얼마 후 그의 아들 특근(特勤)은 아버지를 시해하고 이곳의 통치자가 되었다. 643년경 현장이 귀국할 때에는 통엽호 가한의 손자가 토화라 엽호로 있었다.

　당조는 정관 연대에 돌궐과의 관계를 강화하기 위해 왕명원을 파견해 성덕비(聖德碑)를 세우고 월지 도독부를 설치하였다. 신룡(神龍) 원년(705)에는 토화라 엽호 나도니리(那都泥利)가 동생 복라(僕羅)를 숙위(宿衛)로 입조시켰다.『책부원구』「외신부청구(外臣部請求)」에 개원 6년(718) 11월 복라의 상서에 의하면 토화라 엽호 예하에 도독 자사(都督刺史)가 212명이 있고, 사율국 왕과 계빈국 왕은 각각 병마 20만을 거느리고 있으며, 골토국(骨吐國), 석한나국(石汗那國), 해소국(解蘇國), 석닉국(石匿國), 읍달국(悒達國), 호밀국(護密國), 호시건국(護時健國), 범연국(范延國), 구월덕건국(久越德建國), 발특산국(勃特山國) 왕은 각각 오만의 병마를 예하에 두고 있었다고 한다. 혜초가 토화라를 방문했을 때는 대식의 침입으로 인해 토화라 엽호가 이미 바다흐샨(Badakhshān)으로 도주한 후였다. 따라서 본문에서 '돌궐 패왕' 운운한 것은 혜초가 방문하기 이전에 토화라 일원을 지배하던 돌궐 패주에 관한 이야기이다.

8. 바로 뒤에 오는 문장에 '기산병(其山並)……', 즉 '그 산은……'이라는 내용이 이어지는 점을 감안하면 '산(山)'자가 누락되었다고 볼 수 있다.

9. '초(燋)'자의 뜻은 '(불로) 태우다' '그슬리다'로서, 본문의 '기산병초(其山並燋)'를 '그 산들은 불타버리다'로 직역할 수 있으나, '그 산들은 (불타서) 민둥산이다'로 의역할 수도 있을 것이다.

10. '병별(並別)'은 '모두 다르다'라는 뜻인데, 본문에서는 돌궐 치하에 있는 간다라의 의상이나 풍속 등이 '다름'을 의미하기 때문에 '다른 나라와 다르다'(Y, 49; 李, 54; 金, 20)로 이해해야 할 것이다. 막연하게 '모두 다르다'(桑, 38; 鄭, 124)라고 하면 의미가 모호하다.

11. '대발소발(大勃小勃)'은 대발률과 소발률의 약어이다.

12. '곤륜(崑崙)'은 다분히 전설적 지명 혹은 족명으로 한적에 나온다. 그 내용을 종합하면 크게 서역의 곤륜과 남양(南洋)의 곤륜으로 대별할 수 있다. 혜초는 남해로를 통해 도축했기 때문에 본문에서의 곤륜은 후자를 말한다고 봐야 할 것이다. 우선, 서역의 곤륜에 관해서는 중국 춘추전국 시대부터 진한(秦漢) 시대에 이르기까지 중국 서부에 있는 큰 산이라고 여러 가지 전설과 더불어 전해져왔다.

『장자(莊子)』의 「천지편(天地篇)」에는 황제의 곤륜 등정과 곤륜의 황제궁(黃帝宮)에 관한 이야기가 나오고, 주(周)나라의 목왕(穆王)과 곤륜의 서왕모(西王母)가 이 산에서 만났다는 전설이 『열자(列子)』의 「주목왕편(周穆王篇)」이나 『목천자전(穆天子傳)』에 기록되어 있으며, 『우본기(禹本紀)』와 『이아(爾雅)』에는 이 산이 황하(黃河)의 하원(河源)임을 전하고 있다. 『산해경(山海經)』「대황서경(大荒西經)」에는 "곤륜이라고 하는 큰 산이 있는데, 그 외곽에 화염산(火焰山)이 있어 물건을 던지면 금세 타버린다"고 하였다. 이 큰 산은 감주(甘州)와 숙주(肅州)의 남계(南界)를 지나가는 기련산맥(祁連山脈, 남산산맥南山山脈)에 있는 기련산(祁連山)과 그 주변의 산들을 말한다. 『사기』 「대원전」에는 한 무제(武帝)가 우기의 한 산에서 황하가 발원하는 줄 알고 그 산을 곤륜이라고 일컫기도 했다고 전한다. 자고로 옥의 산지인 우기에 곤륜이 있다고 알았기 때문에 곤륜의 옥에 관한 기사도 『서경(書經)』의 「윤정편(胤征篇)」과 『여씨춘추(呂氏春秋)』의 「맹춘기(孟春紀)」, 『산해경』의 「서산경(西山經)」 등 여러 사적에 나타난다.

다음으로 남양의 곤륜에 관해서는 원전들이 전하고 있을 뿐만 아니라 동서양 학계의 연구도 있다. 『수경주(水經注)』는 도안(道安)의 『서역지(西域志)』를 인용해 산정에 넓은 못이 있는 아누달(阿耨達)이란 큰 산을 곤륜산이라고 부른다고 하고, 강태(康泰)의 『부남전(扶南傳)』을 인용해서는 항수(恒水, 메콩 강)의 수원이 멀리 서북쪽에 있는 곤륜산이라고 하였다. 남양에서의 곤륜은 점차 족명이나 인명, 해양명, 지명 등이 되어버렸다. 남양의 흑인들을 일괄해 곤륜이라 부르기도 했다. 『구당서』 권197 「임읍전(林邑傳)」에는 "임읍 이남의 머리가 곱슬곱슬하고 피부가 검은 사람들을 일괄해 곤륜이라 칭한다"라고 하였으며, 혜림의 『일체경음의』 권82 「곤륜어(崑崙語)」조에는 "상음(上音)은 곤(昆)이고 하음(下音)은 논(論)이며, 세간에서는 골론(骨論)이라고 한다. 남해 해상에 있는 사람들로서 대단히 검고 나체이며, 맹수나 서우, 코끼리 등을 조련시키기까지 한다. 인종이 수백 종인데, 그 중에는 승기(僧祇), 돌미(突彌), 골당(骨堂), 길멸(吉蔑) 등의 종족이 있다"라고 기술하고 있다.

『진서(晉書)』 권32 「후비전(后妃傳)」 하 '효무문이태후(孝武文李太后)'조에는 직방(織坊)에서 일하는 사람들 중에 키가 크고 검은색 피부의 사람들이 있는데, 궁인(宮人)들이 그들을 '곤륜'이라고 불렀다는 기사가 있다. 오(吳)나라 만진(萬震)의 『남주이물지(南州異物志)』에는 "부남국(扶南國, 현 캄보디아)의 관장대신(官長大臣)들을 모두 곤륜이라 부른다"라고 나오며, 축기(竺技)의 『부남기(扶南記)』에도 "부남의 속국 돈손국(頓遜國)

왕은 곤륜이라 이름하였다"고 전한다. 중국에서는 3국시대 이래 남해의 흑인 노예를 '곤륜노(崑崙奴)'라고 불렀는데, 이러한 이름은 당인(唐人)들이 쓴 작품 속에서도 나타난다.

곤륜과 관련된 말들로는 곤륜단가(崑崙單舸, 곤륜의 큰 배)(『수경주』 36), 곤륜박(崑崙舶, 곤륜의 배)(『남제서(南齊書)』「구백옥전(笱伯玉傳)」), 곤륜인(崑崙人, 말레이인)(『수서』「유구전(流求傳)」), 곤륜어·곤륜음(崑崙語·崑崙音, 말레이어)(『대당서역구법고승전』), 곤륜서(崑崙書, 인도 문자)(『속고승전』) 등 여러 가지가 있었다. 의정은 『남해기귀내법전』에서 남해에 산재한 여러 나라들을 일괄적으로 '곤륜국'이라고 한다고 하였으며, 주달관(周達觀)은 『진랍풍토기(眞臘風土記)』에서 점성(占城)에서 반달쯤 항행하면 진포(眞浦)에 이르며, 진포에서 다시 곤륜양(崑崙洋)을 지나야 입항할 수 있다고 하여 곤륜이 바다 이름이라는 것도 시사했다.

『제번지』와 『도이지략(島夷誌略)』에서 보다시피 송대 이후에는 곤륜을 메콩 강 델타의 동남쪽에 있는 콘손(Con Son) 군도에 비정하는 것이 일반적인 견해이다(『アジア歷史辭典』3, '崑崙'; 桑, 158; 張, 76-77 참고). 기타 중세 아랍문헌에도 인도양을 비롯한 남해상의 흑인들이 사는 섬들에 관해 언급하고 있다. 예컨대 저자 미상의 『동방에서 서방까지의 세계 경계(Ḥudūdu'l Ālam mina'd Mashriq ilā'l Maghrib)』(아랍어로 유수프 알 하디 번역, 다룻 사까파트 릿나슈르, 카이로, 2002, 35쪽)에는 자바 섬에서 서쪽으로 2파르사크 거리에 있는 발루스(Bālūs) 섬에 식인종 흑인이 살고 있다는 기사가 나온다.

13. '포도(蒲桃)'는 '포도(葡萄)'이나, 그리스어 'botrus'의 음사(Kingsmill, *Intercourse of China with Eastern Turkestan*, J. R. A. S., 1882, pp. 79-93) 이기 때문에 그 외에 '포도(蒲桃·蒲陶)' '복도(葍萄)' 등 여러 가지 음사가 있다. 포도의 원산지에 관해서는 내원국설(T. De. Lacouperie, *Western Origin of the Early Chinese Civilisation*, London, 1894, pp. 225-230)과 카스피해설(F. Hirth,

Bausteine zu Einer Geschichte der Chinesischen Literatur, T'oung pao, 1895, p. 439) 의 두 설이 있다. 히르트에 따르면 포도는 카스피 해로부터 서쪽으로 시리아와 소아시아를 거쳐 유럽에 전해졌고, 동쪽으로는 페르가나(Ferghana, 대원大宛)를 거쳐 중국에 전래되었다고 한다. 포도의 중국 전래에 관해서는 다소 이설이 있으나 대체로 전한 때 장건(張騫)의 서역사행을 계기로 전입되었다고 간주한다. 이에 관한 중국측 사적으로는 『사기』「대원전」, 후위(後魏) 가사협(賈思勰)의 『제민요술(齊民要術)』 권4 「종도(種桃)」, 북송 소송(蘇頌)의 『도경본초(圖經本草)』, 명 이시진(李時珍)의 『본초강목』 권33 「포도(葡萄)」 등이 있다. 그런데 당 이선(李善)은 『문선(文選)』 권16에서 서진(西晉) 반악(潘岳)의 『한거부(閑居賦)』를 인용해 이사장군(貳師將軍) 이광리(李廣利)가 대원에서 포도를 얻어왔다고 쓰고 있다. 이것은 포도의 원산지에 관한 히르트의 카스피해설과 일치한다(졸저, 『신라·서역교류사』, 단국대학교출판부, 1992, 42-43쪽 참고). 열대지방에서는 포도가 생산되지 않으니만큼 인도에 포도가 없다는 혜초의 기술은 정확무오하다.

14. 이 두 결락자는 앞뒤 문맥에 의해 복원이 가능하다. 앞에 포도(蒲桃)가 없다고 하고 뒤에는 '감자(甘蔗, 사탕수수)'라는 글자가 이어지므로, 감자의 원산지가 인도임을 감안할 때 그 결자는 '있다'라는 뜻을 나타내는 두 글자일 것이다. 藤은 그것을 '유유(唯有)'라고 하고(藤, 40b), 張도 그렇게 본다(張, 76).

15. '감자(甘蔗)', 즉 사탕수수(사탕서砂糖黍, Saccharum officinarum)는 화본과(禾本科, 포아풀과)에 속하는 열대지방의 다년생 식물이다. 감자의 주원산지는 인도이고, 그 밖에 동남아시아에서도 생산된다. 감자는 그 당분 때문에 알려지자마자 지구의 동서남북 각지에 신속히 전파되었다. 감자는 고대 인도어의 음사이기 때문에 한적에는 제자(諸蔗), 도자(都蔗), 간자(竿蔗) 등 다양한 음사법이 나타난다. 산스크리트로는 감자를 일괄해 '이크

●── 장건의 서역 출사도(돈황 막고굴 323동)

슈(ikṣu)'라고 칭한다. 인도의 감자에는 pandraka, bhiruka, varṇśaka, śataporaka, tapasokṣu, kaṣṭekṣu, sucipatraka, naipala, dirghaptraka, nilapora, kośakṛti 등 여러 종류가 있다(季羨林,「一張有關印度製糖法傳入中國的敦煌殘卷」,『歷史研究』, 北京: 中國科學院, 1982년 1기 참고).

16. 계빈 등 여러 나라를 지배하고 있는 막강한 돌궐 왕이 고작 코끼리 다섯 마리만을 가지고 있다는 것은 말이 안 된다고 한 張의 지적(張, 78)은 탁견으로서, '오(五)'자 앞이나 뒤에 어떤 숫자가 탈락되었다고 봐야 할 것이다.

17. '지여호(地與胡)'를 '한지흥호(漢地興胡)'(桑, 21; 李, 101; 鄭, 108)로 짜맞추고 "중국에서 온 흥호(興胡)가……"(桑, 38)라든가, "중국 땅인데도 오랑캐가 흥성하여(많고)……"(李, 54; 鄭, 124)로 해석하는 경우와 '한지여호(漢地與胡)'로 짜맞추고 "중국과 호가……"(Y, 47; 張, 77-78)로 해석하는 것은 오해라고 판단된다. 문제의 핵심은 '한(漢)'자인데, 위의 연구자들은 본문의 '지여호(地與胡)' 앞 글자(多)의 앞 글자가 '한(漢)'자라는 데 긍정하고 있다. 그렇지만 그 글자는 지워버린 글자나 다른 글자로도 보이므로 '다(多)'자와 '한(漢)'자를 도치시켜 '한지……'식으로 해석하는 것은 다분히 견강부회적인 해석이다. 따라서 본문에서 확인되는 대로 '지여호……'(藤, 40b; 金, 345)는 '이곳은 호인(호국)들과……'로만 해석하는 것이 적절하

다고 판단된다. 이러한 해석은 문맥으로도 유추 가능하다.

18. 본문에는 분명히 '서(西)'자이나 길가에 도둑이 득실거리고 시가에는 도살장이 즐비한 것 등 전후 문맥으로 보아 '악(惡, evil)'자의 오사라는 것이 대부분의 견해이다(F, 445 n7; 高, 27; Y, 97; 李, 54; 桑, 38; 鄭, 124; 張, 78). 이것은 타당한 견해이다. 그러나 藤은 문면 그대로 '서업자다(西業耆多)'로 보고 이를 『불국기』에 나오는 '숙가다(宿呵多)'에 비정하고 있다(藤, 40b). 金도 이를 따르고 있는데(金, 21), '숙가다'는 간다라 북쪽에 있는 스와트(Swat, 사와特斯瓦特) 지방의 이름이다.

19. 원래 돌궐인들은 불을 숭상하였는데, 중앙아시아에 진출하여 페르시아의 배화교(천교)를 접하면서 그러한 신앙이 더 깊어졌다. 『자은전』에 의하면 현장이 소섭성(素葉城)에서 엽호 가한(葉護可汗)을 알현할 때나 삽말건(颯秣建, 살마이한薩馬爾汗, 사마르칸트)에 이르렀을 때(불사 2개소가 있었으나 불승은 없었음), 돌궐 왕과 귀족들, 백성들은 불교를 믿지 않고 여전히 불을 숭상하고 있었다고 한다.

비잔틴의 시모카타(T. Simocata)가 저술한 『역사(歷史)』에 의하면, 돌궐의 달두 가한(達頭可汗)은 598년에 동로마 황제에게 보낸 국서에서 "돌궐은 불을 숭배하고 바람과 불을 존중하며, 대지를 찬송하며 유일한 천지 창조주인 신을 신봉할 뿐이다"라고 밝히고 있다. 그러다가 7세기 중엽 이후 중앙아시아와 인도에 진입하면서부터 불교의 영향을 받아 일부가 불교에 귀의하기 시작하였다. 8세기 초에 이르러서는 왕을 비롯해 상당수의 돌궐인들이 불교를 믿으면서 절을 짓고 독실하게 시주도 하였다. 본문에서 보다시피 혜초가 방문했을 때에는 돌궐의 왕과 왕비, 왕자, 수령들이 삼보를 경신하고 각자가 절을 지어 삼보를 공양하기까지 하였다.

20. '무차대재(無遮大齋)'는 보통 '무차대회(無遮大會, Panchavarsika Prasad)' 혹은 '반차대회(般遮大會, Pancha Prasad)'라고 한다. 산스크리트

인 '판차바르시카(panchavarsika, 반차파률사가般遮婆栗史迦)'에서 '판차'는 '5' 그리고 '바르시카'는 '년(年)'이란 뜻으로서, 그 합성어인 '판차바르시카'는 '5년에 한 번'이라는 의미를 지닌다. 따라서 무차대회는 5년에 한 번씩 승속이나 남녀, 귀천을 가리지 않고 일체 평등하게 재시(財施)와 법시(法施)를 행하는 불교의 대법회를 말한다. 본문에서 보다시피 혜초 때에 와서는 5년에 한 번씩이 아니라 1년에 두 번씩 거행하고 있었다. 그런가 하면 지역에 따라 1년에 한 번씩 거행하기도 한다.

원래 '재(齋)'는 식사 공양을 뜻하나 본문에서는 '회(會)'와 같은 의미로 쓰이고 있어, '대재(大齋)'는 곧 '대회(大會)'이다. 이것은 원래 아소카 왕이 창안한 것(『불조통기(佛祖統紀)』「통색지(通塞志)」)으로서 『아육왕전』권2와 『대장엄론경(大莊嚴論經)』권4에는 '반차우슬(般遮于瑟)'로, 『대지도론』권2에는 '반사우슬대회(般闍于瑟大會)'로 표기하고 있다. 그 밖에 한적에는 '반차월사(般遮越師)'(법현의 『불국기』)나 '무차대시(無遮大施)'(『자은전』권5「발라야가국(鉢羅耶伽國)」조)라고도 하였다. 『대당서역기』권2「가필시국」조에 보면 이 나라 왕은 해마다 한 번씩 높이 1장 8척의 은제 불상을 만들어 놓고는 무차대회를 치른다고 한다. 『자은전』에 의하면 남파(藍波)에서는 75일 동안, 가필시에서는 7일 동안 이 대회를 치른다. 현장이 귀국하기 직전 계일왕과 가마루파국(迦摩縷波國) 왕 구마라(鳩摩羅)가 곡녀성에서 그를 위해 성대한 무차대회를 거행하였다(『자은전』권5). 한국에서는 고려 의종(毅宗) 19년(1165) 1월에 처음으로 무차대회가 열렸다.

21. '청(聽)'은 '든다' '받아들이다'라는 뜻 외에 본문에서 보다시피 '~하는 대로 내버려두다' '~하도록 하다'라는 뜻도 가지고 있다.

22. 여기에서 "이(간다라의 돌궐) 왕이 여타 북쪽 돌궐 왕들과 같지 않은 점이다"라고 한 것이 과연 무엇을 의미하는지가 좀 모호하다. '여이북(餘已北)', 즉 '여타 북쪽'이라고 한 것이 간다라 북쪽의 토화라(토카리스

탄) 일원을 지칭하는 것은 분명한데, 그렇다면 간다라의 돌궐 왕이 토화라의 돌궐 왕과 같지 않은 점이 무엇인가 하는 것이 모호하다. 뒤에 오는 토화라국 기행문을 보면 "국왕과 수령 및 백성들은 삼보를 대단히 공경하고 절과 승려가 많으며 소승법이 행해지고 있다(國王首領及百姓等 甚敬三寶 足寺足僧 行小乘法)"라고 나온다. 따라서 이 두 곳의 돌궐 왕들은 모두 삼보를 경신하고 절을 지어 공양하며 무차대회를 여는 등 기본적인 불법을 수행하는 데는 다를 바가 없다. 하지만 본문에서 보다시피 몸에 지닌 물건들을 시주한다든가, 시주한 처와 코끼리는 돈을 주고 도로 찾아온다든가 하는 등 세부적인 의례 면에서는 같지 않다.

23. '차성(此城)', 즉 '이 성'이 신두대하(辛頭大河, 인더스 강)가 굽어 보이는 북안에 위치하고 있다고 했으니, 이곳은 『대당서역기』 권2 「건타라국」조에 나오는 우다반다푸라(Udabhāṇḍapura, 오탁가한도성烏鐸迦漢茶城, 현 훈드Hund)이다. 이 책에 의하면 7세기 초엽 간다라 지방에는 이 도성 외에 푸르사푸라, 푸스칼라바티(현 차르사다Chārsada), 바르사푸라(Varṣapura, 불사복성佛沙伏城, 현 Shāhbāz Garhi) 등 네 개의 도성이 있었는데, 그 중 주성은 우다반다푸라였다. 이 도성은 둘레가 20여 리나 되고 남쪽이 신도하(인더스 강)에 면해 있으며 주민은 부유하고 보화가 넘쳐나며 여러 나라 진품들의 집합지였다. 현장은 옛적의 간다라를 의식해서 푸르사푸라를 수도로 기술하고 있지만, 실제로는 인더스 강을 끼고 카슈미르나 펀자브 지방으로 통하는 교통 요충지에 있는 우다반다푸라가 수도 역할을 하였다. 인더스 강이 부감(俯瞰)되는 우다반다푸라에서 서쪽으로 사흘을 가면 갈락가사(葛樂歌寺)와 대탑이 나타난다. 그러나 송운과 혜생의 『낙양가람기』 권5 「성북(城北)」조에는 신두하로부터 서쪽으로 사흘을 가면 푸스칼라바티에 이르고, 여기서 다시 서쪽으로 하루를 더 가면 여래도 안시인처(如來挑眼施人處)가 나타나며, 다시 서쪽으로 하루를 가면 수심

이 깊은 강에 도착한다고 한다. 여기서 다시 남서쪽으로 60리를 가면 건타라성(乾陀羅城, 즉 푸르사푸라)에 당도한다고 한다.

24. '신두대하(辛頭大河)'는 인더스 강이다. 일부 한적에는 신도하(信度河)라고도 표기되어 있다.

25. 천친(天親, 세친世親)과 무착(无着) 보살 형제는 인도 대승불교 유식철학(唯識哲學) 체계의 주요 확립자이다. 두 사람의 생년에 관해서는 부처 열반 후 구백 년이니 천 년이니, 심지어 천백 년이니 하는 등 설이 구구하나, 대체로 기원후 4~5세기로 추정하고 있다. 그들은 간다라국의 수도 푸르사푸라의 한 브라만 가문에서 출생하였다.

형 무착(일명 아승가阿僧伽, Asanga Bodhisattva)은 성인이 된 후 브라만교를 포기하고 불교로 개종하여 소승 공부를 시작하였지만, 점차 대승에 경도되어 대승경전을 연찬하였다. 전설에 의하면 아유타국(阿踰陀國, 아요다Ayodhā)에 강림한 미륵(彌勒)이 그에게 5부 대론(大論), 즉 『유가사지론(瑜珈師地論)』『금강반야바라밀경론(金剛般若波羅密經論)』『변중변론(辨中邊論)』『대승장엄경론(大乘莊嚴經論)』『분별유가론(分別瑜珈論)』을 설(說)하였다고 한다. 그 밖에 티베트의 기록에 의하면 그는 『대승장엄경론』『변중변론』『법성분별론(法性分別論)』『대승구경요의론(大乘究竟要義論)』『현관장엄론(現觀莊嚴論)』『유가행지론(瑜珈行地論)』 등을 저술하였다고 한다.

동생 세친(일명 바수반두婆籔槃豆, Vasubandhu Bodhisattva)(『대당서역기』권5「아유타국」조에서는 '벌로반도보살伐勞畔度菩薩' 혹은 '세친'으로 칭하면서 '천친天親'으로 한역하는 것은 오역이라고 지적)은 형 무착보다 약 20년 뒤에 출생하여 불교에 귀의한 후 처음에는 형과 마찬가지로 소승 유부설(有部說)을 공부하였다. 그러나 유부설이 대단히 번잡함을 발견하고 카슈미르에 가서 4년간 경부(經部) 교리를 연찬하고 푸르사푸라로 돌아와서 유명한 『아비달마구사론』을 저술하여 경부 교리로 유부설을 시정하면서 소승의 각부설(各部說)을 비판하였다. 그 후 형 무착이 그를 아유타국에 불러다가 대승요의(大乘要義)를 전승하자 세친은 소승을 버리고 대승을 신봉하게 되었다. 세친은 아유타에서 수십 년간 대승을 전공하면서 수많은 논저를 발표하여 '천부론주(千部論主)'라는 칭호까지 받았다. 그 밖의 세친의 주저로는 『대승백법명문론(大乘百法明門論)』『대승오온론(大乘五蘊論)』『불성론(佛性論)』 등이 있으며, 『법화경(法華經)』『화엄경』『유마힐경(維摩詰經)』 등을 주석하기도 하였다(張, 80-81 참고).

26. 갈락가사(葛諾歌寺)는 쿠샨 왕조의 제3대 왕 카니슈카(Kanishka, 가니색가迦膩色迦, 갈락가葛諾歌, 120~144년경 즉위)가 간다라국 수도 푸르샤푸라에 세운 절로서 그의 이름을 따서 명명하였다. 카니슈카 왕은 불자로서 불교와 학문을 적극 장려하여 '제2의 아소카'로 불린다. 갈락가사의 한역명으로는 '작리부도(雀離浮圖)'(『불국기』, 『낙양가람기』 권5), '백장부도(百丈浮圖)'(『위서』「서역전」), '계니타왕성탑사(罽膩吒王聖塔寺)'(오공의 「십력경서(十力經序)」) 등이 있다. 『낙양가람기』는 절 안에 있는 탑(부도浮圖)은 금색이 찬란하여 "서역에서 제일가는 부도"라고 극찬하고 있다. 『대당서역기』 권2 「건타라국」조는 카니슈카 왕이 석가 입적 400년 후에 출현한 사람으로서 스투파를 세웠는데, 석가의 골육사리(骨肉舍利)가 거기에 모일 것이라는 예언을 했다고 전하고 있다. 혜초는 천천과 무착 보살이 이절에 주석했다고 하지만, 『대당서역기』에는 협존자, 세친 보살, 여의 논사(如意論師)가 주석했다고만 하고, 무착의 주석에 관해서는 언급이 없다.

『대당서역기』에는 이 절이 수도 푸르샤푸라 성에서 동남쪽으로 8~9리 지점에 있다고 했으나, 혜초는 성에서 서쪽으로 사흘 거리에 있다고 하였나. 그렇다면 혜초가 말한 성은 푸르샤푸라가 아니라 이미 천도한 푸스칼라바티라고 짐작된다. 이 성은 간다라의 고도로서 지금의 페샤와르에서 동북쪽으로 약 17마일에 있는 차르사다(사이사달查爾沙達)로 비정된다. 이 성은 알렉산드로스가 동정했을 때, 하스티(Hasti, 합사특哈斯特)라는 왕이 통치하고 있었기 때문에 후일 하스티나푸르(Hastinapur, 합사정나보이哈斯汀那普爾, 대상성大象城)라고 불렸다(L, 119).

27. '시비왕구합처(尸毗王救鴿處)'는 부처가 시비왕이 되었을 때 비둘기를 구제하였다는 곳이다. 『현우경(賢愚經)』 권1, 『보살본행경(菩薩本行經)』 하권, 『호국존자소문대승경(護國尊者所問大乘經)』 권2 등의 경전에 의하면, 이곳은 부처가 되기 이전의 석가가 시비카(Sivika, 시비가尸毗迦)의 왕이 되어 참으로 부처가 될 수 있는지를 시험당한 전설에 나오는 장소이다. 제석은 매가 되고 브라만은 비둘기가 되었는데, 석가는 매에게 쫓겨 날아온 비둘기를 죽이지 않고 놓아주었기 때문에 부처가 될 자격이 있다고 인정받게 되었다(『대지도론』; 李, 88 참고).

이 구합처의 위치에 관해서 혜초는 '우다반다푸라(바로 앞의 주 23 참고) 동남쪽……리'에, 법현은 '숙가다국(宿呵多國, 스와트)'에 있다고 하였다(『불국기』). 그런가 하면 현장은 『대당서역기』 권3 「오장나국(烏仗那國)」조에서 몽게리성(瞢揭釐城, 현 밍고라Mingora) 남쪽 200여 리의 큰 산 속에 마가벌나(摩訶伐那) 가람이 있고, 거기서 서북쪽으로 하산하여 30~40리를 가면 마유(摩愉) 가람에 이르는데, 거기에 높이 100여 장에 달하는 스투파가 있다고 하였다. 다시 거기서 서쪽으로 60~70리를 가면 무우왕(시비왕, 아소카 왕)이 세운 스투파가 나타나는데, 그곳이 바로 구합처라고 하였다. 법현이 말한 숙가다국은 오장국 남쪽과 간다라국에서 서쪽으로 약 5일 거리 사이에 있는 현재의 부네르(Buner)에 비정된다. 그런데 부네르는 혜초가 말한 것처럼 우다반다푸라의 동남쪽에 있는 것이 아니라 서북쪽에 있으며, 동남쪽에는 탁실라(Taxila)가 자리하고 있었다.

28. '사두처(捨頭處)'는 다섯 야차(夜叉)가 석가의 머리를 베고 눈을

● ──── 사두처로 추정되는 탁실라 유지 지도

뺐으나 머리와 눈이 다시 나타나 석가의 위력에 감복했다는 전설에 나오는 '머리 벤 곳'을 말한다. 이 머리를 베었다는 전설은 『월광보살경(月光菩薩經)』에 나온다. 사두처의 위치에 관해 『불국기』는 축찰시라국(竺刹尸羅國, 탁실라, '머리를 베다'라는 뜻)에 '이두시인처(以頭施人處)'가 있다고 하고, 『낙양가람기』는 인더스 강에서 동쪽으로 사흘 거리에 '여래사두시인처(如來捨頭施人處)'가 있다고 하며 『대당서역기』 권3 「달차시라국(呾叉始羅國)」조는 달차시라국(탁실라)의 큰 성에서 12~13리 떨어진 곳에 아소카 왕이 세운 스투파가 있는데, 그곳이 바로 '사두시인처'라고 한다. '달차시라'는 간다라국의 고도로서 상업과 학술의 중심지였다. 이곳을 현재의 파키스탄 라왈핀디나 하산 압둘(Hassan Abdul) 또는 샤흐데리(Shahdheri) 부근의 칼라카세라이(Kalaka Serai)에서 동쪽으로 1마일 떨어진 지점 등 여러 곳으로 비정하고 있으나, 칼라카세라이가 가장 유력하다. 이곳에서 방대한 유적지가 발굴되었는데, 그 중에는 55기의 스투파와 28소의 사원, 9소의 대전(大殿)이 포함되어 있다.

29. '사안처(捨眼處)'는 바로 앞의 주 28과 같은 전설에서 눈을 뺐다는

곳인데, 이 전설은 『미륵보살소문본원경(彌勒菩薩所問本願經)』에 나온다. 이 사안처의 위치에 관해 『불국기』는 푸스칼라바티에 '이안시인처(以眼施人處)'가 있다고 하고, 『낙양가람기』 권5는 인더스 강에서 서쪽으로 사흘 거리에 있는 바르사푸라에서 다시 서쪽으로 하루를 가면 '여래도안시인처(如來挑眼施人處)'가 있다고 하였으며, 『대당서역기』 권2에는 간다라국 내의 푸스칼라바티의 북쪽 4~5리에 아소카 왕이 세운 스투파가 있는데, 그곳에 '사안(捨眼)'을 기념하기 위한 탑이 있다고 나온다.

30. '위오야차처(餧五夜叉處)'는 앞의 주 28의 전설에서 야차가 석가의 머리와 눈을 빼 먹었다는 곳으로서, 이 전설은 『현우경』 권2에 나온다. 『대당서역기』 권3 「오장나국」조에 의하면, 오장나국(우디아나)의 중심지인 몽게리성에서 서쪽으로 5일을 가면 스와트 강 서쪽에 아소카 왕이 세운 높이 50척의 노혜달가(盧醯呾迦) 스투파가 나타나는데, 그곳이 바로 이 위오야차처이다. 혜초는 이상의 사본생처(四本生處), 즉 구합처·사두처·사안처·위오야차처가 모두 건타라국 경내의 우다반다푸라 동남쪽 산중에 있다고 했는데, 앞에서 살펴본 바와 같이 구합처는 부네르에, 사두처는 탁실라에, 사안처는 푸스칼라바티에, 위오야차처는 오장국(현 스와트)에 비정된다. 이렇게 보면 혜초가 지적한 이들 사본생처의 위치 중 실제 위치와 일치하는 것은 탁실라 한 곳뿐이다. 그마저 탁실라는 평야이지 '산속'이 아니다(桑, 124-126; 張, 82-84 참고).

19

오장국(우디아나)

다시 이 건타라국에서 정북쪽으로 산에 들어가 사흘을 가면 오장국(烏長國, 우디아나Udyāna)에 이른다. 그곳 사람들은 스스로를 울지인나(鬱地引那, 우디아나)라고 부른다. 이 나라 왕은 삼보를 크게 공경하고, 백성들과 마을 사람들은 많은 분량을 절에 시주하여 공양하며 집에는 적은 분량만 남겨두어 (중들에게) 의식(衣食)으로 공양한다. 재를 올려 공양하는 것은 매일의 일상사이다. 절도 많고 승려도 많은데, 승려는 속인들보다도 약간 더 많으며 오로지 대승법만이 행해진다. 의상과 음식, 풍속은 건타라국과 비슷하나 언어는 같지 않다. 이 땅에는 낙타, 노새, 양, 말, 모직물 따위가 흔하며, 날씨는 매우 춥다.

烏長國

又從此建馱羅國正北入山三日程 至烏長國[1] 彼自云鬱地引{那}[2] 此王大敬三寶 百姓村庄[3] 多分施入寺家供養 少分自留以供養衣食[4] 設齋供養 每日是常 足寺足僧 僧稍多於俗人也 專行大乘法也 衣着飮食人風 與建馱羅國相似 言音不同 土地足駝騾羊馬氎布之類 節氣[5]甚冷

주

1. '오장(烏長, 산스크리트로 우디아나Udyāna, Uḍḍiyāna, 팔리어로 Uyyāna)'의 한역명에는 오장(烏萇)(『불국기』,『위서』「서역전」,『구당서』「서역전」), 오장(烏仗)(『증일아함』), 오장(烏場)(『낙양가람기』「송운행력기사(宋雲行歷記事)」,『속고승전』「나련제려야함전(那連提黎耶含傳)」), 오장나(烏仗那)(『대당서역기』), 오장나(烏長那)(『자은전』,『대당서역구법고승전』), 우기낭(優填囊)(『불조통기』), 오이야낭(烏儞也曩)(『범어잡명(梵語雜名)』), 오장(烏萇)·월저연(越底延)(『신당서』) 등 여러 가지가 있는데, 모두가 현지인이 부르는 울지인나(鬱地引那, 우디아나)의 음사이다.

오장국은 인더스 강 상류의 편자브 이북 수브하바스투 강(Subhavastu江, 소파벌솔도하蘇婆伐窣堵河, 현 스와트 강) 양안에 위치하고 있었는데, 그 영역은 오늘의 팡코라(Pangkora, 반가랍潘可拉), 비자와르(Bijawar, 비가와이比賈瓦爾), 스와트, 부니르(Bunir, 포니이布尼爾) 네 개 지역을 포괄하였다. 원래 수도는 다렐(Darel, 달려라천達麗羅川)이었는데, 후에 몽게리성(현 밍고라)으로 천도하였다.

혜초는 간다라국에서 정북향으로 사흘을 가서 오장국에 이르렀다고 하고,『대당서역기』권2는 우다반다푸라에서 북쪽으로 산과 강을 넘어 600여 리를 가면 오장국에 도착한다고 하였다. 혜초는 간다라의 어디서 출발했는지 밝히지 않았으나 아마 우다반다푸라에서 떠났을 것이다. 여러 명의 중국 도축승들이 이곳을 방문했는데, 그 중 가장 먼저 간 사람은 법현이고 다음은 송운이며, 그를 이은 이가 현장이다. 현장의『대당서역기』에 의하면 이곳은 옛날에 불교가 상당히 성행했으나 방문한 당시는 이미 사양길에 접어들어, 수브하바스투 강을 끼고 천사백 소나 있던 가람이 대부분 폐허가 되었고 만팔천 명이넌 승도도 그 수가 점차 줄어들고 있었다. 그러나 본문에서 보다시피 혜초가 방문한 8세기 전반에는 불교가 다시 부흥하는 양상을 보였다.

『신당서』권221 상「오장국전(烏萇國傳)」에는 다음과 같은 내용의 기술이 있다. 오다(烏茶)를 일명 오복나(烏伏那)('복伏'자는 '장伏'자의 오사-역주자) 혹은 오장(烏萇)이라고 하는데, 남으로 천축과 접해 있고 국토는 오천 리나 되며, 동으로

● 중생들에게 설법하는 부처(스와트 출토)

발률과 육백 리, 서로는 계빈과 사백 리에 상거해 있다. 산과 계곡이 연이어 있고 금과 철, 포도(蒲桃), 울금(鬱金), 벼가 생산되며, 사람들은 유순하나 주술(呪術)을 즐긴다. 사형이 없어 사형수는 궁벽한 산속으로 추방하며, 죄가 의심되면 약을 먹여 나타나는 청탁(淸濁) 표현에 의해 죄의 경중을 결정한다. 다섯 성이 있는데, 왕은 일명 몽게리성이라고 하는 술몽얼리성(術瞢蘗利城)에 살고 있으며, 그 동북쪽에 달려라천, 즉 오장의 옛터가 있다.

『신당서』의 저자는 오장(烏萇)과 『대당서역기』 권10의 오다(烏茶, Oriss)를 혼동한 것 같다. 8세기 전반에 중앙아시아를 침범한 대식(아랍)은 오장국이 항복하도록 유인했으나 거절당하였다. 이를 전문한 당 현종이 장려차 오장과 골탈, 구위(俱位) 3국에 사신을 보내 왕으로 책봉하고 책문(册文)과 더불어 비단을 하사하였다는 기사가 『구당서』 권198, 『당회요』 권99, 『책부원구』 권965 등에 실려 있다.

오장국에서 불교가 대단히 번성하였다는 것은 스타인의 현지 탐사와 1955년 이후 이탈리아 중극동아시아 연구소(IsMEO) 고고학조사단의 발굴 결과에 의해 입증되었다. 그 밖에 『불국기』나 『낙양가람기』 『예문유취(藝文類聚)』와 『속고승전』 권2에 있는 오장국 출신의 나렌드라야사스

(Narendrayaśas)에 관한 전기에서도 불교의 번성상을 찾아볼 수 있다(張, 84-86; 桑, 126-127 참고).

2. 원문에는 '배 주(舟)'변에 '고을 읍(阝)'이 결합된 자로 보이나, 오장국의 원음인 '우디야나(Uḍḍiyāna)'의 마지막 음절이 '나(na)'이기 때문에 '나(那)'자로 보는 것이 타당하다. 藤(44a)과 張(84)은 '배 주'변에 '고을 읍'자를 쓰고, Y(99)는 '배 주'변에 '뱀 사(巳)'가 결합된 자로 보고 있으며, 桑(22)과 李(102), 鄭(109), 金(345) 등은 '나(那)'자로 간주하고 있다.

3. '백성촌장(百姓村庄)'에 대한 이해가 각이하다. 桑은 '마을 사람(村人)·마을(村庄)'(桑, 39)로, 李와 鄭은 '백성들이 사는 마을'(李, 56; 鄭, 125)로, Y는 '마을과 그 주민들(his villages and their inhabitants)'(Y, 50)로 각각 번역하였다. 그러나 문맥으로 보아 '백성'과 '촌장'은 어떤 귀속관계라기보다는 병렬관계이므로 일반 '백성들과 마을 사람들'로 이해하는 것이 타당하다고 본다.

4. '자류이공양의식(自留以供養衣食)'을 "자기 집에 남겨두어 의식으로 사용한다"(李, 56; 鄭, 125)나 "……남겨두어 자기의 의식을 공급케 한다"(金, 22)로 번역하는 것은 원의에 어긋난다고 짐작된다. '공양'은 어른에게 음식을 드리는 일이기도 하지만, 일반적으로 불가에서 부처에게 음식이나 향을 올리거나 중이 음식을 먹는 일로서, 본문의 전후 문맥을 살펴보면 불사(佛事)에 관한 이야기이므로 '남겨두어 자기가 쓰려고 하는 것'이 아니라 '중들에게 시주로 드리려고 하는 것'이 분명하다. 따라서 '자기 집에 남겨두어 중들에게 의식으로 공양한다'로 이해하는 것이 합리적이라고 생각한다. 桑(39)과 Y(50)도 이런 뜻으로 일역·영역하였다.

5. '절기(節氣)'는 보통 연중의 24절기를 말하나, 본문에서는 '날씨(기후)'의 뜻으로 사용하고 있다. 앞의 예에서도 보다시피 혜초는 '절기'를 날씨와 구별하여 쓰기도 한다(12절 주 3 참고).

20

구위국(사마라자)

다시 오장국에서 동북쪽으로 산에 들어가 보름을 가면 구위국(拘衛國)에 이른다. 그곳 사람들은 스스로를 사마갈라사국(奢摩褐羅闍國, 사마라자Śamarājā)이라고 부른다. 이 나라 왕도 삼보를 경신하며, 절도 있고 승려도 있다. 의상이나 언어는 오장국과 비슷하며 모직 웃옷과 바지 같은 것을 입는다. 양이나 말 따위도 있다.

拘衛國

又從烏長國東北入山十五日程 至拘衛國[1] 彼自呼奢摩褐羅闍國[2] 此王亦敬信三寶 有寺有僧 衣着言音與烏長國相似 着氎衫袴等 亦有羊馬等也

주

1. '구위국(拘衛國)'의 한역명에는 구위(拘緯)(오공의 『십력경』), 쌍미(雙靡)(『한서』), 상미(商靡)(『대당서역기』 권2, 『신당서』 권221), 나미(啳彌)(『위서』), 구위(俱位)(『신당서』 권221) 등이 있다. 『신당서』 권221 하에는 일명 상미라고 하는 구위가 발률강(勃律江) 북쪽에 있다고 하는데, 오늘날의 치트랄(Chitral, 기특랍이奇特拉爾)과 마스투즈(Mastuj, 마사도길馬斯圖吉) 사이에 있다. 따라서 이 나라는 오장국의 서북쪽에 위치하고 있는 것이 분명한

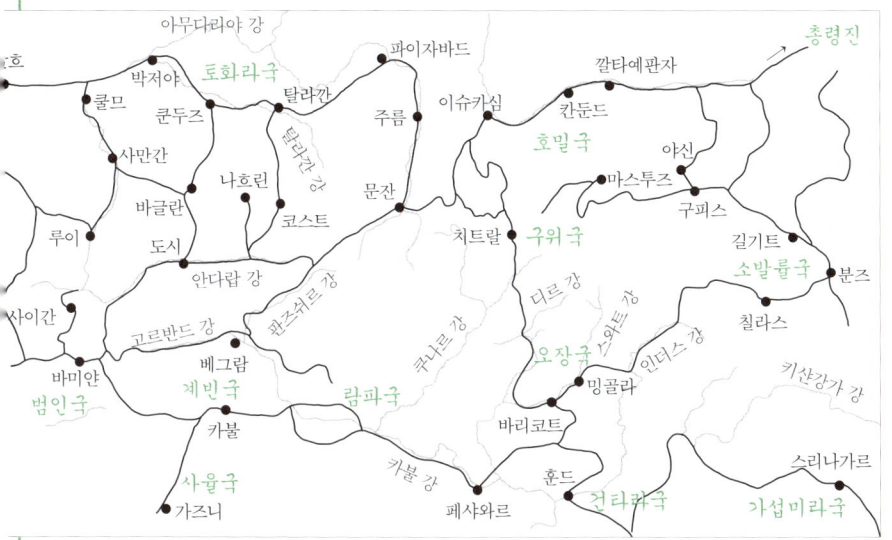

● ──힌두쿠시 산맥 남북 지역도(훗, 116 참고)

데, 혜초는 그 동북쪽에 있다고 오인하였다.

　중국 도축 구법승 중에서 제일 먼저 이 나라를 방문한 사람은 송운인데, 그는 여행기에서 이 나라는 파지(波知)의 남쪽 산속에 자리하고 있고 불법은 믿지 않고 여러 신을 섬기고 있으며 엽달에 부속되어 있는데, 동쪽에는 발로륵국이 있다고 하였다(『북사』 권97). 이로써 이 나라에 불교가 들어간 것이 늦은 시기임을 알 수 있다.

　그러나 현장이 이곳을 찾았을 때는 불법이 성행하여, 『대당서역기』에 상미(구위국)의 왕 석종(釋種)은 불법을 숭상하고 국인(國人, 백성)은 그를 따리 불법에 귀의하여 싱실히 믿지 않는 자가 없으며 가람이 두 곳 있다는 기사가 보인다. 그리고 혜초는 이곳 언어가 오장국 언어와 비슷하다고 하였는데, 『대당서역기』에는 이곳의 문자가 토화라 문자와 같으나 말은 다르다고 히였으며 콩과 맥류, 포도가 흔하다고 하였다. 양과 말에 관해서는 언급이 없다.

2. '사마갈라사국(奢摩褐羅闍國)'은 산스크리트 '사마라자(Śama-rājā)'의 음사로서, '갈라사(褐羅闍)'는 'rājā'의 음역이고 구위국의 별칭인 '상미(商彌)'는 '사마(奢摩)'의 와전음이다.

람파국(람파카)

다시 이 건타라국에서 서쪽으로 산에 들어가 이레를 가면 람파국(覽波國, 람파카Lampāka)에 이른다. 이 나라에는 왕이 없고 대수령이 있는데, 역시 건타라국의 관할 아래 있다. 의상과 언어는 건타라국과 비슷하다. 절도 있고 승려도 있으며 삼보를 공경하여 믿으며, 대승법이 행해지고 있다.

覽波國

又從此建馱羅國西行入山七日 至覽波國[1] 此國無王 有大首領 亦屬建馱羅國所管 衣着言音與建馱羅國相似 亦有寺有僧 敬信三寶 行大乘法

주

1. '람파(覽波)'는 산스크리트 '람파카(Lampāka)'의 음사로서 『십력경』 서문의 '오공행기'에는 람파국(藍婆國)으로, 『대당서역기』 권2에는 람파국(濫波國)으로 표기되어 있다. 이곳은 오늘의 아프가니스탄 동부 카불강 중류의 라그만(Lahgmān) 지역에 비정된다. 현장은 북인도로 들어갈 때 이곳에 사흘간 묵으면서 목격한 사실을 다음과 같은 내용으로 기술하고 있다. 주위는 천여 리나 되고 북쪽은 설산을 배경으로 하고 삼면은 눈 없는 산으로 에워싸여 있으며, 수도는 둘레가 십여 리나 된다. 수백 년간 왕족의 후

사가 없어 호걸들이 경합을 벌이다 보니 대군주가 없다. 근자에는 가필시국에게 복속되어 있다(『대당서역기』 권2).

당시 람파국은 가필시국(계빈국) 형얼(馨孽) 왕조의 지배를 받고 있었다. 도선(道宣)은 『석가방지』에서 람파국(濫波國)은 아나바타프타(Anavatapta, 무열지無熱池)의 서쪽, 활국(活國, 곤도자昆都玆)의 동남쪽에 위치하고 있는데, 삼면은 흑령(黑嶺, 눈 없는 산 – 역주자)으로 에워싸여 있고 북은 설산이라고 하였다. 또 도성은 주위가 십여 리나 되고 절이 십여 소 있으나 승려의 숫자는 적고 대부분 대승을 공부하며, 천사 수십 소에 이교도가 특히 많다고 하였다.

현장은 『대당서역기』에서 이 람파국보다는 람파국과 간다라국 사이에 있는 나가라하라(Nagarahāra, 나게라갈국 那揭羅曷國, 현 잘랄라바드 Jalālābād)에 관해 더 상세히 기술하고 있다. 나가라하라는 여래의 유적이 많이 남아 있어 4세기부터 인도와 중국의 구법승들이 반드시 들르는 순례지였기 때문이다. 그러나 혜초나 오공은 이곳에 관해 언급한 적이 없다. 『대당서역구법고승전』의 「현조전」에 의하면 현조는 665년에서 670년 사이에 토화라에서 가필시국과 나가라하라로 통하는 길을 따라 서인도의 라타(Laṭa)국에 갔고, 가필시국에서 여래정골(如來頂骨)을 참배하였다. 현지를 방문한 당승들의 기록에 의하면 7세기 70년대까지 나가라하라는 불교로 인해 여전히 번영하고 있었으나, 그 후 혜초가 지나갔을 때는 불교의 쇠퇴와 더불어 그곳의 중요성이 적어졌고 대신 람파국이 부상하였다. 현장은 귀로에 우다반다푸라에서 가필시국 왕과 함께 직접 람파국에 가서 거기의 한 대승 사원에서 15일간 무차대회를 연 다음에 벌랄라(伐剌拏), 아부건(阿薄健), 조구타(漕矩吒), 불률씨(佛栗氏), 살당나(薩儻那) 등지를 경유해 가필시국에 도착했다.

계빈국(카피시)

다시 이 람파국에서 서쪽으로 산에 들어가 여드레를 가면 계빈국(罽賓國, 카피시Kāpiśī)에 이른다. 이 나라도 건타라 왕의 소관 아래 있다. 이 왕은 여름에 계빈에 있으면서 서늘한 곳을 따라 지내고, 겨울에는 건타라로 가서 따뜻한 곳을 따라 산다. 거기는 눈이 없고 따뜻하며 춥지 않다. 그러나 계빈국은 겨울에 눈이 쌓여서 춥다.

이 나라의 토착인은 호족(胡族)이고 왕과 군사는 돌궐인이다. 의상과 언어, 음식은 토화라와 대동소이하다. 남녀 불문하고 모두 모직 웃옷과 바지를 입고 가죽신을 신으니 남녀 의복에 차이가 없다. 남자는 모두 수염과 머리를 깎고, 여자는 머리를 기른다. 이 나라에서는 낙타, 노새, 양, 말, 당나귀, 소, 모직물, 포도, 보리와 밀, 울금향(鬱金香) 등이 난다.

국민들이 삼보를 크게 경신하여 절도 많고 승려도 많다. 백성들은 집집마다 절을 지어 삼보를 공양한다. 큰 도성 안에 사사사(沙糸寺, 사히스 Śāhis)라는 절이 하나 있는데, 거기서 부처의 트레머리와 뼈 사리를 봤다. 왕과 관리들, 백성들이 매일 공양을 올리고 있다. 이 나라에서는 소승이 행해지고 있다. 이 나라 사람들도 산속에서 살고 있는데, 산에 초목이라곤 없어 마치 불에 그을린 산 같다.

罽賓國

又從此覽波國西行入山 經於八日程 至罽賓國[1] 此國亦是建馱羅國王所管 此王夏在罽賓 逐[2]凉而坐 冬往建馱羅 趁暖而住 彼卽無雪 暖而不寒 其罽賓國冬天積雪 爲此冷也 此國土人是胡[3] 王及兵馬[4]突厥[5] 衣着言音 飲食與吐火羅國大同小異 無問男之與女 並皆着氎布衫袴及靴 男女衣服無有差別 男人並剪鬚髮 女人髮在[6] 土地出駝騾羊馬驢牛氎布蒲桃大小二麥[7]鬱金香[8]等 國人大敬信三寶 足寺足僧 百姓家各(竝)[9]造寺 供養三寶 大城中有一寺 名沙糸寺[10] 寺中見佛螺髻骨舍利 見在王官百姓每日供養 此國行小乘 亦住山裏 山頭無有草木 恰似火燒山也

주

1. 본문에서 혜초는 돌궐 왕이 여름에는 계빈에서 지내다가 겨울이면 간다라에 가서 보낸다고 하면서 이곳은 간다라 왕의 관할하에 있다고 하였다. 이는 계빈과 간다라의 왕이 같은 왕임을 뜻한다. 오공도 천보 12년 2월 21일(753년 3월 17일)에 건타라국에 도착했는데, 그는 이곳을 계빈의 동도성(東都城)이라고 칭하였다(『오공입축기(悟空入竺記)』). 이것은 계빈과 간다라가 한 통치자의 지배하에 있음을 시사한다.

계빈은 일찍부터 중국과 관계를 맺고 있었기 때문에 한적에 계빈에 관한 기술이 적지 않다. 한 무제(武帝) 때(기원전 141~87 재위) 중국과 통교를 시작한 이래 수차례 한조에 사신을 파견하였다. 『한서』「서역전」'계빈국'조에는 다음과 같은 내용이 있다. (계빈) 왕은 순선성(循鮮城)을 다스리고 있는데, 장안에서 2200리 떨어져 있으며 도호에 소속되어 있지 않다. 인구와 군사가 많은 대국이다. 북동쪽으로 도호의 치소까지는 6840리, 동쪽

●──아프가니스탄의 험준한 산맥

으로 오타국(烏秅國)까지는 2250리, 북동쪽으로 난두국(難兜國)까지는 9일 거리이며, 서북쪽으로 대월지, 서남쪽으로 오익산리(烏弋山離)와 접해 있다.

북위 정평(正平) 초년(452)에 계빈 사신이 내화(來華)한 후 백여 년간은 사신 내왕이 없었다. 그리하여 한때 계빈에 관한 소식은 두절되다시피 하였다. 그러다가 『수서』 권83에 "조국(漕國)은 총령(葱嶺, 파미르 고원) 이북에 있는데, 한대의 계빈국이며, 왕의 성은 소무(昭武)이다"라는 기사가 나타난다. 여기서의 '조국'이 『대당서역기』 중의 조구타(漕矩吒)로서 오늘의 가즈니(Ghazni, 가지니伽志尼)이다. 『통전』 권192에서 지적하다시피 수니리 때까지 조국은 파미르 고원 이북에 있었던 것이 아니라 그 서남부에 있었다. 따라서 조국이 파미르 고원 이북에 있다고 한 『수서』의 기술은 착오인 것이다.

당과 계빈 사이에는 상당한 내왕이 있었던 것으로 전해지고 있다. 무덕(武德) 2년(619)에 계빈의 견사가 시작된 이래 정관 연간(627~649)에는 사신들이 명마 등을 헌상했을 뿐만 아니라, 사람을 보내 인도에 가는 당나라 사신들을 호송하기까지 하였다. 고종(高宗) 현경(顯慶) 3년(658)에는 계빈 땅이 수선 도독부에 편입되었으며, 현경 6년(661)에 왕현책이 세 번째로 인도에 파견되었다 돌아올 때 계빈국에 들렀다. 개원 6년에는 갈라달지특륵(葛羅達支特勒)을 계빈 왕으로 봉하고 천보 4년(745)에는 발준(勃準, 복준匐準)을 계빈국과 오장국의 왕으로 봉하였다. 당시 계빈은 오장뿐만 아니라, 간다라까지 통치하는 강대한 국가였다. 『대당서역기』 권1 「가필시국」조에 보면 옛날 쿠샨 왕조 카니슈카 왕의 위력이 대단하여 그 영토가 파미르 고원 이동까지 확장하였는데, 그는 겨울에 인도의 여러 나라에 있다가 여름이면 가필시국으로 돌아오며 봄과 가을은 간다라에서 머문다고 하였다. 여름과 겨울에 왕도를 옮겨 다니는 이러한 '역도(易都)'는 훗날 계빈 왕들에 의해 계승되었다.

가필시는 서방에도 일찍이 알려졌다. 아케메네스조 다리우스 1세의 마애(磨崖) 비문 중에 '카피사(Kāpisa)'라는 이름이 나오며, 플리니우스(S. Plinius, 23?~79)의 『박물지(Histoire Naturalis)』에도 '카피사(Capissa)'라는 이름이 보인다. 프톨레마이오스(Ptolemaios, 90~168)의 『지리학 입문(Geographike Hyphegesis)』에는 이 나라가 카불 동북부 150마일 지점(현 아프가니스탄의 판즈쉬르Panjshir와 타고아Tagoa 강 계곡 지역)에 있다고 하였다. 중세 아랍 문헌 중 카불에 관해 기록한 내용을 종합하면, 특산물로는 알로에, 대추야자, 사프란(saffraan), 시트론(citron) 등이 있고, 인도와 인접한 물산 집산지이며, 견고한 성채가 하나 있는데 그곳으로 통하는 길은 하나뿐이다. 그리고 시내에는 무슬림과 인도인, 유대인이 살고 있으며, 우상을 숭배하는 신전이 몇 곳 있다.

1340년경 카불을 찾은 여행가 이븐 바투타는 이렇게 현지 견문을 피력하고 있다. "가즈나 시를 떠나 도착한 곳은 카불이다. 예전에는 큰 도시였으나 지금은 아프간(al-Afghān)이라는 한 외방(外邦) 집단이 살고 있는 마을이다. 이곳의 산세는 험하고 사람들은 웅강(雄强)하나 대부분은 강도질을 해먹고 산다. 이곳에 있는 큰 산을 쿠 술라이만(Kūh Sulaimān) 산이라고 한다. 전하는 바에 의하면, 선지자 술라이만이 이 산에 올라가 인도 땅을 굽어보니 온통 암흑천지인지라 그곳에 들어가지 않고 되돌아왔다. 그래서 이 산에 그러한 이름이 붙여졌다고 한다. 이 산 속에 아프간 왕이 살고 있다. 카불에는 샤이크 압바스의 제자이자 현인인 샤이크 이스마일 알 아프가니의 자위야가 있다"(이븐 바투타 저, 정수일 역주, 『이븐 바투타 여행기』 1, 창작과비평사, 2001, 563쪽).

2. '축(逐)'자와 그 뒤 여덟 자 건너 나오는 '진(趁·趂)'자는 본문에서처럼 '좇다' '따라가다'라는 뜻일 때 동의어이다. 그래서 '축량(逐凉)'은 '서늘한 곳(서늘함)을 따라서'로, '진난(趁暖)'은 '따뜻한 곳(따뜻함)을 따라서'로 번역할 수 있다.

3. '호(胡)'에 관해서는 15절의 주 8 참고.

4. '병마(兵馬)'는 병졸과 군마, 군사(군대), 전쟁에 관한 모든 것을 포함하여 다양한 의미가 있는데, 문맥에 따라 의미를 선택해야 한다. 본문에서는 뒤에 오는 돌궐인과 대칭어가 되어야 하기 때문에 사람, 즉 군사나 군대로 번역해야 한다.

5. 쿠샨 왕조 이후 계빈은 페르시아의 사산조(226~651, 이란의 사산 Sāsān 가문 출신의 아르데시르 1세Ardeshir I가 창건한 나라)에게 복속되었다가 5세기 중엽에 이르러서는 중앙아시아를 침입한 엽달의 치하에 들어가게 되었다. 6세기 중엽에는 서돌궐과 사산조의 협공 앞에서 엽달이 패하자 돌궐의 지배하에 들어갔다. 개원 6년(718)에 서돌궐 왕이 당에 보낸 상서에는 사율과 계빈 등의 나라들이 이미 토화라 엽호의 관할하에 들어갔다고 하였다. 당시 계빈의 직접 통치자는 돌궐계의 샤히야스(Shāhiyas, 사사야사沙

糸耶斯)였다.

6. '여인발재(女人髮在)'는 '여자들은(여자들에게는) 머리가 있다', 즉 '여자들은 머리를 기른다'라는 뜻이다. 이 문장의 구성을 놓고 桑은 "발재(髮在)는 재발(在髮)이 도치된 것으로, 통상적인 한문이 아닌 파격적인 중국어로서 신라 출신의 중 혜초가 조선어의 영향을 받아서 이렇게 쓴 것일 수도 있다"라고 했다. 그리고 본문 내의 '여인재발(女人在髮)'(113 · 160 · 170 · 189행)의 실례들을 들어 '여인발재'는 '오류'라고 지적했다(桑, 131). 그러나 이러한 판단은 '재(在)'자의 기능에 대한 이해 부족의 소치라고 판단된다.

중국어에서 '재'는 조사나 부사 외에 동사의 기능도 가지고 있는데, 동사일 경우는 '~가 있다'라는 뜻의 자동사와 '~을 가지고 있다'라는 뜻의 타동사로 기능한다. 본문에서는 동사로 기능함이 분명한데, '여인발재'에서의 '재'는 자동사로 기능하여 '머리가 있다', 즉 '머리를 기르다'라는 뜻이다. 같은 기능의 일례로 '정신영재(精神永在)'를 들면, '정신은 영원히 있다(존재하다)'라는 뜻으로서 이 경우 동사 '재'는 주어 뒤에 온다. 한편, '여인재발'에서의 '재'는 타동사로 기능하여 어순상 목적어 '발'의 앞에 위치해 '머리를 가지고 있다', 즉 '머리를 기르다'라는 뜻이 된다. 이렇게 보면 '재'자는 기능에 따라 어순(주어와 자동사, 동사와 목적어)이 다를 수밖에 없으나, 문장의 뜻은 별로 다르지 않다.

7. '대소이맥(大小二麥)'은 대맥(大麥, 보리)과 소맥(小麥, 밀)이란 뜻으로서, '대맥 · 소맥'으로 번역하거나 아니면 '보리와 밀'로 번역해도 무방하다고 본다.

8. '울금향(鬱金香)'은 일명 울초(鬱草) 또는 튤립이라고 하는데, 백합과에 속하는 다년생 풀이다. 4~5월에 종(鐘) 모양의 흰색, 노란색, 자갈색 큰 꽃이 피며 향기를 많이 풍긴다. 원산지가 유럽으로 알려져 있으므로 인

도의 것은 그곳에서 들어온 것으로 봐야 할 것이다.

9. '병(竝)'자가 원문에서는 흐릿하여 '사(絲)'자 비슷하게도 보여 일부 학자들은 '사(絲)'자로 쓰고 있다(Y, 101; 張, 92). 그런가 하면 '자(慈)'자(F, 465)나 '병(並)'자(鄭, 109), '자(自)'자(金, 346)라는 주장도 있다. 그러나 '사'자인 경우는 뜻풀이가 안 되고, '자(慈)'자나 '병(並)'자, '자(自)'자일 경우 뜻은 그런대로 통하나 글자의 모양이 원문의 글자와 크게 다르다. 따라서 자형이 상대적으로 비슷하고, '전부' 또는 '함께'라는 뜻을 지닌 '병(竝)'자(羽, 628 n27; 李, 102; 桑, 22)로 보는 것이 타당하다고 생각된다.

10. '사사사(沙糸寺)'는 계빈을 통치한 돌궐계 왕 샤히야스가 지은 절로서, 그의 이름을 따서 명명한 것이라 추측된다. 『대당서역기』 권2 「가필시국」조에 보면, 이 나라에 여래의 정골 한 조각을 간직한 고왕(故王)의 가람이 있다고 하는데, 그 가람이 곧 이 사사사일 가능성이 높다. 왜냐하면 혜초가 이 사사사에 트레머리(나계螺髻)와 골사리가 있다고 했기 때문이다. 지금까지 남아 있는 카불 시의 유적으로는 발라히사르(Bālā Ḥiṣār)와 코쉬르다르와자(Koh-e Shīrdarwaza), 코아스마이(Koh-e Asmā'i), 테프마란잔(Tepe Maranjan) 등이 있다. 1930년 카불 강에 면한 성벽 유적인 코쉬르다르와자의 돌출부에서 테프마란잔이라는 불교 사원 유적이 발견되었는데, 거기서 50점이나 되는 소조 두부(塑造頭部)가 스투파, 승방과 함께 발굴되었다. 이 사원이 바로 혜초가 말한 큰 도성 내에 있는 사원, 즉 사사사가 아닌가 생각된다.

1933년 프랑스의 DAFA(Délégation Archéologique Française en Afghanistan)가 테프마란산 구릉의 정상부에서 불교 사원 유적을 발견하였고, 1987년에는 아프가니스탄 고고학연구소(Afghan Institute of Archaeology)가 이 구릉의 남쪽 기슭에서 불교 사원 유적을 발견하였다. 오공은 카불 강 유역에 11개의 불사가 있다고 하면서 석가여래의 정골사리가 계니타왕(罽膩吒王)이 지은 연제새사(演提灑寺)에 안치되었다고 하였는데, 이 사원이 사사사인지는 확인할 길이 없다. 5세기 초에 법현은 석가의 석장(錫杖)과 가사(袈裟)를 나가라하라 성 동북쪽의 한 계곡에 있는 정사와 이 계곡에서 서쪽으로 가서 이른 다른 정사에서 봤다고 하였으며, 도약(道藥)은 5세기 중엽에 나가라하라의 기하람사(耆賀濫寺)에서, 현장은 역시 나가라하라의 혜라성(醯羅城, 현 하다Hadda)에서 그런 것들을 봤다고 하였다.

사율국(자불리스탄)

다시 이 계빈국에서 서쪽으로 이레를 가면 사율국(謝䫻國, 자불리스탄 Zābulistān)에 이른다. 그 나라 사람들은 스스로를 사호라살타나(社護羅薩他那, 자불리스탄Zābulistān)라고 부른다. 토착인은 호족이고 왕과 군사는 돌궐인이다. 그곳 왕은 계빈 왕의 조카인데, 스스로 부족과 군사를 이끌고 이 나라에 와 살면서 다른 나라에 예속되지 않음은 물론, 숙부에게까지도 예속되지 않고 있다. 왕과 수령들은 비록 돌궐인이지만, 삼보를 지극히 공경하여 절도 많고 승려도 많으며 대승법이 행해진다. 돌궐 출신의 대수령이 한 명 있는데, 이름이 사탁간(娑鐸幹)이라고 한다. 그는 해마다 한 번씩 헤아릴 수 없이 많은 금과 은을 보시하는데, 그곳 왕보다도 더 많이 한다. 의상과 풍속, 물산은 계빈 왕국과 비슷하나 언어는 각기 다르다.

謝䫻國

又從此罽賓國西行七日．〔至〕¹謝䫻國² 彼自呼云社護羅薩他〔那〕³ 土人是胡 王及兵馬卽是突厥 其王卽是罽賓王姪兒⁴ 自把部落兵馬⁵ 住〔於此〕⁶國 不屬餘國 小不屬阿叔 此王及首領 雖是突厥 極敬三寶 足寺足僧 行大乘法 有一大突厥首領 名娑鐸幹⁷ 每年一廻設金銀無數 多於彼王 衣着人風土地所出 與罽賓王⁸相似 言音各別

주

1. 본문에는 '서행지칠일(西行至七日)'이라고 했는데, 여기서 '지(至)'자와 '칠일(七日)'자는 도치된 것으로써 응당 '서행칠일지(西行七日至)'라야 할 것이다.

2. '사율(謝䫻, Sagestan, Sadjestan)'은 한적에서 '조구타(漕矩吒)'(『대당서역기』, 원주에는 '조리漕利'), '조구(漕矩)'(『대당서역기』『신당서』), '조리(皁利)'(『속고승전』), '사월(謝越)'(혜림의 『일체경음의』), '사오다사타나(闍烏茶娑他那)'(현음의 『일체경음의』), '조국(漕國)'(『수서』) 등 여러 가지 표기로 나온다. 혜초는 본문에서 현지인들은 스스로를 '사호라살타나(社護羅薩他那, Javulasthāna, Zābulistan)'라고 부른다고 했다.

『신당서』 권221 하「서역전」에는 사율에 관해 다음과 같은 기사가 있다. "사율은 토화라의 서남쪽에 자리하고 있는데, 본래는 조구타 혹은 조구라고 하였으며, 당 고조 현경(顯慶, 656~660 재위) 때는 '가달라지(訶達羅支)'라고 하였다가 측천무후(684~704 재위) 때 지금의 이름으로 고쳤다. 동쪽에는 계빈이, 동북쪽에는 범연(帆延, 범인국)이 각각 400리 떨어져 있고, 남쪽에는 바라문(婆羅門)이, 서쪽에는 파사(波斯)가, 북쪽에는 호시건(護時健, Zujdjin)이 있다. 이 나라 왕은 학실나성(鶴悉那城, Gazna)에 사는데, 영토가 칠천 리나 되며 아사니성(阿娑你城, Guzra, Gusaristan)을 다스리고 있다. 울금과 구초(瞿草)가 많이 나며 흐르는 물로 땅을 관개한다. 나라 안에는 돌궐, 계빈, 토화라 등의 인종들이 혼거하고 있다. 사율은 자제들로 군사를 일으켜 대식을 방어하도록 하였다. 경운(景雲) 초(710~711)에 사신을 보내 조공한 후 계빈에게 신복하였다. 개원 8년(720) 천자는 갈달라지힐리발이(葛達羅支頡利發爾)를 왕으로 책봉하였다. 천보 연간(742~755) 수차례 내조하여 공물을 바쳤다."

앞 글에서 '가달라지'나 '갈달라지(葛達羅支)'는 '가라달지(訶羅達支,

Arodhadj, Arachosia)'의 오사로 짐작되며, '학실나'는 『북사』 중의 '가색니(伽色尼)'이자 『유양잡조(酉陽雜俎)』 권182 중의 '가사나국(伽闍那國)'이다. 많은 학자들은 이곳을 지금의 아프가니스탄 카불에서 남쪽으로 약 150킬로미터 지점에 있는 가즈니 부근의 자발(Zabal, 찰파이札巴爾)에 비정하고 있다. 그 밖에 페르시아어 설형 문자 비문에는 'Harauvatiš(아카드어Akkad語로 A-ru-ha-at-ti, 아람어Aram語로 Har-ra-u-ma-ti-iš)'로 표기하고 있다. 그리스어인 'Arachosia'는 산스크리트의 'Sarasvatī'나 고대 이란어인 'Harauvatiš'의 음사로서, 명칭으로 보면 그 중심지는 힐만드(Hilmand) 강 유역이다. 탁실라에서 자불리스탄에 이르는 일대에서 에프탈 왕 토라마나(Toramāṇa, 5세기 말~6세기 초 재위)의 비문과 'Şahi Ğauvla' 'Şahi Ğabūla' 'Şahi Ğanbūla' 'Şahi Ğabuvlah'라는 글자가 새겨진 화폐가 발견되는 점으로 보아 이곳은 5~6세기에 에프탈이 지배하였다는 것을 알 수 있다.

한적에 '자불(Zābul)'이나 '자불리스탄(Zābulistān)'으로 추정되는 이름이 나타난 것은 7세기에 쓰인 『수서』나 『북사』 속의 '조국'과 『대당서역기』 속의 '조구타'이다. 혜초의 기록을 마지막으로 한적에서 이 지방을 가리키는 지명은 더 이상 나타나지 않고 있다. 대신 9~10세기의 아랍이나 페르시아 문헌에는 '자불' '자불리스탄' 등의 지명이 보인다. 이 문헌들에는 오늘의 칸다하르(Qandahār) 부근을 'al-Rukhkhaj' 'Rukhūdh'라고 하고, 부스트(Bust) 일대를 'Arḍ al-Dāwar' 'Balad al-Dāwar' 'Zamīn Dāwar'라고 하면서 자불리스탄을 오늘의 가즈니로 한정하였다.

10세기에 페르시아어로 저술된 『동방에서 서방까지의 세계 경계』(125쪽)에는 "가즈닌(Ghaznīn)과 그에 인접한 지역을 자불리스탄이라고 부른다"라고 나온다. 16세기 무굴 제국의 시조 바불(Bābul)도 "(가즈나)는 제3 기후대에 속하는데, 자불이라고 부르며 자불리스탄도 이 지역에 대한 지칭이다"라고 하였다. 현장은 『대당서역기』에서 조구타의 한 중심지로서 '학실나'를 거론했는데, 이것은 아랍 문헌에 나오는 '가즈나' 또는 '가즈닌'이 틀림없다.

혜초는 계빈(카불)에서 서쪽으로 7일을 가면 사율(가즈니)에 도착한다고 하였다. 사실은 서남쪽으로 가야 하나 처음에는 서쪽으로 직행하다가 남쪽으로 방향을 틀어야 하므로 '서쪽'이라고 해도 틀린 것은 아니다. 이 두 곳의 직선 거리는 약 130킬로미터로서 하루에 20킬로미터(50리)씩 가면 7일이 걸린다. 16세기에 바불은 아침에 가즈니에서 출발하면 '두 번 예배 사이의 시간', 즉 오후 예배 때(오후 4시경) 카불에 도착한다고 하였는데, 이것은 말을 타고 가는 것을 염두에 둔 계산일 것이다(張, 94; 桑, 133-135 참고).

3. 혜초는 본문에서 현지인들이 이곳을 '사호라살타나(社護羅薩他那)'라고 한다고 하였는데, 그 어원에 관해서는 페르시아어 'šahristā'(성城 또는 가街라는 뜻)가 산스크리트화(-stāna)한 지명이란 주장과, 가즈니 서남부의 'Jāghūrī'라는 지명이 산스크리트화한 지명이라는 주장 등 여러 가지 주장이 있다.

4. 혜초가 사율에 들렀을 때는 계빈 왕의 조카가 그 나라 왕으로 군림하고 있었지만, 두 나라가 함께 경운 원년(710) 10월 당에 조공을 했다든가(『책부원구』 권971 「외신부조공」 3), 사율국 내에 돌궐인과 계빈인, 토화라인들이 혼거해 있었으며 경운 초에 사율이 당에 사신을 파견해 조공을 한 뒤 점차 계빈에게 신복하였다고(『신당서』 권221 하 「사율」조) 하는 등의 기록으로 미루어 볼 때, 양국관계는 선린관계였으며, 계빈 왕의 조카가 사율의 왕이 된 것은 710년대 초부터 혜초가 그곳을 방문한 때인 725년경 사이의 시기에 있었던 일로 짐작된다. 그리고 현장이 『대당서역기』에서 언급한 조구타 왕은 비돌궐계인이었으나 혜초가 방문했을 때의 왕은 돌궐계인 계빈 왕의 조카였으므로 그 사이 왕조가 바뀌었다고 볼 수 있다.

5. '부락병마(部落兵馬)'를 '부락의 군사'(李, 58; 鄭, 127; 金, 23)로 이해하는 것은 적절하지 않다고 판단된다. 우선 '부락(部落)'에는 '시골 마을'과 '공통적인 조상을 가진 공동체', 즉 '부족(部族)'이라는 두 가지 뜻이 있는데, 본문에서는 문맥으로 보아 후자가 타당하다. 다음으로 '부족'과 '군사'는 소유관계가 아니라 병렬관계인 것이다. 즉 '부족의 군사'가 아니라 '부족과 군사'인 것이다. 왜냐하면 바로 앞의 주 4에서 보다시피 사율에는 계빈인들이 다른 인종들과 혼거해 있는 데다가 계빈 왕이 군사만 거느리고 사율국에 가서 왕으로 군림할 수는 없었을 것이고 분명히 부족 성원을 대동했을 것이기 때문이다.

6. 본문에는 '차(此)'자와 '어(於)'자가 도치되어 '주차어국(住此於國)'으로 되어 있는데, 이것은 오사로서 응당 '주어차국(住於此國)'이 되어야 한다.

7. '사탁간(娑鐸幹)'은 『신당서』 권221 하 「사율」조에 나오는 '달간(達干, Tarkan, Darghan, 돌궐 대신의 칭호)'으로서, '사(娑)'자는 연문으로 추측된다(張, 94).

8. 본문에는 '의착인풍……여계빈왕상사(衣着人風……與罽賓王相似)'라고 하였는데, 이것은 대비의 대상인 사율의 의상과 풍속 등이 계빈의 그것과 비슷하다는 뜻이지 '계빈 왕'의 그것과 비슷하다는 뜻은 아니다. 따라서 '왕(王)'자는 쓸데없이 첨가된 연자이다.

범인국(바미얀)

다시 사율국에서 북쪽으로 이레를 가면 범인국(犯引國, 바미얀 Bāmiyān)에 이른다. 이 나라 왕은 호족이고 다른 나라에 귀속되어 있지 않다. 강한 군사가 많아서 다른 나라들이 감히 내침하지 못한다. 의상은 모직 옷과 가죽 외투, 펠트 웃옷 따위를 입는다. 이 땅에서는 양과 말, 모직물 등이 나며 포도가 대단히 많다. 이 땅은 눈이 오고 매우 추우며 사람들은 다분히 산에 의지해 살아간다. 왕과 수령, 백성들은 삼보를 매우 공경하고 절도 많고 승려도 많으며 대승법과 소승법이 행해진다. 이 나라와 사율국 등에서는 다 같이 수염과 머리를 깎으며, 풍속은 대체로 계빈국과 비슷하지만 다른 점도 많다. 이곳의 말은 다른 나라와 같지 않다.

犯引國

又從謝䫻國北行七日 至犯引國[1] 此王是胡 不屬餘國 兵馬强多[2] 諸國不敢來侵 衣着氎布皮毯氎衫等類 土地出羊馬氎布之屬 甚足蒲桃 土地有雪極寒 住多依山[3] 王及首領百姓等 大敬三寶 足寺足僧 行大小乘法 此國及謝䫻等 亦並剪於〔鬚髮〕[4] 人風大分與罽賓相似 別異處多 當土言音 不同餘國

주

1. '범인국(犯引國)'에 대한 여러 가지 표기를 보면, 'Bamikan'(고대 페르시아어, Pehlevi), 'Bamiyana'(산스크리트), '범양국(范陽國)'(『북사』), '범연(帆延)'(『수서』), '범연(范延)'(『책부원구』), '범연나(梵衍那)'(『대당서역기』), '범연(帆延)' '망연(望延)' '범연나(梵衍那)'(『신당서』), '실원연(失苑延)'(『구당서』, '원苑'자는 '범范'자의 오사), '실범연(失范延)'(『수서』 『당회요』) 등이 있다. 여기서 '실범연'은 중세 아랍 문헌에 보이는 'Shīr-i-Bāmiyān'의 음사로서, 'Shīr'는 '왕'을 지칭하는 동인도 방언인 'šār'에서 유래한 것으로 짐작된다.

범인국은 아프가니스탄의 수도 카불에서 서북쪽으로 230킬로미터 떨어진 지점에 있는 '바미얀(Bāmiyān)'에 자리한 나라로서 힌두쿠시 산맥 서쪽 기슭에 있다. 기원후 1세기부터 사적에 등장하는데, 7세기 이슬람 동정군에게 정복될 때까지 줄곧 불교 중심지 중의 하나였다. 범인국에 관한 최초의 한적 기록은 『속고승전』 권2에 수록된 두 인도승에 관한 전기인 「사나굴다전」과 「달마급다전(達摩笈多傳)」에 나온다. 전자는 555년, 후자

● ── 바미얀 계곡으로 들어가는 길

는 570~580년에 계빈과 토화라 사이에 있는 이곳을 지나가면서 간단한 기록을 남겨놓았다. 606년에 찬술된 『서역도기(西域圖記)』의 저자 배구(裵矩)의 자서(自序)(『수서』 권67 「배구전(裵矩傳)」)에 의하면, 돈황에서 서해에 이르는 3도 중에서 남도는 총령 서쪽을 넘는 길로서, 호밀, 토화라, 읍달(Baghlān Ghori 지방), 범연, 조국, 북바라문(北婆羅門)을 차례로 지난다고 하였다. 그런가 하면 『수서』 「서역전」에는 조국의 위치를 설명하면서 그 나라는 범연의 남쪽 700리에 있다고 하였다.

『신당서』 권221 하 「범연전(帆延傳)」에는 다음과 같은 기술이 있다. "범연은 망연 혹은 범연나라고도 하는데, 사비막운산(斯卑莫運山) 곁에 있으며 서북은 호시건(護時健), 남동은 계빈, 남서는 가달라지와 토화라에 접해 있다. 땅은 춥고 사람들은 굴 속에 살며 왕은 나란성(羅爛城)을 다스린다. 큰 성이 4~5개 있으며 강은 북쪽의 오호하(烏滸河, 옥서스Oxus 강)로 흘러 들어간다. 정관 초에 사신을 보내 입조하고 현경 3년(658)에 나란성은 사봉(寫鳳) 도독부에, 박시성(縛時城)은 실만주(悉萬州)에 편입되었고 주복사풍주(主蔔寫風州) 도독이 수권(受權)하여 관내 5주 군사를 총관(總管)하였다. 이로부터 조공이 끊이질 않았다." 앞 글에서 오호하로 들어가는 강이란 군두스(Gundus) 강을 말한다. 『자은전』에도 동서로 이천여 리나 되는 범연국에 들어서면 산이 눈으로 뒤덮여서 길이 대단히 험난한 데다 눈이 얼어붙고 흩날리고 하여 잠시도 갤 날이 없다고 하였다.

바미얀은 10세기부터 13세기까지 가즈나 왕조와 구르 왕조, 호레즘 샤 왕조의 지배를 받다가 13세기 중엽에는 몽골군의 침공을 당하였으며, 18세기 후반부터는 마침내 아프가니스탄의 속령이 되어 오늘날까지 이어지고 있다. 7세기 전반 인도로 가는 길에 이곳을 지난 현장은 『대당서역기』에서 이곳에 가람 수십 개소와 승려 수천 명이 있으며 소승의 설출세부(說出世部)를 따른다고 하였다. 또 왕성의 동북부 산정은 높이가 140~150척이나

● ── 바미얀 석굴 벽화

되는 입불석상(立佛石像)이 금색으로 장식되어 광휘를 발하고 있다고 기술하였다.

이곳에는 두 기의 대불(大佛)을 모신 유명한 석굴사원을 비롯해 많은 불적이 남아 있다. 주요 불적으로는 불상을 안치한 석굴군(石窟群)과 각기 35미터와 53미터에 달하는 2대 마애석불상 그리고 석굴벽화의 3대 유적을 꼽는다. 벽화 중에는 연주문(聯珠紋) 복식을 한 군상과 네 마리의 유익백마상(有翼白馬像)이 있으며, 프레스코 화법과 회백색, 진흑색, 황색, 적색, 감청색 안료를 사용하여 평면성을 살린 회화 기법은 사산-이란계 화법의 영향을 받았다. 총체적으로 볼 때 35미터 높이의 마애불상은 이러한 사산-이란계 화법의 영향을 받았고, 53미터 높이의 마애불상은 간다라 미술과 쿠샨 왕조의 마투라(Mathurā) 미술, 굽타 미술이 융합된 중인도적 미술 화법에 의해 이루어졌다는 것이 학계의 중론이다. 요컨대 바미얀의 석굴사원은 헬레니즘 문화의 영향을 받은 간다라 미술과 이란계 미술이 전통적인 인도 미술과 융합하여 성취된 불교유적이다. 불행하게도 무지막지한 아프가니스탄 탈레반 정권이 우상 숭배를 반대한다는 이유로 이 인류문명 공유의 보물인 석굴 마애불상을 파괴해버렸다(張, 95-96; 桑, 144-145; 졸저, 『씰크로드학』, 창작과비평사, 2002, 616-617쪽 참고).

2. '병마강다(兵馬强多)'를 직역하면 "군사가 강하고 많다"이나, 서술어 '강하고'를 주어를 수식하는 관형어로 바꾸어 "강한 군사가 많다"로 번역하면 더 자연스러운 우리말이 될 것이다.

3. '주다의산(住多依山)', 즉 "(사람들은) 다분히 산에 의지해 살아간다"라고 한 혜초의 기술은 현장이 쓴 『대당서역기』에 의해서도 입증된다. 이 책에는 범연나국의 "사람들이 산과 계곡에 의지해서 읍을 이루어 살고 있다(人依山谷 逐勢邑居)"라고 하였으며, 한 큰 도성이 "낭떠러지에서 계곡을 가로질러 6~7리나 늘어섰는데, 북쪽은 높은 바위를 배경으로 하고

●──파괴되기 전의 바미얀 석굴 대불상   ●──파괴된 후의 바미얀 석굴 대불상(2003)

있다(據崖跨谷 長六七里 北背高巖)"라고 하였다.

4. '턱수염 수(鬚)'자를 일부에서는 '구레나룻 빈(鬢)'자로 쓰고 있는데 (Y, 101; 張, 95), 원문의 글자 형태나 내용으로 보아 전자가 타당하다.

토화라국(토카리스탄)

다시 이 범인국에서 북쪽으로 스무 날을 가면 토화라국(吐火羅國, 토카리스탄Tokhāristān)에 이른다. 왕이 사는 성의 이름은 박저야(縛底耶, 박트리아Bactria, 대하大夏, 현 발흐Balkh)인데, 지금은 대식 군사에게 진압되어 왕은 할 수 없이 동쪽으로 한 달 걸리는 포특산(蒱特山, 바다흐샨 Badakhshān)에 가서 살고 있다. 그래서 대식의 소관하에 있게 되었다. 언어는 다른 나라들과 다르며, 계빈국의 언어와 좀 비슷하기는 하나 많이 다르다. 가죽 외투와 모직 옷을 입는다. 위로 국왕에서부터, 아래로 서민에 이르기까지 모두 가죽 외투를 겉옷으로 입는다. 이 땅에는 낙타, 노새, 양, 말, 모직 천, 포도가 많으며 빵만 즐겨 먹는다. 추운 고장이라서 겨울에는 서리와 눈이 내린다. 국왕과 수령 및 백성들은 삼보를 매우 공경하여 절도 많고 승려도 많으며 소승법이 행해진다. 고기와 파, 부추 등을 먹으며, 외도는 섬기지 않는다. 남자는 수염과 머리를 깎고 여자는 머리를 기른다. 이 땅에는 산이 많다.

吐火羅國

又從此犯引國北行二十日 至吐火羅國[1] 王住城名爲縛底耶[2] 見今大寔[3] 兵馬 在彼鎭押[4] 其王被其王被逼 走向東一月程 在蒱特山[6]住 見屬大寔所管 言音與諸國別[7] 共罽賓國少有相似 多分不同 衣着皮毬毾布等 上至國王 下及黎庶 皆以皮毬爲上服 土地足﹝駞﹞[8]騾羊馬毾布蒱桃 食唯愛

餅 土地寒冷 冬天霜雪也 國王首領及百姓等 甚敬三寶[9] 足寺足僧 行小乘法 食肉及葱〔韮〕[10]等 不事外道 男人並剪鬚髮 女人在髮 土地足山

 주

1. '토화라(吐火羅)'에 대한 표기로는 'Tukhāra'(산스크리트), 'Tochari'(그리스어), 'Tohuristan'('대진경교유행중국비大秦景教流行中國碑') 'Tho-ko · Tho-gar · Thod-kar · Thod-gar'(티베트어), 'Tokharistan'(현대 유럽어)과 '두겁륵(兜怯勒)'(『비파사론』), '두사라(兜沙羅)'(『잡아함』), '도겁(都怯)'(『정법염처경(正法念處經)』), '도화라(覩火羅)'(『공작왕경孔雀王經』), '도화라(覩貨羅)'(『대당서역기』), '토호라(吐呼羅)'(『위서』), '토화라(吐火羅)'(『수서』), '토화라(吐火羅)' '토활라(土豁羅)' '도화라(覩貨邏)'(『신당서』) 등 여러 가지가 있다.

토화라국에 관해 『신당서』 권221 하 「토화라국전」에는 다음과 같은 기사가 있다. "토화라는 토활라 혹은 도화라라고 하며, 원위(元魏) 때는 토호라라고 하였다. 총령 서쪽과 오호하(烏滸河) 남쪽의 대하(大夏, 박트리아) 고지에 자리하고 있으며 읍달인과 혼거하고 있다. 강병 십만 명을 가지고 있으며……왕을 엽호(葉護)라고 부른다. 무덕(武德)(618~626 재위)과 정관 연간에 다시 내조하여 진헌(進獻)하였으며 영휘(永徽) 원년(650)에는 대조(大鳥, 큰 새)를 헌상하였는데……속칭 타조(駝鳥)라고 한다."

토화라가 대하의 고지에 자리했다고 하니 대하에 관해 살펴봐야 할 것이다. 대하는 기원전 3세기에 그리스인들이 중앙아시아에 세운 나라로서, 기원전 255년에 그리스인들의 셀레우코스 왕조에서 이탈해 독립하였다. 그러다가 기원전 2세기 전반에 대월지(大月氏)가 흉노에게 격파되어 서천하면서 대원(大宛)을 지나 대하를 정복하였다. 로마 시대의 지리학자 스트라본(Strabon, 기원전 64?~기원후 23?)은 명저 『지리서(Geo-graphy)』에서 기원전 140~130년에 약사르테스(Yaxartes, 약살수藥殺水, 즉 시르다리야Sir Darya) 강을 건너 박트리아 땅에 이르러 나라를 세운 것은 아시(Asii), 파시아니(Pasiani), 토카리(Tokhari), 사카로울(Sakaroul)의 네 개 민족이라고 하였다. 이 네 개 민족의 비정에 관해서는 많은 이견이 있으나, '토카리(Tokhari)'가 곧 토화라, 즉 대하라는 데는 대체로 동의한다. 이것은 앞의 『신당서』에서 토화라가 대하의 고지에 건국된 나라라는 기록과 일치한다. '아시'나 '파시아니'가 대월지라는 견해도 있으나 신빙성이 별로 없다. 그러나 마까트(Maquart) 같은 학자는 대월지와 토화라는 원래 두 개의 다른 민족이었으나 후일 다 같이 서천(西遷)하면서 대하를 정복한 후에 하나의 민족으로 융합되었다고 주장한다.

대월지는 서천하여 대하 터에 쿠샨(귀상貴霜) 왕조를 건국하였다. 이에 관해 『후한서』 「서역전」은 다음과 같이 전하고 있다. "대월지국은 람씨성(藍氏城)에 도읍을 정하였다. 당초 월지는 흉노에게 격멸하자 대하로 서천하였는데, 이 나라는 휴밀(休密)·쌍미(雙靡)·귀상(貴霜)·분돈(肹頓)·도밀(都密)이라고 하는 5부 영후(翎侯)로 나뉘었다. 백 년이 지나서 귀상 영후 구취(邱就)가 다른 네 영후를 멸하고 왕국을 세웠는데, 이 왕국을 귀상이라 자칭하고 안식(安息, 파르티아Parthia)을 침공하였으며 고부(高附) 땅을 취하였다."

쿠샨 왕조는 카니슈카 왕 시대에 문무가 흥하여 전성기를 맞았는데, 이때 한적에는 대하나 토화라에 관한 언급이 거의 없다. 이것은 아마 당시 이곳이 귀상의 치하에 있었기 때문일 것이다. 이를 반영해 『위략(魏略)』 「서융전(西戎傳)」은 "대하국과 고부국, 천축국은 모두 월지에 속해 있다"라고 하였다. 2세기 중엽부터 쿠샨 왕조는 사산조 페르시아의 공격을 받기 시작하였으며, 급기야 4세기에 이르러 사산조와 인도 굽타 왕조의 동서 협공을 받자 사양길에 접어들었다. 이때부터 귀상 왕조 치하의 토화라가 차츰 『위서』에 '토호라(吐呼羅)'로, 『북사』와 『수서』에 '토화라(吐火羅)'로 그 이름이 나타나기 시작하였다.

5세기 후반에 염달이 동서교통의 요로에 있는 토화라와 소그디아나(Sogdiana, 속특粟特)를 점령한 후, 사산조와 백여 년에 걸친 오아시스 육로 쟁탈전을 벌였다. 염달인들은 전후 세 차례나 사산조의 왕 폐립(廢立) 투쟁에 간여하였다. 결국 사산조의 페로즈(Peroz, 비로사卑路斯) 왕은 염달로 피난을 와 염달의 후원으로 왕위를 회복하기는 하였으나, 나중에 염달에 의해 쫓겨나고 말았다. 6세기 중엽에는 돌궐이 흥기하여 연연(蠕蠕, 유연柔然)을 멸한 다음 염달을 격파하였다. 사산조 왕 호스루(Khosru)는 조부 페로즈의 설욕을 위해 돌궐과 연합하여 염달을 공격한 끝에 563~567년 전쟁에서 염달을 완패시키고 왕을 피살하였다. 이를 계기로 토화라는 서돌궐의 실점밀 가한이 다스리는 속지가 되었다.

현장은 『대당서역기』 권12에서 토화라를 도화라국의 고지라고 하면서 이렇게 기술하고 있다. "철문(鐵門)을 나와 도화라국(覩貨羅國) 고지에 이른다. 이 나라는 남북 천여 리에 동서가 삼천여 리나 된다. 동은 총령에, 서는 파랄사(波剌斯, 페르시아)에 접해 있고 남에는 대설산이, 북에는 철문이 있으며 박추하(縛芻河)는 중류에서 서쪽으로 흐른다. 백 년이나 되도록 왕족의 후사가 없어서 호족들이 각축을 벌이며 각자가 군장(君長)을 자임한다. 내〔川〕를 기준으로 27개국으로 분할되었다. 비록 경계선을 그어 구분하기는 하였지만 여전히 돌궐에 복속되어 있다."

이 27개국은 안저라박국(案咀羅縛國), 활실다국(闊悉多國), 활국(活國), 몽건국(瞢健國), 아리니국(阿利尼國), 갈라부국(曷羅夫國), 흘률슬마국(訖栗瑟摩國), 신미저라국(呬摩咀羅國), 말리갈(鉢利曷), 발탁창나국(鉢鐸創那國), 요박건국(嗢薄健國), 굴랑나국(屈浪拏國), 달마실철제국(達摩

悉鐵帝國), 달밀(呾密), 적악연나(赤鄂衍那), 홀로마(忽露摩), 유만(愉漫), 국화연나(鞠和衍那), 호사(護沙), 가탈라(呵咄羅), 구밀타(枸密陀), 박가랑(縛伽浪), 홀로실민건(訖露悉泯健), 홀름(忽懍) 등의 나라들이다. 이러한 소국들은 평상시에는 각자가 정사를 펴나, 수나라나 당나라와 내왕할 때는 높은 직위에 있는 엽호를 대표로 하여 토화라의 명의로 조공하곤 하였다. 그리하여 『신당서』와 『책부원구』에는 수당 시대에 토화라가 20여 차례에 걸쳐 조공사를 파견하였다고 기록하고 있다.

2. '박저야(縛底耶, 박트리아Bactria, 현 아프가니스탄 북부의 발흐 Balkh)'는 대하국으로서, 수도 람씨성(藍氏城)이고 한적에는 '박제성(薄提城)'(『위서』 「서역전」), '발저연(拔底延)'(앞의 책과 『북사』 「염달전」), '박구라(薄佉羅)'(『속고승전』 「달마적다전(達摩籍多傳)」), '파구라(婆佉羅)'(『정법염처경』), '박갈(縛喝)'(『대당서역기』), '박갈라(縛竭羅)'(『대당서역구법고승전』 「현조전」), '박저야(縛底野)'(『신당서』 「사율전」) 등 다양하게 표기되어 있다.

이 고도는 기원전 4세기에 알렉산드로스가 중앙아시아 일대로 동정할 때 대하국의 도읍으로 세운 도시로서 정치·경제·종교의 중심지였다. 쿠샨 왕조 때는 이곳에서 불교가 흥성하여 대설산(大雪山, 히말라야 산) 이북 지역의 불교 중심지로서 '소왕사성(小王舍城)'이란 별명까지 있었다. 염달도 이곳에 정도한 것으로 짐작된다. 한편, 박저야가 고유명사가 아닌 왕이 사는 거성이란 뜻의 보통명사라고 주장하는 학자도 있다.

3. '대식(大寔)'은 대식(大食), 즉 중세 아랍을 두루 일컫는 말이다. '대식(大寔)'에서의 '식(寔)'자와 '대식(大食)'에서의 '식(食)'자는 동음이의어로서, 어려운 '식(寔)'자 대신에 쉬운 '식(食)'자를 대용한 것으로 추단된다 (대식에 관해서는 9절 주 10 참고).

4. "대식 군사에게 진압되었다"라는 대목은 토화라가 아랍-이슬람 정복군에게 점령당하고 있는 상황을 전해준다. 혜초가 그곳에 들른 720년대

중반은 우마이야조 아랍 제국의 이라크 총독 핫자즈 이븐 유수프의 지령에 따라 '중앙아시아 정복자'인 쿠타이브 이븐 무슬림(Kutaib Ibn Muslim, ?~715)이 동정을 계속함으로써, 하(下)토카리스탄(아무다리야 강 남방, 발흐 이서 지역)과 발흐 지방이 이슬람 동정군에게 완전히 점령되고 상(上)토카리스탄(협의의 토카리스탄, 아무다리야 강 북쪽, 발흐 이동, 힌두쿠시 산맥 이북 지역)도 그 영향 아래 있던 시기이다. 이러한 역사적 배경을 알기 위해서는 이슬람 동정군이 이 지대로 진출한 과정을 살펴봐야 할 것이다.

제4대 정통칼리파 시대인 651~652년에 바스라 총독 압둘라 이븐 아미르(Abdu'l llah Ibn Amīr)가 인솔하는 이슬람군이 호라산(Khorāsān)을 진격하고, 다른 일군은 아흐나프 이븐 까이스(Ahnaf Ibn Qays)의 지휘하에 무르가브(Murghāb) 강 유역으로 진출했으나 하토카리스탄 군사의 저지를 받고 철수하였다. 656년부터 661년까지 제1차 내란 기간에 바드기스(Bādghis), 헤라트(Herāt), 발흐 등지에서 아랍 지배를 반대하는 반란이 일어났는데, 까이스 이븐 알 하이삼(Qays Ibn al-Haytham)에 의해 진압되었다.

667년 새로이 이라크 총독에 부임한 지야드 이븐 아비히(Ziyād Ibn Abīhi)의 지령에 따라 하캄 이븐 암르 알 기파리(Hakam Ibn Amr al-Ghifārī)가 정복 활동을 재개하여 하토카리스탄과 가르치스탄(Gharchistān) 방면으로 진출하였다. 하캄의 뒤를 이은 라비아 이븐 지야드(Rabī' Ibn Ziyād)는 아무다리야 강(Amu Darya江) 남안의 두 곳, 아물(Āmul)과 잠므(Zamm)라는 도하 지점을 확보하였다. 683년부터 692년까지 제2차 내란이 일어나자 호라산의 아랍 세력은 약화되었고, 이 기회를 타서 하토카리스탄의 여러 세력들이 힘을 모아 반기를 들었다.

이슬람군의 동정은 704년 쿠타이브가 호라산 총독으로 임명되면서부터 본격적으로 재개되어 약 10년간 지속되었다. 705년 메르브(Merv)에 입성한 쿠타이브 휘하의 이슬람 동정군은 토카리스탄을 제압하고, 706년부터 페르가나(대원)와 소그디아나 연합군 및 투르크 지원군과 치열한 공방전을 벌인 끝에 709년에 부하라(Bukhara, 포하랍, 현 우즈베키스탄의 카르마냐)를 점령하였다. 712년 말부터 시르다리야 강 유역에 진출하여 713년에 페르가나를 점령한 것을 비롯해, 715년까지 트란스옥시아나(Transoxiana, 아무다리야와 시르다리야 두 강 사이의 지역을 지칭하는데, 아랍어로는 Mā Warā al-Nahr, 즉 하외지역河外地域이라고 하고 소그디아나라고도 함) 일대를 공략함으로써 서투르키스탄 전역을 장악하게 되었다. 쿠타이브는 715년 7월 정적인 술라이만이 새 칼리파에 등극하자 모반을 시도하다가 부하에게 시해되었다.

쿠타이브 사후에도 토카리스탄이나 하외지역이 여전히 대식의 치하에 있었다는 사실을 그 지역 왕들이 당조에 보낸 상주문(上奏文)에서도 여실히 찾아볼 수 있다. 『책부원구』권999 「외신부청구」에 의하면 개원 7년(719) 2월에 안국(安國, 부하라) 왕 독살파제(篤薩波提)와 구밀국(俱密國, 쿠메즈Kumedh) 왕 나라연(邢羅延), 강국(康國, 사마르칸트Samarkand) 왕 오륵가(烏勒伽)가 각각 당조에 보낸 상주문에서 일제히 '대식적(大食賊, 대식 도적)'의 '침요(侵擾)'와 '중세(重稅)'를 규탄하면서 당의 원조를 요청하였다.

영토 확장과 정복지의 이슬람화를 사명으로 한 이슬람 동정군은 730년대 말에 시르다리야 강변에서 투르크군을 격파하고 카자흐스탄 일대까지 진격하였다. 이슬람군의 서투르키스탄 정복으로 당시 그 지대를 경략(經略)하고 있던 당조와의 충돌이 불가피하게 되었다. 그로 인해 야기된 것이 바로 751년의 탈라스(Talās) 전투이다. 이 전투에서 이슬람군이 거둔 승리는 중앙아시아, 특히 트란스옥시아나 일대의 이슬람화에 결정적인 계기가 되었다(張, 99-100; 졸저, 『씰크로드학』, 91-92쪽 참고).

5. '기왕피기왕피핍(其王被其王被逼)'에서 '기왕피(其王被)' 세 글자

는 문맥으로 보아 중복된 오사라고 본다. 다음으로 '기왕(其王)', 즉 혜초가 토화라를 방문했을 때 이 나라의 왕이 과연 누구였을까 하는 문제가 제기된다. 『신당서』 권221 하에 보면 신룡 원년에 토화라 왕 나도니리가 동생 복라를 당에 입조시켜 숙위로 삼게 했다는 기록이 있다. 그렇다면 705년경의 토화라 엽호(葉護, 야브구Yabgu)는 이 나도니리일 것이다. 그 후 710년 다마스쿠스로 연행된 엽호도 십중팔구는 이 나도니리이다. 토카리스탄 내부의 혼란으로 인해 705~719년 사이에 당과의 조공 관계는 일시 중단되었다. 그러다가 개원 7년(719) 4월에 토화라 엽호가 사신과 함께 내당 조공을 하였으며(『책부원구』 권971 「외신부조공」 4), 개원 17년(729)에는 골탈록(쿠드룩) 돈달도(頓達度, 힐다도頡達度)가 토화라 엽호로 즉위하였다(『책부원구』 권964 「외신부책봉(外臣部冊封)」 2; 『당회요』 권99). 그런데 한적에는 719년에 사신을 보내 조공한 토화라 엽호가 지한나(支汗那) 왕 제사(帝賒)라고 밝히고 있다(『책부원구』 권971 「외신부조공」 4; 『당회요』 권99). 따라서 새 엽호가 등장한 해인 729년 전에 혜초는 토화라를 방문했으므로 이때의 '이 나라의 왕(其王)'은 이 제사일 가능성이 높다.

6. '포특산(蒲特山, 바다흐샨Badakhshān)'은 현 아프가니스탄의 바다흐샨 주(州)에 비정되는데, 한적에는 '발탁창나(鉢鐸創那)'(『대당서역기』 권12), '발특산(拔特山)'(『당회요』 권73), '발특산(勃特山)'(『책부원구』 권999 「외신부청구」) 등 몇 가지 표기가 있다. 바다흐샨의 어원에 관해서는 루비, 즉 홍옥(紅玉)인 '발락쉬(Balakhsh, Badakhsh는 그 와전)의 산지'라는 뜻에서 유래되었다는 설과 사산조의 관명(官名)인 '바다스(badax)'(검사관, inspector)와 관련이 있다는 설이 있는데 확실하지는 않다.

9~10세기 아랍 문헌은 바다흐샨에 관해 다음과 같은 몇 가지 사실을 전하고 있다. ①바다흐샨은 하나의 주(州, iqlīm)로서 중심 도시는 바다흐샨이며 아불 파스(Abū al-Fath) 왕국의 치하에 있다. ②바다흐샨은 쥬르야

● —— 박트리아에서 출토된 은화

브(Juryāb) 강 동안에 자리하고 있으며 과수원과 수목, 하천이 있다. ③바다흐샨은 토카리스탄의 위쪽에 있으며 투르크 지방과 경계를 맞대고 있는데, 루비(야꾸트 yāqūt)와 비슷한 보석 광산이 있다. 이러한 광산은 이곳밖에 없다. 수정과 석면 광산이 있으며, 주바이다(Zubayda)라는 놀라운 성채도 있다. ④바다흐샨은 부유한 도시로서 상인들의 집합지이기도 하다(桑, 152-153 참고).

7. 박트리아(Bactria, 고대 페르시아어로는 Bāxtriš)의 고지인 토화라의 언어는 박트리아어로부터 그 원류를 찾아봐야 할 것이다. 자고로 이곳의 중심지는 발흐로서 이 지역에서는 소위 '박트리아어'라고 하는 이란어계의 언어가 사용되어왔다. 그러나 지금은 이란어계의 변종인 '다리어(Dārī語)'와 이란어계와는 전혀 다른 '파슈트어(Pashut語)'(근대에 인도에서 유입된 간다하르어Gandhahar語)가 함께 유행하고 있다.

고대 박트리아가 토화라로 불리게 된 것은 기원전 2세기 박트리아에 침입한 유목 민족인 '토크로이(Tochroi)'에서 유래한 것으로 알려져 있다. 따라서 토화라(박트리아)에서 쓰는 이란계의 언어와 동투르키스탄의 토화라(토카라)어(인도-유럽어족 중에서 인도-이란어파와는 다른 어파임)는 전혀 다른 언어이다. 쿠샨 왕조의 왕들 중에는 '-işk(a)'라는 어미를 가진 이름(Kaṇiṣka, Huviṣka 등)이 있는데, 이것은 동투르키스탄의 토카라어에 있는 인명 어미 형성법의 영향을 받은 것으로 보인다. 출토된 화폐의 비문에서 보다시피 쿠샨 조의 카니슈카 왕 때부터 그리스 문자로 박트리아어를 표기하기 시작하였다. 수르크 코탈(Surkh Kotal) 유적에서 발견된 2세기경의 쿠샨조 비문(25행)에서 박트리아어의 흔적을 찾아볼 수 있다. 그 밖에 힌두쿠시 산맥 남쪽에서 아무다리야 강의 북쪽, 소그디아나 지역까지 박트리아어로 쓰인 유물이 발견된다. 그리고 누란(樓蘭)과 투르판을 비롯한 동투르키스탄의 문서 중에도 박트리아어로 쓰인 것이 있다. 1988년 중국 감숙성 정원현(靖遠縣) 북준(北准)에서 발견된 은제 용기에 박트리아어 명문이 새겨져 있다. 최신 것으로는 토치(Tochi) 계곡에서 발견된 비문인데, 850~870년에 제작된 것이다. 본문에서 혜초가 계빈과 토화라에서 쓰는 언어가 비슷하다고 한 것은 아마도 그 언어가 같은 이란어계의 박트리아어에 속하기 때문일 것이다.

박트리아 문자는 스물네 개의 그리스 문자에 'Š'자를 하나 더한 것인데, 왼쪽에서 오른쪽으로 쓰는 횡서(橫書) 문자이다. 그리스 문자의 글자 모양은 부단히 변하여왔다. 수르크 코탈 비문에서 보다시피 고대에는 기념 비식 문체(monumental script)를 쓰다가 초서화하고 나서는 점차 여러 문자를 붙여 쓰는 연결문체로 바뀌었다. 그래서 개개의 문자를 판독하기가 쉽지 않다(桑, 153-155 참고).

8. 원문에는 '타(馳)'자인데, 이 글자는 '타(駝)'자와 동음동의어로 낙타라는 뜻을 지닌다.

9. 국왕이나 수령, 백성 모두가 삼보를 매우 공경한다고 하였는데, 이것은 당시 토화라에서 불교가 성행하고 있었음을 말해준다. 『대당서역기』에 따르면, 박갈국(縛喝國) 내에는 가람 백여 소에 승도 삼천여 명이 있으며, 달밀국(呾密國)에도 역시 가람 십여 소와 승도 천여 명이 있다. 그러나 그렇지 못한 곳도 있으니, 안저라박국에는 가람이 고작 세 곳뿐이고 승도도 수십 명에 불과하다. 불교가 성행하다 보니 고승들도 배출되어 외국 홍법(弘法)에 나서기도 하였다. 중국 낙양 용문산(龍門山)에는 지금까지도 경운 원년(710)에 내화한 토화라 승 보륭(寶隆)의 조상제기(造像題記, 초상에

써넣은 글)가 남아 있으며, 내화한 토화라 고승 적우(寂友)는 천수(天授) 연간(690~692)에 강법장(康法藏) 등과 함께 『무구정광다라니(無垢淨光陀羅尼)』를 공역하였다(『고승전』 3집 권2).

10. 원문에는 '비(悲)'자로 쓰여 있으나, 이는 '부추'를 뜻하는 '구(韭)'자의 오사라고 판단된다.

파사국(페르시아)

다시 토화라국에서 서쪽으로 한 달을 가면 파사국(波斯國, 페르시아 Persia, 현 이란)에 이른다. 이 나라 왕은 전에 대식을 지배했었다. 그리하여 대식은 파사 왕의 낙타나 방목하는 신세였으나 후일 반란을 일으켜 파사 왕을 시해하고 자립하여 주인이 되었다. 그래서 이 나라는 지금 도리어 대식에게 병합되어버렸다. 의상은 예부터 헐렁한 모직 상의를 입었고 수염과 머리를 깎으며 빵과 고기만 먹는다. 비록 쌀이 있더라도 갈아서 빵만 만들어 먹는다. 이 땅에서는 낙타와 노새, 양과 말이 나며 키가 크고 덩치도 큰 당나귀와 모직 천 그리고 보물들이 난다. 언어는 각별하여 다른 나라들과 같지 않다.

이 고장 사람들의 성품은 교역을 좋아해서 늘 서해에서 배를 타고 남해로 들어간다. 그리고 사자국(師子國, 현 스리랑카)에 가서 여러 가지 보물을 가져온다. 그러다 보니 그 나라에서 보물이 나온다고들 한다. 곤륜국(崑崙國)에 가서는 금을 가져오기도 한다. 또한 배를 타고 중국 땅에도 가는데, 곧바로 광주(廣州)까지 가서 능(綾, 무늬가 있는 얇은 비단), 비단, 생사, 면 같은 것을 가져온다. 이 땅에서는 가늘고 질 좋은 모직물이 난다. 이 나라 사람들은 살생을 좋아하며 하늘을 섬기고 불법을 알지 못한다.

波斯國

又從吐火羅國西行一月 至波斯國[1] 此王先管{大寔}[2] 大寔是波斯王放駝戶[3] 於後叛 便煞彼王 自立爲主 然今此國 却被大寔所吞[4] 衣舊着寬氎布衫剪{鬚髮} 食唯餅肉 縱然[5]有米 亦磨作餅喫也 土地出駝騾羊馬 出高大驢氎布寶物[6] 言音各別[7] 不同餘國 土地人性 {愛興}易[8] 常於西海汎舶入南海 向師子國[9]取諸寶物 所以彼國云出寶物 亦向崑崙國[10]取金 亦汎舶漢地 直至廣州[11] 取綾絹絲綿之類[12] 土地出好細疊 國人愛煞生 事天[13]不識佛法

1. '파사(波斯, Fasā)'는 현재 이란에 있는 파르스(Fārs) 지방의 이름에서 유래한 것으로서, 한적에는 『위서』에 처음으로 나타난다. 혜초가 방문했을 때는 대식의 치하에서 이미 이슬람화되어 독립국의 지위를 상실했으나 그 이름만은 여전히 쓰이고 있었다. 혜초는 본문에서 토화라에서 서쪽으로 한 달을 가면 파사국에 이른다고 하였다. 따라서 파사국의 위치가 어디인가 하는 문제가 제기된다. 중세 아랍 지리서에 의하면, 호라산 지방의 4대 도시인 발흐, 메르브, 헤라트, 니샤푸르(Nīshāpūr, 아랍어로는 나이사부르Naysābūr, 현 이란 동북단의 마슈하드Mashhad) 중에서 토카리스탄에서 가장 서쪽에 있는 도시는 니샤푸르이다.

아랍 지리학자 이븐 쿠르다지바(Ibn Khurdādhibah, 820~912)는 저서 『제 도로 및 제 왕국지(Kitāb al-Mamālik wa al-Masālik)』(845)에서 토카리스탄에서 니샤푸르로 가려면 메르브를 경유해야 하는데, 거리는 196파르사크(farsakh, 1파르사크는 약 6.24킬로미터)라고 하였다. 1일 행정(行程)을

6파르사크로 잡으면 약 30일 걸린다. 얼마 후 이스타크리(Iṣṭakhrī)가 지은 동명의 책 (930)에서도 토카리스탄의 발흐에서 니샤푸르로 가는 데, 메르브를 경유하면 29일, 헤라트를 경유하면 27일이 걸린다고 하였다. 메르브를 경유할 때의 소요시간은 앞의 이븐 쿠르다지바가 언급한 시간과 거의 일치한다. 그러므로 혜초가 본문에서 토화라로부터 서쪽으로 한 달을 가면 이른다고 한 그 파사는 호라산 서부에 있는 니샤푸르 일원이라고 추

●──파사(페르시아)에서 출토된 도자기

정할 수 있다. 한편, 파사를 현 이란의 파르스 일대로 본다면, 토화라로부터의 방향은 서쪽이 아니라 서남쪽이 되며 거기까지의 소요시간도 한 달이 아닐 것이다. 참고로 앞의 이븐 쿠르다지바에 의하면 파르스의 중심 도시인 시라즈(Shīrāz)에서 니샤푸르까지는 야즈드(Yazd)를 경유하면 218파르사크의 거리이며, 이스타크리도 같은 노정을 돌파하는 데 약 30~31일이 걸린다고 하였다.

페르시아와 중국의 관계는 상당히 오래된 관계로서 한적을 통해 그 과정뿐만 아니라, 페르시아의 역사상도 규시(窺視)할 수 있다. 일찍이 기원전 2세기 중국 한 무제 때에 제2대 페르시아 통일제국이라고 할 수 있는 파르티아(Parthia, 파제아帕提亞, 한적 중의 안식安息)의 아르사케스(Arsaces, 아이철사阿爾撒斯) 왕조와 내왕이 시작되었다. '안식'은 바로 이 '아르사케스'의 음사이다. 한 무제 때 서역에 사신으로 파견된 장건은 부사(副使)를 안식에 보낸 일이 있다. 그리고 한 무제가 파견한 다른 사신이 안식에 도착하였을 때 안식의 국왕은 이만 명의 기병을 수도로부터 수천 리 떨어진 동부 변경까지 특파해 영접하도록 하였으며, 한사가 귀국할 때는 중국까지

● ──── 스승으로부터 불경을 전수받는 제자들

그를 수행하게 하였다.

후한 때 서역 경영을 현지에서 지휘하던 반초(班超, 32~102)는 로마와의 통교하기 위해 안식에 감영(甘英)을 파견하였으며, 안식 사신이 내화할 때는 아들 반용(班勇)을 파견해 그를 중국까지 호송하도록 하였다. 『사기』는 "수천 개의 도성을 지났으며 국민은 엄청나게 많다"라고 안식에 간 한사의 견문을 전하고, 『한서』에는 안식에 관해 "크고 작은 성이 수백 개 있고, 국토는 수천 리나 되며, 최대국이다"라는 기사가 실려 있다. 사실 한대에는 천축보다 안식과의 관계가 더 밀접하였다. 『한서』에 「안식전」은 있어도 「천축국전」은 없는 것이 바로 그러한 명증이다.

안식인들은 불교의 중국 전파에도 기여하였다. 한 환제(桓帝, 146~167 재위) 때 내화한 안세고(安世高, 일명 안청安淸)는 안식국 왕의 세자로서 계위까지 하였으나 왕위를 숙부에게 양위하고 출가하여 불법 전도에 투신, 서역 일원에서 높은 명성을 얻은 고승이다. 그는 148년 낙양에 와서 한어를 습득하고 20여 년간 경전 95부(현존 54부)를 한역하였다. 이어 안현(安玄)은 영제(靈帝, 167~189 재위) 말년에 상역차 낙양에 왔다가 기도위(騎都尉)란 관직을 받고 한어를 배운 후, 최초의 중국인 출가승인 엄불조(嚴佛調, 엄부조嚴浮調)와 함께 불경 2부를 공역하였다.

기원 2세기 전반에 안식을 대체한 사산조 페르시아와 중국의 관계도 여전하였다. 한적 중에서 '파사' 일어가 최초로 등장한 것은 『위서』이다. 북위(北魏) 효명제(孝明帝) 신구(神龜) 연간(518~519)에 파사국이 사신과 함께 상서와 공물을 보냈는데, 상서 중에 "한중천자(漢中天子)에게 파사국왕 거화다(居和多, Kobad)는 천만경배(千萬敬拜)를 드린다"라는 구절이 있다. 북위는 한양피(韓羊皮)를 파사에 출사시킨 바 있고, 파사는 북위에 10여 차례 사신을 보냈다. 『위서』 「서역전」 중에는 파사전(波斯傳)이 가장 상세히다. 수 양제(煬帝, 604~618 재위) 때도 사신 이욱(李昱)을 보냈으며, 파사도 사신을 보내왔다. 당대에 와서는 두 나라 사이의 관계가 더욱 가까워졌다. 당 태종 정관 21년(647)부터 대종(代宗) 보응(寶應) 원년(762)까지의 115년 동안 사산조 페르시아는 당에 28차례나 사절을 파견하였다.

2. 원문에는 '대〃식〃(大〃寔〃)'으로 글자를 중복했는데, '대식'임이

분명하다.

3. '방타호(放駝戶)'는 '낙타를 방목하는 집'이라는 뜻인데, 본문에서는 대식이 파사 왕의 낙타나 방목하는 집의 신세였다는 것을 비유하거나 얕잡아 부르는 말이다. 대식, 즉 아랍이 페르시아에게 능욕을 당할 정도로 지배를 받았다는 것은 역사적 사실이다. 페르시아는 기원전 아케메네스조를 시발로 파르티아 왕조(기원전 247~기원후 227)를 거쳐 사산조에 이르기까지 중앙아시아와 서아시아에 통일대국을 건설하여 안하무인의 발호(跋扈)를 일삼아왔다. 특히 파르스 주에서 일어난 사산조 페르시아는 페르시아인들이 세운 세 번째 왕조로서 세계의 지배권을 주장하면서 주위의 여러 나라들을 그 예속하에 넣었다. 제2대 왕 샤푸르 1세(Shapūr I, 240~272)는 메소포타미아와 북부 시리아를 정복한 여세를 몰아 로마 황제 발레리아누스(Valerianus)를 에데사(Edessa)에서 격파하고(260) 생포하기까지 하였다. 샤푸르 2세(309~379) 때는 니시비스(Nisibis)를 비롯한 메소포타미아의 일부 로마 요새들을 함락하고 아르메니아를 정복해 한 주로 만들었다. 바흐람 5세(Bahram Ⅴ, 420~438 재위, 일명 바흐람 구르Bahram Gūr) 때는 당시 국제 무역에서 일익을 담당하고 있는 사카족(Saka族, 색족塞族)들이 주로 거주하는 중앙아시아(이란인들은 이곳을 투란Turan이라 부름)에 진출하여 세력 기반을 구축하였다.

사산조 역사에서 성군이라 일컫는 호스라우 1세(Khosrau I, 531~579, 일명 키스라 아누쉬르완 알 아들Kisra Anushirwan al-'Adl)는 575년 예멘의 심야르 왕조 국왕 사이프의 요청에 의해 군대를 보내, 남아랍을 지배하던 아비시니아(Abyssīnīa, 현 에티오피아)인들을 축출하고 예멘을 페르시아의 한 주로 만들었다. 그는 또한 시리아에 쳐들어가 안티오크(Antioch)를 유린하고 흑해 연안까지 진출하였다. 급기야 562년 비잔틴 황제 유스티니아누스 1세(Justinianus I, 527~565 재위)는 자진해서 고액의 조공을 해마다 바치기로 하고 사산조와 50년간의 굴욕적인 평화조약을 맺었다. 이 조약으로 인해 서아시아에 대한 비잔틴 제국의 영향력은 약화되고, 반대로 사산조의 영향력은 강화되었다. 그러나 이 조약은 양국 사이의 항구적 평화를 가져오지는 못하였고 끝내 분쟁이 재발하고 말았다.

605년에 호스라우 1세의 손자인 호스라우 2세(589~628 재위)는 시리아에 침입하여 소아시아 반도의 케사레아를 점령하고 비잔틴 제국의 수도인 콘스탄티노플의 맞은편 도시 칼케돈(Chalcedon)까지 장악하였다. 그 후의 전쟁(611~617)에서 사산조 군대는 예루살렘을 함락하고 예수의 십자가를 수도 크테시폰(Ctesiphon, 일명 마다인Madāin, 현 이라크)으로 약취해가는 만행도 서슴지 않았다. 이집트도 이때 점령당하였다. 그러나 비잔틴에 헤라클리우스(Heraclius) 황제가 등장하면서 정세가 뒤바뀌었다. 그는 옛 영토인 메소포타미아와 시리아, 이집트 등지를 회복하고 예루살렘도 탈환(630)하여 빼앗긴 예수의 십자가를 도로 찾아왔다. 이와 같이 이슬람이 출현하기 이전 시기에 대식, 즉 아랍인들은 페르시아의 침범과 유린을 끊임없이 받아왔다. 한편, '방타호(放駝戶)'에서 '방(放)'자를 '목(牧)'자의 오사로 보는 견해도 있다(張, 101).

4. '어후반……대식소탄(於後叛……大寔所吞)'은 사산조 페르시아의 압제하에 있던 대식, 즉 아랍인들이 이슬람 시대를 맞아 사산조를 멸하고 그 지배자가 된 역사적 사실을 말한다. 사산조 페르시아와 비잔틴 간의 장기간에 걸친 상잔은 두 나라 모두를 극도로 지치게 만들었으며, 두 나라 국민의 이빈(離反) 심리만 조상하였다. 이러한 호기를 맞아 일어난 이슬람은 교조 무함마드 사후 4대 정통칼리파 시대에 들어서 대외 정복전쟁에 나섰다. 제2대 칼리파 오마르와 제3대 칼리파 오스만이 치세할 때에 막을 연 이른바 '대정복 시대'(634~656)는 634년 8월 비잔틴 치하의 시리아 다마스쿠스에 대한 이슬람군의 공격으로 시작되었다. 이슬람군은 2년 후인 636년

에 이 도시를 함락한 데 이어 638년에는 예루살렘을 공략하였다. 이러한 기세를 몰아 야르무끄(Yarmūq, 현 요르단) 강변에서 비잔틴군을 대파하고 시리아 전역을 장악하였다. 이듬해에는 히라(Hirah) 부근의 까디시야에서 사산조 페르시아군을 격파하고, 이어 수도 크테시폰을 점령하였다. 642년에 일어난 네하반드(Nehāvand) 전투에서는 페르시아군의 최종적인 총반격을 분쇄하였다.

승승장구하던 이슬람군은 계속 동진하여 호라산, 토카리스탄, 아르메니아, 아제르바이잔 등 사산조 치하에 있던 중앙아시아와 서아시아 여러 나라를 차례로 장악하였다. 사산조의 마지막 왕 야즈다기르드 3세(Yazdagird III, 632~651 재위)는 호라산 지방으로 피신하였다가 651년 메르브 부근에서 토착인들에게 암살되었다. 이로써 400년 동안 서아시아와 중앙아시아의 대부분 지역을 통치했던 사산조 페르시아 제국(226~651)은 멸망하고 말았다(金定慰,『中東史』, 대한교과서주식회사, 1987, 61-70쪽; 졸저,『씰크로드학』, 90-91쪽 참고).

5. '종연(縱然)'은 '설사(설령) ~하더라도(일지라도)'라는 뜻이다. 동의어로는 '종사(縱使)'가 있다.

6. 중세 아랍 지리학자 이스타크리는 저서『제 도로 및 제 왕국지』(ed. M. J. de Goeje, Leiden, 1870, pp. 152-157)의 「파르스의 여러 도시에서 생산되어 타지방에 운반되는, 타지방 것보다 품질이 우수한 물산」이라는 제하에서 페르시아 여러 지방의 물산에 관해 자세히 기술하고 있다. 이에 따르면, 쉬니즈(Shīnīz)와 자나바(Jannābā), 카지룬(Kāzirūn)에서는 옷감이, 타와즈(Tawwaj)에서는 아마가, 야즈드와 아바르꾸흐(Abarqūh), 이스타크르(Iṣṭakhr) 지구의 자나트(Jānāt)에서는 면이, 파사(Fasā)와 자흐람(Jahram)에서는 자수(刺繡)가, 파사에서는 모직물이, 파사와 까르꾸브(Qarqūb)에서는 비단이, 사부르(Sābūr)에서는 기름과 사탕과자가, 아라잔(Arrajān)에

서는 기름이, 카라린(Kārarīn)에서는 대추야자가, 다라브지르드(Dārābjird)에서는 물고기가 생산된다.

광물 자원으로는 은, 철, 연, 유황, 석유, 수은 등이 있으며 금은 없다. 그리고 시라프(Sīrāf) 항에 입항해서 거기서 육로로 운반되는 물품으로는 침향(浸香), 용연향(龍涎香), 장뇌(樟腦), 보석류, 참대, 상아, 흑단(黑檀), 후추, 백단(白檀)과 그 밖의 각종 향수와 향료, 약품 등이 있다. 혜초가 이곳에서 보물이 난다고 한 이유는 아마 국내산뿐만 아니라 이렇게 외국에서 수입한 보물도 포함했기 때문일 것이다. 이스타크리는 아랍 해와 페르시아 만에 있는 몇 개의 진주 채집장을 열거하고는 진주가 이 바다 외에 다른 곳에서는 나지 않는다고 하였다.

7. '각별(各別)'에 대한 이해는 여러 가지이다. Y는 아예 영역하지 않았고(Y, 53), 桑은 "언어는 달라서(言語は異なっていて)"라고 일역하였으며(桑, 41), 李는 "언어는 각각 달라"(李, 60)로, 鄭은 "언어는 각기 달라서"(鄭, 128)로 번역했고, 金은 아예 옮기지 않았다(金, 24). 이렇게 이해하는 것은 문제가 있다. 왜냐하면 '각별'이란 말은 '개개(의)' '각각(의)'라는 뜻과 더불어 '각별(한)' '유별(난)'이란 뜻도 가지고 있는데, 본문에서는 문맥으로 보아 후자에 가깝기 때문이다.

8. 원문에는 '수여역(受與易)'(藤, 60b) 혹은 '애여역(愛與易)'(Y, 103) 비슷하게 쓰여 있으나 문맥으로 봐서는 '애흥역(愛興易)'(李, 104; 桑, 23; 張, 101; 鄭, 110)의 초서로 판단된다. 뜻은 '교역을 일으키기를 좋아하다', 즉 '교역을 좋아하다'이다. 페르시아인들이 장사, 특히 해상 교역을 중시한다는 데 대해 이스타크리는 바로 앞의 주 6의 책(138-139쪽)에서 다음과 같이 기술하고 있다. 파르스 상인들의 특징은 축재(蓄財)를 즐긴다는 것이다. 시라프 연안 사람들은 평생을 바다에서 보내기도 하는데, 어떤 사람은 바다가 너무나 좋아서 약 40년 동안 배에서 한 번도 내려본 적이 없다고 한다.

● ─── 각국 사신을 알현하고 있는 페르시아 아케메네스조의 다리우스 대왕

배가 파손되거나 노후해서 수리가 필요하면 다른 배로 바꿔 타곤 한다. 그들은 해상교역으로 돈을 버는데, 한 사람의 재산이 무려 400만 디나르(dinār)에 이른다고 한다. 이러한 재산을 가지고 있는 거부도 의복을 보면 고용살이꾼의 의복과 별반 다를 바 없다. 이와 더불어 카지룬이나 파사 등지의 육지 상인들은 또 그들 나름대로 육지에서 장사를 하여 돈을 많이 번다. 그들은 타향살이를 감내하면서 축재에만 열중하는 사람들이다.

페르시아인이 교역에 능하다는 사실은 중국과의 교역에 대한 한적의 관련 기록에서도 확인된다. 이곳은 일찍이 아케메네스조 페르시아 시대부터 상업이 상당히 발달하여 통일 화폐에 의한 정연한 유통체계를 갖추고 있었다. 사통팔달된 교통은 교역을 크게 촉진시켰다. 해외교역로를 개척하기 위해 다리우스 1세는 카리안다(Caryanda) 출신의 부장(部將) 스킬락스(Scylax)를 인도양으로 파견하였다. 그는 선박을 이끌고 인더스 강 하구에서 출발해 인도양을 건너 아라비아 반도 남부를 지나 29개월 만에 홍해 연안에 도착하였다. 그는 왕의 명을 받들어 나일 강과 홍해(紅海)를 잇는 운하를 수복(修復)하였다. 파르티아 페르시아 시대에도 상업은 계속 발달하였다. 『사기』「대원전」이나 『한서』「서역전」에는 안식 상인들이 수레와 배를 끌고 수천 리나 되는 타국으로 행상했다고 전한다.

고대 실크로드의 육로와 해로의 서단(西段)은 적지 않은 부분이 파르티아 경내를 지나갔다. 그리하여 비단 무역을 비롯한 로마와 동방 사이의 무역과 인적 내왕은 왕왕 파르티아에 의해 차단되곤 하였다. 후한 때 대진(大秦), 즉 로마 제국에 파견된 감영은 안식인들의 위협과 공갈에 겁을 먹고 사행을 포기하고 말았다. 파르티아를 계승한 사산조 페르시아도 무역로 봉쇄정책을 고집하여 로마 제국이나 중앙아시아 나라들과 부단히 마찰을 빚어왔다. 에프탈(백흉노)과의 1세기에 걸친 전쟁이 그 일례이다.

그러다가 6세기에 서돌궐이 중앙아시아 일원을 석권하자 페르시아인들은 대결을 피해 남해로를 이용하기 시작하였다. 당시 남해로의 중간 기착지는 실론(현 스리랑카)이었다. 그리하여 많은 페르시아 상인들이 중국에 와서 교역에 종사하면서 정착하였다. 서쪽은 섬서(陝西), 동쪽은 하북(河北)의 정현(定縣), 남쪽은 광동(廣東)의 영덕(英德)과 곡강(曲江)에 이르는 광범위한 곳에서 사산조 은화가 발견된 사실은 당시 두 나라 사이의 교역이 얼마나 넓은 범위에서 활발했는가를 실증한다(하내夏鼐의 「중국에서 최근에 발견된 페르시아 사산조 은화(中國最近發現的波斯薩珊朝銀幣)」「청해 서녕에서 출토된 페르시아 사산조 은하(青海西寧出土波斯薩珊朝銀幣)」, 『고고학논문집(攷古學論文集)』, 科學出版社, 1961 참고).

신상(新疆)에서 출토된 견직물에도 사산조풍의 도안과 문양이 뚜렷한 것이 적지 않다. 사산조가 이슬람화한 후에도 페르시아인들의 교역 활동은 멈추지 않았다. 이상은(李商隱)의 『잡찬(雜纂)』「불상징(不相稱)」조에 "페르시아가 궁하고 의사가 앓다니(窮波斯 病醫生)"라는 속어가 나올 정도로 페르시아인들은 부를 누리고 있었다.

압바스조 이슬람 제국(혹의대식) 시대에 페르시아인들의 정치적 위상이 높아짐에 따라 그들의 교역활동은 더욱 유리하게 전개되었다. 당대 문헌에는 파사와 대식을 함께 거론하는 경우가 많다. 예컨대『신당서』「전신공전(田神功傳)」에는 "숙종(肅宗) 상원(上元) 원년(760)에 신공(神功)이 양주(揚州)를 공략할 때 대식과 파사 상인 수천 명이 죽었다"라고 하였다. 중국과 페르시아 간의 교류와 교역에 관해서는 라우퍼가 저서『중국과 이란(Sino-Iranica)』에서 상세히 논하고 있다.

9. '사자국(師子國·獅子國)'은 현 스리랑카(Sri Lanka, 사리란잡斯里蘭卡)의 고칭으로서, 한적에 '사자국(師子國)'(『불국기』『송서(宋書)』『양서』『신당서』『구당서』), '승가라(僧伽羅)' '집사자국(執師子國)'(『대당서역기』), '사가라(私訶羅)'(『공작왕경』), '축지(竺枝)'(『부남기』), '사가조(私訶條)'(『유양잡조』), '세람(細藍)' '세륜첩(細輪疊)'(『제번지』), '실람지(悉藍地)' '서람산(西藍山)'(『송사』), '석란(錫蘭)'(『명사(明史)』), '성사승람(星槎勝覽)』『영애승람(瀛涯勝覽)』), '신합납첩(信合納帖)'(『원사(元史)』) 등 여러 가지 표기가 있다.

중세 아랍 문헌에는 '실란(Sīlān, 실론Ceylon)'으로 음사되었으며, 섬인 이곳에 일명 '아담의 발 산'이라는 사란디브(Sarandīb) 산이 있다고 하면서 그 산을 소개하고 있다. '사란디브'란 산스크리트의 '신할라드비파(Sinhala dvīpa, 팔리어로는 Sihadipa)'의 와전음인데, '신할라드비파'는 '사자(獅子)의 섬'이란 뜻이다. 따라서 '사자국'은 이 '신할라드비파'에서 유래된 이름이다. 그런데 이 섬은 산 이름인 사란디브로 알려진 경우가 왕왕 있다. 그것은 아마 이 산에 유명한 '아담의 발자국'이 있다는 소문 때문일 것이다.

중세 아랍의 유명한 상인이자 여행가인 술라이만 알 타지르(Sulaimān al-Tājir)도 그렇게 알고 여행기『중국과 인도 소식(Akhbār al-Ṣīn wa al-

Hind)』(851)에서 사란디브에 관해 다음과 같이 기술하고 있다. "사란디브 부근에는 진주 채집장이 있으며, 주위는 바다로 에워싸여 있다. 육지에는 아담이 하강했다는 라푼(Lafun) 산이 있는데, 산꼭대기 바위에 그의 편족(片足) 발자국이 남아 있다. 이렇게 한 쪽 발자국만 남아 있는 것은 다른 쪽 발이 바닷물을 밟고 서 있었기 때문이라고 전한다. 그 산꼭대기에 있는 족적의 길이는 약 70지라우(jirau)라고 한다. 이 산 주변에는 적루비, 황루비, 청사파이어 같은 보석 광산이 있다. 그리고 이 섬에는 두 사람의 왕이 있고 침향과 황금, 보석이 나며 바다에서는 진주와 샨크(shank)라는 조개가 나온다. 이 조개는 불면 나팔 소리가 나서 도민들이 진중히 여기는 물건 가운데 하나이다."

그런가 하면 1345년 무렵 이곳을 방문한 대여행가 이븐 바투타도 사자국에 관한 현지 방문기를 다음과 같이 남기고 있다. "실란 섬에는 하늘을 찌를 듯 높이 솟아 있는 사란디브 산이 있으며, 왕도는 바탈라(Baṭāla, 현 푸텔람Puttelam)이다. 왕도에는 육계목(肉桂木, qirfah), 소방목(蘇芳木, baqqam), 인도침향(印度沈香, al-'audu'l hindī) 등 향목(香木)이 있고, 쿤카르(Kunkār) 시는 '야꾸트(al-Yāqūt, 루비)' 호반에 있는데, 이 호수 속에는 루비가 파묻혀 있다고 한다. 실란 섬은 전역에 루비가 널려 있다. 사람들은 땅뙈기를 구입해서는 루비를 파낸다. 땅을 파면 금이 간 광석이 나오는데, 바로 그 속에 루비가 들어 있다. 루비의 가치가 백 파남(fanam) 이상이면 술탄에게 바치는데, 그는 값을 치른다. 백 파남은 6디나르의 금화에 해당한다. 여성들, 심지어 코끼리까지도 달걀보다 더 큰 루비로 치장을 한다. 이 섬에는 여러 개의 동굴이 있으며, 아담의 발자국이 있는 사란디브 산은 성지로서 순례자들의 발길이 끊이지 않는다. 발자국이 찍혀 있는 산정까지 오르는 데는 '바바(아담)의 길'과 '마마(하와)의 길', 두 갈래의 길이 있다. 꼬불꼬불한 '바바의 길'은 오를 때 걷고, 걷기 쉬운 '마마의 길'은 돌아올

● ── 14세기 아랍의 대여행가 이븐 바투타

때 탄다. 등문(登門)이 있는 산기슭에는 이스칸다르(알렉산드로스)의 이름을 딴 동굴과 샘이 있으며 쇠기둥을 박고 열 개의 쇠사슬을 늘여 놓은 계단을 밟고 올라간다. 마지막 열번째 쇠사슬은 '샤하다(al-Shahādah, 신앙고백이란 뜻) 쇠사슬'이라고 한다. 왜냐하면 이 사슬이 있는 곳에 올라와 산 아래를 내려다보면 정신이 아찔하여 떨어질 것만 같아서 저도 모르게 신앙고백을 하게 되기 때문이라고 한다. 산정에 있는 아담의 발자국은 평퍼짐한 곳에 두드러져 있는 거무스름한 암석에 깊이 찍혀 있다. 발자국의 길이는 11쉬브르(shibr, 1쉬브르는 한 뼘 정도의 거리로서 약 22.5센티미터)이다. 옛날 중국 사람들이 이곳에 와서 엄지발가락 부분을 떼어서 자이툰(현 천주泉州)의 한 묘당에 가져다 놓았다고 한다. 발자국이 있는 암석에는 아홉 개의 구명이 패어 있는데, 순례자들은 그 구멍에 쇠붙이나 루비, 보석 같은 것을 집어넣는다. 그러면 다른 순례자들이 와서는 그 물건들을 꺼내 가져간다"(졸역, 『이븐 바투타 여행기』 2, 창작과비평사, 2001, 276-286쪽 참고).

인도양의 '진주'라 불린 사자국은 동서 해로의 요로에 위치하고 있어 자고로 해운업과 해상무역이 발달하였다. 서진(西晉) 시대의 도축 구법승 법현(399~410년 천축 체류)이 귀국할 때, 갠지스 강 하구에서 곧바로 동진하지 않고 남행으로 사자국에 간 것은 그곳에서 귀로선을 구하기 위해서였다. 그는 희망한 대로 그곳에서 200여 명이 승선할 수 있는 중국 상선에 승선하였다. 이 대선은 뒤쪽에 소선을 달고 다니는데, 구명용 소선을 본선 뒤에 달고 다니는 것은 대해를 항행(航行)하는 중국 선박의 전통이다. 그리고 그는 그곳 불당에서 중국 상인들이 항행의 안전을 기원하며 백견선(白

絹扇)을 공양하는 것을 보았다고 한다.

    6세기 그리스의 기독교 수도사였던 코스마스(Cosmas, Indicopleutes, 후에 이집트에서 승려가 됨)는 청년시절에 페르시아, 인도, 스리랑카 등지를 편력하면서 해상교역에 종사한 일을 글로 모은 『기독교 풍토기(基督敎風土記)』에서 남해 요로에서의 사자국의 위상을 다음과 같이 전하고 있다. "스리랑카를 비롯한 인도, 페르시아, 에티오피아 등 각국 선박들이 항상 내왕하는데, 실론 섬에서 출발하는 선박이 대단히 많았다. 이 선박들은 가장 먼 나라, 예컨대 진니책(秦尼策, 중국)이나 그와 통상하는 지역으로부터 늘 화물을 운반해오는데, 그 중에는 잠사(蠶絲), 가남향(伽備香), 정향(丁香), 자단(紫檀) 및 기타 산품이 들어 있다"(Cristian Topography of Cosmas, an Egyptian Monk, Trans. J. W. Mecrindle, Book II, pp. 47-49). 코스마스의 이 회고록은 6세기경 사자국이 인도양에서 동서 항해의 길목에 있으면서 중간 연결고리와 기착지 역할을 하고 있음을 말해준다.

  10. '곤륜국(崑崙國)'에 관해서는 18절의 주 12 참고.

  11. 페르시아와 중국 광주 간 직항로의 개통은 7세기 당 제국이 출현한 때부터이다. 그 이전까지는 대체로 페르시아 만→ 인도 서해안→ 실론→ 인도→ 동해안→ 미얀마→ 서해안→ 말라카 해협→ 수마트라 부남(扶南)→ 일남(日南)→ 교지(交址)로 이어지는 해로였다. 그러다가 당대에 들어와서야 두 지역 사이의 직항로가 열리기 시작하였다. 그 항로를 가장 상세하고도 정확하게 밝힌 문헌은 『신당서』「지리지(地理志)」에 수록된 가탐(賈耽, 730~805)의 「광주통해이도(廣州通海夷道)」이다. 가탐은 이 글에서 당시 광주로부터 페르시아 만 서안의 오볼라(오랄국烏剌國)까지 이어지는 해로의 노정과 구간간의 항행일정 등을 소상히 기술하고 있다. 가탐이 제시한 노정은 크게 네 구간으로 나누어 볼 수 있다.

  제1구간은 광주에서 수마트라까지로, 광주에서 200리 가서 둔문산(屯

門山, 광동 해안과 비파주琵琶州 사이, 현 구룡반도 서북해안 일대)→ 이틀 후 구주석(九州石, 현 해남도海南島 동북부, 칠주열도七洲列島)→ 이틀 후 상석(象石, 현 해남도 만녕萬寧 동남해상의 대주도大洲島)→ 사흘 후 점불로산(占不勞山, Culao Cham, 현 베트남 점파도占婆島, 참파)→ 환왕국(環王國, 임읍林邑, 점파占婆)→ 200리에 이틀을 더하여 능산(陵山, 현 베트남 동남해안의 귀인歸仁, 퀴논 이북의 랑손)→ 하루 후 문독국(門毒國, 현 베트남 귀인의 바렐라 곶 일대)→ 하루 후 길달국(吉笪國, Kauthara, 현 베트남 아장芽庄, 즉 나트랑 일대)→ 반 일 걸려 분타랑주(奔陀浪州, Panduranga, 현 베트남 번랑藩郎, 즉 판랑Phan-Rang 일대)→ 이틀 후 군돌롱산(軍突弄山, Pulo Condore, 현 베트남 곤륜도昆侖島)→ 닷새 후 신가파(新加波, 싱가포르) 해협→ 백 일 후 불서국(佛逝國, 수마트라)의 순이다.

제2구간은 수마트라에서 사자국까지로, 수마트라→ 사흘 후 갈승저국(葛僧祇國, 수마트라의 Brouwers 제도)→ 네댓새 후 승등주(勝鄧州, 수마트라의 델리와 Laugkat 일대)→ 닷새 후 파로국(婆露國, 수마트라 서북부의 Breueh 섬)→ 엿새 후 파국가람주(婆國伽藍州, 니코바르 제도)→ 나흘 후 사자국 순이다.

제3구간은 사자국에서 이라크의 말라국(末羅國, 바스라 혹은 그 서남부의 주바이르)까지로, 사자국→ 나흘 걸려 몰래국(沒來國, Male, 인도 서남해안의 말라바르)→ 바라문(婆羅門, 인도 서해안의 마합시특랍방馬哈施特拉邦)→ 이틀 후 발율국(拔颱國, 인도 서북해안의 바루치)→ 열흘 걸려 제율국(提颱國, 인더스 강 하구 서안의 디울Diul 혹은 현 파키스탄의 다이불Daibul 일대)→ 스무날 후 제라로화국(提羅盧和國, Dierrarah 혹은 현 페르시아 만 입구의 아바단Abadān 부근)→ 하루 후 오랄국(烏剌國)→ 이틀 후 말라국의 순이다.

제4구간은 인도 서남해안의 몰래국에서 아프리카 동해안의 삼란국(三蘭國, 탄자니아의 바브다룻 살람Babdaru'd Salām)에 갔다가 페르시아 만의 오랄국까지로, 몰래국→ 삼란국→ 스무날 걸려 설국(設國, Shihr, 현 남부 예멘의 알 샤흐르al-shahr)→ 열흘 후 살이구화갈국(薩伊瞿和竭國, 현 오만 동남단의 샤리까Shāriqah, 혹은 마스까트Masqat)→ 6~7일 후 몰손국(沒巽國, Mezoen, 현 오만의 Schar)→ 10일 후 발리가마난국(拔離謂磨難國, 현 바레인의 마나마 Manāmah)→ 하루 걸려 오랄국 순이다. 이로써 전체 노정은 끝난다.

이 노정의 항해에 소요된 시간을 보면 광주에서 말라국까지는 약 100일(가탐이 언급하지 않은, 광주에서 둔문산과 몰래국에서 바라문까지 두 구간의 소요시간을 제외하면 85일)이고, 삼란국에서 오랄국까지는 48일이다. 이 노정에 포함된 경유지(국가나 지역)는 무려 서른세 군데나 된다. 가탐의 이「광주통해이도」에 제시된 해로의 항정과 유사한 기록을 중세 아랍인들의 여행기나 지리서에서도 찾아볼 수 있다.

가탐이 기술한 이 항정은 여행가이며 상인이었던 술라이만 알 타지르가 자신의 견문록을 수록한『중국과 인도 소식』(851)에서 언급한, 페르시아 만에서 중국에 이르는 항행로와 기본적으로 일치한다. 이것은 이 항로가 중세에 보편적으로 통용된 동서간의 항행로였음을 말해준다. 술라이만에 따르면 우선 화물을 이라크의 바스라나 오만 등지에서 페르시아 만 동북안에 있는 시라프 항으로 운반하여 선적한다. 시라프에서 출항하여 마준(Majun, 현 수하르)과 마스까트를 지나 약 한 달간 항행하면 인도의 퀼론(Quilon)에 도착한다. 여기서부터 사란디브와 안다만(Andaman) 섬, 니코바르 제도, 람브리(Lambri, 수마트라의 서북단)를 지나 칼라(Kalah, 현 타이령 말레이 반도 서해안의 케다)에 도착하는데, 이 구간의 항행 소요시간도 역시 약 한 달이다. 거기서부터 20일간 북상해 참파(Champa) 섬에 이르며, 다시 한 달간 북행하여 창해(漲海, Tchang-khai)를 지나 광부(廣府, Khan-fou, 현 광수廣州)에 종착한다.

술라이만이 언급한 경유국이나 경유지는 모두 열세 곳으로서 가탐의 그것과 대체로 일치한다. 그러나 시라프부터 광주까지의 항행 소요시간은 약 130일로 가탐의 약 100일보다는 훨씬 길다. 그 내역을 따져보면 페르시아 만에서 수마트라까지는 둘 다 대략 두 달이 걸려 소요시간이 비슷하나, 수마트라에서 광주까지의 소요시간에서 큰 차이를 보인다. 특히 참파 섬에서 광주까지의 항행에서 가탐의 경우는 열흘 미만이지만, 술라이만의 경우는 한 달이나 걸렸다. 이 구간이 암초가 많고 풍랑이 심한 서사군도(西沙群島) 부근이어서 이곳 바닷길이 낯선 외방인의 항행에는 상당한 어려움이 있었을 것이며, 따라서 시간도 그만큼 더 필요했을 것이다.

술라이만에 이어 지리학자인 이븐 쿠르다지바도 저서 『제 도로 및 제 왕국지』에서 이라크의 바스라에서 중국에 이르는 해로를 비교적 상세히 기술하고 있는데, 그 항정은 같은 구간에 대해 가탐이 제시한 항정과 대동소이하다. 그가 열거한 항정을 보면, 말리유(Malyu, 이라크의 바스라)→ 여드레 걸려 호르무즈(Hormuz)→ 다이불(Daibul, 인더스 강 하구)→ 이틀 걸려 마흐란(Maḥrān, 인더스) 강→ 열이레 더 가서 물라이(Mulay, 인도 서해안의 말라바르)→ 이틀 걸려 불린(Bullin, 인도 남해안)→ 하루 걸려 실란(Sīlān, 현 스리랑카)→ 10~15일 후 랑가발루스(Langabalus, 니코바르 제도)→ 엿새 후 칼라(Kalah)→ 발루스(Balus, 수마트라 북서해안)→ 살라히트(Salahit, 말라카 해협)→ 하랑(Harang)→ 마이드(Mayd, 수마트라 북부)→ 티유마(Tiyuma, 말레이반도 동남해안)→ 닷새 후 끼마르(Qimar)→ 사흘 후 산프(Sanf, 베트남의 참파)→ 중국(광주)으로 이어지는 바닷길이다(졸저, 『씰크로드학』, 61-64쪽 참고).

12. 술라이만은 앞의 책 『중국과 인도 소식』에서 중국인들은 귀천을 가리지 않고 겨울이나 여름에 모두가 비단으로 옷을 지어 입을 뿐만 아니라, 금, 은, 진주, 금(錦, 색채나 무늬가 있는 비단), 비단 등을 많이 가지고 있다고 하였다.

13. '사천(事天)', 즉 '하늘을 섬긴다'는 것은 배화교(拜火敎, 천교祆敎, 조로아스터교)를 신봉한다는 말이다. 이스타크리는 앞의 책 『제 도로 및 제 왕국지』에서 파르스의 종교 신앙에 관해 다음과 같이 언급하고 있다.

여러 종교 가운데서 가장 많은 것이 조로아스터교로서 숫자로는 타종교를 압도한다. 다음으로는 기독교이고, 유대교는 가장 적다. 조로아스터교도들은 선왕대에서 물려받은 경전(kutub)이나 배화전(拜火殿, buyūt nīrān) 및 신앙을 고스란히 계승·유지하고 있으며 신앙고백도 그에 따라 하고 있다. 조로아스터교도들은 다른 곳에는 별로 없고 대다수가 파르스에 있다.

'사천'에서 '천', 즉 '하늘'은 하늘에 있는 신(하느님)을 지칭한 것으로도 볼 수 있기 때문에 '사천'은 '하느님을 섬기다(신봉하다)'로 번역해도 무방할 것이다.

대식국(아랍)

다시 파사국에서 북쪽으로 열흘을 가서 산으로 들어가면 대식국(大寔國, 아랍Arab)에 이른다. 대식국 왕은 본국에 살지 않고 소불림국(小拂臨國)에 가서 살기는 하는데, 소불림국을 쳐서 얻기 위해서는 소불림의 산 많은 섬에 가서도 산다. 처소로서는 대단히 견고해서 왕이 그렇게 한다.

이 땅에는 낙타, 노새, 양, 말, 모직물, 모포가 나며 보물도 있다. 의상은 가는 모직으로 만든 헐렁한 적삼을 입고, 또 그 위에 한 장의 모직 천을 걸친다. 이것을 겉옷으로 한다. 왕과 백성의 의상은 한가지로 구별이 없다. 여자도 헐렁한 적삼을 입는다. 남자는 머리는 깎으나 수염은 그대로 두며 여자는 머리를 기른다.

식사는 귀천을 가리지 않고 다 같이 한 그릇에서 먹는다. 손에 숟가락과 젓가락도 들었으나 보기에 매우 흉하다. 자기 손으로 잡은 것을 먹어야 무한한 복을 얻는다고 한다. 이 나라 사람들은 살생을 좋아하고 하늘을 섬기나 불법을 알지 못한다. 이 나라 관행에는 무릎을 꿇고 절하는 법이 없다.

大寔國

又從波斯國北行十日入山 至大寔國 彼王〔不住〕[1]本國 見向小拂臨國[2]住也 爲打得〔彼國 彼國〕[3]復居山島[4] 處所極牢[5] 爲此就彼[6] 土地出駝騾羊馬疊布毛毯 亦有寶物[7] 衣着細疊寬衫 衫上又披一疊布 以爲上服[8] 王及百姓衣服 一種無別 女人亦着寬衫 男人剪髮在〔鬚〕 女人在髮 喫

食無問貴賤 共同一盆而食⁹ 手(亦把)匙(筋)¹⁰取¹¹ 見極惡 云自手煞而食 得福無量 國人愛煞事天 不識仏法 國法無有跪拜法也¹²

주

1. 원문에는 '주불(住不)'이라고 했는데, 문법상 '부주(不住)'가 도치된 오사로 사료된다. 대식 왕이 본국에 살지 않는다고 한 것은 왕의 거성이 4대 정통칼리파 시대(632~661)에는 메디나(al-Madīnah)였으나, 우마이야조 아랍 제국 시대(661~750)에는 현 시리아의 다마스쿠스로 옮겨온 사실을 염두에 둔 때문인 것 같다. 혜초가 726년경에 대식 현지를 방문한 것은 천도(遷都) 이후의 일로서, 언급한 내용의 시기성에는 하자가 없다. 여기에 나오는 대식 왕은 혜초가 대식 땅을 밟았을 때의 왕인 우마이야조 아랍 제국 제10대 칼리파 히샴 이븐 압둘 말리크(Hishām Ibn Abdu'l Malik, 724~743 재위)이다. 당시 우마이야조는 다마스쿠스에 치소를 두고 각 지방에 총독(아미르 혹은 왈리)을 파견하여 제국의 통치체제를 유지하였다. 페르시아를 비롯한 중앙아시아 지역은 대부분의 경우 호라산 총독의 관할하에 있었다. 이러한 지방 총독은 칼리파의 대리인으로서 지방의 실권자였으며 칼리파는 상징적인 최고통치자에 불과하였다. 그리하여 칼리파는 지방에 상주하지 않고 소불림국, 즉 중앙정부 소재지인 다마스쿠스에 살고 있었다(졸저, 『신라·서역교류사』, 367쪽 참고).

2. '소불림국(小拂臨國)'은 지금의 다마스쿠스를 중심으로 한 시리아 일원을 지칭한다. 이슬람화하기 선에 이곳은 동로마(비잔틴) 제국의 속지였다. '불림(拂臨)' 혹은 '불름(拂菻)'이란 명칭은 『수서』『신당서』『구당서』『통전』 등의 사적에 나타난다. 불림이나 불름의 이원에 관해서는 다음과 같은 여러 가지 견해가 있다. ①영국의 율(H. Yule)과 프랑스의 샤반(E.

Chavannes)은 동로마 수도에 대한 그리스어 지칭의 '볼린(Bolin)'에서 유래하였다고 주장한다. ②프랑스의 펠리오와 일본의 시라토리 구라키치(白鳥庫吉)는 고대 페르시아인이나 아랍인이 로마를 룸(Rūm)이라고 불렀는데, 페르시아인이나 돌궐인은 글자의 처음에 오는 굴림음 'r'자를 발음하기 어려워 왕왕 그 앞에 'u'자나 'hu'자, 'f'자를 첨가했다고 한다. 예컨대 'rum'은 'urum'이나 'hurum' 'frum'이 된다. 따라서 '불림'이나 '불름'은 로마를 뜻하는 'Frūm(F+Rūm)'의 음사라는 것이다. ③러시아의 브레츠네더(Breitschneider)나 중국의 일부 학자들은 유럽에 대한 페르시아인의 지칭인 'Farang'에서 유래하였다고 본다. 이상 세 가지 설 중에서 두 번째 설이 비교적 설득력이 있어 보인다.

원래 '룸(Rūm)'은 아랍에 살고 있는 고대 로마 제국의 후예들을 지칭하는 집합 명사이다. 그들 대부분은 그리스나 로마의 아리안족이며 기독교 신봉자들이다. 때로는 로마의 지명으로도 쓰인다. 시리아를 포함한 서아시아 여러 나라들은 7세기 중엽 이슬람군에게 정복되기 전까지는 동로마 제국의 치하에 있었다. 그리하여 혜초는 대식(우마이야조) 왕의 거성이 있는 시리아를 소불림으로 이해한 것 같다.

시리아를 비롯한 아랍 제국에 대한 한적 최초의 지칭은 『사기』「대원전」에 나오는 '대익(大益)'과 '조지(條枝)'이다. 이 기록에 의하면 대익은 대원의 서쪽에 위치하고 있으며, 전한에 사신을 보내왔다고 한다. 또 조지는 안식(安息, 파르티아)에서 서쪽으로 수천 리 떨어져 서해(지중해)에 임해 있고, 덥고 습하며 경작을 한다고 하였다. 우선 대익은 아라비아 반도에서 유목 생활을 하던 아랍인을 통칭하던 '타이(Tayy)'의 음역이다. 타이의 조상들은 아라비아 반도의 남부 예멘에 있다가 기원후 1세기경에 아라비아 반도 중부와 북부 일대인 나즈드(Najd)에 이주하여 이 지대의 정착민이 되었는데, 비잔틴에서는 이들을 가리켜 'Tyyè'라고 하였다. 한편, 이슬람

이전에 이들과 이웃한 시리아인과 페르시아인은 아라비아 반도에 거주하는 유목민을 통틀어 '타이'라고 불렀다. 이들이 바로 오늘날 아랍인의 원조인 것이다(9절 주 10 참고).

다음으로 조지의 비정에 관해서는 여러 설이 있으나 시리아설이 가장 신빙성이 있다. 그 근거는 다음과 같다. ①『사기』「대원전」에는 조지가 안식에서 수천 리 떨어져 서해에 임해 있다고 하였는데, 이 서해가 바로 지중해이므로 당시 안식(파르티아, 페르시아)의 서쪽에 있으면서 서해에 임한 나라는 시리아밖에 없다. ②조지는 시리아의 별칭인 '셀류스(Selus)'의 전성음(轉聲音)일 가능성이 있다(『신라·서역 교류사』, 78-81쪽 참고).

3. 원문에는 '彼″國″'으로 나와 있는데, '피피국국(彼彼國國)'의 약기가 분명하며, 이것은 '피국피국(彼國彼國)'의 오사라는 것이 학자들의 일치된 견해이다. 그러나 '피국피국'이 정확하다는 견해(藤, 62; Y, 103)와 두 번째 '피국'은 연자라는 견해(張, 108)가 맞서고 있다. 문맥상으로 '피국'은 불필요하게 중복된 자라고 판단된다. '피국피국'이라고 주장하는 이들은 두 글자씩 분리시켜 '위타득피국 피국복거산도(爲打得彼國 彼國復居山島)'로 해석한다(F, 466; 桑, 24; 李, 104; 鄭, 110; 金, 346). 이 경우 '피국복거산도'가 "그 나라는 산도(山島)에서도 산다"라는 식으로 해석되어 무리가 따른다.

다음으로 '피국', 즉 '그 나라'가 과연 어느 나라를 지칭하는지가 문제인데, 히르트는 '피국'을 동로마로 본다(F. Hirth, "The Mystery of Fu-lin, Ⅱ," *Journal of the American Oriental Society* 33, 1913, pp. 193-208). Y는 '그곳(that place)'(Y, 53), 李와 鄭은 '그 나라'라고 하여(李, 61; 鄭, 129) 앞에 나오는 소불림국을 지칭하는 것 같다. 張은 그 뒤에 오는 '산도(山島)'를 소아시아에 있는 산과 동로마의 도서(島嶼)로 간주함으로써 '피국'을 동로마에 대한 지칭으로 본다(張, 114).

4. '산도(山島)'의 뜻이라든가 위치에 관해 여러 가지 견해가 있다. Y

는 '섬 비슷한 곳(an island-like)'으로 영역했고(Y, 53), 시라토리 구라키치는 아라비아 반도의 메디나 방면을 지칭한다고 하였으며(白鳥庫吉,「拂菻問題の新解釋」,『白鳥庫吉全集』제7권, 岩波書店, 1971, 522쪽), 桑은 두 가지 가능성이 있는데, 하나는 키프로스(Kypros) 섬이고 다른 하나는 소아시아일 수 있다고 하였다(桑, 160). 李와 鄭은 '산으로 된 섬'(李, 61; 鄭, 129), 金은 그저 '섬'(金, 25)으로 옮겼다. 그런가 하면 張은 '산'과 '도'를 분리시켜 '산'은 소아시아 반도 남부에 있는 타우루스(Taurus) 산이고, '섬'은 만약 '도'자가 틀리지 않았다면 대식인들이 공격한 바 있는 동로마의 도서들이라고 주장한다(張, 114).

5. 원문에는 '짐승우리'나 '굳다'라는 뜻의 '로(窂)'자가 분명한데, 藤은 '한(罕, 드물다는 뜻, 뢰牢자의 고어)'자로 읽었다(藤, 62a). 그 영향 탓인지 아니면 '로'자에 대한 이해 부족에서인지, 李(66, 104)와 鄭(110, 129)은 원문에는 '로'자를 써놓고 해석은 '드물다'로 하였다. 문맥으로 보아 '견고하다'라는 의미의 '로'자가 확실하다.

6. '견향소불림국주야 위타득피국 복거산도 처소극로 위차취피(見向小拂臨國住也 爲打得彼國 復居山島 處所極窂 爲此就彼)'의 문장을 구성하고 있는 개별 요소들에 대한 이해가 엇갈리는 바람에 전체 문장에 대한 해석이 여러 가지이고, 그 중에는 문장의 뜻이 통하지 않는 부회적인 해석도 있다. 이 문장에 대한 해석과 이해는 본 여행기 중에서 가장 난해하고 따라서 논란이 많은 토막 중의 하나이다. Y는 "지금 그(대식 왕)는 소불림에 살고 있다. 왜냐하면 그가 이곳을 정복했기 때문이다. 게다가 이곳은 섬같이 견고한 요새여서 왕이 그곳에 살고 있다(At present, he resides in Lesser Fu-lin because he has conquered it. Moreover, that place is an island-like strong fortress, which is the reason the king resides there)"(Y, 53)라고 영역하였고, 桑은 "지금은 소불림국에 살고 있다. (대식이) 그 나라

를 공략했는데 그 나라는 마치 산도(山島)에 있는 것과 같다. 그곳은 대단히 견고하여 (소불림의) 왕이 거기에 간 것이다(現在は小拂臨國に住んでいる. (大寔が)その國を攻め取ったので, その國の方は山島に住むこととなった. その場所はとても堅固なので (小拂臨の) 王はそこへ赴いたのである)" (桑, 42)라고 일역하였으며, 李는 "(그 나라 왕은) 소불림국에 가서 살고 있다. 이는 그 나라를 정복하기 위해서다. 그래서 그 나라는 다시 산으로 된 섬에 가서 사는데 살 만한 곳이 매우 드물다. 그러나 이곳을 바라고 그리로 간 것이다" (李, 61)로, 鄭도 이와 대동소이하게 "(왕은) 소불림국에 가서 살고 있으니 이것은 그 나라를 쳐서 빼앗기 위해서이다. 그 나라에서 다시 산으로 된 섬에 가서 사는데 살 만한 곳이 아주 드물다. 그러나 이곳을 찾기 위하여 거기에 간 것이다" (鄭, 129)로, 金은 "(이 나라 왕이) 현재 소불림에 가 있으니 그 나라를 장차 쳐 얻기 위한 때문이다. 그 나라는 또 섬에 들어가 살므로 대식 왕이 가서 있는 것이다" (金, 25)로 옮겼다. '그 나라 왕은 본국에 살지 않고……산 많은 섬에 가서도 산다'라는 본 역문은 역주자의 견해에 따른 것으로서 더 깊은 연구가 필요하다.

7. 대식에서 나는 물산에 관해 아랍 지리학자 마끄디시(al-Maqdisī)는 역작 『제 지역 인식에서의 최선의 분류법(Aḥsanu'd Taqsīm fi M'arifāti'l Aqālīm)』(ed. M. J. de Goeje, Leiden, 1877, pp. 97-98)에서 자세히 언급하고 있다. 그에 따르면 홍해 연안과 히자즈(al-Ḥijāz, 아라비아 반도 서북부에서 홍해 연안까지의 사우디아라비아 지대, 면적 약 40만 제곱킬로미터)에서 거래되는 상품으로는 홍옥수(紅玉髓), 피혁, 약품, 향료, 사향, 사프란, 소방(蘇芳, 안료), 흑단(黑檀), 상아, 진주, 금(錦), 마노, 루비, 코코넛, 알로에, 철, 연, 참대, 수정, 후추 등이 있으며, 아라비아 반도의 특산물로는 피혁 제품, 홍옥수, 대추야자, 파피루스 등이 있다. 그리고 시리아의 특산물로 식용유, 건포도, 도자두(稻子·豆, khurnūb), 석염(石鹽), 치즈, 면(棉), 거울, 초, 바늘, 대추야

자, 꿀, 종이, 아마포, 생사(生絲), 사탕, 진주, 유리, 아몬드, 쌀, 금(錦) 등을 열거하고 있다(같은 책, 180-182쪽). 이 책의 원문은 더 후여(De Goeje)의『아랍지리총서(Bibliotheca Geographorum Arabicorum)』제3권에 수록되어 있는데, 마끄디시는 이 책에서 그가 직접 방문한 여섯 개 아랍 지역과 여덟 개 비아랍 지역의 인문, 역사 등에 관해 상술하고 있다.

8. '상복(上服)'은 '상의(上衣)'나 '좋은 옷'(鄭, 129)이라는 뜻이 아니라, '겉옷(outer garment)'(Y, 53)이라는 뜻이다.

9. "왕과 백성의 의상은 한가지로 구별이 없다(王及百姓衣服 一種無別)"라든가, 모두가 식사할 때는 "귀천을 가리지 않고 다 같이 한 그릇에서 먹는다(喫食無問貴賤 共同一盆而食)"라는 것은 이슬람이 강조하는 평등과 형제애의 이념을 반영한 것이다. 제2대 칼리파인 오마르가 644년 시찰차 예루살렘을 방문했을 때 남루한 옷을 입은 것을 보고, 그를 수행하던 그리스 주교 소프루니우스(Sophrunius)가 크게 감동하였다는 일화는 그 일례이다.

10. '저(筯)'가 본문에서 좀 희미하여 '근(筋)'자로 오인하거나(Y, 105; 張, 108; 李, 104), 동음동의어인 '저(箸, 젓가락)'자로 보는 견해(藤, 63a)가 있으나 '저(筯)'자가 분명하다. 문제는 대식인(아랍인)들이 수저〔匙筯〕를 쓰는가 하는 것이다. 유목 생활 유습으로 인해 아랍인들은 자고로 맨손(오른손)으로 음식을 먹는 것이 관행이다. 간혹 국 같은 것을 먹기 위해 숟가락은 사용하나, 한 문명권 사람들처럼 젓가락〔筯〕을 쓰는 경우는 거의 없다. 짐작하건대 혜초는 꼬치구이를 즐기는 아랍인들이 사용하는 꼬챙이 같은 것을 젓가락으로 착각한 것이 아닌가 한다. 그래서 대식인들이 수저를 쓰는 것이 그에게는 '퍽 흉하게 보였던(見極惡)' 것이다. '저(筯)'자는 육조시대에 나타난 글자로서, 돈황사본이나 당대의『왕인구간류보결절운(王仁昫刊謬保結切韻)』에 의하면 이 글자는 통용자체(通用字體)로 일상에서 사

용되었다. 그러나 『광운(廣韻)』 『집운(集韻)』 『대광익회본옥편(大廣益會本玉篇)』 등 송대 이후의 자전에 의하면 이 글자는 '저(箸)'자의 이체자(異體字)로서 오늘날까지 통용되는 글자가 아니다.

11. '수파역시저취(手把亦匙筯取)'는 문장 구성이 어색하다. '파역(把亦)'자가 서로 도치되었다고 한 張(108)의 지적은 탁견이다. '역파시저취(亦把匙筯取)'가 정석이다.

12. 이슬람교에서는 절대유일신 알라만을 신봉한다. 그래서 여기서의 '사천(事天)'은 일반적인 '하늘을 섬긴다'라는 개념이 아니라 알라만을 신봉한다는 뜻이다. 그러다 보니 불법(불교)을 알고 믿을 리 만무하다. 그리고 '무릎을 꿇고 절하는 법이 없다(無有跪拜法)'라고 한 것은 알라 외의 사람을 포함한 일체 사상(事象)에 대해 무릎을 꿇고 절하는 법이 금지된 이슬람교의 교의를 말한다. 그러나 무슬림들은 알라에게만은 예배드릴 때, 무릎을 꿇고 절을 한다. 따라서 무릎을 꿇고 절하지 않는 것은 교법에 의한 것이지 어떤 '국법(國法)'에 의한 것이라고 말할 수는 없다. 그래서 본문에서의 '국법'은 '나라의 관행' 또는 '관습'쯤으로 번역하는 것이 타당할 것이다. 『구당서』 권198 「대식전」에 따르면, 당 개원 때 처음으로 내당한 대식사신이 당의 황제를 알현할 때 '서서 절을 하지 않자(平立不拜)' 헌사(憲司)가 이를 나무라니 사신이 말하기를, 대식에서는 '알라만을 숭배(惟拜天神)'하므로 왕을 진현할 때도 절을 하는 법이 없다고 하였다고 한다.

28

대불림국

다시 소불림국에서 바다를 끼고 서북쪽으로 가면 바로 대불림국(大拂臨國)이 있다. 이 나라 왕은 강한 군사를 많이 가지고 있으며 다른 나라에 속해 있지 않다. 대식이 몇 차례 정토(征討)하였으나 얻지 못하였으며, 돌궐도 침입했으나 얻지 못하였다. 이 나라 땅에는 보물이 많으며 낙타, 노새, 양, 말, 모직물 등의 물품이 대단히 풍족하다. 의상은 파사, 대식과 서로 비슷하나 언어는 각각이어서 같지 않다.

大拂臨國

又小拂臨國傍海西北 卽是大拂臨國[1] 此王兵馬强多[2] 不屬餘國 大寔數廻討擊不得[3] 突厥侵亦不得[4] 土地足寶物 甚足駝騾羊馬疊布等物 衣着與波斯大寔相似 言音各別不同

주

1. '대불림국(大拂臨國)'은 콘스탄티노플을 수도로 하여 오늘의 터키 일원에 자리했던 동로마 제국, 즉 비잔틴 제국을 지칭한다. 따라서 본문에서 "소불림국(시리아)에서 바다를 끼고 서북쪽으로 가면 바로 대불림국이 있다"라고 한 혜초의 기술은 지리적으로 정확무오하다. 『신당서』와 『구당서』를 비롯한 한적에는 대불림과 소불림을 구분하지 않은 '불림(拂臨)' 혹

은 '불름(拂菻)'이란 명칭이 나오는데, 이것은 대체로 대불림, 즉 동로마를 가리킨다. 사실상 소불림, 즉 시리아가 이슬람군 점령 이전에는 동로마에 속해 있었기 때문에 불림 일어에는 이 두 지역이 다 포함된다.

한적에는 불림과의 관계에 관한 여러 기사들이 있다. 『구당서』 「불름전(拂菻傳)」에 따르면, 수 양제가 불름과의 통교를 시도했으나 성공하지 못하다가 당 태종 정관 17년(643)에 이르러 불름 왕 파다림(波多林)이 사신을 파견해 적유리(赤琉璃)와 녹금정(綠金精) 등 방물을 헌상하였다. 그 후 건봉(乾封) 2년(667)에는

● ──당나라 장안에서 발견된 동로마 제국의 금화

사신을 통해 저야가(底也伽)를 보내왔고, 개원 7년(719)에는 토화라 대수령을 파견해 사자(獅子)와 영양(羚羊) 두 마리씩 헌상하였다. 그 이유는 8세기 초부터 대식(우마이야조)이 동로마에 대한 공격을 본격화하자 동로마는 직접 사절을 파견하지 못하고 할 수 없이 당시 대식의 지배하에 있던 동병상린의 토화라인을 대신 당에 파견해 구원을 요청하였던 것이다. 정관 17년에 당에 사신을 보낸 불름 왕 파다림이 누구인가에 관해서는 시리아 대주교(patriarch)라는 설과 로마 황제 테오도루스(Papas Theodorus)라는 설이 있는데, 후자에 더 신빙성이 있다. 그리고 건봉 2년에 보내온 저야가는 임종의 해독제로서(『본초강목』 권50 「저야가(底野加)」) 아편 성분이 수성분이다. 그래서 일부에서는 이것이 중국에 아편이 들어온 효시라고 한다.

2. '차왕병마강다(此王兵馬强多)'는 대불림 왕이 강한 군사를 많이 가지고 있다는 뜻이다. 982년에 저술된 저자 미상의 『동방에서 서방까지의 세계 경계』에는 이에 관해 다음과 같은 내용을 기술하고 있다. 룸(al-Rūm),

즉 비잔틴에는 열네 개의 군관구(軍管區, 'amal)가 있는데, 세 개는 콘스탄티노플의 서쪽에, 열한 개는 동쪽에 있다. 군관구마다 여러 도시와 농촌, 보루, 성채, 산, 하천, 풍부한 재산을 망라한 치소(kūrah)와 룸 왕이 임명한 군사령관이 있다. 사령관은 관구의 수위를 책임진 삼천 내지 육천 명의 기병을 거느리고 있다(『동방에서 서방까지의 세계 경계』, 184-185쪽 참고).

사방에 적을 둔 비잔틴에게 군대는 매우 중요하였다. 군대의 핵심은 중무장한 기병으로 이들이 전 병력의 절반을 차지하였다. 장교는 귀족 출신이었고, 사병은 다수가 국가로부터 토지를 급여로 받은 자유농민이었다. 병영의 설치, 군수 물자의 수송과 확보, 말의 사육 등은 따로 종자(從者), 즉 병참(兵站)이 담당하였다. 보병에는 경보병과 중보병 두 종류가 있었는데, 경보병은 무장하지 않은 궁사였고, 중보병은 방패를 가진 무장병으로서 검, 창, 도끼 등의 무기를 소지하였다. 사령관은 직업군인으로 병력 보충의 어려움을 감안해 유리한 조건이나 불가피한 경우에만 전투를 택하였고 가능하면 협상을 선호하였다.

한편, 거듭되는 외부로부터의 위협에 대처하기 위해 비잔틴은 소아시아와 발칸 반도에 군관구제(軍管區制, themes)를 실시하였다. 자유농민에게 군역에 대한 보상으로 일정한 토지를 수여하고, 그 토지는 아들이 계속 군역에 종사한다는 조건하에서 상속하게 하였다. 군관구의 사령관은 군사만이 아닌 지방 행정도 관장하였기 때문에 그들의 권한은 막강하였으며, 이에 따라 그들에 의한 반란이 빈번히 일어나고, 심지어 제위(帝位)를 위협하는 경우도 있었다. 그리하여 군관구는 부단히 세분되어 8세기 말에는 30개로 증가하였다(閔錫泓, 『西洋史槪論』, 제2판, 三英社, 1998, 152-154쪽 참고).

3. '대식수회토격부득(大寔數廻討擊不得)'은 대식이 여러 차례 대불림을 정토하였으나 장악하지 못하였다는 역사적 사실을 말한다. 정확한 지적이다. '여름철의 정례 행사'처럼 우마이야조 아랍 제국(백의대식)은 동로마

●──동로마 제국의 수도 콘스탄티노플의 성벽

제국을 수시로 공격하였으나 끝내 정복하지 못하였다. 대표적인 정토전으로는 ①668~669년의 해륙전으로 콘스탄티노플을 포위한 전투, ②674~680년의 7년 해전으로 두 개 섬 공략, ③716~717년의 콘스탄티노플 대포위전의 3대 전투를 들 수 있다. 이 콘스탄티노플 대포위전에서 비잔틴 왕 레오 3세(Leo Ⅲ, 717~741 재위)가 대식을 격파한 후 두 나라 사이의 대치는 일시 소강 국면에 접어들었다. 그러다가 9세기 후반에 마케도니아 왕조(867~1056)가 들어서면서 비잔틴 제국은 성기를 맞게 되었다. 그리하여 10세기 후반에 크레타를 회복하고(961) 연이어 안티오크와 시리아 북부를 회복하는 한편 아르메니아를 병합하였다. 그러나 아르메니아의 병합으로 비잔틴은 중앙아시아의 강적 쿠르드족과 직접 대결하는 형국에 빠지게 되었다.

4. '돌궐침역부득(突厥侵亦不得)'은 '돌궐도 침입했으나 (결국 대물림을) 잊지는 못하였다'는 뜻이다. 6세기 후반부터 8세기 전반까지 비잔틴은 동쪽과 북쪽으로부터 돌궐계 종족들을 위시한 유목민 세력들에게 침공당했는데, 그 주요 세력들과 그들의 침공은 다음과 같다. ①568년 서돌궐은 아바르(Avar, 5세기에서 11세기 사이에 중앙아시아에서 중부 유럽에 이르는 지역에

서 활동한 민족)와 결맹하여 비잔틴 제국의 영토인 크리미아의 포스포로즈를 점령하였고, ②626년 아바르는 슬라브인들과 함께 콘스탄티노플을 공격하였으며, ③705년 불가르(Bulghār, 5세기에서 10세기 사이에 볼가 강과 도나우 강 유역에서 활동한 돌궐계 민족) 군대는 비잔틴의 폐제 유스티니아누스 2세(Justinianus II)의 복위를 위해 콘스탄티노플을 공격하였으며, ④705년 크리미아의 케루손이 카자르(Khazar, 가살돌궐可薩突厥, 2세기에서 10세기 사이에 카프카즈와 볼가 강, 돈 강 유역에서 활동한 백인계 유목 민족)의 지배하에 들어갔다(E. Obolensky, "The Empire and Its Northern Neighbours, 565~1018", *The Cambridge Medieval History*, Vol. 4, *The Byzantine Empire*, Part I, *Byzantium and its Neighbours*, ed. J. M. Hussey, Cambridge, 1966, pp. 473-518 참고).

호국

또 대식국의 동쪽에는 여러 호국이 있으니, 바로 안국(安國, 부하라 Bukhara), 조국(曹國, 카부단Kabūdhan), 사국(史國, 킷쉬Kishsh), 석라국(石騾國), 미국(米國, 펜지켄트Penjikent), 강국(康國, 사마르칸트 Samarkand) 등이다. 비록 나라마다 왕이 있기는 하나 모두 대식의 관할하에 있다. 나라가 협소하고 군사도 많지 않아 자위(自衛)란 불가능하다.

이 땅에서는 낙타, 노새, 양, 말, 모직물 같은 것이 나며, 의상은 모직 상의와 바지 따위 그리고 가죽 외투가 있다. 언어는 다른 여러 나라들과 다르다. 또한 이 여섯 나라는 천교(祆敎, 배화교, 조로아스터교)를 섬기며 불법은 알지 못한다. 유독 강국에만 절이 하나 있고 승려가 한 명 있기는 하나, 그 또한 (불법을) 해득하여 경신하려고 하지 않는다. 이들 호국에서는 모두 수염과 머리를 깎고 흰 펠트 모자를 즐겨 쓴다.

풍속이 지극히 고약해서 혼인을 막 뒤섞어서 하는바, 어머니나 자매를 아내로 삼기까지 한다. 파사국에서도 어머니를 아내로 삼는다. 그리고 토화라국을 비롯해 계빈국이나 범인국, 사율국 등에서는 형제가 열 명이건 다섯 명이건, 세 명이건 두 명이건 간에 공동으로 한 명의 아내를 취하며, 각자가 부인을 얻는 것은 허용하지 않는다. 그것은 집안 살림이 파탄되는 것을 두려워해서이다.

胡國

又從大寔國已東 並是胡國[1] 卽是安國[2] 曹國[3] 史國[4] 石騾國[5] 米國[6] 康國[7]等 雖各有王 並屬大寔所管[8] 爲國狹小 兵馬不多 不能自護 土地出駝騾羊馬疊布之類 衣着疊衫袴等及皮毯 言音不同諸國[9] 又此六國 惣事火祆 不識佛法[10] 唯康國有一寺 有一僧[11] 又不解敬[12]也 此等胡國 並剪〔鬚髮〕 愛着白氎帽子 極惡風俗 婚姻交雜 納母及姉妹爲妻 波斯國亦納母爲妻[13] 其吐火羅國 乃至罽賓國 犯引國 謝䫻國等 兄弟十人五人三人兩人 共娶一妻[14] 不許各娶一婦 恐破家計

주

1. '호국(胡國)'에 관해서는 15절 주 8 참고.

2. '안국(安國, 부하라Bukhara, 포합랍布哈拉)'이 한적에 처음 나타난 것은 『수서』 「서역전」인데, 이 나라에 관해 다음과 같은 내용으로 기술하고 있다. 안국을 한대에는 안식국(安息國)이라고 하였다. 왕의 성은 소무(昭武)로서 강국(康國) 왕과 동족이고 자(字)는 몰력등(沒力登)이며 처는 강국 왕녀이다. 도읍은 나밀수(那密水, 자라오흐산Zaraohsan) 남쪽에 있는데, 성은 5중이고 강물로 에워싸여 있다. 수 양제 즉위 후 사예종사(司隷從事)인 두행만(杜行滿)을 서역에 파견했는데, 그는 이 나라에 가서 오색염(五色鹽)을 가지고 돌아왔다. 이 나라에서 서쪽으로 100여 리 떨어진 곳에 천여 호를 가진 필국(畢國)이 있다. 필국은 군주 없이 안국의 치하에 있다. 대업(大業) 5년(609)에 사신을 수나라에 보내 헌물했으나 그 후에는 관계가 두절되었다. 여기서 보다시피 『수서』는 안국과 안식국(페르시아)을 혼동하고 있다.

『신당서』「서역전」에는 안국을 다음과 같은 내용으로 소개하고 있다. 안국은 일명 포활(布豁) 혹은 포갈(捕喝)이라고 하며, 원위 때는 유밀(忸密)이라고도 하였다. 북동쪽으로는 동안국(東安國)에 이르고 서남쪽으로는 필국에 이르는데, 그 거리는 각각 100리이다. 그리고 서쪽으로는 오호하(烏滸河, 현 아무다리야 강)에 임해 있고, 치소는 아람시성(阿濫謐城)이다. 큰 성만도 40개나 되고 작은 보루는 천여 개에 달한다. 당 무덕 때 사신을 보내 조공했고, 정관 초(627~630)에도 사신을 보내 헌물하였으며 왕 가능가(訶陵迦)는 명마를 헌상하였다. 왕은 한 성(姓)이 22대나 계위되어 가고 있다고 하였다. 같은 해에 동안국도 사신을 보내 조공했는데, 자손들이 10대나 대를 이어가고 있다고 하였다. 동안국은 일명 소국(小國) 혹은 갈한(喝汗, Khakan)이라고도 하는데, 나밀수 강안에 있으며 동쪽으로는 하국(何國)과 약 200리, 서남쪽으로는 대안국(大安國)과 400리 거리에 상거해 있다. 동안국의 치소는 갈한성(喝汗城)이며 이 나라에는 큰 성이 20개, 작은 보루가 100개 있다.

『대당서역기』에는 안국을 포갈 혹은 중안국(中安國)이라 하고 동안국을 굴상니가(屈霜你迦, Kasanika), 서안국(西安國, 『당서』에는 없음)을 벌지도(伐地圖, 『수서』 중의 필국)라고 칭하였다.

3. '조국(曹國, 카부단Kabūdhan)'은 원위 때 처음으로 색지현국(色知顯國)이란 이름으로 중국에 알려졌다. 『위서』 「서역전」에는 색지현국의 도읍이 색지현성인데, 실만근(悉萬斤, 강국)의 서북쪽에 위치하고 있으며 대국(代國)으로부터 1만 2900리 떨어져 있고, 적염(赤鹽)이 나고 5과(五果)가 흔하다고 하였다. 수대 때에 조국이라 칭하였는데, 『수서』 「서역전」에는 다음과 같은 내용이 기록되어 있다. 조국의 도읍은 나밀수에서 남쪽으로 몇 리 떨어진 곳에 있는데, 옛날에는 강국의 땅이었다. 주인이 없어 강국왕은 아들 오건(烏建)이 관리하도록 하였다. 도성은 너비가 3리이며 군사

천여 명이 있다. 동남쪽으로 강국까지는 400리이고, 서쪽으로 하국까지는 50리, 동쪽으로 과주(瓜州)까지는 6600리이다. 대업(大業) 연간에 사신을 보내 헌물하였다.

당대에는 동조국(東曹國)·서조국(西曹國)·중조국(中曹國)의 삼국으로 나누어졌다. 『신당서』 「서역전」은 다음과 같은 내용을 전한다. 동조국에는 솔도사나(率都沙那), 소대사나(蘇對沙那), 겁포달나(劫布呾那), 소도식나(蘇都識那)의 네 가지 이름이 있으며, 도성은 파실산(波悉山) 기슭의 한이사성(漢貳師城)이다. 동북쪽 200리에 구전제(俱戰提, 호민성呼悶城, 코잔다Khodjanda)가 있고, 북쪽으로 석국(石國), 서쪽으로 강국, 동북쪽으로 영원(寧遠, 발하나국)에 이르는데, 거리는 각각 약 400리이며, 남쪽으로 토화라까지는 500리이다. 무덕 연간에 강국과 함께 사신을 보내 조공하였다. 서조국(아랍 지리서 중의 이슈티칸Ishtīkhan)은 수대의 조국으로서 남쪽으로 사국(史國), 파람(波覽)과 접해 있으며 치소는 슬저흔성(瑟底痕城)이다. 무덕 연간에 입조하고 천보 원년(741)에 왕 가라복라(哥邏僕羅)가 사신을 보내 헌물해서 그를 회덕왕(懷德王)으로 책봉하였다. 천보 11년(752)에 동조국 왕 설아홀(設阿忽)과 안국 왕이 흑의대식을 격퇴시킬 것을 청원했으나 당 현종은 이를 거절하였다. 중조국은 서조국의 동쪽, 강국의 북쪽에 위치하고 치소는 가저진성(迦底眞城)이다. 『대당서역기』의 겁포달나(劫布呾那, Kabūdhan)는 조국을, 솔도리슬나국(窣堵利瑟那國, 아랍 지리서 중의 우스루샤나Usrūshana)은 『신당서』 중 솔도사나(率都沙那), 즉 동조국을 말한다.

4. '사국(史國, 킷쉬Kishsh)'은 수대부터 중국에 알려지기 시작하였다. 『수서』 「서역전」에는 사국에 관한 다음과 같은 내용이 기록되어 있다. 사국의 도읍은 독막수(獨莫水, 카스카루드Kaska-rud) 남쪽 10리 지점의 옛 강거(康居) 땅에 있다. 왕의 성은 소무(昭武)이고 자는 적차(迭遮)이며 강

국 왕의 지서(支庶)이다. 도성은 너비 2리이고 나라에 군사 천여 명이 있으며 풍속은 강국과 같다. 북쪽으로 강국까지 240리, 남쪽으로 토화라까지 500리, 서쪽으로 나색파국(那色波國)까지 200리, 동북쪽으로 미국(米國)까지 200리, 동쪽으로 과주까지 6500리나 된다. 수 대업 연간에 사신을 보내 조공하였다. 당대에도 몇 차례 사신을 보내 관계가 비교적 밀접하였다.

『신당서』「서역전」은 다음과 같은 내용을 전하고 있다. 일명 구사(佉沙, 카쉬Kash, 키쉬Kish) 혹은 갈상나(羯霜那, 쿠샤나Kushana)라고 하는 사국은 독막수 남쪽 강국의 소해성(蘇薤城) 고지에 자리하고 있다. 서북 50리에 나색파(那色波, 나샤Nasha, 나사프Nasaf)가, 북쪽 200리에 미국이, 남쪽 400리에 토화라국이 있다. 철문산(鐵門山)이란 산이 있는데, 좌우가 가파르고 돌 색깔이 철색이며 두 나라를 갈라놓는 관문인데 성채는 굳게 닫혀 있다. 나라에는 성이 500개나 있다. 대업 연간에 군주 적차가 처음으로 중국과 통교했는데, 자국이 가장 강하다고 호언하였다. 걸석성(乞石城)을 쌓고 지방은 수천 리나 된다. 정관 16년(642)에 군주 사슬필(沙瑟畢)이 헌물했으며, 현경(顯慶) 연간(656~661)에는 그 나라 땅을 구사주(佉沙州)라 명하고 군주 소무실아갈(昭武失阿喝)을 자사(刺史)로 책봉하였다. 개원 15년(727)에 군주 홀필다(忽必多)는 무녀와 문표(文豹, 아롱표범)를 헌상하였다. 천보 연간에 조서를 내려 사국을 내위국(來威國)으로, 나색파를 소사(小史)로 개명하고 이 소사를 사국에 복속시켰다. 이리하여 사국은 토화라의 고지에 자리하게 되어 동은 파미르 고원에 이르고 서는 파랄사(페르시아)와 접하게 되었으며, 남으로는 설산이 있다.

『대당서역기』는 사국을 갈상나(羯霜那)로 칭하면서 다음과 같은 내용을 기술하고 있다. 그 도성(현 갈석성碣石城, 케쉬Kesh)은 살마이간(薩馬爾干, 사마르칸트, 강국)에서 750리 떨어진 곳에 있는데, 살마이간으로부터 파리혁(巴里赫, 발흐)에 이르는 대통로상의 명성(名城)으로서 후일 티무르(Timur)의 탄생지가 되었다. 티무르는 이 도시를 대대적으로 증수하여 이름을 녹성(綠城, Shar-Sabg)으로 바꾸었다. 사국 동쪽 경계에 있는 철문은 중앙아시아로부터 인도로 가는 필수 경유지이면서 천연요새이다.

5. '석라국(石騾國)'은 『위서』나 『수서』, 『당서』 등 한적 어디에도 나오지 않는 국명으로 그 비정에 관해 학계에서 의견이 분분하나 아직까지 신빙성 있는 정설은 없다. 그러나 대체로 석국설(石國說)(藤; Y; 張)과 하국설(何國說)(白鳥庫吉, 「大月氏考」, 『西域史硏究』 上, 岩波書店, 1941)로 대별된다. 그 주요한 근거는 소그디아나에 자리한 이 두 나라 모두가 당시로서는 중요한 국가들이므로 혜초가 언급할 법도 한데 언급하지 않았고, 석라국이라는 국명은 없으므로 이는 '석국(石國, 탑십간塔什干, 타슈켄트Tashkent)'이나 '하국(何國, 쿠샤니야Kushāniya)'의 와전이나 오사로 볼 수 있다는 것이다. 다수가 두 설 중 석국설에 기울고 있는데, 그들은 '석라(石騾)'가 '석(石)'의 오사일 가능성이 있다거나(桑, 163), '석라국(石騾國)'이 '석국(石國)'의 와전이거나 혹은 '라(騾)'자가 연자일 수 있다고 본다(張, 124). 여기에 더해 『수서』에는 석국을 소개하면서 이 나라 왕의 성은 '석(石)'이고 이름은 '날(涅)'이라고 하였다. 이에 역주자는 '라(騾, luó)'자가 이 '날(涅, niè)'자의 와전음일 개연성을 조심스럽게 제기해본다.

워낙 중요한 나라여서 한적은 석국에 관해 적지 않게 언급하고 있다. 『위서』 「서역전」은 석국을 '자설(者舌)'이라고 칭하면서 이 나라가 옛날의 강거국(康居國)이고, 파락나(破洛那, 발하나국) 서북부에 위치하고 있으며, 대국(代國)까지는 1만 5450리나 되며, 태연(太延) 3년(437)부터 지속적으로 사신을 보내 조공을 하였다고 한다. 수대 때부터 석국이라 불렀는데, 『수서』 「서역전」에는 다음과 같은 내용이 있다. 석국은 약살수(현 시르다리야 강) 강안에 있으며, 도성은 사방 10리이고, 왕은 성이 '석(石)'이고 이름은 '날(涅)'이다. 싸움을 잘하는 나라로서 돌궐에 반기를 들었다가 사퀘 가한(射匱可汗)이 일으킨 군사에게 멸망하여, 특륵전직(特勒甸職)이 그 나라 국사를 섭정하게 되었다. 남쪽으로 발한(撥汗)까지는 육백 리, 동서쪽으로 과주까지는 육천 리나 된다. 전직이 대업 5년(609)에 사신을 보내 조공했으나, 그 후로는 없었다.

『신당서』「서역전」은 조금 더 상세하게 다음과 같은 내용을 기술하고 있다. 일명 자지(柘支, Cać, Śaś) 혹은 자석(柘析), 자시(赭時)라고 하는 석국(石)이 한대에 대원의 북변에 있었다. 경사(京師)에서 구천 리 떨어져 있고, 동북쪽에는 서돌궐이, 서북쪽에는 파랍(波臘)이 있으며, 남쪽 200리에 구전제가, 서남쪽 500리에는 강(국)이 있다. 주위는 천여 리나 되며 우측에는 소섭하(素葉河)가 흐른다. 왕의 성은 '석(石)'이고 치소는 자석성(柘析城), 즉 옛날 강거의 유닉성(窳匿城)이다. 서남쪽에 약살수가 있는데, 중국으로 흘러 들어가서는 진주하(眞珠河, 아작타쉬 강Ajak-tash江) 혹은 질하(質河)라고 불린다. 동남쪽에 큰 산이 있는데, 슬슬(瑟瑟, 보석의 일종)이 채취된다. 사람들은 싸움을 잘하고 좋은 말이 많다. 수 대업 초에 서돌궐이 이 나라 왕을 살해하여 특륵복직(特勒匐職, 특륵전직)의 치하에 들어갔다. 무덕(618~626)과 정관(627~649) 연간에 수차례 내조 헌물하였다. 현경 3년(658)에는 감갈성(瞰羯城)에 대원(大宛) 도독부를 설치하고 이 니라 왕 감토둔십사제우굴소목(瞰土屯攝舍提于屈昭穆)을 도독으로 임명하였다. 개원 초에 군주 막하탈토둔(莫賀咄吐屯, 마가투둠Magatudum)을 석국 왕으로 책봉하였다. 개원 28년에는 그를 다시 순의왕(順義王)으로 봉하였다. 이듬해 왕 이날토둔굴륵(伊捺吐屯屈勒)이 상서를 보내 대식을 정토할 깃을 주청(奏請)했으나 천자가 불허하였다. 천보 초에는 왕자 나구차비시(那俱車鼻施)를 회화왕(懷化王)에 봉하고 철권(鐵券, 공신에게 내리는 증거물)을 하사하였다."

『대당서역기』에는 자시국(赭時國)이라 칭하면서 국토는 천여 리나 되고 동남쪽이 좁고 남북쪽으로 길며, 노적건국(笯赤建國)과 같이 땅이 비옥하고 기후가 좋으며, 성읍이 수십 개이고 개별 군장(君長)만 있고 총주(總主)는 없으며, 돌궐에 예속되어 있다고 하였다. 두환의 『경행기』에는 자지(赭支)라고 하였다. 이상의 자설(者舌), 자지(柘支・赭支), 자석(柘析), 자시(赭時)라는 명칭은 모두 '석(石)'자에 대한 여러 언어의 음사이다. 돌을 소그드어로는 'Čač', 페르시아어로는 'Chash', 돌궐어로는 'Tash'라고 한다. 그리고 그 중심지인 타슈켄트는 '석성(石城)'이란 뜻으로서 『원사』에는 찰적(察赤), 『명사』에는 달실간(達失干), 『청사(淸史)』에는 탑십한(塔什罕)이라고 하였다. 이 도시는 약살수(석이하錫爾河) 지류인 파라크(Parak, 파랍극巴拉克) 강 유역에 자리하고 있다.

6. '미국(米國, 펜지켄트Penjikent)'을 북위(北魏) 때는 미밀(迷密)이라 불렀다. 『위서』에는 미국에 관한 전기가 없지만, 북위 사신이 미밀로 가는 길에 남긴 마애 비문이 얼마 전 파키스탄 북부에서 발견되었다. 수대부터 미국이라고 칭하였는데, 『수서』「서역전」은 미국에 관해 다음과 같은 내용으로 기술하고 있다. 미국의 도읍은 나밀수 서쪽 옛 강거 땅에 자리하고 있다. 왕은 없고 성주의 성은 소무로서 강거 왕의 지서이며 자는 폐졸(閉拙, Piei Tśiwät)이다. 도성은 사방 2리이고, 군사는 수백 명이다. 서북쪽으로 강거까지는 100리, 동쪽으로 소대사나국까지는 500리, 서남쪽으로 사국까지는 200리, 또 동쪽으로 과주까지는 6400리이다. 대업 연간에 내조 헌물하였다.

『신당서』「서역전」에는 다음과 같은 내용의 기록이 있다. 일명 미말(彌末) 혹은 미막하(彌莫賀)라고 하는 미국은 북쪽으로 강거까지는 100리이며 치소는 발식덕성(鉢息德城, 펜지켄트)이다. 영휘(永徽) 연간(650~655)에 대식에게 멸망하였다. 현경 3년에 이곳은 남분주(南泜州)가 되어 군주인 소무개굴(昭武開掘)이 자사로 수임되었다. 그때부터 조공이 끊이지 않

●──사마르칸트 아프라시아브 궁전 벽화의 외래 사절도(오른쪽에 조우관을 쓴 두 명이 고구려 사절로 보임)

앉는데, 개원 때에는 벽(璧), 무연(舞筵), 사자(獅子), 호선녀(胡旋女) 등을 헌상하였고 개원 18년(730)에는 대수령 말야문(末野門)이 내조하였으며, 천보 초에는 군주를 공순왕(恭順王)에 봉하였다. 미말, 미막하, 미말하(彌秣賀)(『대당서역기』)는 모두 '마이마르그(Maimargh, 아랍 문헌에는 마이무르그Māymurg)'의 음사로서 미국은 그 약칭으로 짐작된다.

7. '강국(康國, 사마르칸트Samarkand)'이 '실만근(悉萬斤)'이란 이름으로 처음 나타난 한적은 『위서』 「서역전」이다. 도읍이 실만근성(悉萬斤城)으로 미밀의 서편에 있고, 대(국)까지는 1만 2720리나 되며, 이 나라의 남쪽에 있는 가색나(伽色那, 가즈나)라는 산에는 사자가 살며 일찍이 중국에 사신을 보내 조공하였다고 이 책은 적고 있다. 수당 시대부터 이곳을 강국이라 불렀다. 『수서』 「강국전(康國傳)」에는 다음과 같은 내용의 기사가 있다. 강국은 강거(康居)의 후예로서 이동이 무상하여 한대 이래 끊임없이 전승이 뒤바뀌어왔다. 본성은 온(溫)으로 월지인이며 원래 시련산 북쪽 산기슭의 소무성(昭武城)에서 살다가 흉노에게 패하자 총령을 넘어 나라를

이루었다. 그 지서들이 여러 곳의 왕이 되니 강국 주변의 여러 나라는 모두 소무 성을 갖게 되었다. 살보수(薩寶水) 강변에 있는 아록저성(阿祿底城)에 정도하였다. 강대국이 되어 미국, 사국, 조국, 하국, 안국, 소안국, 나색파국, 오나갈국(烏那曷國), 목국(穆國) 등의 서역 제국을 복속시켰다.

『신당서』「서역전」도 이 소무설(昭武說)을 받아들여 다음과 같은 내용으로 기술하고 있다. 일명 살말건(薩末犍) 혹은 삽말건(颯秣建)이라고 하는 강(국)은 원위 때의 실만근이다. 남쪽에서 사국까지 150리, 서북쪽에서 서조(西曹)까지 100여 리, 동남쪽으로 미국까지 100리, 북쪽으로 중조(中曹)까지 500리 거리이다. 나밀수 남쪽에 큰 성 30개, 작은 성 300개가 있으며, 군주의 성은 온(溫)으로서 원래 월지인이며 처음에는 기련산 북변 소무성에 살다가 돌궐에게 패하자 약간 남쪽으로 총령을 넘어 그곳에 자리를 잡았다. 지서는 안, 조, 석, 미, 하, 화심(火尋), 술지(戊地), 사 등 여러 왕으로 나뉘었는데, 세칭 9성이라고 하며 모두 소무 성씨에 속한다.

문제는 기원전 2세기 중엽에 서천하여 대하 경내에 들어간 대월지가 700여 년이 지난 수당 시대에 이르기까지 소무 성씨를 그대로 유지할 수 있었는가이다. 사실 『사기』나 『한서』 그리고 남북조 시대의 사적에는 대월지의 성이 소무라고 지적된 적이 없을 뿐만 아니라, 현지를 방문한 현장이나 혜초도 이에 관한 언급이 없다. 그래서 이 '소무' 일어의 연유에 관해 여러 가지 이론이 나왔다. 일부에서는 소무가 쿠샨 왕의 화폐에 찍혀 있는 '쿠사나 야부가사(Kusana Yavugasa)' 명문 중 '야부가사(Yavugasa)'의 주격(主格)인 '야부가(Yavuga)', 즉 쿠샨 왕족의 이름에서 유래하였다고 하고, 일부에서는 '야부가'가 『한서』 중의 '영후(翎侯)', 즉 후일 돌궐어의 '야브구(Yabgu, 엽호)'란 관명으로 족명이 아니라고 주장한다. 즉 소무는 관명 엽호의 전사음(轉寫音)이라는 것이다. 그런가 하면 일부에서는 페르시아에 침입한 돌궐 왕 사바(Saba, Schaba)의 페르시아어 음사인 '사우

● —— 사마르칸트의 아프라시아브 유적

(Sawu)'와 관련이 있다고 해석하기도 한다.

현장은 『대당서역기』 권1에서 삽말건국(颯秣建國)의 주위는 1600~1700리로 동서가 길고 남북이 좁으며, 견고한 도성의 둘레는 20여 리나 되며, 사람들이 많이 살고 타국에서 많은 보화가 들어오며, 땅이 기름져 곡식이 잘 자라며, 좋은 말이 많이 나고, 기교가 남다르다고 하는 등 삽말건국의 이모저모를 기술하면서도 소무에 관해서는 일언반구도 없다.

강국이라는 이름으로 불려온 실만근이나 살말건, 삽말건 등은 모두가 사마르칸트(Samarcand, Semergent, Samarkand, 살마이간撒馬爾干)의 음사이다. 그러나 송대 이후에는 심사간(尋思干)(『잠연거사집(湛然居士集)』『장춘진인서유기(長春眞人西遊記)』), 설미사가(薛迷思加), 설미사견(薛米思堅)(『원사』, 돌궐어 세미즈켄트Semizkent의 음사어), 하중부(河中府)(요금遼金 시대, 『원비사(元秘史)』), 살마이한(撒馬爾罕)(『명사』) 등 여러 가지 음사어가 나왔다. '강(康)'은 조로아스터교의 경전 『성 아베스타(Zend-Avesta)』에 나오는 이란 전설 중의 이름 '캉(Kang)'에서 유래했다는 설이 있다.

강국의 옛터는 현 사마르칸트 북쪽의 아프라시아브(Afrasiab, 아불랍서아보阿弗拉西雅甫) 고원이다. 러시아(구 소련) 고고학자들은 이곳에서 일찍이 알렉산드로스의 동정 때 있었던 도시형 거주지 유적을 발굴하고 길이 10여 킬로미터에 달하는 성벽을 발견하였다. 10세기까지는 내성이 잘 보존되고 있었는데 13세기에 몽골군에 의해 파괴되었다. 그 후 이 고지 이남 3킬로미터쯤 되는 곳에 지금의 사마르칸트를 새로 건설하였다. 원위로부터 당초까지 강국은 중앙아시아에서 무적의 강력한 국가로서 주변의 많은 나라를 복식시켰을 뿐만 아니라, 상역(商易)에도 능수능란하였다. 남자는 20세만 되면 반드시 외국에 장사를 다녀야 한다. 멀리 중국까지라도 돈벌이가 되는 곳이라면 가지 않는 곳이 없었다. 원위 때부터 중국에 사신을 파견하기 시작하였는데, 당대에 이르러 가장 빈번하여 무덕 7년(624)부터 영휘 연간(650~655)까지 35차례나 중국에 사신을 보냈다. 이 나라 수도의 동쪽 문은 '중국문(中國門)'이라고 하여 중국 왕래자들의 전용 문이었다. 당 고종(高宗) 영휘 때에는 이곳에 강거(康居) 도독부를 설치하고 왕 와후만(Wahuman, 불호만拂呼曼)을 도독으로 임명하였다.

8. '병속대식소관(並屬大寔所管)'은 '모두 대식의 관할하에 있다'라는 뜻으로, 다시 말해 앞에 나온 여섯 개의 호국이 모두 우마이야조 아랍 제국(백의대식)의 통치하에 있다는 뜻이다. 우마이야조 제5대 칼리파 압둘 말리크(Abdu'l Malik, 685~705 재위) 시대는 아랍 제국의 전성기로서 그 영역이 크게 확대되었다. 이라크 총독 핫자즈 이븐 유수프는 우선 히자즈와 예멘, 이라크의 내란을 진압한 후에 동방 원정에 나섰다. 그는 두 장군을 선봉장으로 파견하였는데, 장군 까심은 인도 방면으로 진격했고, 장군 쿠타이브는 중앙아시아 방면에 화살을 집중시켰다. 705년 쿠타이브는 토화라의 수도 발흐를 정복하고, 706년에서 709년 사이에는 소그디아나 지방의 안국과 그 인근 지역을 점령하였다. 쿠타이브가 멜브로 회군하자 돌궐의

묵철 가한(默啜可汗)이 20만 명의 대군을 이끌고 추격했으나 결국 이슬람군에게 전패하고 말았다. 710년에서 712년 사이에 쿠타이브 휘하의 이슬람군은 강국과 그 서쪽에 있는 석국과 호레즘(Khorezm, 화랄자모花剌子模)을 공략하였다. 이어 이슬람군은 712년 강국에게 원군을 보낸 페르가나(Ferghana, 발한나拔汗那)까지 713년에서 715년 사이에 정복하였다. 이러한 과정에서 이들 호국들은 당조에 지원을 요청했으나 거부당했다.

9. '언음불동제국(言音不同諸國)', 즉 '언어는 다른 여러 나라들과 다르다'라고 한 것은 앞의 여섯 개 호국들이 있는 소그디아나 지방에서 사용하는 언어인 소그드어가 다른 나라들의 언어와 다르다는 뜻이다. 소그드어는 중세 이란어 계통의 동방어파(東方語派)에 속한다. 중세 이란어 계통은 서방어파와 동방어파로 나뉘는데, 서방어파에는 중세 페르시아어(Middle Per-sian)와 파르티아어(Parthian)가 속하고, 동방어파에는 호레즘어(Khorezmian)와 소그드어(Sogdian), 박트리아어(Bactrian), 사카어(Saka)가 속한다. 그 중 사카어는 다시 호탄어(Khotanese)와 툼슈크어(Tumshu-qese)로 나뉜다. 소그드어에는 몇 개의 방언이 있었던 것으로 짐작되나 확인된 바는 없다. 사마르칸트 일대의 언어가 표준 소그드어라고 할 수 있다. 현재 타지키스탄 공화국 두샨베(Dushanbe) 북부 야그노브(Yaghnob) 계곡 일대에서 유행하는 야그노브어(Yaghnobi)는 넓은 의미에서의 소그드어 방언의 일종으로서 현대 소그드어(Modern Sogdian)라고도 한다(桑. 166-167 참고).

10. '충시화천 불식불법(惣事火祆 不識佛法)'은 여섯 개 호국들이 '조로아스터교만 믿고 불교는 알지 못한다'라는 뜻인데, 이는 대체로 역사적 사실과 부합되기는 하나 더 구체적인 고구(考究)가 필요하다. '화천(火祆)'은 배화교 혹은 천교, 즉 조로아스터교(Zoroastrianism, 쇄라아사특교瑣羅亞斯特敎)를 말한다. 배화교는 기원전 7세기경에 예언자 자라투스트

라(Zarathustra, 그리스어로 조로아스터Zōroatrēs)에 의해 창시된 이원론적 종교이다. 주신의 이름에 의해 마즈다교(Mazdā敎)라고 하고, 의례에 의해 배화교라고 한다. 육조 말에 중국에 들어와 천교(祆敎)라 불렸다. 경전으로는 『성 아베스타』가 있다. 주신인 아후라 마즈다(Ahura Mazdā)는 빛의 신으로 어둠 속에 있는 악신 앙그라 마이뉴(Angra Mainyu)와 싸우는 선신이다. 인간은 선신의 축복과 보호 아래 악신과 싸우며, 그 결과에 따라 최후의 심판에서 상벌을 받는다. 다분히 일신교적 성격을 띠고 있으나, 주신 아래 많은 선신이 있으며 또한 농목사회의 잡다한 신령도 포함하고 있어 다신교 및 물신교적 측면도 함께 갖고 있다. 불은 주신의 상징이고 가장 청정하다고 믿기 때문에 성화로 간직하고 그 앞에서 기도를 한다. 조로아스터는 30세에 주신 마즈다의 감응을 받아 예언자로서의 사명을 받았고, 42세에 왕으로부터의 공허(公許)를 받아 교세를 확장해 나갔다. 그는 3남 3녀를 남기고 77세에 타계하였다.

배화교는 기원전 파르티아(안식) 시대에 박해를 받다가 기원후 3세기 사산조 페르시아가 흥기하면서 아르다시르 1세(Ardeshīr I)가 치세할 때 국교로 인정되었다. 그 후 사산조의 확장과 더불어 중앙아시아에 급속히 전파되었고 활국(『양서』 권54, 『남사(南史)』 권79), 강국(『신당서』 권221 하), 소륵과 우기(『구당서』 권198) 등 서역 제국이 연이어 배화교를 신봉하게 되었다. 페르시아와의 내왕에 따라 중국에도 배화교가 전파되기 시작하였다. 『위서』 권102에 의하면 파사는 화신(火神)과 천신(天神)을 섬기는데, 북위 신구 연간에 왕 거화다가 사신을 보내 헌물하였다. 이를 계기로 북조(北朝)에서 배화교를 믿기 시작하여 영태후(靈太后)는 궁인과 대신 수백 명을 이끌고 배화교의 천신에게 기도를 드렸다. 당대에는 적지 않게 전파되어 장안과 낙양에 천사(祆祠, 천교의 사당)가 여러 개 있었다. 이렇게 양경(兩京)을 비롯해 조주(潮州), 사주(沙州), 진강(鎭江) 등 여러 곳에 천사가 세워졌다.

돈황유서 중에 경교나 마니교 경전의 역본은 있으나 천교의 역본이 없는 점으로 미루어 천교 경전은 한역이 되지 않은 것 같다. 이슬람에 의해 페르시아가 망한 후 배화교는 치명적인 타격을 받았고 일부 신자들은 인도로 도피하여 봄베이를 비롯한 여러 지방에 흩어져 살게 되었다. 그들은 파르시스(Parsis)라고 불렸다.

혜초는 본문에서 이 여섯 호국들이 불법을 알지 못한다고 하였는데, 이는 사실과 다르다. 왜냐하

●――마니교 경전 단편

면 다음과 같이 소그디아나 일원에 불교가 있었던 흔적을 몇 가지 찾아볼 수 있기 때문이다. ①초기의 내화 역경승(譯經僧) 가운데 강맹상(康孟詳), 강승개(康僧鎧), 강승회(康僧會) 등 강국에서 온 승려들이 있었다. ②투르판이나 돈황에서 소그드어로 된 불전이 발견된 것이다. 물론 역경은 이곳에 온 소그디아나인들에 의해 행해졌을 수도 있지만, 그 독자나 이용자는 호국인이라 볼 수 있을 것이다. 그런데 그 저본을 한역 불전으로 하여 『선악인과경(善惡因果經)』이나 『법왕경(法王經)』 같은 위경(僞經)이 그 속에 들어 있기도 하다. ③마니교 경진에 일부 인노에서 기원한 불교 용어(예컨대 smyr, 산스크리트로 sumera)가 있고, 8세기의 소그디아나 벽화에 인도 불교적 요소가 반영되어 있다. ④『자은전』에는 삽말건국(颯秣建國, 강국)에 절이 두 개소가 있으나 승려는 없다고 나오며, 혜초도 본문에서 이 나라에 절 하나와 승려 한 명이 있다고 하였다(張, 127-129; 桑, 168-169 참고).

11. 『자은전』의 삽말건국 관련 기록을 보면 이 나라에는 '사유양소 형무승거(寺有兩所 迥無僧居)', 즉 "절은 두 개소가 있으나 오랫동안 승려는 살지 않았다"라고 하였다. 혜초의 기록과는 차이가 있는데, 이것은 세월의 변화에 따른 일일 수도 있다.

12. '불해경(不解敬)'에 대한 이해가 학자마다 좀 엇갈린다. Y는 "(삼보를) 공경할 줄 모른다(does not know how to revere (the Three Jewels))"(Y, 54)로 영역하였고, 桑도 "(삼보를) 공경할 줄 모른다((三寶)を 敬するかを知らない)"(桑, 43)라고 일역하여 Y와 같은 뜻으로 이해를 하고 있으며, 鄭은 "불법을 잘 알아 공경할 줄 모른다"(鄭, 130)로, 金은 "신앙이 부족하다"(金, 26)로 옮겼다. 여기에 두 가지 문제가 있는데, 하나는 '삼보'인가 '불법'인가 하는 것으로 앞 글에 불법에 관한 언급('불식불법不識佛法')이 있기 때문에 '불법'으로 이해하는 것이 타당할 것이다. 다른 하나는 '해(解)'자에 대한 이해인데, 이 글자는 다른 몇 가지 뜻과 함께 '해설하다' '이해하다' '해득하다'라는 의미를 지니고 있다. 본문에서는 문맥상 '깨우쳐 알다'라는 뜻의 '해득하다'가 가장 적절하다고 판단된다. 따라서 李의 "불법을 해득하여 공경할 줄을 모른다"(李, 63)라는 이해에 수긍이 간다.

13. 혜초는 어머니나 자매를 아내로 삼는 '최근친혼(最近親婚)'을 '대단히 고약한 풍속(極惡風俗)'이라고 질타한다. 최근친혼(중세 이란어로 xwēdōdah)은 페르시아의 조로아스터교 신봉자들을 비롯해 일부 민족들 속에서도 유행한 일종의 혼인 제도이다. 최근친혼을 비롯한 근친혼은 자고로 여러 민족들 속에서 혈통이나 종교의 순수성을 유지하고 혼인 비용에 의한 재화의 족외 유출을 방지하며 여자의 사향심을 달래기 위함과 같은 몇 가지 이유에서 존재해왔다고 한다. 페르시아의 조로아스터교에서 발단이 된 이 혼인 제도를 처음으로 소개한 사람은 헤로도토스(Herodotos, 기원전 484?~425?)인데, 그는 역작 『역사(Historia)』 9권에서 아케메네스

조 페르시아의 왕 키루스(Cyrus)의 아들 캄비세스(Cambyses)에 관해 기술하면서 다음과 같은 내용의 일화를 전하고 있다. 캄비세스 이전까지는 자매를 아내로 취하는 관습이 페르시아에는 전혀 없었다. 그런데 캄비세스는 자기의 자매 중 한 명을 사모하여 구애하고 싶었으나, 이것이 관습에 어긋난다는 것을 잘 알고 있었다. 그래서 어느 날 궁전 법관을 불러다가 자매의 취처(娶妻)를 인정할 수 있는 법이 없는가 하고 물었다. 왕자의 속내를 알아차린 법관은 법에 위배되지 않으면서 왕자의 미움도 받지 않을 만한 묘안을 찾아내야 했다. 생각 끝에 법관은 자매와의 혼인을 법적으로 인정하는 법률은 없지만, 왕에게는 원하는 대로 모든 행동을 할 수 있는 타면법(他面法)도 있다고 대답하였다. 이에 왕자는 그 자매를 아내로 취하고 얼마 안 있다가 또 다른 자매도 아내로 맞이했다.

아케메네스조를 이은 파르티아조에서도 이러한 최근친혼이 계속되었다는 것이 쿠르디스탄(Kurdistan)에서 발견된 '아우로만(Awroman) 문서'에 의해 확인되었다. 이 문서에는 왕과 왕비의 이름이 적혀 있는데, 왕비는 다름 아닌 왕의 여동생이다. 사산조 페르시아 시대에도 이러한 혼인은 여전하였다. 조로아스터교의 성직자로서, 샤부흐르 1세(Sh-abuhr I, 241~272)부터 와흐람 2세(Wahrām II, 276~293)까지 내리 4대 왕에게 봉사하면서 조로아스터교의 국교화에 큰 역할을 한 카르데르(Kardēr, Kirdēr)가 남긴 '카바이 자르두스트(Ka'ba-yi Zardušt) 비문'(3세기)에는 "아직도 최근친혼이 많이 실행되고 있다(ud was xwēdōdah kard)"라는 글귀가 있다. 이러한 최근친혼은 비단 조로아스터교도뿐만 아니라 마니교도라든가 돌궐인 속에서도 있었다. 『주서(周書)』 「돌궐전(突厥傳)」에 따르면 돌궐인들은 부친이나 백부, 숙부가 사망하면 아들이나 동생, 조카가 그 미망인을 아내로 삼는다고 하였다.

14. '공취일처(共娶一妻)', 즉 여럿이 한 여인을 아내로 삼는 이른바

'일처다부(一妻多夫, polyandry)'도 일종의 혼인 제도로, 자고로 여러 곳에서 찾아볼 수 있다. 특히 중앙아시아에서 성행하였다. 『수서』「서역전」에 의하면 토화라국에서는 형제가 한 명의 아내를 거느리는데, 방사(房事)가 있을 때면 방 밖에 옷을 걸어 표지하며 자식은 형에게 속한다. 그런가 하면 대월지 종족에 속하는 염달은 그 풍속이 돌궐과 비슷하여 형제가 아내 한 명을 취한다. 만일 형제가 없으면 처는 각이 하나인 모자를 쓰고, 형제가 여럿이면 그 숫자만큼 각이 달린 모자를 쓴다(『위서』「서역전」).

『통전(通典)』「토화라」조에도 이와 유사한 기록이 있는데, 그에 의하면 토화라에는 남자가 많고 여자가 적으므로 형제가 '통실(通室)', 즉 공취일처(共娶一妻)하는데, 부인은 남편이 다섯이면 목에 각(角) 다섯 개를 걸고 열 명이면 열 개를 건다. 남자는 형제가 없으면 다른 남자와 의형제를 맺어서 처를 취하는데, 그렇게 하지 않으면 평생토록 홀아비가 된다. 고대 인도에도 이러한 관행이 있었다. 세계 최장의 서사시인 『마하바라타』의 한 주역인 반도(般度) 오형제는 리(里)공주를 아내로 공취하고 있다.

발하나국(페르가나)

다시 강국에서 동쪽은 곧 발하나국(跋賀那國, 페르가나Ferghana)인데, 왕이 두 사람 있다. 아무다리야라는 큰 강이 한복판을 지나 서쪽으로 흘러간다. 강 남쪽에 있는 왕은 대식에 예속되어 있고, 강 북쪽에 있는 왕은 돌궐의 관할하에 있다. 이 땅에서도 낙타, 노새, 양, 말, 모직들 같은 것이 난다. 의상은 가죽 외투와 모직 옷이며, 빵과 보릿가루를 많이 먹는다. 언어는 각별하여 다른 나라와 같지 않으며, 불법을 알지 못한다. 절도 없고 승려도 없다.

跋賀那國

又從康國已東 卽跋賀那國¹ 有兩王 縛又大河²當中西流 河南一王屬大寔 河北一王屬突厥所管³ 土地亦出駝騾羊馬疊布之類 衣着皮毬疊布 食多餅麨 言音各別 不同餘國 不識仏法 無有寺舍僧尼

주

1. '발하나국(跋賀那國)'은 고대의 대원(大宛)이고 현재의 페르가나(Ferghana, 비이간費爾干)이다. 『사기』와 『한서』에 각각 「대원전」이 있어 당시 이름이 '대원'이었음을 알 수 있다. 그러다가 『위략(魏略)』에는 '발한(拔汗)'으로, 원위 때는 '파락나(破洛那)'로, 수대에는 '발한국(鏺汗國)'으

로, 당대에는 '발한나(拔汗那)' 또는 '영원(寧遠)'으로, 명청대에는 '곽한(霍罕)' 혹은 '호한(浩罕)'으로 불렸다.

『신당서』「서역전」에는 다음과 같은 내용의 기록이 있다. 본래는 발한나(拔汗那)이고 일명 발한(鏺汗)이라고 하는 영원은 원위 때는 파락나라고 하였다. 경사에서 팔천 리 떨어져 있으며 치소는 진주하 북쪽에 있는 서건성(西鞬城, 아크시카트Akhsikhath, Akhsikant)이다. 큰 성이 여섯 개, 작은 성이 백 개 있으며 사람들이 장수한다. 이 나라 왕위는 위진(魏晉) 때부터 줄곧 이어져 내려왔다. 정관 연간에 왕 계필(契苾)이 서돌궐의 담막하탈(噉莫賀咄)에게 살해되고 아슬나서닉(阿瑟那鼠匿)이 거성을 탈취하였다. 아슬나서닉이 죽자 아들 알파지(遏波之)는 계필의 조카 아료참(阿了參)을 왕으로 세워 호민성(呼悶城, 코잔다Khodjanda)을 다스리게 하고 자신은 갈색성(渴塞城, 카산Kasan, 한대의 귀산성貴山城)을 다스리기로 하였다. 당 현경 초(656~657)에 알파지가 사신을 보내 조공하여 고종으로부터 위유(慰諭, 위로하고 타이른다는 뜻)를 받았고, 3년(658)에는 갈색성에 휴순주(休循州) 도독부를 설치하였다. 현종(玄宗) 개원 27년(739)에 왕 아르슬란 타르간(Arslan Targan, 아실달간阿悉達干)이 토화선(吐火仙)의 난을 평정하는 데 일조하여 봉화왕(奉化王)에 책봉되었다. 천보 3년(744)에 국명을 영원으로 고치고 왕에게 두성(竇姓)을 하사하였으며 종실녀(宗室女)를 화의공주(和義公主)에 봉하였다. 천보 13년에 왕 충절(忠節)은 아들 설유(薛裕)를 파견해 숙위로 있으면서 중국 예법을 배우도록 하였다. 당조는 그에게 좌무위장군(左武威將軍)직을 주었다.

당과 발한나국 간의 관계는 서로 돕는 밀접한 관계였다. 발한나는 당나라 토화선의 난 평정을 도왔으며, 개원 3년(715) 토번과 대식이 아료달(阿了達)을 왕으로 내세우자 절도사 장효숭이 만여 명의 병사를 이끌고 구자(龜玆)에서 서쪽으로 수천 리나 되는 연성(連城)에서 아료달을 격파하였다

(『자치통감(資治通鑑)』 권2). 개원 초(713~715)에 대식의 장군 굴저파(屈底波, 쿠타이브)는 약살수 지역에 진출하여 발한나도 정복하였다. 그 밖에 『대당서역기』에는 이곳을 포한(怖捍)이라고 하면서 몇 십 년간 군주 없이 호족들이 서로 다투고 있다고 하였다.

  2. '박우대하(縛又大河)'에서 '우(又)'자는 '차(叉)'자의 오사로서 현 아무다리야 강(Amu Darya江, 아모하阿姆河)을 말한다. 현장의 『대당서역기』에는 '박추(縛芻)'로, 현응의 『일체경음의』 권25에는 '박차(博叉·薄叉)' '파차(婆叉)' 등으로 표기되어 있다. 그런데 발하나의 한복판을 관통하여 서쪽으로 흐르는 강은 아무다리야 강이 아니라 시르다리야 강(Sir Darya江, 석이하錫爾河)이다. 혜초는 이 두 강을 혼동하였다. 시르다리야 강의 고명(古名)은 '락사르테스(Laxartes)'인데, 음역으로 '약살수(藥殺水)'(『수서』 『신당서』)라 하고 의역으로 '진주하(眞珠河)'(『신당서』)라 하였으며 별칭으로 '질하(質河)'(『신당서』)가 있다. '락사르테스'는 소그드어 '약사아르타(yaxša-arta)'의 전사(轉寫)로서 '약사'는 '진주'란 뜻이고, '아르타'는 '참된'이란 뜻이다. 그래서 '진주하'란 이름이 생겨났다. 다음으로 '질하'는 시르다리야 강 지류인 '시르시크(Čirčik)'의 음사로 추측되는데, '-시크(-čik)'는 소그드어에서 접미사이다.

  3. '하남일왕속대식 하북일왕속돌궐소관(河南一王屬大寔 河北一王屬突厥所管)'은 '강 남쪽에 있는 왕은 대식에 예속되어 있고, 강 북쪽에 있는 왕은 돌궐의 관할하에 있다'라는 뜻이다. 이는 혜초가 방문할 당시 시르다리야 강을 사이에 두고 그 이남의 아랍 세력과 그 이북의 돌궐 세력이 대치 상태에 있었음을 말해준다. 우마이야조의 칼리파 술라이만은 721년에 사이드 이븐 아미르 알 하라시(Saʿīd Ibn ʿAmīr al-Ḥarashī)에게 부하라와 사마르칸트로부터 페르가나에 이르는 지역에 대한 지배권을 부여하였다. 그리하여 아랍군이 페르가나에 진주(進駐)하자 724년에 시르다리야 강을 건

너 북진했으나 서돌궐의 한 부족인 돌기시(突騎施)의 소록(蘇祿)에게 격퇴당했다. 그리하여 강 이남 지역만 아랍의 지배하에 있고, 그 이북은 여전히 돌궐의 수중에 있게 되었다. 그 후 729년에서 730년 사이에 소그디아나(트란스옥시아나) 전역에서 반란이 일어나자, 소록은 이 틈을 타서 남하하여 사마르칸트와 그 부근의 몇몇 도시들을 제외하고는 아랍 점령군을 아무다리야 강 이남으로 축출해버렸다.

골탈국(쿠탈)

또 발하나국 동쪽에 나라가 하나 있는데, 골탈국(骨咄國, 쿠탈Khuttal)이라고 부른다. 이 나라 왕은 원래 돌궐 종족 출신이고, 이곳 백성의 반은 호족이고 반은 돌궐족이다. 이 땅에서는 낙타, 노새, 양, 말, 소, 당나귀, 포도, 모직물, 모직 외투 같은 것이 나며, 모직 옷과 가죽 겉옷을 입는다. 언어는 토화라어와 돌궐어, 토착어를 뒤섞어 쓴다. 왕과 수령, 백성들은 삼보를 경신하고, 절과 승려가 있으며, 소승법이 행해진다. 이 나라는 대식의 관할하에 있다. 외국에서는 나라라고 부르지만, 중국의 큰 주(州) 한 개와 비슷하다. 이 나라의 남자는 수염과 머리를 깎고 여자는 머리를 기른다.

骨咄國

又跋賀那國東有一國 名骨咄國[1] 此王元是突厥種族 當土百姓 半胡半突厥 土地出駝騾羊馬牛驢蒱桃疊布毛毯之類 衣着疊布皮〔裘〕 言音半吐火羅半突厥半當土[2] 王及首領百姓等 敬信三寶 有寺有僧 行小乘法[3] 此國屬大寔所管 外國雖云道[4]國 共[5]漢地一箇大州相似 此國男〔人〕[6]剪〔鬚髮〕女人在髮

주

1. '골탈국(骨咄國, 쿠탈Khuttal, 쿠탈란Khuttalān)'은 한적에 '골토(骨吐)'(『책부원구』), '골탈(骨咄)'과 '가탈라(珂咄羅)'(『신당서』), '가탈라(珂咄羅)'(『대당서역기』) 등 몇 가지 음사로 나타난다. 이 나라는 와크슈 강(Wakhsh江, Wakshab江, 호사하護沙河)과 판지 강(Pandj江, 반길하潘吉河, 박추강縛芻江) 사이의 계곡과 구릉지대에 자리하고 있어 좋은 목초지와 경지를 갖고 있으며, 인구도 많고, 금과 은을 비롯한 물산도 풍부하다. 특히 자고로 '쿠탈리(Kuttalī)' 혹은 '투카리(Ṭukhārī)'라는 이름을 가진 좋은 말의 산지로 유명하다. 치소는 현재 두샨베의 동남부에 있는 쿨랴프(Kulyab, 개라발箇羅勃)였다.

『신당서』「서역전」에는 다음과 같은 내용의 기술이 있다. 일명 가탈라(珂咄羅)라고 하는 골탈은 사방이 천 리이고 왕의 치소는 사조건성(思助建城)이다. 좋은 말과 적표(赤豹, 붉은 표범)가 많고, 4대 염산(鹽山)이 있으며, 산에서는 오염(烏鹽, 검은 소금)이 난다. 개원 17년(729)에 왕 사근(俟斤)이 아들 골도시(骨都施)를 파견해 조공하고 21년에는 왕 힐리발(頡利發)이 여자 악사를 헌상하였을 뿐만 아니라, 대수령 다박륵달(多博勒達)을 파견해 조공하였다. 천보 11년(752)에 왕 나전절(羅全節)을 엽호로 책봉하였다.

『책부원구』권965와 『신당서』「오장국전」에도 골탈 왕이 대식의 유혹을 물리치고 당에 사신을 보냄으로써 현종으로부터 엽호로 책봉된 사실을 전하고 있다. 당조는 골탈의 옥사성(沃沙城, 현 쿠르겐 투베Kurghen Tube 서쪽 10킬로미터 지점)에 고부(高附) 도독부를 설치하였다. 이븐 쿠르다지바를 비롯한 이슬람 학자들이 남긴 기록을 보면 골탈 왕은 '쿠탈란샤(Khuttalān-shāh)' '시르쿠탈란(Shīr-Khuttalān)' '쿠탈쿠다(Khuttal Khudā)' 등 이란어계의 칭호로 불렸다. 그러나 혜초는 왕을 돌궐 종족 출신이라 하고, 앞에서 보다시피 『신당서』에도 '사근(俟斤, -irkin)'이나 '힐리발(頡利發, -eltäbär)' 등의 돌궐어 칭호를 쓰고 있다. 이것은 8세기 전까지는 이곳에 이란어계 민족이 살고 있었으나 그 이후에는 돌궐족이 지배하였음을 말해준다.

2. '언음반토화라반돌궐반당토(言音半吐火羅半突厥半當土)'는 사실 그 뜻이 모호하여 학자마다 해석이 서로 크게 다르고 그 중에는 비논리적인 해석도 있다. Y는 "언어가 3분의 1은 토카라어이고, 3분의 1은 투르크어이며, 3분의 1은 방언이다(The language is one-third Tokharian, one-third Turkish, and one-third local dialect)"(Y, 55)로 영역하였다. 문제는 정수(整數)를 맞추려다 보니 억지로 '반'을 '3분의 1'로 해석한 점이다. 桑은 "언어는 토화라, 돌궐, 현지의 언어이다(言語は吐火羅, 突厥, 當地の言語である)"(桑, 43)로 모호하게 일역하였다. 그런가 하면 李는 "언어는 반은 투카라(토화라) 말이고 반은 돌궐 말이며 또 반은 그 나라 본토 말을 쓰고 있다"(李, 64)라고 하고, 鄭은 "언어는 주민의 절반은 토화라 말을 하고 절반은 돌궐 말을 하고 절반은 본토의 말을 한다"(鄭, 131)라고 하며, 金은 "언어는 토화라 말, 돌궐 말, 본토 말 등 반섞이이다"(金, 26)라고 옮겨 놓았다.

절반이 세 개면 정수를 넘는 법이라서 가능할 수가 없다. '반섞이'도 같은 맥락의 말이다. 원래 '반(半)'자는 양사(量詞)의 앞뒤에서 '절반', 즉 2분의 1이란 수사나 형용사로 많이 사용되지만, 그 밖에 '약간' '조금'이라는 뜻도 가지고 있다. 예컨대 '부지반개자(不知半個字)'는 '한 자도 알지 못한다'는 말이고 '사반공배(事半功倍)'하면 '적은 노력으로 큰 성과를 거두다'라는 뜻이다. 따라서 본문에서는 '세 가지 언어를 얼마씩 뒤섞어 쓰고 있다'고 이해하는 것이 무난하다고 본다. 언어학상으로 보면, 골탈 지대에는 동이란어계의 말이 쓰였는데, 혜초는 이러한 말을 '당토(當土)' 언어, 즉 현지어(토착어, 방언)라고 하였다. 현재 이곳 언어는 동이란어계의 변종인 타지크어이다. 6세기 후반부터 돌궐족들이 소그디아나와 그 남쪽 지역을 지배하면서 돌궐어가 유행하였다.

3. 8세기 전반까지 골탈을 비롯한 소그디아나(트란스옥시아나) 일원에는 조로아스터교가 성행하였으나 불교도 병존하였다. 이슬람 동정군이 시르다리야 강 유역을 정복할 때 적지 않은 불사와 불상을 파괴했다는 사실이 이를 증명한다. 아랍 사학자 발라주리(al-Baladhurī)의 기록에 의하면, 우마이야조 8대 칼리파 오마르 2세(Omar II, 717~720 재위)가 이슬람으로 개종하는 자에게는 인두세를 면제한다는 조처를 취한 후에 중앙아시아의 많은 불교도들이 이슬람에 귀의하였다고 한다.

4. '도(道)'자는 '길' '흐름' '도덕' '줄'이란 뜻과 함께 '말하다(曰)' '~라고 생각하다'라는 뜻도 지니고 있다. 본문에서의 뜻은 후자에 해당한다.

5. '공(共)'자는 '함께' '같이' '같은' '모두'라는 뜻을 가지고 있는데, 본문에서는 '~와(과)' 또는 대비의 '~으로 말하면'이란 뜻으로 해석할 수 있다.

6. 원문에는 '여(女)'자로 쓰여 있으나 이어지는 문장에 '여인재발(女人在髮)', 즉 "여자는 머리를 기른다"라고 하여 여기의 '남녀전수발(男女剪鬚髮)', 즉 "남녀가 수염과 머리를 깎는다"와 일치하지 않는다. 그리고 앞의 글에서도 '남인병전수발 여인재발(男人並剪鬚髮 女人在髮)'(160행), '남인전발재수 여인재발(男人剪髮在鬚 女人在髮)'(170행)이라 하여 '남인(男人)'으로 쓰고 있으므로 '여(女)'자는 '인(人)'자의 오사가 분명하다.

돌궐(투르크)

다시 이 호국들의 이북으로 가면 북쪽으로는 북해에, 서쪽으로는 서해에, 동쪽으로는 중국에 이르며, 그 이북은 모두 돌궐(突厥, 투르크Turk)족이 사는 강역이다. 이들 돌궐족은 불법을 알지 못하며 절이나 승려도 없다. 의상은 모직 외투와 모직 상의이며 고기를 먹을 거리로 삼는다. 성곽을 거처로 하는 일도 없으며, 펠트 천막을 집으로 삼는다. 살러 다닐 때는 이 천막을 몸에 지니고 물과 풀을 따라 다닌다. 남자들은 모두 수염과 머리를 깎고 여자는 머리를 기른다. 언어는 다른 나라들과 같지 않다. 이 나라 사람들은 살생을 좋아하고 선악을 알지 못한다. 땅에서는 낙타, 노새, 양, 말 따위가 많이 난다.

突厥

又從此胡國已北 北至北海 西至西海[1] 東至漢國 已北惣是突厥[2]所住境界 此等突厥不識佛法 無寺無僧 衣着皮毬氈衫 以〔宍〕[3]爲食 亦無城廓住處 氈帳爲屋 行住隨身 隨逐水草 男人並剪〔鬚髮〕 女人在頭[4] 言音與諸國不同[5] 國人愛煞 不識善惡 土地足駝騾羊馬之屬

주

1. '북해(北海)'는 아랄 해를, '서해(西海)'는 지중해를 지칭한다.

2. '돌궐(突厥, 투르크Turk · Türk)'은 흉노에 이어 두 번째로 통일 유목 제국을 세워 약 200년간 중앙아시아를 중심으로 한 광활한 지역에서 유라시아의 주요 세력으로 활동하였다. 돌궐 제국이 언제 누구에 의해 건립되었는지는 명확하지 않으나, 적어도 수령 토문(오르콘Orkhon 비문의 부민 Bumin) 휘하에 545년경 초원로의 중요 정치세력으로 등장한 것만은 분명하다. 이어 552년에는 서위(西魏)와의 협공으로 유연(柔然)을 멸망시키고 초원로의 새로운 지배자로 부상한 토문은 자신을 '일 카간(Il Qaghan, 이리 가한(伊利可汗)'이라 칭하고 제국의 중심지를 오르콘 강 유역 외튀켄(Ötüken)에 정하였다.

오르콘 돌궐 비문은 돌궐 제국의 건국 과정에 관해 다음과 같이 전하고 있다. "위로는 푸른색 하늘과 아래로는 적갈색 땅이 창조되었고, 이 사이에 인간의 아들들이 태어났다. 인간의 아들들을 위해 우리의 위대한 조상인 부민 카간(Bumin Qaghan)과 이스테미 카간(Istemi Qaghan)이 군림하셨다. 이들은 군림하시면서 돌궐 민족 나라의 법을 잡아주셨고 세워주셨다. 그때 사방은 모두 적들이었다. 그분들은 군대를 이끌고 사방에 있는 모든 민족을 토벌하여 복속시켰다. 그들의 머리를 숙이게 하셨고 무릎을 꿇게 하셨다. (흥안령 산맥과 철문) 사이에서 무조직 상태로 살아가고 있던 돌궐 민족을 잘 조직해 다스렸다. 그분들은 현명하고 용감한 군주들이셨으며 신하들도 현명하고 용감하였다. 왕족들과 백성들도 융화하였다. 그렇기 때문에 그분들은 나라를 잘 다스렸다. 나라를 다스리고 법을 세웠다."

돌궐 제국은 성립 초기부터 이원적 통치 체제를 실시하여 카간인 토문은 제국의 동쪽을 통치하고 동생인 이스테미는 야브구(Yabgu, 엽호葉護)라는 칭호를 가지고 서쪽을 지배하였다. 이것은 훗날 제국의 분열을 초래한 씨앗이다. 제국의 기틀은 3대 가한인 목간 가한(木杆可汗, 553~572 재위)이 다스릴 때 마련되었다. 그는 정복 전쟁에 나서 먼저 유연의 잔여 무리를 소탕한 후 서로는 이스테미로 하여금 서투르키스탄의 에프탈리테(Ephtalite, 에프탈)를 복속시켜 서역 제국을 지배하에 들어오게 했고, 동으로는 거란을, 북으로는 키르기스를 정복하여 색외(塞外) 민족 대부분을 석권하였다. 그 결과 돌궐의 판도가 동으로는 요동만, 서로는 카스피 해, 북으로는 바이칼 호, 남으로는 고비 사막까지 확장하였다. 목간 가한은 통치를 효과적으로 진행하기 위해 제국을 크게 중앙부·동부·서부·서부 변경부·남부 등 다섯 개 지역으로 나누긴 했지만, 강력한 중앙집권적 통치체제를 세웠다. 목간 가한 사후 즉위한 타발(他鉢·佗鉢, 572~581 재위) 가한이 치세할 때에도 발전은 계속되었다. 그리하여 동변이 중국 북방 변경까지 확장되어 양국간의 마찰을 초래했으며, 타발 가한은 불교를 장려하여 재세(在世) 시 많은 불경이 번역되었다. 그리고 돌궐 제국 경내에는 많은 소그드인들이 거주하며 상업에 종사하였다.

타발 카간의 사후 카간 계승 문제로 갈등과 상잔이 벌어져 결국 583년 제1돌궐 제국은 시파라(始波羅, 581~587 재위)를 카간으로 하는 동돌궐과 대라편(大邏便)을 카간으로 하는 서돌궐로 분열되었으며, 7세기 중엽 당에 의해 멸망할 때까지 두 돌궐은 적대 관계에 있었다. 수나라와 군신 관계를 맺고 있던 동돌궐이 수말 당초에 내분에 휩싸이게 되자, 630년에 당이 이정(李靖) 휘하의 정토군을 파견해 힐리(頡利) 카간(620~634 재위)을 생포함으로써 동돌궐은 역사의 무대에서 사리지게 되있나. 한변, 서돌궐은 594년 당시 중국에 망명해 있던 이스테미의 아들 달두(達頭, 576~603 재위)가 카간으로 등극한 이래 서투르키스탄의 여러 민족을 복속시키고 돌궐의 재통일을 시도하였다. 그는 598년 비잔틴 제국 황제 모리스(Maurice)에게 보낸 서한에서 자신을 "전 세계 일곱 인종의 통치자이자 일곱 기후대의 지배자"라고 호언하였다. 그가 603년 토욕혼(吐谷渾)의 반란을 평정하는 코코노르 전투에서 전사하자 일시 권력다툼이 벌어졌으나, 618년에 성군 통(統) 엽호 가한(618~630 재위)의 등극으로 수습되었다. 그는 숭불정책을 취하여 불교의 진작에 크게 기여하였다. 현장은 구법 도축 중 그를 알현한 일이 있다.

서돌궐은 통야브구가 피살된 후 카간 계승 문제로 내분이 일어나 국력이 약해지자 당의 정토(658)에 의해 망하고 만다. 이렇게 제1돌궐 제국이 망한 다음 약 50년간 돌궐 부족들은 당의 기미지배 아래 신음한다. 646년 철륵(鐵勒) 제부(諸部)를 이끌던 설연타(薛延陀)가 패퇴하자 당의 기미부주(羈縻府州)는 고비 사막 이북까지 확대되었다. 당조는 이전에 설치했던 정양(定襄) 도독부와 운중(雲中) 도독부 예하에 부족 단위로 주(州)를 두어 돌궐인들을 분산 거주시키고, 650년에는 기미부주의 상위기관으로 도호부를 운중 지역에 신설하였다. 이 기미지배 시기에 돌궐족들이 겪어야 했던 고통과 애환에 관해 오르콘 비문은 다음과 같이 이야기하고 있다. "돌궐 민족은 그들이 세운 국가를 버렸고 재위에 올랐던 카간을 잃어버렸다. 이 때문에 돌궐 민족은 훌륭한 귀족이 될 만한 남자들을 중국 민족을 위한 노예로 만들었고, 귀부인이 될 만한 여자들을 첩이 되게 하였다. 돌궐의 왕족들은 돌궐의 관직을 버렸다. 그들은 중국에 봉사하기 위해 중국의 관직을 받고 중국의 카간에게 신속(臣屬)했으며 50년간 봉사하였다. 동으로는 고구려까지 원정을 했고 서로는 철문까지 원정을 했으며, 중국의 카간은 이처럼 원정을 해서 많은 국가들을 복속시켰다." 그러나 돌궐족들은 굴복하지 않고 끊임없이 국권 회복 운동을 전개하였다. 결국 그들은 운중 도독부의 토둔(吐屯)이었던 쿠드룩(골탈록骨咄祿, 682~691 재위)을 구심점으로 하여 682년에 막남(漠南) 지역을 중심으로 제2돌궐 제국의 재건에 성공하였다.

이 제2돌궐 제국의 기틀은 쿠드룩 사후 등극한 묵철(默啜) 카간(691~

716 재위)이 마련했다. 그는 토쿠즈오구즈(To-kuz Oguz)를 비롯한 주요 부족들을 복속시켰다. '토쿠즈오구즈'란 9성이라 불리는 투르크계 부족연맹체를 말하는데, 그 9성은 회흘(回紇), 복고(僕固), 혼(渾), 발예고(拔曳固), 동라(同羅), 사결(思結), 계필(契苾), 아포사(阿布思), 골륜옥골(骨崙屋骨)이다. 묵철 카간이 발예고의 반란을 진압하는 과정에서 피살된 뒤에는 그로 인해 발생한 내분을 극복한 쿠드룩의 아들 빌개 카간(비가毗伽 카간, 716~734 재위)이 즉위하였다. 바로 이 빌개 카간의 치세 시에 혜초가 귀로에 중앙아시아를 지나면서 돌궐에 관해 전문하였다. 빌개 카간은 동생 퀼테킨 등의 도움으로 친중국정책을 표방하면서 나라를 이끌어갔다. 그러나 여러 부족들의 불만이 쌓여가면서 사양길

●―― 당나라 시대의 무관 토용

에 접어들다가 734년 빌개 카간은 신하에게 독살되었다.

    이 기회에 부족 중 위구르, 바슈미르, 카를루크 등이 연합하여 반란을 일으킴으로써 제2돌궐 제국은 망하고, 745년 그 토대 위에 위구르 제국이 건립되었다. 돌궐 제국의 역사를 증언하는 비문들은 제2제국 시기에 건립되었는데, 그 발견 장소가 제국의 중심지였던 오르콘 강 주변의 호쇼차이담(Hosho Tsaidam) 분지이기 때문에 통상 '오르콘 비문(Orkhon Inscription)' 또는 '호쇼차이문'이라고 한다. 주요 비문으로는 732년에 건립된 퀼테킨 비문(궐특근비문闕特勤碑文)과 720년에 건립된 톤유쿡 비문(돈욕곡비문暾欲谷碑文)이 있다(우덕찬, 『중앙아시아 개설』, 부산외국어대학교출판부, 1998, 53-72쪽 참고; 16절 주 7 참고).

3. 원문에서는 이 글자가 지웠다가 다시 써넣은 글자이기 때문에 식별하기가 어렵다. 일부는 '충(虫)'자(藤, 77b; Y, 107) 혹은 '충(蟲)'자(張, 134; 鄭, 111; 金, 347)로 보나, 일부는 '육(宍)'자로 간주한다(F, 453 note 4; 李, 105; 桑, 25; 黃, 235). 그런데 같은 '충(虫)'자를 두고 Y와 金은 '벌레(insects)'로 번역했으나 鄭은 '고기'로 번역하였다. 李와 桑, 黃도 '고기'로 번역하였다. '충(虫)'자는 일반적으로 '벌레' 또는 '곤충'이란 뜻이지만, 곤충 이외의 동물이란 뜻도 가지고 있다. '충(虫)'자로 볼 경우, 본문의 '이충위식(以虫爲食)'은 '벌레를 먹을 거리로 삼다'로 해석된다. 그러나 벌레를 먹는다는 것은 극히 이례적인 일로서 이해하기 어렵다. 한편, '육(宍)'자는 '육(肉)'자의 고체(古體)인 동시에 속자이기도 하다. 이에 관해서 당대 안원손(顔元孫)의 『간록자서(干祿字書)』는 '육육(宍肉): 상속하정(上俗下正)', 즉 '앞 글자는 속자이고 뒤 글자는 바른 자다'라 하고, 『광운 · 옥운(廣韻 · 屋韻)』은 '육, 속작육(肉, 俗作宍)', 즉 '육(肉)의 속자는 육(宍)이다'라고 하였다. 유목민인 돌궐족이 '이육위식(以宍爲食)', 즉 '고기를 먹을 거리로 삼는 것'은 당연한 일일 것이다.

4. '여인재두(女人在頭)', 즉 '여자는 머리를 기른다'에서 '재두(在頭)'가 문제인데, F는 "문맥이 통하지 않기 때문에 응당 '여인재두발(女人在頭髮)'이어야 한다"(F, 468)고 지적하고, 張은 '두(頭)'자를 '발(髮)'자의 오사(張, 135)로 보고 있다. 앞 189행에 '여인재발(女人在髮)'이란 글이 있기는 하지만 '재두(在頭)'도 '재발'과 같이 '머리가 있다' '머리를 기르다'라는 뜻을 가지고 있다. 왜냐하면 '두(頭)'자는 '머리'와 함께 '머리카락'이란 뜻도 가지고 있기 때문이다. 예컨대 '체두(剃頭)'는 '머리를 깎다'라는 뜻의 정확무오한 말이다.

5. 돌궐은 중앙아시아 유목 민족 중 최초로 문자를 만들어 사용한 민족으로서, 남아 있는 문자 기록으로 돌궐의 역사를 추적할 수 있다. 돌궐 문자

는 고(古)게르만 민족이 사용했던 룬(Rune) 문자와 비슷하기 때문에 룬 문자로 오해하기도 하는데, 사실은 양자 사이에 직접적인 연관성은 없다. 돌궐 문자의 기원에 관해 아직 문자의 제작이나 성립 과정이 명확히 밝혀지지는 않았으나, 표의문자식으로 창작한 몇 개의 문자 외에는 대부분이 셈어족에 속하는 아람 문자 계통의 고대 소그드 문자와 결합하여 만들어진 것으로 추측된다. 현재 40자가 알려져 있는데, 모음 네 자 외에는 모두 음절문자이며 대부분 모음을 나타내지 않는다(우덕찬, 『중앙아시아 개설』, 69쪽 참고). 이러한 돌궐 문자를 가진 돌궐어는 주변 다른 민족들의 언어와 영향 관계가 있긴 하지만, 혜초가 밝히듯이 엄연히 구별된다.

33

호밀국(와칸)

다시 토화라국에서 동쪽으로 7일을 가면 호밀(胡蜜, 와칸Wakhan) 왕의 거성(居城)에 이른다. 마침 토화라에서 (호밀국으로) 올 때 이역(異域)에 들어가는 중국 사신을 만났다. 이에 간략하게 사운체(四韻體) 오언시(五言詩)를 지었다.

그대는 서쪽 이역이 멀다고 원망하고
나는 동쪽 길이 멀다고 탄식하노라.
길은 험하고 눈 쌓인 산마루 아스라한데
험한 골짜기엔 도적떼가 길을 트누나.
새도 날다가 가파른 산에 짐짓 놀라고
사람은 기우뚱한 다리 건너기 어렵네.
평생 눈물을 훔쳐본 적 없는 나건만
오늘만은 하염없는 눈물 뿌리는구나.

겨울 어느 날 토화라에서 눈을 만난 소회를 오언시로 읊었다.

차디찬 눈이 얼음까지 끌어 모으고
찬바람 땅이 갈라져라 매섭게 부는구나.
망망대해는 얼어붙어 단(壇)을 깔아놓은 듯
강물은 제멋대로 벼랑을 갉아먹는구나.

용문(龍門)엔 폭포수마저 얼어 끊기고
우물 테두리는 도사린 뱀처럼 얼었구나.
불을 벗삼아 층층 오르며 노래한다마는
과연 저 파밀(播密) 고원을 넘을 수 있을런지.

이 호밀 왕은 군사가 적고 약해 스스로를 지켜낼 수가 없어서 대식의 관할하에 있게 되었으며, 해마다 비단 삼천 필을 세금으로 보낸다. 주거가 산골짜기이다 보니 사는 곳이 협소하고 가난한 백성이 많다. 의상은 가죽 외투와 모직 상의이며, 왕은 비단과 모직 옷을 입는다. 빵과 보릿가루만을 먹는다. 이곳의 추위는 다른 나라들보다 더 극심하다. 언어도 다른 나라들과 같지 않다. 양과 소가 나는데, 아주 작고 크지 않다. 말과 노새도 있다. 승려도 있고 절도 있으며, 소승법이 행해진다. 왕과 수령, 백성들 모두가 불교를 섬기며 외도에 귀의하지 않는다. 그리하여 이 나라에는 외도가 없다. 남자는 모두 수염과 머리를 깎으나, 여자는 머리를 기른다. 주거가 산속이기는 하나, 그곳 산에는 나무와 물, 심지어 이러저러한 풀조차 없다.

胡蜜國

又從吐火羅東行七日[1] 至胡蜜[2]王住城[3] 當來於[4]吐火羅國 逢漢使入蕃[5] 略題四韻取辭[6] 五言

君恨西蕃遠
余嗟東路長
道荒宏雪嶺
險澗賊途倡[7]

鳥飛驚峭嶷

人去(難)偏樑⁸

平生不押⁹淚

今日灑千行

冬日在吐火羅 逢雪述懷 五言

冷雪牽冰合

寒風擘地〔裂〕¹⁰

巨海凍墁壇

江河凌崖囓

龍門¹¹絕〔瀑〕布

井口盤虵¹²結

伴火上〔陵〕¹³歌

焉能度播密

此胡蜜王 兵馬少弱 不能自護 見屬大寔所管 每年輸稅絹三千疋¹⁴ 住居山谷 處所狹小¹⁵ 百姓貧多 衣着皮裘氎衫 王着綾絹疊布食唯餅{麨}¹⁶ 土地極寒 甚於餘國 言音與諸國不同¹⁷ 所出羊牛 極小不大 亦有馬騾 有僧有寺 行小乘法 王及首領百姓等 惣事佛 不歸外道¹⁸ 所以此國無外道 男並剪除〔鬚髮〕 女人在頭 住居山裏 其山無有樹木¹⁹及於百草

 주

1. 혜초는 "다시 토화라에서 동쪽으로 7일을 가면 호밀 왕의 저성에 이른다(又從吐火羅東行七日 至胡蜜王住城)"라고 하였는데, 과연 이 두 곳 사이의 거리를 7일 만에 주파할 수 있는가 하는 의문이 제기된다. 토화라의 중심지인 와르왈리즈(Warwālīz)는 고사하고, 그 동쪽에 있는 쿤두즈나 더 동쪽에 있는 탈라깐(Tālaqān, 몽건瞢健)으로부터 호밀국의 서단에 있는 이슈카심(Ishkāsim)까지의 구간을 7일 만에 돌파한다는 것은 도저히 불가능한 일이다. 왜냐하면 탈라깐으로부터 이슈카심까지의 거리가 적어도 1500리는 되기 때문이다. 이러한 거리는 현장이 귀로에 이 구간을 통과한 노정에서도 측정된다. 험난한 지세로 봐서 현장과 혜초가 지나간 길은 크게 다르지 않았다고 할 수 있다. 당대의 공식령(公式令)에 의하면 하루에 말은 70리, 사람은 50리, 차량은 30리를 걷게 되어 있다. 그렇다면 하루 50리를 걷는 것으로 계산해도 1500리 구간이면 족히 30일은 걸린다. 그래서 藤(80a)과 F(453 note5)는 '칠일(七日)'이 '이십일(二十日)'의 오사일 것이라고 지적하였다.

2. '호밀(胡蜜, 와칸Wakhan, Wakhkhān)'은 한적에 '휴밀(休密)'(『후한서』), '발화(鉢和)'(『위서』『북사』), '호밀단(胡密丹)'(『양서』), '호밀(護密)'(『당서』『오공행기』), '달마실철제(達摩悉鐵帝)'(『대당서역기』), '호멸(胡蔑)'(혜림의 『일체경음의』) 등 여러 가지로 음사되고 있다. 이러한 음사는 모두 현지인들

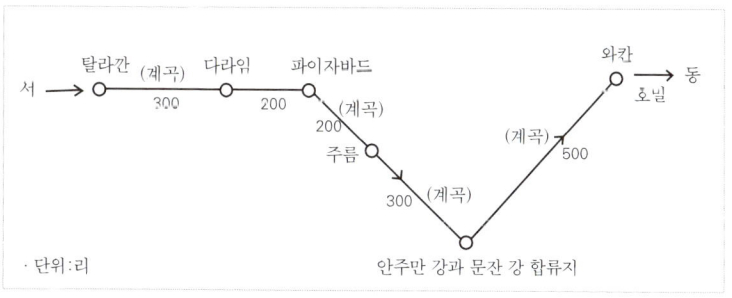

· 단위:리

● ── 탈라깐~와칸 구간의 현장 귀로 노정(홍, 175 참고)

이 쓰는 산스크리트 '와카나(Wakhana)'에서 유래한 것이다. 다만 '달마실철제'는 이란어 '다리마스티(Dar-i-masti)'나 산스크리트 '다마스티티(Dhamasthiti)'에서 전사된 것이라고 하며, 아랍어 '테르미스타트(Termistat)'도 여기서 유래했다고 한다.

중국 사적에는 호밀국에 관한 일련의 기록이 있다. 『위서』「서역전」은 다음과 같은 내용을 전하고 있다. 발화국(鉢和國)은 갈반타(渴槃陁, 갈반단국) 서쪽에 있는데, 대단히 춥고 사람과 가축이 함께 땅굴 속에서 산다. 큰 설산은 멀리서 보면 은이 덮인 봉우리〔銀峰〕처럼 보인다. 사람들은 빵과 보릿가루만 먹고 보리술을 마시며 모직 외투를 입는다. 이곳에는 두 길이 있는데, 한 길은 서쪽의 염달로 향하고, 다른 한 길은 서남쪽의 염달이 통치하는 오장에 이른다. 송운과 혜생도 신구 2년(519) 9월 중순경에 이곳을 지났다. 그들도 앞에서 인용한 『위서』의 내용과 비슷하게 기술하였는데, 이 나라 남쪽 국경에 있는 큰 설산은 마치 구슬로 덮인 봉우리〔玉峰〕처럼 보인다고 하였다. 이 설산은 힌두쿠시 산이다.

『신당서』「서역전」에는 호밀국의 위치와 특산물 등에 관해 다음과 같은 내용으로 비교적 소상히 밝히고 있다. 호밀(護密)은 일명 달마실철제 혹은 확간(鑊偘)이라고 하며 원위 때는 발화(鉢和)라고도 하였는데, 토화라의 옛터에 자리하고 있었다. 동남쪽에서 곧바로 경사까지는 구천 리이며 사방은 세로가 1600리이고, 가로는 겨우 4~5리에 불과하다. 왕은 색가심성(塞迦審城)에 거주하는데, 이 성은 북변에서 오호하(烏滸河, 아무다리야강)와 접하고, 기후는 차며 지면은 굴곡이 심하고 모래와 돌로 뒤덮여 있다. 콩과 맥류, 좋은 말이 난다. 사람들은 파란 눈〔碧眼〕을 가졌다. 현경 때 조비주(鳥飛州)에 편입되어 왕 사발라힐리발(沙鉢羅頡利發)을 자사로 봉하였다. 이곳에 설치된 4진(四鎭)은 토화라도(道)에 편입되었는데, 본래는 토번에 속해 있었다. 『대당서역기』 권12는 호밀을 '달마실철제국'이라고 칭하면서, 이 나라가 두 산 사이의 옛 도화라(覩貨邏) 고지에 자리하고 있으며, 작기는 하지만 인내력이 강한 좋은 말이 많이 나고, 국도는 혼타다성(昏馱多城)이라고 한다.

이상의 여러 기록에서 보다시피, 호밀은 파미르 고원 남도(南道)의 요로에 위치하고 있어 거기서부터 서쪽으로는 토화라를 경유해 페르시아에 이르고, 남쪽으로는 오장과 카슈미르를 지나 인도로 이어진다. 5~6세기에 많은 도축승들이 이 길을 따라 오갔으며, 747년 고선지가 3방면군으로 소발률(小勃律)을 정토할 때 1방면군을 이끌고 바로 이 호밀을 지나 소발률을 공격하였다. 13세기 후반 마르코 폴로도 토화라로부터 이곳을 지나 파미르 고원을 넘어 동진을 계속했으며, 1913년 스타인의 제3차 중앙아시아 탐험도 예외 없이 이곳을 지나 파미르 고원을 넘어 신강(新疆)에 이르렀다. 이와 같이 지리상·전략상 요충지에 있던 호밀은 일찍부터 여러 세력의 각축장이기도 하였다.

중국 당조는 카슈미르와 계빈, 오장 및 남아시아 각국과의 관계를 유지하기 위해서 이 요로를 방임할 수가 없었다. 한편, 토번도 안서4진을 장악하기 위해서는 호밀과 소발률을 경유하는 길을 확보해야만 했다. 여기에 대식마저 가세해 정세는 더욱 복잡하였다. 당조는 7세기 중엽에 호밀을 조비주 도독부에 편입시킨 후 8세기 전반 개원 초에는 다시 토화라 엽호의 관할하에 두었다. 그러나 혜초가 이곳에 들렀을 때(726년경)는 이미 대식의 치하에 들어가 있었다. 한때 호밀은 토번에 신속되기도 하였다. 그러나 작은 나라지만 그 중요성 때문에 당조는 시종 호밀과의 관계를 중시하였다. 당은 개원 연간에 이 나라 왕들에게 정식 왕위를 책봉했고, 742년 왕자 힐길리복(頡吉利匐)이 내조하자 현종은 그에게 철권(鐵券)까지 하사하였다. 759년 왕 흘설이구비시(紇設伊俱鼻施)가 내조하자 당 숙종(肅宗)은 그에게 이씨(李氏) 성까지 하사하였다.

3. 혜초는 '호밀 왕이 사는 성(胡蜜王住城)'이라고만 하였지 그 이름은 밝히지 않았다. 왕이 사는 성, 즉 국도를『신당서』는 색가심성(현 이슈카심 Ishkāsim, 이십잡신伊什卡辛)이라 하고,『대당서역기』는 혼타다성(현 칸두트Khandut, 항도특杭都特)이라고 한다. 두 성은 다 분적하(噴赤河, 아비판지 강) 남안에 있으며, 후자는 전자의 동쪽 약 50마일 지점에 있다. 혜초가 언급한 왕의 거성은 토화라에서 7일 거리에 있다고 하였으니, 그곳은 틀림없이 이슈카심일 것이다. 왜냐하면 칸두트는 더 동쪽에 있어 7일로는 가닿을 수 없기 때문이다.

4. '어(於)'자의 이해에 따라 '당래어토화라국(當來於吐火羅國)'의 의미가 달라진다. '어(於)'자를 장소를 나타내는 '~에'나 '~에서'로 이해하면 '마침 토카리스탄에 있을 때(When I was at Tokhāristān)'(Y, 55; 李, 65)로 해석하게 되고, 방향을 나타내는 '~부터'나 '~에서'로 이해하면 '마침 토화라국에서 (호밀로) 왔을 때(ちょうど吐火羅國から(胡蜜へ)來る途中で)'(桑, 44)나 '마침 토화라국에서 왔을 때'(鄭, 131)로 해석하게 된다. 후자의 이해가 가당하다고 본다. 그 근거는 이 문장의 뒤에 오는 사실, 즉 중국 사신과의 만남과 그에 감흥 받아 지은 오언시를 앞의 해당 절(25절 토화라국)에서는 언급하지 않았을 뿐만 아니라, 오언시의 내용이 험난한 길에 관한 내용으로 그러한 곳은 토화라가 아니라 호밀국이라는 데 있다.

5. '번(蕃)'은 '외국' '이역' '이민족'이란 뜻이다. 본문에서는 '서역'이나 '호국'을 지칭한다고 할 수 있다. 호밀국으로 가는 도중 만난 중국(당) 사신이 '입번(入蕃)'한다는 것은 다분히 호밀국의 서쪽으로 간다는 것으로 이해된다. 이어지는 오언시의 첫 수에 나오는 '서번(西蕃)'은 고유 지명이라기보다는 '서쪽의 이역'이라는 뜻이다.

6. '사(辭)'는 시문의 문체 또는 고체시(古體詩)란 뜻이 있다. 따라서 '사운취사(四韻取辭)'는 사운의 문체를 취한다는 의미로서 '사운체(四韻

體)'라고 옮길 수 있다.

7. '험간적도창(險澗賊途倡)'은 험한 골짜기마다 도적떼가 버젓이 나타나 길을 안내할 정도라는 뜻이다.

8. 원문에는 '인거편량(人去偏樑)'으로 오언(五言)이 아니라 사언(四言)으로 쓰여 있어 분명히 한 글자가 누락되었다. 누락자에 관한 추측은 여러 가지이다. '량(樑)'자 뒤에 '수(雖)'자(藤, 77b; Y, 109; 金, 347)나 '난(難)'자(桑, 25; 鄭, 111)를 첨가하기도 하고, '편량(偏樑)' 앞에 '난(難)'자를 덧붙여 '난편량(難偏樑)'(F, 468; 李, 105)이라고도 추측한다. 그런가 하면 張은 '불상(不詳)', 즉 '알 수 없다'(張, 141)고 한다. 그러나 본 오언시의 운이나 문맥으로 보아 F.와 李의 견해인 '人去(難)偏樑', 즉 '사람은 기우뚱한 다리 건너기 어렵네'라고 하는 것이 타당하다고 본다.

9. '문(抆)'자는 '손을 얹다' '어루만지다' '누르다'의 뜻을 가진 글자로서, '문루(抆淚)'는 그저 '눈물을 흘리다'(李, 66; 鄭, 131)가 아니라, '눈물을 훔치다'가 적절할 것이다.

10. 원문에는 '강렬하다' '열렬하다' '강직하다'라는 뜻의 '열(烈)'자가 쓰여 있으나, 이것은 '갈라지다' '쪼개지다'라는 뜻을 가진 '갈(裂)'자의 오사로 봐야 할 것이다.

11. '용문(龍門)'은 중국 산서성(山西省) 하진현(河津縣) 서북쪽과 섬서성(陝西省) 한성현(漢城縣) 동북쪽에 걸쳐 있는 지명이다. 전설에 의하면 하(夏)나라 우(禹)가 황하 물을 여기로 끌어왔는데, 황하의 물고기들이 여기를 넘어 올라가면 용이 되고 올라가지 못하면 이마에 섬이 찍히고 뺨이 햇볕에 쬐어 죽는다고 한다(李, 91, 주 86).

12. '사(虵)'자는 '뱀 사(蛇)'자의 속자이다.

13. 원문에는 '해(骸)'자, 즉 '해(胲)'자(藤, 80b; Y, 109; 李, 105; 桑, 25; 鄭, 111) 비슷하게 보이나, 고어로서 문맥이 자연스럽지 않다. '해(胲)'는 '엄지

발가락' '갖추다' '볼살'이란 뜻을 지니고 있는데, 어느 뜻도 '반화상~가(伴火上~歌)'의 문맥과 어울리지 않는다. "불을 가지고 땅 끝에 올라 노래를 부르니"(李, 66; 鄭, 132)라는 해석은 이해가 잘 안 된다. F(454, note4)와 張(144)은 이 글자를 '해(陔)'자나 '해(垓)'자의 오사로 보는데, 이에 수긍이 간다. 이 두 글자는 '층계' '계단'이라는 같은 뜻을 가진다. 따라서 이 한 수를 "불을 벗삼아 층층 오르며 노래한다마는"으로 옮겨본다.

14. 호밀이 대식에게 해마다 비단 삼천 필을 세금으로 공납한다고 하는데, 당대(唐代)에 말 한 마리가 비단 40필 값어치였으니 삼천 필이면 말 75마리에 해당된다. 주목할 만한 것은 돈이 아니라 생산도 안 되는 비단으로 세를 문다는 점이다. 다음 '식닉국(識匿國)'절에서 보다시피, '약탈한 비단을 썩을 때까지 창고에 쌓아둘 망정 의복을 지어 입을 줄 모른다'는 이 지역 사정은 이와 관련이 있을 것이다. 이를테면 비단이 통화를 대신해 유통수단으로 둔갑한 셈이다.

15. '처소협소(處所狹小)', 즉 '사는 곳이 협소하다'는 것은 산국(山國)으로서의 호밀국 지역이 비좁음을 뜻한다. 『대당서역기』 권12에는 달마실철제국(호밀국)은 두 산 사이에 있으며 동서가 1500~1600여리이고 남북은 4~5리, 좁은 곳은 1리도 채 안 된다고 한다. 이 나라의 북쪽에는 와칸 산맥이 있고, 남쪽은 힌두쿠시 산맥의 동단과 접해 있으며, 육천 미터 이상의 고산준령이 동서를 가로지른다. 두 고산 사이로 옥서스 강(오호하, 이곳에서의 강 이름은 아비판지Ab-i Pānj)이 흐르며 강안은 가파른 절벽이다.

16. '초(玅)'는 '초(麨)'와 같은 자로서 '찐 보릿가루'라는 뜻이다.

17. 호밀어는 파미르 어군에 속하는 와키어(Wakhī語)로서 인근 언어들과는 구별된다. 이란어계의 현대 방언으로 취급되는 파미르 어군에는 슈그니로샤니어(Shughnī-Roshanī語)(Shughnī · Roshanī · Bartāngī · Roshorvī · Oroshorī語 등 포함), 야즈굴라미어(Yazghulāmī語), 이슈카스미어(Ishkā-

shmī語)(Ishkāshmī · Zēbākī · Sanglīchī語 등 포함), 와키어의 4대어가 있다. 이 어군은 판지 강과 그 지류 유역에 널리 퍼져 있는데, 아프가니스탄의 바다흐샨 주와 타지키스탄 공화국의 고르노바다흐샨(Gorno-Badakhshān) 자치구, 중국 위구르 자치구 서남단 등지에서도 쓰이고 있다.

호밀어인 와키어는 판지 강안의 이슈카슈민(Ishkāshmin) 상류로부터 와칸다리야(Wakhān Darya) 강 유역에서 유행하며, 파키스탄령 훈자(Hunza)나 치트랄, 중국령 타슈쿠르간(Tāshukurghān)에도 쓰는 사람들이 있는데, 이들은 19세기에 이곳으로 이주한 사람들이다(G. Morgenstierne, *Indo-Iranian Frontier Languages*, 2nd ed., Vol. II, *Iranian Pamir Languages*, Oslo, 1973, pp. 429-558 참고).

18. '외도(外道)'에 관해서는 1절 주 3 참고.

19. '수수(樹水)', 즉 '나무와 물'에 관해 일부에서는 '수(水)'자를 '목(木)'자의 오사(藤, 80b; 張, 141; 李, 106; 金, 347)로 보고 '나무와 물'이 아니라 '수목(樹木)', 즉 '나무'라고만 한다. 그러나 일부에서는 본문 그대로 '수(水)'자로 해석한다(Y, 56; 桑, 45). 눈 덮인 산에 물이 없다는 것이 좀 기이한 일이기는 하나, 존재 양식에서 눈이 곧 물이 아니라는 것 또한 엄연한 사실이다.

식닉국(쉬그난)

또 호밀국 북쪽 산속에는 아홉 개의 식닉국(識匿國, 쉬그난Shighnān)이 있다. 아홉 왕은 각기 군사를 거느리고 사는데, 한 왕만이 호밀 왕에게 예속되어 있고 나머지는 각자 모두 제멋대로 자립하여 살고 있어 다른 나라에 예속되어 있지 않다. 근자에 두 굴왕(窟王)이 중국에 자진 신복하여 안서(安西)에 사신을 보냈으며 왕래가 끊이지 않고 있다.

왕과 수령만이 모직 옷과 가죽 외투를 입고 나머지 백성들의 의상은 가죽 외투와 펠트 상의뿐이다. 이 땅은 대단히 추우며 설산을 거처로 삼는데, 이것이 다른 나라들과 같지 않다. 역시 양, 말, 소, 노새가 있으며, 언어는 각별하여 다른 나라들과 같지 않다. 그 나라 왕은 늘 이삼백 명을 대파밀 평원으로 보내 그곳 흥호(興胡)들이나 사신들의 물건을 겁탈하도록 하였다. 가령 비단을 겁탈해 얻게 되면 창고에 그대로 쌓아두고 못 쓰게 할 뿐, 옷을 지어 입는 법은 알지 못한다. 이 식닉 같은 나라에는 불교가 없다.

識匿國[1]

又胡蜜國北山裏 有九箇識匿國[2] 九箇王各領兵馬而住 有一箇王 屬胡蜜王 自外[3]各並自住 不屬餘國 近有兩窟王[4] 來投於漢國 使命[5]安西[6] 往來{不}絕[7] 唯王首領 衣着疊布皮裘 自餘百姓 唯是皮裘氍衫 土地極寒 爲居雪山 不同餘國 亦有羊馬牛驢 言音各別 不同諸國 彼王常遣三二百人於大播密川[8] 劫彼興胡[9]及於使命 縱[10]劫得絹 積在庫中 聽

從[11]壞爛 亦不解[12]作衣着也 此識匿等國 無有仏法也

주

1. '식닉국(識匿國, 쉬그난Shighnān, Shughnān)'은 한적을 포함한 여러 사적에 '식닉(識匿)' '시기니(尸棄尼)' '슬닉(瑟匿)'(『신당서』 권221 하 「식닉전(識匿傳)」), '시기니(尸棄尼, Śikini, Śikni)'(『대당서역기』 권12), '적닉(赤匿)' '식닉(式匿)'(『십력경』), 'Shig-nig'(티베트어, 티베트어로 쓴 『돈황연대기(敦煌年代記)』), '쉬키난(Shikinān)' '쉬끼난(Shiqinān)' '쉬카나(Shikāna)' '쉬끼나(Shiqīna)'(아랍 문헌) 등 여러 가지로 음사되었다.

식닉국은 지금의 파미르 고원 쉬그난(Shighnān, 석격남錫格南) 지방이다. 『신당서』 권221 하 「식닉전」은 이 나라에 관해 다음과 같은 내용으로 기술하고 있다. 식닉국의 동남쪽에서 곧바로 경사까지는 구천 리이고 동북쪽 오백 리에는 파미르 고원 수착(守捉)이 남쪽 삼백 리에는 호밀이, 서북쪽 오백 리에는 구밀(俱密)이 있다. 최초의 치소는 고한성(苦汗城)이었으나 후에 산골짜기 이곳저곳으로 옮겨 다녔다. 큰 골짜기 다섯 개가 있는데, 각자 수장이 다스리고 있어 오식닉(五識匿)이라고 한다. 전국 이천 리 땅에 오곡은 없으며, 사람들은 즐겨 공격하고 상인들의 물건을 겁탈한다. 파밀천(播密川)의 네 골짜기(이 네 개 골짜기에 네 개 식닉이 있다고 추단됨)에 대해서는 왕의 명령이 별로 소용이 없다. 사람들은 보통 굴속에서 산다. 정관 20년(646)에 사몰(似沒)과 역반(役槃), 이 두 나라의 사신이 함께 내조하였으며, 개원 6년(724)에는 왕 포차파자(布遮波資)에게 오위대장군(吾衛大將軍)직을 수여하였다.

구밀은 『대당서역기』 권1 중의 '구밀타(拘密陀)', 『오공행기』 중의 '구밀지(拘密支)', 아랍 문헌 중의 '쿠메즈(Kumedh)' '쿠미지(Kumiji)'이며 현 다르와즈(Darwaz, 달이와자達爾瓦玆)이다.

2. '구개식닉국(九箇識匿國)'이란 『신당서』권221 하 「식닉전」에 언급된 '오식닉', 즉 다섯 개의 식닉국(『오공행기』에도 '오적닉五赤匿'이라 함)과 파밀천의 네 골짜기에 있었을 법한 네 식닉국을 합쳐 이른 말이라고 사료된다(바로 앞의 주 1 참고).

3. '자외(自外)'란 '의식적으로 혹은 제멋대로 어떤 범위 밖에 위치하거나 반대 입장에 선다'라는 뜻으로서, 본문의 '자외각병자주(自外各並自住)'는 '각자 모두 의식적으로 자립해 산다'는 의미가 된다. 따라서 "나머지는 독립해 있다(The rest are independent)"(Y, 56)나, "그 밖의 왕들은 모두 독립해 있다(その他の王はみな獨立していて)"(桑, 45), "기타는 각각 독립해 있어"(李, 67), "나머지는 다 독립해 있어"(鄭, 132), "기타는 모두 자립하여"(金, 28) 등과 같은 해석이나 번역은 재고가 필요하다고 본다. 본 역주서에서는 '의식적으로'라는 뉘앙스를 살려 '제멋대로'로 번역하였다.

4. '굴왕(窟王)'이란 '굴속에서 사는 왕'이라는 뜻으로서, 이 말은 『신당서』권221 하 「식닉전」 중에 식닉국 사람들은 왕을 비롯해 모두가 '속굴실(俗窟室)', 즉 '보통 굴속에서 산다'라는 구절이 있는데, 여기서 유래한 것이라고 생각한다.

5. '사명(使命)'이란 어떤 명을 내려 사신으로 파견한다는 뜻이다.

6. '안서(安西)'는 안서 대도호부(安西大都護府)의 소재지를 지칭하는데, 정확하게 그 소재지는 현재의 쿠차이다.

7. '왕래절(往來絶)'은 '왕래가 끊기다'라는 뜻인데, 그 내용에 관해 두 가지 주장이 있다. 하나는 문면 그대로를 받아들이자는 것이고(桑, 45), 다른 하나는 '절(絶)'자 앞에 '부(不)'자가 누락되어 '왕래가 끊이지 않았다' 또는 '왕래가 계속되다'라는 대다수의 주장이다(F, 455; 藤, 81b; Y, 56; 張, 145; 李, 68; 鄭, 132; 金, 28). 이들의 주장은 혜초가 방문할 당시 당조와 식닉

국 간에 사신 왕래가 있었다는 데 근거를 두고 있는 것 같다. 『책부원구』 권 971 「외신부조공」에 의하면 개원 12년(724)에 식닉국 왕은 사신을 보내 말과 금정(金精, 정제한 금)을 헌상하였고, 개원 13년(725)에도 사신을 보내 말을 헌상하였으며, 개원 15년(727)에도 사신을 보내 새해를 축하하였다.

8. '대파밀천(大播蜜川)'에서 '천(川)'은 '내' '강'이란 뜻과 더불어 '평원' '벌'이란 뜻도 가지고 있다. 뒤에 오는 문맥으로 보아 '평원'으로 이해하는 것이 타당할 것 같다(10절 주 6 참고). '파밀천'은 한적에 '파밀천(播蜜川)'(『신당서』「서역전」), '파밀천(播密川)'(『구당서』「고선지전」, 『십력경』), '파미라천(波謎羅川)'(『대당서역기』) 등으로 음사되어 있다. 혜초가 대파밀천이라 칭한 곳을 와칸(호밀국)과 사리콜(Sar-i Kol) 사이에 위치한 소파밀(小播密)에 비정하는 견해도 있다. 혜초가 대파밀천이라 부른 곳은 현재의 파미르 고원과 대체로 일치한다.

9. '홍호(興胡)'에 관한 이해는 서로 엇갈린다. 우선, '홍(興)'자를 '여(與)'자로 보고(張, 145) '여(與)'자가 '상(商)'자의 오사라 판단하거나(藤, 82b), '여호(與胡)'를 '상호(商胡, Hu traders)'로 영역하기도 한다(Y, 56, 111). 또는 '홍호(興胡)'로 보기는 하나, 그 이해가 각이하다. 하네다 도오루(羽田 亨)는 '홍(興)'을 '홍리(興利)', 즉 이익을 낳게 한다는 의미에서 '상(商)'과 동의어로 보고 '홍호(興胡)'는 곧 '상호(商胡)'라고 하며(羽田 亨, 「興胡名義考」, 『羽田博士史學論文集』上卷 歷史篇, 京都大學出版部, 1940, 608-609쪽), 유명서(劉銘恕)는 '홍호(興胡)'는 '홍생호(興生胡)'의 약자로서 '홍생(興生)'은 유조(六朝) 이래의 관용어인데, 그 의미는 상품 매매 외에 고리대업을 경영하는 것을 말한다고 하였다(劉銘恕, 「絲路掇瑣」, 『敦煌學輯刊』, 1984, 84-92쪽). 그런가 하면 '풍족하게 사는 오랑캐족'(李, 68), '무역하는 호족'(鄭, 133) 또는 그저 '상인'(金, 29)으로 옮기기도 하였다.

사실 '홍생호'나 '홍호'는 일찍이 당대부터 전칭어(專稱語)로 쓰여온

낱말들이다. 특히 돈황 투르판문서 중에 그 용례가 자주 보인다. 예컨대 『당함형사년서주전정부두대정매타계(唐咸亨四年西州前庭府杜隊正買駝契)』에는 "함형사년십이월십이일 서주전정부두대정……교용련습사필우 강국홍생호강오파(咸亨四年十二月十二日 西州前庭府杜隊正……交用練拾肆疋于康國興生胡康烏破)"라고 하여 강국(사마르칸트)의 강오파(康烏破)란 홍생호가 낙타 매매 계약한 것을 소개하고 있으며, 『개원십구년노비매매시계(開元拾玖年奴婢賣買市契)』에는 "…득흥호미록산사 금장노비실만아년십일(…得興胡米祿山辭 今將奴婢失滿兒年拾壹)"이라고 하여 한 홍호가 어린 노비와 매매 계약을 한 사실을 전하고 있다. 이와 같이 '홍생호'나 '홍호'는 원래 상업과 고리대업을 경영하는 호인을 지칭했는데, 당대에 이르러서는 중앙아시아 일원에서 활동한 소그드인, 페르시아인, 대식인, 회흘인, 유대인 등을 망라한 외국 상인들이 이러한 '홍생호'나 '홍호'에 해당한다. 이들의 활동 범위는 대단히 넓어 중국 내에서만도 장안, 낙양, 양주(揚州), 익주(益州), 월주(越州), 홍주(洪州), 광주, 송주(宋州), 태원(太原), 봉상(鳳翔) 등 각지에 그들의 발자국이 남아 있다. 이들 홍호들은 많은 부를 축적하고 있었기 때문에 왕왕 겁탈의 대상이 되었다. 식닉국의 왕이 이삼백 명을 대파밀 평원으로 보내 홍호들의 재물을 겁탈하게 하였다는 혜초의 기사는 바로 이러한 상황을 반영하고 있다(黃, 234-235 참고).

10. '종(縱)'자는 '세로의' '놓아주다' '주름져 있다'라는 뜻과 더불어 '설사' '가령'이란 뜻도 지니고 있다. 본문에서는 후자의 의미로 사용되었다.

11. '청종(聽從)'이란 '따르다' '복종하다'와 함께 '~하도록 하다' '~하도록 내버려 두다'라는 뜻도 가지고 있다. 본문에서는 후자의 경우이다.

12. '해(解)'자의 이해에 관해서는 29절의 주 12 참고.

총령진

다시 호밀국에서 동쪽으로 보름을 가서 파밀천(播蜜川)을 지나면 곧 총령진(葱嶺鎭)에 이른다. 이곳은 중국(당)에 속하다 보니 지금 그 나라 군사들이 장악하고 있다. 이곳은 바로 옛적 배성(裴星) 왕의 영토였으나, 왕이 배반하고 토번으로 달아나는 바람에 지금은 이 나라 안에 백성이라곤 없다. 외국인들은 갈반단국(渴飯檀國, 타슈쿠르간Tāshukurghān)이라고 부르나 중국 이름으로는 총령이다.

葱嶺鎭

又從胡蜜國東行十五日 過播蜜川 卽至葱嶺鎭[1] 此是屬漢 兵馬見今〔鎭〕押[2] 此卽舊日王裴星[3]國境 爲王背叛 走投土蕃 然[4]今國界無有百姓 外國人呼云渴飯檀國 漢名葱嶺

주

1. '총령진(葱嶺鎭, 타슈쿠르간Tāshukurghān)'은 당 개원 연간에 '극서(極西)'를 지키기 위해 설치한 총령 수착으로서 혜초는 이곳이 곧 갈반단국(渴槃檀國)이라고 하였다. 총령은 파미르(Pamir, 파밀播密, 파미이帕米爾) 고원의 고칭이다. 이 이름은 『한서』「서역전」에서 초견된다. 여기서 이르기를 "옥문(玉門), 양관(陽關)에서 서역으로 가는 데는 두 길이 있는데,

남도는 서쪽으로 총령을 넘어 대월지, 안식에 이르고……북도는 서쪽으로 총령을 넘어 대원, 강거, 엄채(奄蔡)에 이른다"라고 하였다. 이 글자의 유래에 관해 『수경주(水經注)』「하수이(河水二)」는 『서하구사(西河舊事)』에 의하면 총령은 돈황 서쪽 팔천 리 거리에 있는 높은 산인데, 산상에서 파〔蔥〕가 나므로 옛날에 총령이라고 하였다고 한다. 이 책은 또한 곽의공(郭義恭)이 『광지(廣志)』에서 휴순국(休循國)이 총령에 있는데, 이 산에는 파가 많다고 한 말도 인용하고 있다. 이 이름은 청대까지도 쓰였다. 지금도 파미르 고원 설선(雪線) 이상의 암석 틈에서 야생 파가 자라고 있으므로 이 명명 유래에 신빙성이 있다. 파미르란 고(古)이란어로 '평옥(平屋) 지붕'이라는 뜻이다.

파미르 고원이 갈무리하고 있는 지역 범위에 관해 『대당서역기』 권12는 다음과 같은 내용을 기술하고 있다. 총령(파미르 고원)은 첨부주(瞻部洲) 중에 자리하고 있는데, 남으로는 대설산과 접하고, 북으로는 열해(熱海)와 천천(千泉), 서로는 활국(活國), 동으로는 오단국(烏鍛國)에 이르며, 동서남북이 각각 수천 리나 된다. 아스라한 산마루만 해도 수백 리에 달하고 험준한 골짜기에 빙설이 겹겹이 쌓이고 한풍이 휘몰아친다. 땅에서는 파가 많이 나므로 총령이라 부른다.

이리(伊犁)와 온숙(溫宿) 사이의 능산(凌山)도 파미르 고원에 포함시킨다. 현대 지리학에서는 파미르 고원의 북계를 아뢰령(阿賴嶺)까지로 정하고 있다. 파미르 고원은 힌두쿠시·카라콜룬·히말라야·쿤룬·천산 산맥 등 아시아의 거대 산맥들을 거느리고 있는 '세계의 지붕'이다. 파미르 고원은 동서문명교류의 대동맥인 실크로드 오아시스 육로의 필수 경유지로서, 오아시스 남도와 북도의 양도가 이곳을 지난다. 그리고 도축 구법승과 탐험가를 비롯한 많은 왕래자들이 이곳을 목격하고 쓴 귀중한 기록들이 적지 않게 남아 있어 그 실태를 전해주고 있다.

혜초가 앞 글에서 밝힌 대파밀천(大播蜜川, 『대당서역기』의 파미라천 波謎羅川)은 대파미르(파미르 쿤룬Pamir Kulun)로서, 파미르 고원 8대 평원(8대 파미르) 중의 하나이다. 호밀에서 총령 수착, 즉 갈반단국에 이르는 길은 아비판지(Ab-i Pānj, 분적하噴赤河) 남안을 따라 동행하는 길인데, 칼라판지(Kala Panj, 객랄분찰喀剌噴札) 부근에 이르면 동북쪽에서 흘러오는 파미르 강과 마주친다. 여기서 길이 물길을 따라 두 갈래로 나뉘는데, 남도는 아비판지 강을 따라 동행하여 와크지르(Wakhjir, 와혁철이瓦赫哲爾) 강 골짜기와 소파미르를 지난 후, 계속 와크지르 강 남안을 따라 전진하면 패이극(貝伊克)에 이른다. 여기서 다시 북쪽으로 탑십고이간강(搭什庫爾干江, 탑혁돈파십하塔赫敦巴什河)을 따라 동행하면 드디어 탑십고이간성(塔什庫爾干城)에 당도한다. 일반 여행자들은 이 길을 많이 택한다. 송운도 이 길로 서행하였다.

이에 비해 북도는 파미르 강을 따라 북동쪽으로 가서 대용지(大龍池, 유다리아호維多利亞湖, 빅토리아 호, 현지인들은 아호鵝湖라 함)와 대파미르를 지난 후 의사적극하(依斯的克河)를 따라 직진하면 타크테미스베그(Takhtemisbeg, 탑혁돈밀실백극塔赫敦密失伯克)에 도착한다. 여기서 다시 동남쪽으로 신디(Sindy, 신지辛地)에 이른 후 동북쪽으로 방향을 바꾸어 가면 탑십고이간에 이른다. 현장과 혜초는 이 북도를 취하였다.

갈반단국은 한적에 '갈반타(喝盤陀)'(『위략』), '한반타(漢盤陀)'(『송운행기』), '갈반타(渴槃陁)'(『남사』『북사』『위서』), '갈반타(渴盤陀)'(『양서』), '갈반타(喝盤陀)' '한타(漢陀)' '갈관단(渴館檀)' '갈라다(渴羅陀)'(『신당서』) 등 몇 가지로 음사되어 있다. '갈반단국(渴飯檀國)'은 총령진, 즉 당 개원 연간에 설치한 총령 수착이 있던 곳으로서, 현 타슈쿠르간이다. 와칸 지방에서 파미르를 넘으려면 필히 지나야 하는 요지로서, 시리콜 계곡의 주요 읍이다. 인더스 강 상류의 칠라스(Chilas) 부근에서 발견된 소그드어 암벽 명문

중에 나오는 'xrβntn(xarvandan)'이 그 어원이라고 하는 견해가 있다(吉田 豊,「ソグド語雜錄(III)」,『內陸アジア言語の硏究』5, 1990, 91-93쪽 참고).

이 나라에 관한 최초의 한적 기록은 『위서』「서역전」에서 찾아볼 수 있다. 이 기록에 따르면, 갈반타국(渴槃陁國)은 총령 동쪽, 주구파(朱駒波·朱俱波) 서쪽에 있는데, 강이 이 나라를 지나 북동쪽으로 흘러가고 높은 산이 있으며 여름에도 서리와 눈이 내리고, 불도를 섬기며 염달에 복속되어 있다.

『양서』「서북제융전(西北諸戎傳)」에는 다음과 같은 내용을 전하고 있다. 갈반타국(渴盤陀國)은 우기(于闐)의 서쪽에 있는 작은 나라로서 서쪽은 활국, 남쪽은 계빈, 북쪽은 사륵과 접경해 있으며, 산중에 있는 치소는 성 둘레가 10여 리나 된다. 이 나라에는 열두 개의 성이 있으며 풍속은 우기와 비슷하다. 옷은 고구포(古具布, 길구포吉具布)로 짓는데, 소매가 작고 바짓가랑이가 좁은 형태의 긴 도포 형식이다. 밀이 잘 되어 식량이 넉넉하고 소, 말, 낙타, 양이 많으며, 질 좋은 펠트 천과 금옥(金玉)이 난다. 왕의 성은 갈사씨(曷沙氏)이며 중대동(中大同) 원년(546)에 사신을 보내 방물을 헌상하였다.

『신당서』「갈반타국전(喝盤陀國傳)」에도 다음과 같은 내용의 기사가 있다. 소륵 서남쪽에서 검말곡(劍末谷)과 불인령(不忍嶺)에 들어선 후 600리를 가면 갈반타국에 이르는데, 과주에서 4500리 거리에 있는 이곳은 주구파의 서쪽에 위치하며, 그 남쪽은 현도산(懸度山), 북쪽은 소륵, 서쪽은 호밀(護密), 서북쪽은 판한국(判汗國)에 면해 있다. 군사는 천 명이고 왕은 본래 소륵인이다. 총령은 속칭 극억산(極嶷山)이라고 하는데 이 나라를 에워싸고 있다. 사람들은 근기(根氣)가 있고 외형이나 말은 우기와 같다. 후위(後魏) 태연(太延) 연간(435~439)에 중국과 통교하기 시작하였으며, 정관 9년(635)에 사신을 보내 조공하였다. 개원 연간에 당은 이 나라를 정토하여 안서의 가장 서변 초소인 총령 수착을 이곳에 설치하였다.

『대당서역기』 권12도 이 나라에 관한 몇 가지 기사 내용을 전하고 있다. 이 나라의 둘레는 이천여 리이고 가장 큰 도성은 대석령(大石嶺)에 있는데, 배후에는 사다하(徙多河)가 흐르고 성 둘레는 이십여 리나 된다. 산이 이어져 있고 평원이 협소하며 콩과 맥류는 많으나 과실은 적다. 예의가 없고 학예도 일천하며 성격이 난폭하다. 용모는 흉하고 문자와 언어는 구사국(佉沙國, 카슈가르, 소륵국)과 대체로 같고 불법을 숭상하며 소승불교의 설일체유부를 공부한다. 십여 소의 가람에 오백여 명의 승도가 있다. 이상의 여러 기록으로 보아 이 나라의 치소는 5세기 전에 파미르 고원 동쪽의 탑십고이간이었고, 그 이후에는 서천하여 파미르 고원 중부에 정도하였다.

2. 『신당서』 권221 상 「갈반타국전」에 의하면 개원 연간에 당은 이 나라를 정토하여 총령 수착을 설치한 것을 계기로, 이 나라를 '진압(鎭押)', 즉 장악·관리하게 되었다. 『신당서』 권43에 인용된 가탐의 「입사이도(入四夷道)」에도 소륵으로부터 서남쪽으로 가서 검말곡(劍末谷), 청산령(靑山嶺), 불인령(不忍嶺)에 들어선 후 600리를 가면 총령 수착에 이르는데, 이곳이 바로 갈반타국(羯盤陀國)이라고 하였다.

3. '배성(裴星)'은 소륵 왕족 출신으로서 갈반단국을 통치하다가 토번으로 도수하였다. 『통전』 권193 「변방구(邊防九)」 '갈반타(渴槃陀)'조에는 이 나라 왕은 본래 소륵인으로서 대를 물려가면서 이 나라에 살고 있다고 했고, 『신당서』 「서역전」에도 소륵은 일명 구사(佉沙)라고 하는데, 왕의 성은 배씨(裴氏)이나 자칭 아마지(阿摩支)라고 하고 가사성(迦師城)에 살고 있으며, 일명 한타(漢陀) 또는 갈관단(渴館檀)이라고 하는 갈반타(喝盤陀)의 왕은 소륵인으로서 대를 이어 계위하였다고 한다. 이상의 기록으로 봐서 배성은 소륵 출신의 왕임이 분명하다. 그가 토번으로 도망친 때는 아마도 토번이 파미르를 경유하는 길을 개척하여 서역으로 진출한 660년대 이

후일 것이나, 혜초가 성명까지 밝힌 점으로 미루어 오래 전 인물은 아니고 8세기 초반의 인물로 추측할 수 있다.

4. '연(然)'자는 다양한 뜻을 가지고 있다. ①대명사로서 '그러한' '이와 같은'이라는 뜻. 예: 지기연(知其然)―그것이 그러하다는 것을 알다. ②형용사로서 '그렇다' '맞다'라는 뜻. 예: 불이위연(不以爲然)―그렇다고 생각하지 않다. ③부사로서 '그러나' '그렇지만'이라는 뜻. 예: 연이(然而)……―그러나……. ④접미사로서 상태를 나타냄. 예: 돌연(突然)―돌연히; 흔연(欣然)―기꺼이. ⑤결과를 나타내는 부사로서 '그러므로' '그리하여'라는 뜻. 본문이 그러한 예이다.

36

소륵국(카슈가르)

다시 총령에서 걸어서 한 달을 가면 소륵(疎勒, 카슈가르Kashgar)에 이른다. 외국에서는 가사기리국(伽師祇離國, 카슈가르)이라고 부른다. 이곳 역시 중국 군사들이 주둔하고 있다. 절이 있고 승려도 있으며 소승법이 행해진다. 고기와 파, 부추 등을 먹으며 토착인들은 모직 옷을 입는다.

疏勒國

又從葱嶺步入一月 至疎勒[1] 外國自呼名[2]伽師祇離國 此亦漢軍馬守捉[3] 有寺有僧 行小乘法[4] 喫肉[5] 及葱韮等 土人着疊布衣也

주

1. '소륵국(疎勒國 · 疏勒國, 카슈가르Kashgar, 객십갈이喀什噶爾)'의 별칭에는 여러 가지가 있다. 한적에는 '갈차(竭叉)'(『법현전』), '가사라서(迦舍邏逝)'(『수경주』), '기사(奇沙)'(『고승전』), '가사(珂沙)'(『불본행집경』), '구사(佉沙)' '거사(渠沙)' '가사(迦師)'(『신당서』), '구사(佉沙)' '실리흘율다저(室利訖栗多底)'(『대당서역기』), '가사길려(迦師佶黎)'(『일체경음의』), '걸사합아(乞思合兒)'(『원비사』), '가실합이(可失哈耳)'(『원사』), '가실합아(可失合兒)'(『세조본기(世祖本紀)』), '합실합아(哈實哈兒)'(『명사』) 등의 음사가 있다. 펠리오에 의하면 서양인들은 13세기경부터 소륵의 지명을 거론했는데, 라

틴어로 'Chassar · Casahar · Chasahar · Chaschar · Cascar' 등으로 표기하였다. 소륵은 한대부터 당말 송초까지 중국인들이 부르던 이름이다.

소륵은 한대 서역 36국 중의 일국으로서 『한서』「서역전」은 이 나라에 관해 다음과 같은 내용으로 기술하고 있다. 소륵국의 치소는 소륵성(疏勒城)으로서 장안으로부터 9350리 떨어진 거리에 있으며 1510호에 인구 1만 8647명, 군사 2000명이다. 소륵후(疏勒侯), 격호후(擊胡侯), 보국후(輔國侯), 도위(都尉), 좌우장(左右將), 좌우기군(左右騎君), 좌우역장(左右譯長)이 각 한 명씩이다. 동쪽으로 도호 치소까지는 2210리이고, 남쪽으로 사차(莎車, 야르칸드Yarkand, 타림 분지 서남부의 오아시스 육로 남도의 종점)까지는 560리이다. 서쪽으로 대월지, 대원, 강거로 가는 길이 있다.

자고로 소륵은 동서교통의 요충지로서, 서로는 파미르 고원을 넘어 대원, 강거, 엄채에 이르고, 동으로는 북산(北山)의 파하(波河)를 지나 옥문과 양관을 거쳐 장안에 이른다. 한 무제 때 서역통로가 착공된 이래 소륵은 급속히 발전하였다. 동한(東漢) 때에는 2만 1000호에 삼만여 명의 군사를 거느리고 있어, 서한(西漢) 때의 인구나 군사에 비해 약 15배나 급증하였다. 동한 영제(靈帝) 건원(建元) 3년(171)에 양주 자사(涼州刺使) 맹타(孟佗)가 종사(從事) 임섭(任涉)을 파견해 돈황 부대를 거느리고 서역 장사(長史) 장안(張晏)이 소집한 언기(焉耆), 구자, 차사(車師)의 군사들과 함께 총 삼만여 명의 병력으로 소륵을 공격해 40여 일간 포위했으나 함락하지 못하고 철수하였다.

3국 시대에는 주변의 정중국(楨中國), 금국(琴國) 등 12개 소국을 병합하였다. 오아시스 육로의 요로에 위치하고 있기 때문에 항시 여러 나라 사이의 각축장이 되었다. 북위 때 소륵은 엽달에 복속되었고, 6세기 후반에는 다시 돌궐에 점령되었는데, 그런 상태는 당 태종 정관 연간(627~649)까지 지속되었다. 『북사』「소륵전」에 의하면 이 나라 왕은 금제 사자관을 쓰고 땅에서는 벼, 밤, 마, 맥류, 동, 철, 주석, 자황(雌黃) 등이 많이 난다고 한다.
 당대에 소륵은 몇 차례나 토번에 예속되었다. 당은 서역 경영을 위해 구자, 우기, 쇄섭(碎葉, Sāy-ab), 소륵에 이른바 안서4진을 설치하였다. 이 4진을 에워싸고 토번과의 쟁탈전이 오랫동안 지속되었다. 마침내 개원 16년(728)에 대리정(代理正) 교몽송(喬夢松)을 파견해 아마지 안정(安定, 배안정裵安定)을 소륵 왕에 책봉하였으며, 천보 12년(753)에 소륵 수령 비국량(裵國良)이 내조한 후부터 소륵은 줄곧 당에 귀속되었다. 그리고 숙종(肅宗) 상원(上元) 연간(760~761)에 소륵 도독부를 신설하였다. 이렇게 당 고종 때부터 현종 때에 이르기까지 약 백 년간 당과 돌궐, 토번, 대식 간에는 안서4진을 쟁탈하기 위한 분쟁이 계속되었다. 혜초는 이러한 와중에 귀로에 이 지역을 지났다.

'소륵'명의 유래에 관해서는 두 가지 견해가 있다. 하나는 돌궐어 '술리크(Su-lik)'나 '술라끄(Su-laq)' '술루크(Sūluk)'에서 어원을 찾는 견해인데, 돌궐어에서 '수(su)'는 '물'이고, '술리크(sulik)'는 '물이 있는'이라는 뜻이다. 이곳에 물과 풀이 풍족하기 때문에 '소륵'이란 지명은 이와 관련이 있다는 것이다. 다른 하나는 티베트어로 된 『우기교법사(于闐教法史)』 중의 '술리그(Śu-lig)'나 구로문건(佉盧文件) 중의 '술리(Sūli)'에서 유래했다는 견해인데, 그 뜻은 '소그드'이다. 즉 소륵이 소그드인에 의해 건립된 나라라는 사정과 관련이 있다는 것이다.

소륵의 별칭인 구사(佉沙)의 유래에 관해서도 이론이 분분하다. 일설은 로마 시대의 지리학자 프톨레마이오스의 『지리학 입문』 중에 나오는 '카시아(Kasia, 티베트 농부 혹은 섭성葉城과 탑십고이간 사이의 지방)'에서 유래했다고 한다. 타설은 산스크리트 '카사(Khasa)'의 음사라는 주장이다. 이 '카사'는 타력(陀歷, 다릴Daril, 다레다Dareda)과 중국 사이의 지역을 지칭하는데, 여기에 소륵이 포함된다.

소륵의 치소로 알려진 가사성(迦師城)은 현 카슈가르에서 동북쪽으로 25킬로미터 지점에 있는 백십극륵목(伯什克勒木)의 고성이라는 주장과 현 탁복심(托卜沁)에서 동남쪽 6~7킬로미터 지점의 흑태심(黑太伈, 한인성 漢人城)이라는 두 가지 주장이 있다. 이 흑태심 유지는 둘레가 삼십여 리나 되고 주위에 봉화대가 있으며 동전과 도자기 파편이 다수 출토되어 당대의 고성 유지임이 입증되었다(張, 153-158 참고).

2. '외국자호명(外國自呼名)'에서 '외국(外國)'과 '자호명(自呼名)'을 어떻게 이해할 것인가가 문제시되고 있다. 문자 그대로 직역하면 '외국 스스로가 ~라고 부른다'인데, 대부분의 학자들은 이 '외국(外國)'을 문자 그대로 '외국'이나 '외국인'으로 이해한다(Y, 57, The foreigners). 그러나 桑은 "현지에서는 ~으로 자칭한다(土地では ~と自稱する)"(桑, 46)로 일역함으로써 '외국'을 '내국', 즉 '현지'나 '본고장'으로 이해하였다. 아마 '자호명(自呼名)'을 '스스로 ~라고 부르다'라는 뜻인 '자칭(自稱)'과 연관시키다 보니 그렇게 이해한 것 같다.

3. '수착(守捉)'은 '지키며 장악하다'라는 뜻이기 때문에 '수비하다'나 '장악하다' 혹은 '주둔하다'라고 이해해도 무방할 것이다. 이처럼 당은 서쪽 변방에 전초 기지로 '총령 수착(葱嶺守捉)'을 설치하였다.

4. 본 여행기에서 보다시피, 혜초는 불교가 성행한 곳에 대해서는 '족사족승(足寺足僧)'과 같은 표현을 즐겨 사용했으나, 이곳에서는 '유사유승(有寺有僧)', 즉 '절이 있고 승려도 있다'라고 표현하였다. 이것은 당시 이곳에서 불교가 성행하지 않았음을 시사한다. 당초 소륵에서는 대승불교가 유행하였다. 『고승전』 「구마라습전(鳩摩羅什傳)」에 의하면 구마라습은 원래 소승불교를 신봉했으나 어머니를 따라 천축에서 돌아오는 길에 사륵(沙勒, 소륵)에 1년간 체류하였다. 여기서 그는 사차(莎車) 왕자 야리소마(耶利蘇摩)를 사사해 대승경전 『아누달경(阿耨達經)』을 공부하였다. 그 후 그

는 "내가 지난날 소승을 배운 것은 마치 사람이 황금을 알아보지 못한 것과 같다"라고 하며 소승을 따른 것을 후회하고 대승에 몰입하였다. 이는 4세기경 소륵에서 대승이 성행하고 있었음을 말해준다. 그렇다고 소승이 없어진 것은 아니고 여전히 유행하고 있었다.

현장은 『대당서역기』 권12 「구사국(佉沙國)」조에서 이곳에는 가람 수백 소와 승도 만여 명이 있으며 사람들은 소승불교의 설일체유부를 공부한다고 하였다. 그러나 『자은전』에는 이 나라에 대승경전이 많아 십만 송(頌)을 알고 있는 자가 수십 명이나 된다고 하면서 대승도 상당히 유행하고 있었음을 전한다. 그 후 불교가 쇠퇴하게 된 것은 돌궐의 점령을 계기로 조로아스터교가 유입된 데 주원인이 있다고 판단된다.

5. '끽육(喫肉)', 즉 육식에 관한 문제인데, 일반적으로 불교에서는 육식을 삼가는 것으로 알려져 있다. 그러나 본 여행기에서 보면, 소륵이나 구자같이 소승불교가 유행하는 곳에서는 육식을 하고, 우기같이 대승불교가 행해지는 곳에서는 육식을 하지 않는다.

37

구자국(쿠차)

다시 소륵에서 동쪽으로 한 달을 가면 구자국(龜玆國, 쿠차Kucha)에 이른다. 이곳이 바로 안서 대도호부(安西大都護府)로서 중국 군사의 대규모 집결처이다. 이 구자국에는 절도 많고 승려도 많으며 소승법이 행해지고 있다. 고기와 파, 부추 등을 먹는다. 중국 승은 대승법을 행한다.

龜玆國

又從疏勒東行一月 至龜玆國[1] 卽是安西大都護府[2] 漢國兵馬大都集處 此龜玆國 足寺足僧 行小乘法[3] 食肉及蔥韮等也 漢僧行大乘法[4]

 주

1. '구자(龜玆, 고차庫車, 현 쿠차Kucha)'의 이름은 비교적 통일되어 있다. 『양한서』로부터 『명사』에 이르기까지 대부분의 정사와 『고승전』 등 불전에는 '구자(龜玆)'로 표기되어 있다. 원대에 이르러서는 회골어(回鶻語) 'Küsän'의 음역으로 '곡선(曲先)'(『원비사』), '고선(苦先)'(『원사』), '고차(苦叉)'(『황원경세대전(皇元經世大典)』) 등이 출현하였다. 청대 건륭제(乾隆帝) 때 현재 사용하는 '고차(庫車)'로 개명하였다. 그 밖에 '굴지(屈支)'(『대당서역기』), '귀자(歸玆)' '구자(丘玆)' '굴자(屈玆·屈茨)' 등의 음사가 있다.
쿠차는 서한(西漢) 때 서역 36개국 중 9대국의 하나였다. 『한서』 「서역

●──── 구자 고목토람 보살 공양도

전」은 쿠차에 관해 다음과 같은 내용을 기술하고 있다. 구자국의 치소는 장안에서 7480리 거리에 있는 연성(延城)이다. 6970호에 인구 8만 1317명과 군사 2만 1076명을 보유하고 있다. 벼슬로는 대도위승(大都尉丞), 좌우장(左右將), 좌우도위(左右都尉), 좌우기군(左右騎君), 좌우역보군(左右力輔君)이 각 한 명씩이고, 동서남북에 부천장(部千長)이 각 한 명씩이며, 각호군(却胡君) 세 명, 역장(譯長) 네 명이 있다. 남쪽은 정절(精絶), 동남쪽은 차말(且末), 서남쪽은 우미(扞彌), 북쪽은 오손(烏孫), 서쪽은 고묵(姑墨)과 접해 있고, 쇠를 녹이고 야금(冶金)하는 일이 가능하며 납도 난다. 동쪽 도호의 치소인 오루성(烏壘城)까지는 350리이다.

쿠차의 중요성과 국력 때문에 한조는 시종일관 이곳을 서역의 중진으로 중시하였다. 동한 초 서역 각국이 흉노에게 예속되자 한 화제(和帝)는 구원(求元) 원년(89)에 대장군 두헌(竇憲)을 파견해 흉노를 공파(攻破)하고 3년에 서역 제국을 평정한 반초를 도호로 임명하여 쿠차에 주재시켰다. 위진남북조 시대에도 쿠차의 국력은 계속 성장하여 경제적 부를 누렸다.

전진(前秦)의 부견(符堅)이 여광(呂光)을 보내 쿠차를 공략할 때 왕이 많은 재물을 가지고 도망쳤음에도 불구하고 여광은 낙타 이만 두(頭)분의 재화와 양마 만여 필을 노획하였다고 한다.

쿠차는 오아시스 육로의 북도 요충지에 위치하고 있어 동서문명교류에 특출한 기여를 하였다. 특히 쿠차 악무(樂舞)는 인도와 페르시아 및 중국 악무로부터 자양분을 섭취하여 민족적 특색이 짙은 독특한 악무로 창출되었다. 쿠차악은 고창악(高昌樂), 우기악(于闐樂)과 더불어 서역 3대 악(樂)의 하나로 자리를 굳혔다. 이러한 쿠차악은 중국을 거쳐 멀리 한반도나 일본까지 전파되었다. 수의 구부기(九部伎)나 당의 십부기(十部伎)에서 예외 없이 구자기(龜玆伎)가 중요한 역할을 하였는데, 이 기(伎)에 망라된 악기들(오현五絃, 요고腰鼓, 동발銅鈸, 공후箜篌, 피리, 횡적橫笛, 소簫 등)은 고구려나 신라에 전파되었다. 뿐만 아니라, 최치원(崔致遠, 857~?)은 『향악잡영오수(鄕樂雜詠五首)』에서 신라 때 유행하던 다섯 가지 놀이를 소개하고 있는데, 그 중 유일하게 오늘날까지 전승되고 있는 산예(狻猊), 즉 사자춤은 바로 쿠차에서 전래된 것이다(졸저, 『신라·서역교류사』, 273-282쪽 참고).

쿠차를 비롯해 언기(焉耆)와 투르판(Turfan, 토로번吐魯番) 일원의 고대 언어에 관해 그 동안 논란이 많았다. 19세기 말 이 일대에서 여러 가지 사본 유물이 발견되면서 언어학자들의 연구가 점차 심화되어갔다. 그 결과, 이 일대의 언어를 대체로 3종의 언어로 구분하고 있다. 제3종 언어는 소그드어이고, 제2종은 화기색어(和闐塞語, 우기 통용어)이다. 이 두 종류의 언어에 관해서는 별로 이견이 없다. 그러나 제1종 언어에 관해서는 이견이 분분하다. 처음에는 소륵어로 보았으나 나중에는 그것을 부정하고 토화라어로 보는 데 대체로 의견이 모였다. 그러나 이 토화라어가 두 가지 방언으로 구성되어 있음을 알아내고서는 갑종 토화라어와 을종 토화라어로 다시 이분하고 있다. 아무튼 제1종 언어가 토화라어인 것만은 틀림없다(張, 164-166 참고).

● ── 안서 도호부가 있던 쿠차 복원도(자료 제공: KBS)

2. 안서 대도호부(安西大都護府, 안서 도호부)는 당대 여섯 도호부 중 하나로서 타림 분지에 설치한 도호부이다. 당은 오아시스 육로의 북도 연변에 있던 타림 분지 제국을 관리하고 그를 통한 서방과의 교역을 확보하며 천산 산맥 북쪽으로부터 유목 세력의 압력을 차단하기 위하여 이 도호부를 설치하였다. 그런데 도호부의 치소는 정세의 변화에 따라 주로 고창과 쿠차 사이를 오갔다.

안서 도호부의 설치나 이전에 관한 문헌기록을 종합해보면, 640년에 당조가 국씨(麴氏) 고창국(高昌國)을 멸망시키고 수도였던 고창을 서주(西州) 5현(五縣)으로 개명한 뒤 거기에 안서 도호부를 설치하였다. 그러다가 648년에 이 도호부를 쿠차로 이전했다. 3년 후인 651년에 다시 서주로 옮겼고, 658년에는 쿠차로 다시 옮겼다. 670년 티베트(토번)의 서역 진출로 인해 도호부를 다시 서주로 옮겼다가 692년에 또다시 쿠차로 이전했다. 이후부터 755년 '안사(安史)의 난'이 일어날 때까지, 안서 도호부는 가끔 일시적인 위기 상황은 있었으나 비교적 안정된 분위기 속에서 쿠차에 머물러 있었다. 그래서 727년 혜초가 쿠차에 들렀을 때에도 안서 도호부가 이곳에 있었던 것이다.

안서 도호부 예하에는 여러 개의 기미주(羈縻州)가 있었으며, 별도로 주요 네 지점인 소륵·쿠차·우기·언기에 병력을 주둔시켰는데, 이것을 4도독부(四都督府) 혹은 4진(四鎭)이라고 한다. 그러다가 679년에 당군이 천산 지방의 쇄섭을 점령하자 이를 계기로 언기를 배제하고 대신 쇄섭을 4진에 포함시켰다. 당시 진병(鎭兵)은 총 삼만 명에 달하였다. 그러나 북방 유목 세력의 저항으로 인해 719년 당은 쇄섭진을 포기하고 언기를 다시 4진에 포함시켰다.

3. 쿠차는 기원전 1세기 서한 시대에 이미 불교를 받아들이기 시작하여 서역 나라들 중에서 불교가 가장 흥성한 나라 중 하나가 되었고, 불교의 동전에도 크게 기여하였다. 불교의 쿠차 전파에 관해서는 각종 유물과 문헌 기록이 전해주고 있다. 20세기 초 독일 탐험대가 쿠차를 비롯한 타클라마칸 사막 북연(北緣)의 오아시스 여러 나라에서 불교의 전파상을 전해주는 730여 종의 산스크리트 사본을 발견하였다.

초기 포교시대인 2~5세기 때의 사본은 모두가 인도산 패엽(貝葉)에 쓰인 서체로서 북인도의 마투라(Mathurā)나 코삼비(Kausambi, 교상미) 등지에서 들여온 것이며, 내용은 설일체유부에 속하는 경전(『아비달마구사론』)이나 희곡, 의학문서 들이다. 그 속에는 산스크리트 문법서가 포함되어 있어 현지인들이 산스크리트를 배우고 있었음을 짐작할 수 있다. 대표적인 사본으로 불교시집인 『우다나바르가(Udānavarga)』를 들 수 있는데, 구백 여 수의 교훈시를 주제에 따라 33장으로 나누고 있다. 379년경 쿠차에 유학을 갔다가 돌아온 승순(僧純)이나 담충(曇充) 등 유학승들의 보고에 의하면 당시 쿠차에는 절 5개소에 중 440명, 절 3개소에 비구니 260명이 있어 모두 700명의 승니가 설일체유부 교단에 속해 있었다. 당시로서는 오아시스 육로의 북도에 있는 유일한 불교 교단이었다.

5세기 이후에는 패엽에 쓰인 사본이 사라지고 대부분이 종이에 쓰이고,

서체도 북투르키스탄식 서체로 바뀐다. 이것은 쿠차 교단이 점차 인도의 영향에서 벗어나 독자적인 행보를 함으로써 불교의 현지화가 이루어지고 있었음을 시사한다. 4세기 말엽에 설일체유부는 유부(有部)와 근본유부(根本有部) 두 파로 갈라진다. 인도의 경우 유부는 점차 근본유부로 대체되면서 7세기에 이르러 사실상 자취를 감추고 만다. 그러나 쿠차를 비롯한 북도 연변에서는 유부가 여전히 성행하였다. 혜초가 쿠차를 방문했을 때도 소승에 속하는 유부 계통의 불교가 행해지고 있었다. 그것도 '족사족승(足寺足僧)'일 정도였다.

9세기 중엽 위구르인들이 침입하여 쿠차에서 투르판에 이르는 지역에 서위구르 왕국을 건립하면서 불교는 사양길에 접어들었다. 하지만 없어진 것은 아니고 위구르인들 속에서 전파되고 있었으며, 『아함경』을 비롯한 불경들이 산스크리트와 더불어 위구르어로 간행되기도 하였다. 이러한 과정에서 쿠차인들은 불교의 전파에 불멸의 공헌을 하였다. 위진남북조 시대에 북방의 부견이나 요흥(姚興, 394~416 재위), 남조의 양(梁) 무제(武帝) 등은 모두 불교를 적극 수용하였다. 때를 같이해 불교가 성행한 쿠차는 자연히 중국과의 불교 교류에 나섰다. 적지 않은 쿠차 불승들은 중국으로 와 포교와 역경 사업에 헌신하였다. 일찍이 조위(曹魏) 감로(甘露) 3년(258)에 낙양 백마사(白馬寺)에 와서 역경에 종사한 백연(白延)을 비롯해 법립(法立), 백법구(帛法矩), 백시리밀다라(帛尸梨密多羅), 연화정진(蓮花精進), 약나(若那) 등 여러 고승들이 연이어 내화해 포교와 역경에 동참하였다.

특히 구마라습(鳩摩羅什, 쿠마라지바Kumarajiva, 344~413)이 그 대표적인 인물이다. 그의 어머니는 쿠자 왕의 누이동생으로 구마라습은 유년 때 어머니를 따라 천축에 가서 소승경전과 베다 및 오명(五明) 제론(諸論)을 공부하고 우기에서 대승을 연찬하였다. 쿠차로 돌아와서는 그의 명성이 전 서역에 퍼졌다. 부견이 여광을 파견해 쿠차를 공략한 원인 중 하나가 이 대덕 고승을 모셔오기 위해서라고 할 정도로 그는 유명하였다. 장장 15년의 교섭 끝에 드디어 후진(後秦)의 요흥제 홍시(弘始) 3년(402)에 구마라습은 장안에 도착하여 설교와 역경에 투신하였다. 그는 중국 3대 역경가의 한 사람이자 국사(國師)로서 『반야경(般若經)』에 근거한 대승중학관(大乘中學觀)을 처음으로 중국에 전수하였고, 불전 35부 294권을 한역하였다.

쿠차인들은 초기 밀교의 전파에도 기여하였다. 쿠차 왕자인 백시리밀다라는 건초사(建初寺)에서 밀교 경전인 『대관정경(大灌頂經)』 10권, 『대공작왕신주경(大孔雀王神咒經)』 1권, 『공작왕잡주경(孔雀王雜咒經)』 1권을 한역하였다.

4. 7세기를 전후해 소륵, 쿠차, 언기 등 오아시스 육로의 북도 주변국에서는 소승불교가, 우기 등 남도 주변국에서는 대승불교가 유행하였다. 그러나 당조가 서역 경영을 적극적으로 하면서 이 남도 주변국과 북도 주변국에 한인들과 함께 한승들을 파견하고 대운사(大雲寺)나 용흥사(龍興寺) 같은 불사를 건설하였으며, 한승들은 여기서 대승불교를 행하였다.

우기국(호탄)

다시 안서(安西) 남쪽에서 우기국(于闐國, 호탄Khotan)까지는 이천 리이다. 이곳에도 중국 군사가 많이 주둔하고 있다. 절이 많고 승려도 많으며 대승법이 행해지고 있다. 고기는 먹지 않는다. 여기서부터 동쪽은 모두 당나라의 영역이다. 모두가 공히 알고 있어 말하지 않아도 알 수 있다.

于闐國

又安西南去于闐國¹ 二千里 亦足漢軍馬領押² 足寺足僧 行大乘法³ 不食肉也 從此已東 並是大唐境界⁴ 諸人共知 不言可悉

주

1. '우기국(于闐國, 호탄Khotan, 현 신강 위구르 자치주 화기和闐)'은 한적에서 '구살단나(瞿薩旦那)' '지유(地乳)' '굴단(屈丹)'(『대당서역기』) 등으로 음사되고 있으며, 청대 건륭제 때 화기(和闐)로 개명되어 오늘에 이르고 있다. 호탄은 실크로드 육로 남도의 요지에 위치한 오래된 나라이다. 기원전 138년부터 126년까지 장건이 처음으로 서역에 사행할 때 이미 이 나라는 알려져 있었다. 『사기』「대원전」에는 다음과 같은 내용의 기술이 있다. 장건은 대원, 대월지, 대하, 강거에 이르렀고 주변에 오륙 개의 대국이 있다는 것을 전문하였다. 그는 천자에게 이르기를 대원은 흉노의 서남쪽,

●──우기국 사원 벽화에 그려진 신상

한의 바로 서쪽에 있고, 대원의 동쪽에는 우전(于寘)이 있으며, 우전의 서쪽에 있는 물은 모두 서쪽으로 흘러 서해에 들어가고 그 동쪽에 있는 물은 모두 동쪽으로 흘러 염택(鹽澤)에 들어간다고 하였다. 여기의 우전이 곧 우기(于闐)이다. 장건은 제2차 서역 사행 때 부사를 우전에 파견한 바 있다.

『한서』「서역전」은 우기에 관해 다음과 같이 구체적인 내용을 전하고 있다. 우기국의 치소는 서성(西城)으로서 장안으로부터 9670리 거리에 있으며 가구 3300호에 인구 1만 9300명, 군사 2400명을 가지고 있다. 관직으로 보국후(輔國侯), 좌우기군(左右騎君), 동서성장(東西城長), 역장(譯長)이 각 한 명씩 있다. 동북쪽으로 도호 치소까지는 3947리이고 남은 야강(婼羌), 북은 고묵과 접해 있다. 우기 서쪽에 있는 물은 모두 서쪽으로 흘러 서해로 들어가고 그 동쪽에 있는 물은 모두 동쪽으로 흘러 염택에 유입된다. 옥석(玉石)이 많고 서쪽으로 피산(皮山)까지는 380리다.

현장의 『대당서역기』 권12는 우기를 '구살단나(瞿薩旦那, 쿠스타나 Kustana, 고스타나Gostana)'라고 부르면서 당대에는 일명 '지유(地乳)'라 하였다고 한다. 그리고 '지유', 즉 '땅의 젖'이라고 이름을 붙이게 된 유래에 얽힌 전설을 소개하고 있다. 그 내용은 다음과 같다. 왕이 후사가 없어서 비사문천(毗沙門天, 바이슈라바나Vaiśravaṇa) 신전에 가서 후사가 있게 해 달라고 기도하는데 갑자기 신상의 이마에서 영아가 튀어나왔다. 사람들의 경하 속에 아기를 안고 회궁했는데 아기가 통 젖을 먹지 않았다. 왕이 걱정이 되어 다시 신상을 찾아가 사정을 고하니 신상 앞의 땅이 서서히 부풀어 오르는데, 그 모양새가 마치 젖과 같았다. 아기가 그것을 빨아먹더니 금방 원기를 회복하는 것이었다. 그래서 국호를 '지유'라 하였다고 한다. 돈황에서 출토된, 고티베트어로 쓰인『우기교법사(于闐敎法史, Li-yul chos-kyi-lorgyus)』에는 고대 인도 아소카 왕의 아들 지유(地乳, Gostana-Sanu)에 관해 유사한 전설이 게재되어 있다.

호탄인들의 체질학적 특징과 언어 등을 감안할 때, 그들은 인도-중국의 융화물(장족藏族, 티베트족)이라고 할 수 있다.『북사』「우기전(于闐傳)」에 보면, 고창 서쪽의 여러 나라에 사는 사람들은 '심목고비(深目高鼻)', 즉 눈이 깊고 콧마루가 높으나, 유일하게 우기국 사람들만은 용모가 호인답지 않고 화하인(華夏人, 중국인)과 매우 흡사하다고 나온다. 영국 인종학자 조이스(Joyce)가 현지를 직접 방문한 스타인의 기록을 토대로 연구한 결과, 우기인은 키가 작고 코가 평평하고 넓으며 머리칼과 동공이 검다고 결론지었다. 이것은 분명히 장족이나 한족 고유의 인종적 특징이다.

언어를 살펴보면, 스타인이 니야(Niya, 니아尼雅)와 안드레(Andre, 안득열安得悅) 등지에서 발견한 구로문서에 사용된 언어의 일부는 관방(官方) 공문 계약서나『법구경(法句經)』을 비롯한 불전에 주로 쓰인 인도 방언(프라크리트)이다. 이렇게 인도의 방언이 호탄에서 유행하게 된 것은 인도인들의 이주에 의한 것도 있겠지만 쿠샨 왕조의 영향 때문일 가능성이 더 크다. 인도는 쿠샨 왕조 카니슈카 왕 때에 그 세력이 호탄을 포함한 힌두쿠시 산맥의 남북 각지로 뻗었다. 그리고 호탄 일원에서 발견된 구로문서의 글자 모양은 인도 서북부 아소카 왕조의 영역 내에서 발견된 명문의 글자 모양과 매우 유사하다. 한편, 뢰만(Leuman)과 코노우(S. Konow) 등은 돈황에서 발견된 파라미(婆羅謎) 문자로 쓰인 문서가 중세 화기색어에 속하는 문서(3~11세기)라는 것을 밝혀냈다.

우기란 명칭은 시대에 따라 그 음사가 달랐다. 최초의 구로문서(3세기 전후)에는 '코타나(Khotana)'로, 얼마 후의 파라미 문서에서는 'Hvatāna' 'Hvamna' 'Hvaṃ'로, 마지막에는 'Hvam Kṣira'로 음사되었다. 불교 관련 산스크리트 문헌에는 '고스타나(Gostana)'로, 우기와 사주(沙州) 간의 관계에 관한 문헌에는 'Yūttina'로, 7~8세기의 고티베트 문헌에는 'Li-yul'로 나온다. 이 나라의 수도는 'Hu-ten' 'Hu-den' 'Hu-then' 'Yvu-then' 등으로 표기되고 있다.

우기의 어원에 관해서는 '리율설(Li-yul說)'과 '옥성설(玉城說)' 등 몇 가지 설이 있으나 확실하지 않다. '리율설'은 당대에 우기 왕에게 이씨(李氏) 성을 하사했는데, 티베트어로 '리율'은 '이씨의 영역'이라는 뜻이라고 주장한다. '옥성설'은 일본의 시라토리 구라키치가 주장한 것으로, 그에 따르면 티베트어로 옥을 '기우(gyu·yu)', 촌락을 '탕(tang)'이라고 하는데, 이 두 글자의 합성어인 '기우탕(Gyu-tang)'은 '옥성(玉城)'이란 뜻의 우기(于闐)라는 것이다. 이 두 설 모두 신빙성이 별로 없다. 우기는 기원전 3세기 무렵에 세워진 나라인데, 그때 티베트인들이 험준한 곤륜산을 넘어 멀리 우기까지 갔을 리 만무하고, 또 시차가 몇백 년 다른 티베트어가 같을 수도 없다. 게다가 옥이 유명해서 옥성이란 이름이 붙었다면 『사기』나 『한서』에서 그것을 간과하지 않았을 터인데, 그에 관해서는 일언반구 언급이 없다.

남북조 시대부터 우기와 중국 간에는 통교와 교류가 있기 시작했다. 『위서』에 의하면 북위 대안(大安) 3년(457)과 진시(秦始) 3년(467), 천감(天監) 7년(508)에 우기는 위조에 사신을 보내 조공하였으며, 대동(大同) 7년(541)에는 옥불(玉佛) 조각을 헌상하였다(『책부원구』「외신부조공」1권). 수 양제 대업 연간에도 우기는 수차례 사신을 보내 조공하였으며, 당대에는 안서 4진의 하나로 당에 신속하였다. 우기 왕 울지승(尉遲勝)이 천보 연간(742~755)에 입조하여 현종에게 옥과 좋은 말을 헌상하자 현종은 그에게 종실녀(宗室女)를 비로 삼게 하고 우위위장군(右威衛將軍)과 비사부(毗沙府) 도독에 임명하였다. 귀국 후에는 안서 절도사 고선지와 함께 우기 주위의 전략적 요충지인 살비(薩毗)와 파선(播仙)을 공략하였다(『신당서』권110).

우기의 치소 비정은 지금의 난제 중 하나이다. 『신당서』는 서산성(西山城)이라 하고, 현장이나 혜초는 언급하지 않았으며, 『북사』는 그저 '도성의 사방 둘레는 8~9리'라고만 하였다. 처음으로 우기의 치소에 관해 언급한 그레나르드(Grenard, 격륵납格勒納)는 이곳을 현 화기현(和闐縣) 소재지인 액리제(額里齊, 일치Ilchi)에서 서쪽으로 7마일 지점에 있는 옥롱합십강(玉瓏哈什江)과 객라합십강(喀喇哈什江) 사이의 요두강(姚頭岡, 요트캉 Yot-kan)에 비정하였다. 현지를 탐방한 스타인도 이곳으로 인정하였다. 그러나 중국의 황문필(黃文弼)은 이에 이의를 제기하고 나름의 비정지를 제시하였다. 사실 스타인은 요두강 유지에서 황금 조각을 비롯한 여러 가지 유물을 수습하기는 하였으나, 건축물을 포함해 옛 성터라는 결정적 유물은 발굴하지 못하였다. 황문필은 우기의 고도를 현 화기성에서 동남쪽으로 약 40리 떨어진 고성 卉지, 즉 소고마제(小庫馬提)의 하고마제(下庫馬提)로 추정하면서, 고성 소재지의 지명은 객랍합상(喀拉合常)이고, 성 이름은 십사비이(什斯比爾, 삼중벽이라는 뜻)라고 밝혔다. 그리고 주위가 오륙 리 되는 성은 산을 의지해 축조되었으며, 성 남쪽 약 10리 지점인 강사아(强司鴉)에는 둘레가 약 60미디 되는 석납이 있는데 이곳은 고대의 큰 절터로, 법현이 말한 구마제대사(瞿摩帝大寺)이거나 아니면 『위서』 「우기전」 중의 찬마사(贊摩寺)일 것이라고 주장한다.

2. '영압(領押)'은 자의대로 해석하면 '점령하여 장악하다'라는 말이지

만 역사적 사실을 감안해 적절한 대역어를 택해야 할 것이다. 본문을 보면 당은 우기를 완전히 무력으로 점령하여 통치한 것이 아니라, 안서4진의 하나로 설치하여 왕의 권력을 어느 정도 인정하면서 당의 서역 경영에 복종하도록 하고 있다. 따라서 '주둔(駐屯)' 같은 대역어가 적당하다고 생각된다.

3. 우기는 자고로 불교가 성행하였다. 법현은 우기인들이 불법과 악무를 동시에 즐기고 승도가 수만 명이며 대부분 '대승학(大乘學)'을 따른다고 하였으며, 『송운행기』에는 불법을 불신하던 우기 왕이 어떻게 불교에 귀의하여 독실한 불자가 되었는가 하는 과정을 서술하고 있다. 『북사』「우기전」에도 모두가 불법을 중히 여기고 사탑과 승니가 대단히 많으며, 특히 불교에 독실한 왕은 매번 재일(齋日)을 정하여 친히 참석해서는 물을 뿌리고 청소하며 음식을 바치기까지 한다는 기록이 있다. 그러나 후일 돌궐에 예속되면서 불교가 타격을 받게 되었다. 그래서 『신당서』는 이제 우기인들이 즐겨 천신(祆神, 조로아스터교)을 섬기고 있다고 하였다. 그러나 『대당서역기』는 우기가 여전히 불법을 숭상하고 가람 수백 소에 승도 오천여 명이 있으며 대부분 대승법을 따르고 있다고 지적하였다. 이와 같은 맥락에서 혜초는 "절이 많고 승려도 많으며 대승법이 행해지고 있다(足寺足僧 行大乘法)"라고 우기의 불교 상황을 전하고 있다.

4. 『통전』 권174 「주군(州郡)」 4에 8세기 중엽 당과 서역의 경계에 관한 기술이 있다. 그에 따르면 692년에 안서 도호부가 구자에 개설되고 719년 언기가 안서4진의 하나로 편입된 후 755년 안사의 난이 일어날 때까지 당의 서부 변경은 비교적 안정된 상태로 큰 변동이 없었다.

안서

개원 15년 11월 상순 안서에 도착하였는데, 그때의 절도사는 조군(趙君)이었다. 또한 안서에는 중국인 승려가 주지로 있는 절이 두 곳 있고, 대승법이 행해지고 있으며, 고기는 먹지 않는다. 대운사(大雲寺) 사주 수행(秀行)은 강설에 능란한데, 전에는 경사의 칠보대사(七寶臺寺) 승려였다. 대운사의 의초(義超)라는 도유나(都維那)는 율장을 잘 아는데, 왕년에는 경사의 장엄사(庄嚴寺) 승려였다. 명운(明惲)이란 대운사 상좌는 불도를 크게 닦았는데, 역시 경사의 승려였다. 이들 승려들은 대단히 훌륭한 주지들로서, 불교를 믿는 마음이 대단하고 공덕을 쌓기에 열심이다. 법해(法海)라는 용흥사(龍興寺) 사주는 중국인으로서 안서에서 태어났지만 학식과 풍격이 중국 본토인과 다르지 않다.

우기(于闐)에도 용흥사(龍興寺)라는 중국 절이 하나 있는데,······라고 하는 중국 승려가 있다. 그는 사주로서 대단히 훌륭한 주지이다. 이 승려는 하북(河北) 기주(冀州) 분이다. 소륵에도 중국 절인 대운사가 있는데, 한 중국 승려가 주지로 있다. 그는 민주(岷州) 분이다.

安西

開元十五年十一月[1]上旬 至安西[2] 于時節度大使趙君[3] 且[4]於安西 有兩所漢僧住持 行大乘法 不食肉也 大雲寺[5]主[6]秀行 善能講說 先是京中七寶臺寺[7]僧 大雲寺都維〔那〕 名義超 善解律藏[8] 舊是京中庄嚴寺[9]僧也

大雲寺上座 名明惲 大有行業[10] 亦是京中僧 此等僧大好住持 甚有道心[11] 樂崇〔功德〕 龍興寺[12]主 名法海 雖是漢兒生安西 學識人風 不殊華夏[13] 于闐有一漢寺 名龍興寺 有一漢僧 {名}(缺, 約二字) 是彼寺主 大好住持 彼僧是河北冀州[14]人士 疎勒亦有漢大雲寺 有一漢僧住持 即是崏州[15]人士

 주

1. '개원 15년 11월'이면 서기 727년 12월이고, 11월 '상순(1~10일)'은 양력 12월 18~27일에 해당한다.

2. '안서(安西)'는 고유지명이 아니라 당의 안서 도호부 치소가 있던 곳을 말한다(안서 도호부에 관해서는 37절 주 2 참고). 혜초가 727년 안서 도호부 관할 지역을 지났을 때의 치소는 쿠차이다. 따라서 본 절에서 언급한 안서는 곧 쿠차를 지칭한다. 그런데 혜초는 앞의 37절에서 구자국에 관해 이미 기술하고는 이 절에서 따로 안서에 관해 이야기하고 있다. 그것은 아마도 내용의 차이 때문일 것이다. 앞 절은 쿠차 한 곳의 일반 상황에 관한 것이지만, 이 절은 주로 안서4진에 있는 중국 절과 승려들에 관한 것이다.

3. 안서 도호부는 대도호부로서 대도호는 종2품이고 부대도호는 종3품이다. 당시 안서 대도호 겸 적서 절도사(磧西節度使)는 친왕인 연왕(延王) 회(洄, 두섭杜暹)였다(『대당육전(大唐六典)』권30). 명의만 대도호인 친왕은 현지에 부임하지 않고 부대도호가 대도호의 역할을 대신했다. 그래서 사실은 부대도호인 조군(趙君)을 혜초는 '절도대사 조군(節度大使趙君)'이라고 칭했다. 혜림의 『일체경음의』 권100에서도 그를 '안서 절도사(安西節度使)'라고 하였다. 조군의 본명은 조이정(趙頤貞)이다.

조이정의 활동에 관해서는 몇 가지 사적이 전해주고 있다. 『자치통감』

● ── 당나라 절도사 출사 행렬도

권213은 개원 14년(726)에 안서 도호가 된 두섬은 돌기시의 카간 소록이 4진에 쳐들어오자 현지를 떠나 회조했고 조이정이 도호를 대신하였다고 하고, 같은 책과 『구당서』 권8 「현종본기(玄宗本紀)」는 개원 15년(727) 윤9월에 토번의 찬보와 돌기시의 소록이 안서성(安西城)을 포위하자 안서 부대도호 조이정이 이를 격파하였다고 기술하고 있다. 또한 앞의 두 책은 개원 16년(728) 봄 정월에 안서 부대도호 조이정이 곡자성(曲子城)에서 토번에게 격파되었다고 전하고 있다. 그리고 『유학선(儒學傳)』에는 정주(定州) 고성(鼓城) 출신의 조동희(趙冬曦)에게 형 하일(夏日)과 아우 화벽(和璧), 안정(安貞), 거정(居貞), 이정(頤貞), 휘정(彙貞)이 있었는데, 모두 진사에 급제하여 안정은 급사중(給事中), 기정은 오군채방사(吳郡採訪使), 이정은 안서 도호가 되었다고 전한다(李, 93, 주 94 참고).

4. '차(且)'자는 '잠시' '한참 동안' '매우' '이제 막' '~마저도'라는 뜻과 함께 '게다가' '또한'이란 뜻도 가지고 있다. 본문에서 혜초는 안서 절도사(실제로는 부절도사)가 중국인인 조군(趙君)인 데다가 중국 승려가 주지로 있는 절도 두 곳이나 있다는 점을 강조한다. 따라서 '차'자는 '또한'이나 '게다가'라는 뜻으로 쓰이고 있다.

5. '대운사(大雲寺)'는 수 문제(文帝)와 당 무태후(武太后, 측천무후)가 치세할 때에 장안을 비롯한 각지에 건립한 절이다. 송민구(宋敏求)의 『장안지(長安志)』10「회원방(懷遠坊)」조에는 대운사에 관한 다음과 같은 내용이 있다. 장안 동남 모퉁이에 대운경사(大雲經寺)가 있는데, 본명은 광명사(光明寺)라고 한다. 수 개황(開皇) 4년에 문제는 사문법(沙門法, 불교)을 위해 이 절을 세웠다. 당시 연흥사(延興寺)에 담연(曇延)이란 승려가 있었는데, 수 문제가 그에게 납촉(蠟燭, 밀촉)을 하사하자 스스로 화염이 일어났다. 이를 기이하게 여긴 문제는 이 절의 이름을 광명사로 바꾸었다. 그러자 담연은 절을 다시 짓고 교세를 크게 늘렸다. 그 전까지만 해도 문제가 세운 이 절은 아직 이름이 없었다. 그러다가 당 무태후 때에 와서 이 절의 사문 선진(宣進)이 그녀의 부적(符籍)이 있는 『대운경(大雲經)』을 헌상하였다. 그래서 이 절을 대운경사(大雲經寺)라 명명하고 천하 각 주에 대운경사를 하나씩 짓도록 하였다. 이 절은 높이가 백 척이나 되어 당시 사람들이 칠보대(七寶臺)라 불렀다.

『구당서』 권6 「측천본기(則天本紀)」에도 재초(載初) 원년(690) 7월에 사문 열 명이 위찬(僞撰, 거짓 편찬)한 『대운경』을 측천무후에게 헌상하면서 신황(神皇)의 천명을 받은 일이라고 하자, 그녀가 각 주에 대운사를 하나씩 짓도록 하였다는 기사가 있다. 『당회요』 권48에도 천수(天授) 원년 10월 29일 양경(兩京, 장안과 낙양)과 천하 각 주에 대운사를 하나씩 지었으며, 개원 26년(738) 6월 1일에는 모두 개원사(開元寺)로 이름을 바꾸었다고 하였다. 그래서 내지는 물론, 멀리 서역의 쇄섭성이나 소륵, 쿠차 같은 곳에도 대운사가 세워지게 되었다. 아울러 중국 승려들이 멀리 외지로 파견된 것으로 짐작된다. 그런데 장안만은 개원사로 하지 않고 그대로 대운사로 남았다.

6. '사주(寺主)' '도유나(都維那 혹은 유나維那)' '상좌(上座)'는 불교의 사원 내에 설치된 3종 직무로서 '삼강(三綱)'이라고 한다. 『대당육전』 권4에는 천하에 총 5358개의 절이 있는

● ── 측천무후

데, 절마다 상좌 1인, 사주 1인, 도유나 1인씩 있다고 하였다. 의정의 『대당서역구법고승전』 권상 「나란타사(那爛陀寺)」조에 보면, 이 큰 나란타사를 상좌 한 사람이 운영하고 있으며, 절을 지은 사람을 사주라 한다고 나온다. 그러나 적어도 양대(梁代) 이후 사주(산스크리트로 vihārasvāmin)는 절을 지은 사람이 아니라 칙령에 의해 승려들 중에서 사주로 임명된 자였다. 상좌(산스크리트로 sthavira)는 계율에서 법랍(法臘)이 상위에 있는 승려를 말한다. 『승사략(僧史略)』 권중(卷中)에 따르면 당대의 도선(道宣)은 칙령에 의해 서명사(西明寺)의 상좌가 되었으며 그 지위는 사주나 유나보다 높았다고 한다. 유나 혹은 도유나(산스크리트로 karmadāna)는 '일을 맡는다'는 뜻으로서, 재(齋)를 올릴 때 의식을 관장하는 사람을 일컫는다. 의정은 『남해기귀내법전』에서 유나는 '화범겸거(華梵兼擧)', 즉 중국어와 산스

크리트의 합성어로서 '유(維)'는 '강유(綱維)', 즉 화언(華言, 중국어)의 약자이고 '나(那)'는 산스크리트의 '나갈마타(那羯磨陀)'에서 '갈마타'가 생략된 약자라고 하였다(桑, 193 참고).

7. 『장안지(長安志)』권8에는 칠보대사(七寶臺寺)의 건립에 관해 다음과 같은 내용을 전하고 있다. 장안의 광택방(光宅坊) 횡가(橫街)의 북쪽에 광택사(光宅寺)가 있다. 의봉(儀鳳) 2년(677)에 한 망기가(望氣家, 구름을 보고 운세를 점치는 점술가)가 이 광택방에 흥하는 기운이 감돌고 있다고 말해 사람들이 땅을 파보니 돌함이 나왔다. 함 안에는 불타의 사리와 뼈가 만여 개 들어 있었다. 그래서 그곳에 광택사를 세웠는데, 후에 측천무후가 이 절에 칠보대를 안치하고 절 이름을 칠보대사로 고쳤다. 혜초가 말한 '경중칠보대사(京中七寶臺寺)'는 바로 이 절을 말한다.

8. '율장(律藏)', 일명 계율장(戒律藏)은 계율에 관한 전적(典籍)과 조례를 모은 교전(敎典)으로서 경장(經藏), 논장(論藏)과 함께 삼장(三藏)의 하나이다.

9. '장엄사(庄嚴寺)'에 관한 『장안지』권10의 기록을 보면, 수나라 초 장안 남쪽에 영양방(永陽坊)을 설치하였는데, 인수(仁壽) 3년(603)에 수 문제가 황후를 위해 이곳에 선정사(禪定寺)를 세웠다고 한다. 그러다가 당 고조 무덕(武德) 원년(618)에 장엄사로 개명하였다. 천하의 가람 치고 이보다 더 훌륭한 가람은 없다고 하였다. 혜초가 언급한 '경중장엄사(京中庄嚴寺)'는 바로 이 장엄사를 말한다.

10. '행업(行業)'은 불도를 닦는다는 뜻이다.

11. '도심(道心)'은 불교에서 '불교를 믿는 마음'이라는 뜻이고, 윤리에서는 '의리에서 생긴 마음(moral sense)'을 일컫는다.

12. '용흥사(龍興寺)'도 대운사와 마찬가지로 칙령에 의해 도처에 세워진 절이다. 당 신룡 원년(705)에 칙령으로 양경을 비롯한 전국 각 주에 중

홍사관(中興寺觀)을 세우도록 하였다(『당회요』 권48). 그러다가 신룡 3년 (707) 2월에 이 중흥사관을 용흥사로 개명하였다(『구당서』 권7; 『자치통감』 권 208). 장안의 용흥사는 반정방(頒政坊)에, 낙양의 용흥사는 영인방(寧仁坊) 에 있었다(『양경신기(兩京新記)』 권3; 『장안지』 권10; 『당양경조방고(唐兩京條坊 攷)』 권4; 『장안현지(長安縣志)』 권22). 본문에서 보다시피 용흥사는 구자와 우 기에도 있다. 그런가 하면 북정(北庭, 고창, 현 위구르 자치구 부원현孚遠 縣)에도 있었다(『십지경기(十地經記)』).

13. '화하(華夏)'는 중국의 옛 명칭이다.
14. '기주(冀州)'는 현재의 하북성(河北省) 기현(冀縣)이다.
15. '민주(岷州)'는 현재의 감숙성(甘肅省) 민현(岷縣)이다.

40

언기국(카라샤르)

다시 안서에서 동쪽으로……가면 언기국(焉耆國, 카라샤르Kharashar)에 이른다. 여기도 중국 군대가 주둔하고 있다. 왕이 있으며, 백성들은 호인(胡人)들이다. 절이 많고 승려도 많으며, 소승법이 행해지고 있다.……이것이 곧 안서4진(安西四鎭)인데, 이름을 꼽으면 첫째, 안서, 둘째, 우기, 셋째, 소륵, 넷째, 언기이다.……중국식대로 안에 치마를 입는다.……

焉耆國

又從安西東行(缺, 約二字)¹ 至焉耆國² 是漢軍兵{馬}領押 有王 百姓是胡 足寺足僧 行小乘[法](缺, 約六字)[此]卽安西四鎭³ 名[數]⁴ 一安西 二于闐 三疏勒 四焉耆 (缺, 約十三字)(缺, 約四字)[大]依漢法 裏頭⁵[着]裙(缺, 約十五字)

주

1. 앞 문장구조의 형식으로 미루어 이 결락자(약 두 자)는 안서(쿠차)로부터 동쪽으로 언기까지 가는 거리나 소요시간을 밝힌 것이 분명하다. 이 구간의 거리에 관해서 『대당서역기』 권1 「아기니국(阿耆尼國)」조는 아기니국(언기)에서 서남쪽으로 이백여 리 가서 작은 산 하나를 넘고 큰 강 둘을 지나 서쪽의 평원을 700리 가면 굴지국(屈支國, 쿠차)에 이른다고 하였다. 이

렇게 보면 그 거리는 구백여 리이다. 『북사』「구자전」도 구자로부터 동쪽으로 언기까지의 거리가 900리라고 한다. 그러나 『신당서』「지리지(地理志)」는 가탐의 「사이도리기(四夷道里記)」를 인용해 언기로부터 쿠차까지의 노정을 언기(서행)→ 철문관(鐵門關)→ 용천(龍泉) 수착→ 동이벽(東夷僻) 수착→ 서이벽(西夷僻) 수착→ 적안(赤岸) 수착→ 안서 도호부(쿠차)로 제시하고 그 거리를 총 630리로 헤아리고 있다. 거리 계산에서 얼마간의 차이가 난다. 당대의 공식령에 의하면 하루에 말은 70리, 사람은 50리, 차량은 30리씩 간다. 사람이 걷는다고 하면 900리는 18일, 600리는 12일

●──언기국 출토 소조 보살상

이 걸린다. 따라서 이 두 결락자는 '반월(半月)'로 추정할 수 있다.

2. '언기(焉耆)'의 음사는 여러 가지가 있으나 대체로 사서(史書)와 불서(佛書)로 대별된다. 사서에는 '언기(焉耆)'(『양한서』「서역전」, 『진서』「서융전」, 『위서』「서역전」, 『북사』「서역전」, 『주서』「이역전(異域傳)」, 『수서』「서역전」, 『신당서』와 『구당서』의 「서역전」)로 표기하고, 불서에는 '오이(烏夷)' '오기(鄔耆・烏耆)'(『법현전』『석씨서역기(釋氏西域記)』『고승전』『오공입축기』) 등으로 표기하고 있다. 이례적으로 『대당서역기』에는 '아기니국(阿耆尼國)'으로 나온다. 언기(焉耆)는 언기어로 '아르키(Arki)' 또는 '아르시(Arsi)'의 음사이고, 아기니(阿耆尼)는 '아르기(Argi)'의 음사이다.

언기는 한대 서역 36개국 중의 하나로서 그에 관한 기사는 『한서』「서역전」에 처음 나타나는데, 그 내용은 다음과 같다. 언기국의 치소는 원거성(員渠城)으로서 장안에서 7,300리 거리에 있으며, 4000호에 인구 3만 2100명과 군사 6000명이 있다. 관제로는 격호후(擊胡侯), 각호후(却胡侯), 보국

후(輔國侯), 좌우장(左右將), 좌우도위(左右都尉), 격호좌우군(擊胡左右君), 격차사군(擊車師君), 귀의차사군(歸義車師君) 각 한 명, 격호도위(擊胡都尉), 격호군(擊胡君) 각 두 명, 역장(譯長) 세 명이 있다. 서남쪽으로 도호 치소까지는 400리이고 남쪽으로 위리(尉犁)까지는 100리이며, 북쪽은 오손과 접해 있다. 근해에 물고기가 많다.

서한 때 언기는 흉노와 한조, 2대 강국 사이에서 자립할 정도로 국력이 강하였으며, 동한 때는 더욱 강성하여 1만 5000호에 인구 5만 2000명, 군사 2만여 명을 거느릴 정도였다. 3국 시대에는 오아시스 육로의 중도(中道) 상에 있는 위리국(尉犁國), 위수국(危須國), 산왕국(山王國) 등을 예하에 두었다. 그 후 구자가 파미르 고원 이동 지역을 석권하고 전진의 여광이 구자를 정토하면서 언기는 그에 투항하였고, 북위 때는 만도귀(萬度歸)가 언기를 공파하였다. 그리하여 언기는 '작고 매우 빈곤한 나라(國小大貧)'(『위서』)로 전락하였다. 당대에는 사천 호에 이천 명의 군사를 가진 소국으로서 항시 돌궐의 치하에 있었다. 이렇듯 지정학적 중요성 때문에 자주 여러 세력의 각축장이 되곤 하였다.

3. '안서4진(安西四鎭)'에 관해서는 37절의 주 2 참고.

4. '명수(名數)'는 '이름을 헤아리다(꼽다)'라는 뜻이다. '수(數)'자는 동사로 쓰일 경우 '세다' '헤아리다' '꼽다' '(죄상을) 나열하다' 등의 의미를 지닌다.

5. '리두(裏頭)'에 관해 거의 모든 학자들이 머리와 연관시켜 이해하고 있다. Y는 "그들은 머리에 터번을 쓴다(Around their heads they wear (turbans))"(Y, 58)로 영역하고, 桑은 "머리를 싼다(頭をつつみ)"(桑, 47)로 일역하였으며, 李와 鄭은 "머리에 두건을 둘렀고(두르고)"(李, 71; 鄭, 134)로, 金은 "머리를 꾸미고"(金, 30)로 옮겼다. 그러나 이러한 이해에는 오류가 있다고 판단된다. 왜냐하면 '리(裏)'자에는 '쓰다'나 '싸다' '두르다' '꾸

미다'와 같은 동사적 의미가 없으며, '리두'는 중국어에서 '안' 또는 '속' '내부' '안쪽'이란 뜻을 가진 글자이기 때문이다. 따라서 본문에서도 '안', 즉 '겉옷의 속'이라는 뜻이므로 '리두착군(裏頭着裙)'은 '속에 치마를 입는다'로 이해해야 할 것이다. 그리고 '군(裙)'은 '바지(袴)'(李, 71; 鄭, 134)가 아니라 치마라는 뜻이다.

● ──— 혜초 연표

연대	나이	내용	배경
704년(700년?)		신라 출생	신라 성덕왕 3년
719년	16세	당나라에 감 광주(廣州)에서 인도 출신 밀교승 금강지(金剛智)를 사사	신라 성덕왕 18년
723년	20세	광주를 떠나 바다로 인도에 감 이후 4년간 인도와 서역 여러 지방 순유	신라 성덕왕 22년
727년 11월	24세	안서도호부(安西都護府) 소재지인 구자(龜玆)에 도착 이후 언기(焉耆)를 거쳐 장안(長安)으로 돌아옴	개원 15년
733년 1월 1일	30세	장안 천복사(薦福寺)의 도량에서 733년부터 8년간 금강지와 함께 밀교 경전 연구	개원 21년
740년 1월	37세	『대승유가금강성해만수실리천비천발대교왕경(大乘瑜伽金剛性海曼殊室利千臂千鉢大敎王經)』의 필수와 한역 작업 시작	개원 28년
741년 중추	38세	스승 금강지 입적 위 경전의 한역 작업 일시 중단	개원 29년
773년 10월	70세	장안 대흥선사(大興善寺)에서 불공(不空)의 강의 수강 관정도량(灌頂道場) 등 밀교의식 주도	대력 8년
774년 5월 7일	71세	불공 입적 불공의 6대 제자 중 한 사람이 됨 황제에게 올리는 표문 작성	대력 9년
762~779년	59~76세	왕에게 '하옥녀담기우표(賀玉女潭祈雨表)'를 올림	보응 원년~대력 14년
780년 4월 15일	77세	오대산(五臺山) 건원보리사(乾元菩提寺)에 들어가 5월 5일까지 위 밀교 경전을 재록 같은 해 건원보리사에서 입적	건중 원년

찾아보기

인명

ㄱ

가능가(訶陵迦) 375
가니색가(迦膩色迦) 242, 282, 298 →카니슈카
가라달지(訶羅達支) 320
가라복라(哥邏僕羅) 376
가르디지(Gardīzī) 253
가리전타라(訶里旃陀羅) 233 →하리찬드라
가비라(迦毗羅) 185 →카필라
가사협(賈思勰) 292
가탐(賈耽) 79, 218, 355, 425, 453
각덕(覺德) 31
각음(覺音) 184 →붓다고사
각초(覺超) 30
갈달라지(葛達羅支) 320
갈달라지힐리발이(葛達羅支頡利發爾) 320
갈라달지특륵(葛羅達支特勒) 314
갈락가(葛諾歌) 298 →카니슈카
길리사벌난나(曷利沙伐彈那) 150
갈사씨(曷沙氏) 424
감영(甘英) 344, 351
감토둔섭사제우굴소목(瞰土屯播舍提于屈昭穆) 379
강(姜) 256
강맹상(康孟詳) 387
강법장(康法藏) 340
강승개(康僧鎧) 387
강승회(康僧會) 387

강태(康泰) 290
거정(居貞) 447
거화다(居和多) 345, 386
건타라인(健陀羅人) 281
경심(景審) 45
계니타왕(罽膩吒王) 318
계업(繼業) 138, 253, 285
계일왕(戒日王) 150, 155
계필(契苾) 392, 403
고가리가(Gogariga) 187
고길랍(古吉拉) 232 →구자라트
고내덕(賈奈德) 235 →자나이드
고병익(高柄翊) 47, 78
고선지(高仙芝) 100, 215, 274
곤륜(崑崙) 289
골당(骨堂) 290
골도시(骨都施) 396
골륜옥골(骨崙屋骨) 403
골탈록(骨咄祿) 268, 402 →쿠드룩
골탈록(骨咄祿) 돈달도(頓達度) 337
골탑록(骨咄祿) 힐틸도(頡達度) 337
공순왕(恭順王) 381
곽의공(郭義恭) 422
교몽송(喬夢松) 429
교진여(憍陳如) 139
구·륜(俱輪) 137, 139 →교진여
구·린 139 →교진여
구마라(鳩摩羅) 295
구마라습(鳩摩羅什) 37, 204, 430, 437, 437
구와야마 쇼신(桑山正進) 51

구자라트(Gujarāt) 232
구취(邱就) 332
국씨(麴氏) 435
굴저파(屈底波) 393
권덕규(權悳奎) 52
금강살타(金剛薩埵) 204
금강지(金剛智) 29
급고독(給孤獨) 186
기예축찬(棄隷縮贊) 259 →티데츠쿠첸
길멸(吉蔑) 290
길상천녀(吉祥天女) 195
김규성(金奎聲) 52
김운학(金雲學) 53
김찬순 53
까이스 이븐 알 하이삼(Qays Ibn al-Haytham) 335

• ─── ㄴ

나가르주나(Nāgārjuna) 203
나구차비시(那俱車鼻施) 379
나도니리(那都泥利) 288
나라바타(Narabhata) 233
나라발탁(那羅跋吒) 233 →나라바타
나라심하바르만 1세(Narasimhavarman I) 199
나라연(那羅延) 336
나렌드라야사스(Narendrayaśas) 304
나숙관(羅叔官) 48
나전절(羅全節) 396
나진옥(羅振玉) 48
나한승(羅漢僧) 248
낙준(樂僔) 38
남만(南蠻) 261
낭영(郎瑛) 175

낭일론찬(郎日論贊) 257
내근(勑勤) 285
노나(Nona) 250
니지찬박(尼墀贊薄) 265 →앙사찬보

• ─── ㄷ

다라나달(多羅那達) 203, 204
다르드(Dard, Dardai, Darda) 262
다리우스 1세(Darius I) 281
다박륵달(多博勒達) 396
다씨(多氏) 214
다치바나 즈이초(橘瑞超) 41
다카다 도키오(高田時雄) 47
다카쿠스 준지로(高楠順次郎) 29
다하르(Dāhar) 211, 219
다하르시야(Daharsīya) 210
달도설(咀度設) 288
달두 가한(達頭可汗) 294
달두(達頭) 401
달탑(達塔) 233 →타타
담막하탈(噉莫賀咄) 392
담연(曇延) 448
담충(曇充) 436
대가엽(大迦葉) 154
대라편(大邏便) 401
대웅(大雄) 126, 185, 188
대월지(大月氏) 282
더 후여(De Goeje) 366
데바닷타(Devadatta) 152, 187
도선(道宣) 257, 310, 449
도약(道藥) 318
독살파제(篤薩波提) 336
돌미(突彌) 290
동라(同羅) 403

혜초의 왕오천축국전 458

두라만(頭羅曼) 284 →도루만
두를라바바르다나 프라즈냐디티야(Durla-
bhavardhana Prajnāditya) 243
두를라바카 프라타파디티야(Durlabhaka
Pratāpāditya) 243
두섬(杜暹) 447 →회
두성(竇姓) 392
두우(杜佑) 102, 215
두행만(杜行滿) 374
두헌(竇憲) 433
두환(杜環) 102, 215
디오도투스 1세(Diodotus I) 281
디우라즈(Diwrāj) 211

• ─── ㄹ

라나디티야(Rānāditya) 247
라비아 이븐 지야드(Rabīʿ Ibn Ziyād) 335
라쉬드(Rashīd) 253
라우퍼(B. Laufer) 274
라이 사하시(Rāy Sāhasī) 210
랄리타디티야(Lalitāditya) 243
로스(Roth) 195
로치(L. de Loczy) 39
록힐(W. Rockhill) 264
뢰만(Leuman) 442
리(里)공주 390
리차비(Licchavi) 125, 187
리터(Ritter) 264

• ─── ㅁ

마가나마(摩訶那摩) 139
마가투둠(Magatudum) 379 →막하탈토둔
마까트(Maquart) 332
마끄디시(al-Maqdisī) 365

마디야니카 아르하트(Madhyānika Arhat)
247
마르완 2세(Marwān II) 217
마르코 폴로(Marco Polo) 253
마명(馬鳴) 243 →아스바고사
마어문(al-Maʾmūn) 217
마줌다르(R. C. Majumdar) 210
마하바남 139 →마가나마
마하비라(Vardhamāna Mahāvīra) 126,
185, 188 →대웅
마헨드라(Mahendra) 199
마헤라구라(摩醯邏矩羅) 283 →미히라쿨라
마헤인타라(摩醯因陀羅) 199 →마헨드라
마흘라브 이븐 아비 사프라(al-Mahlab Ibn
Abī Safrah) 94
마히팔라(Mahīpāla) 142
막하탈토둔(莫賀咄吐屯) 379
만도귀(萬度歸) 454
만진(萬震) 290
말라족(Malla族) 131
말야문(末野門) 381
말전저가라한(末田底迦羅漢) 247 →마디
야니카 아르하트
명관(明觀) 32
모드골라푸트라(Maudgolaputra) 153
모리스(Maurice) 401
모문(暮門) 215
목간(木杆)가한 401
목왕(穆王) 289
몬(Mon) 262
몰근망(沒謹忙) 273
몰력등(沒力登) 374
몰특가라자(沒特伽羅子) 153 →모드골라
푸트라

무령왕(武靈王) 260
무우왕(無憂王) 131 →아소카
무착(无着) 71, 278, 297
무크타피다 랄리타디티아(Muktāpīḍa Lalitāditya) 244
무함마드 이븐 까심(Muhammad Ibn al-Qāsim) 94, 211
묵철(默啜) 가한 385, 402
문성공주(文成公主) 223, 259
문일평(文一平) 52
미히라쿨라(Mihirakula) 71, 283

• ─── ㅂ

바데 139 →발타라사
바드라(Bhadra) 185
바르하 테긴(Barha Tegin) 287
바부 139 →발파
바산타팔라(Vasantapāla) 142
바수반두(Vasubandhu) 71, 297 →천친
바슈미르 403
바흐람 5세(Bahram Ⅴ) 346
바흐람 구르(Bahram Gūr) 346 →바흐람 5세
반도(般度) 390
반악(潘岳) 292
반용(班勇) 344
반초(班超) 344, 433
발다라(跋多羅) 185 →바드라
발라디티아(Balādhitya) 284
발라주리(al-Baladhurī) 398
발레리아누스(Valerianus) 346
발예고(拔曳固) 403
발준(勃準) 314
발타라사(跋陀羅闍) 139

발파(跋波) 139
배구(裴矩) 326
배성(裴星) 425
백법구(帛法炬) 437
백시리밀다라(帛尸梨密多羅) 437, 438
백연(白延) 437
백흉노(白匈奴) 149, 284 →엽달
벌로반도보살(伐勞畔度菩薩) 297
범왕(梵王) 181
법립(法立) 437
법운(法雲) 194
법해(法海) 445
법현(法顯) 37, 55, 125, 149, 354
보라계사(補羅稽舍) 1세 199 →풀라케신 1세
보륭(寶隆) 339
복고(僕固) 403
복라(僕羅) 288
복준(匐準) 314 →발준
봉화왕(奉化王) 392
뵈틀링크(Böhtlingk) 195
부견(符堅) 437
부민(Bumin) 400
북적(北狄) 261
불공(不空) 29
불림계파(佛林罽婆) 286
불호만(拂呼曼) 384 →와후만
붓다고사(Buddhaghosa) 184
브레츠네더(Breitschneider) 362
브하파타(Bhappata) 250
블로흐(T. Bloch) 125
비가(毗伽) 카간 403 →빌개 카간
비국량(斐國良) 429
비나야디티아(Vinayāditya) 200

비로사(卑路斯) 333 →페로즈
비루니(al-Bīrūnī) 253
비샬라(Viśāla) 187
비이다발랍파(毘膩多鉢臘婆) 236
비자야(Vijaya) 249
비자야디티야(Vijayāditya) 200
비크라마디티야 1세(Vikramāditya I) 200
빌개 카간 403
빔비사라(Bimbisāra) 148, 153

• ─── 人
사결(思結) 403
사궤(射匱) 가한 378
사근(俟斤) 396
사노사니(闍奴娑尼) 185 →자누사니
사달(闍達) 222
사라바스티(Saravasti) 195 →길상천녀
사리불(舍利佛) 153 →사리푸트라
사리푸트라(Sāriputra) 153
사바(Saba, Schaba) 382
사바타(Savattha) 184
사발라힐리발(沙鉢羅頡利發) 410
사사야사(沙糸耶斯) 315 →샤히야스
사슬필(沙瑟畢) 377
사위타(舍衛它) 184 →사바타
사이드 이븐 아미르 알 하라시(Sa ῾īd Ibn ῾Amīr al-Ḥarashī) 393
사이프 346
사카족(Saka族) 346
사카로울(Sakaroul) 332
사타바하나(Śātavāhana) 205
사탁간(娑鐸幹) 319
살림 이븐 지야드(Sālim Ibn Ziyād) 93

상가바드라(Saṃghabhadra) 233
→중현
색족(塞族) 346 →사카족
샤반(E. Chavannes) 361
샤부흐르 1세(Sh-abuhr I) 389
샤이크 이스마일 알 아프가니 315
샤푸르 2세(Shapūr II) 346
샤푸르 1세(Shapūr I) 346
샤히야스(Shāhiyas) 315, 317
샨다마나라(Shandamanara) 187
서다(逝多) 186
서왕모(西王母) 289
서융(西戎) 261 →서호
서호(西胡) 261
석종(釋種) 307
석지현(釋智賢) 86
선진(宣進) 448
설산신녀(雪山神女) 203 →파르바티
설아홀(設阿忽) 376
설유(薛裕) 392
세친(世親) 71, 297 →천친
소록(蘇祿) 394, 447
소린타일(蘇麟陀逸) 254, 273
소무(昭武) 313, 374
소무개굴(昭武開掘) 380
소무실아갈(昭武失阿喝) 377
소불사리지리니(蘇弗舍利支離泥) 254, 273
소송(蘇頌) 292
소프루니우스(Sophrunius) 366
손챈감포(Srong-btsan sgam-po) 257, 258, 265
송민구(宋敏求) 448
송운(宋雲) 253, 296, 423

송찬간포(松贊干布) 257 →손챈감포
쇼(Shaw) 253
수다타(Sudatta) 185
수달(須達) 185 →수다타
수바르나 226
수행(秀行) 445
순의왕(順義王) 379
술라이만 알 타지르(Sulaimān al-Tājir) 352
술라이만(Sulaimān) 219
슈라바(Śrāva) 184
슈라바스타(Śravasttha) 184
스킬락스(Scylax) 350
스타인(A. Stein) 40, 244, 304, 441
스트라본(Strabon) 332
습랑(Sbrang) 226
승가발타라(僧伽跋陀羅) 233 →중현
승기(僧祇) 290
승순(僧純) 436
승일왕(勝日王) 200 →비자야디티아
시라아달다(尸羅阿達多) 150
시라토리 구라키치(白鳥庫吉) 362, 442
시라표저(尸羅票底) 147, 150, 155
시르쿠탈란(Shīr-Khuttalān) 396
시모카타(T. Simocata) 294
시비왕 299 →아소카
시파라(始波羅) 401
시하라스(Sīharas) 210
신공(神攻) 352
실라디타(Śilāditya) 150, 155 ⇒갈리사벌 탄나, 계일왕, 시라아달다, 시라표저, 하르샤바르다나, 희중
실라벌(室羅伐) 184 →슈라바
실라벌실다(室羅伐悉多) 184 →슈라바스타
실점밀(室點蜜) 288

● ─── ○

아난(阿難) 187, 248 →아난다
아난갈레카(Anaṅgalekhā) 249
아난다(Ananda) 248
아람포하(阿藍浦霞) 187 →알람부사
아료달(阿了達) 392
아료참(阿了參) 392
아르다시르 1세(Ardeshīr I) 386
아르슬란 타르간(Arslan Targan) 392
아마지(阿摩支) 425
아미르 무어미닌(Amīr Muaminīn) 215
아사세왕(阿闍世王) 148, 154 →아자타샤트루
아사파사(阿捨婆闍) 139
아상가(Asaṅga) 71 →무착
아소카(Aśoka) 131
아스바고사(Aśvaghoṣa) 243
아슬나서닉(阿瑟那鼠匿) 392
아습비 139 →아사파사
아승가(阿僧伽) 297 →무착
아시(Asii) 332
아실달간(阿悉達干) 392 →아르슬란 타르간
아야(阿耶) 277, 286
아오키 분쿄(靑木文敎) 264
아육(阿育) 131 →아소카
아자타샤트루(Ajataśatru) 148, 154
아포사(阿布思) 403
아흐나프 이븐 까이스(Ahnaf Ibn Qays) 335
안세고(安世高) 345
안정(安貞) 447
안청(安淸) 345 →안세고

안토니노 포르테(Antonino Forte) 51
안현(安玄) 345
알람부사(Alambusa) 187
알렉산드로스 대왕 148
알리('Alī) 217
알파지(遏波之) 392
암라파티 189
암몰라녀(菴沒羅女) 189 →암라파티
압둘라 이븐 아미르(Abdu'l llah Ibn Amīr) 335
압둘 말리크(Abdu'l Malik) 384
앙사찬보(仰賜贊普) 265
야리소마(耶利蘇摩) 430
야부가(Yavuga) 382
야부가사(Yavugasa) 382
야브구(Yabgu) 337
야소바르만(Yaśovarman) 161
야즈다기르드 3세(Yazdagird Ⅲ) 91, 348
약나(若那) 437
양무제(梁武帝) 437
양한승(梁翰承) 52
언종(彦宗) 261
엄부조(嚴浮調) 345 →엄불조
엄불조(嚴佛調) 345
에프탈(Ephtalites) 149, 284, 351 →염달
에프탈리테(Ephtalite) 401 →염달
여광(呂光) 434, 437, 454
여의 논사(如意論師) 298
연왕(延王) 446
연화정진(蓮花精進) 437
염달(嚈噠) 149, 284
예트마르(K. Jettmar) 274
오건(烏建) 375
오공(悟空) 46, 188

오륵가(烏勒伽) 336
오마르 2세(Omar Ⅱ) 398
오마르(Omar) 91, 219, 347
오브루체프(V. A. Obruchev) 40
오산특근새(烏散特勤灑) 286
오스만(Othmān) 98, 347
오지다(烏地多) 222 →우디타
오타니 가쓰나오(大谷勝眞) 50
오타니 고즈이(大谷光瑞) 41
온(溫) 381
올덴부르크(S. F. Oldenburg) 42
와후만(Wahuman) 384
와흐람 2세(Wahrām Ⅱ) 389
왕부(王符) 275
왕삼빙(王三聘) 170
왕원록(王圓籙) 39
왕 중 사자 148 →빔비사라
왕현책(王玄策) 126, 150, 154
요시카와 고이치로(吉川小一郎) 41
요흥(姚興) 437
용맹(龍猛) 203
용수 보살(龍樹菩薩) 85, 197, 203 ⇒나가르주나, 용맹, 용승
용승(龍勝) 203
우디타(Udita) 222
울지승(尉遲勝) 443
워너(L. Warner) 42
원교(元皎) 30
원조(圓照) 29
원효(元曉) 100
월호(月護) 148
위구르 403
유마(幼馬) 184 →유바나스바
유바나스바(Yuvanāśva) 184

유사(劉思) 32
유스티니아누스 2세(Justinianus II) 372
유스티니아누스 1세(Justinianus I) 346
유욱(劉郁) 249
유일왕(幼日王) 284 →발라디티아
율(H. Yule) 361
율일왕(律日王) 200 →비나야디티아
의상(義湘) 100
의정(義淨) 54, 101, 126
의초(義超) 445
이광리(李廣利) 292
이날토둔굴륵(伊捺吐屯屈勒) 379
이능화(李能和) 52
이브라힘(Ibrahīm) 217
이븐 바투타(Ibn Batūtah) 81, 353
이븐 쿠르다지바(Ibn Khurdādhibah) 342, 396
이사나찬다(Īsnacanda) 250
이상은(李商隱) 351
이석호(李浩錫) 52
이선(李善) 292
이스타크리(Iṣṭakhrī) 342, 348, 349
이스테미(Istemi) 400
이시진(李時珍) 292
이씨(李氏) 442
이욱(李昱) 345
이정(李靖) 401
이정(頤貞) 447
이조(李肇) 135
이진오 53
이차비(梨車毘) 187 →리차비
이현(李賢) 275
인정왕(引正王) 203
일 카간(Il Qaghan) 400

임기중(林基中) 53
일 카간(林基中) 400
임섭(任涉) 428

● ──── ㅈ

자누사니(Janusani) 185
자라투스트라(Zarathustra) 385
자이시야(Jaysīya, Jayasiṃha) 211
장건(張騫) 37, 292, 343, 439
장도광(張韜光) 285
장사례(張思禮) 273
장안(張晏) 428
장용천(張湧泉) 140
장효숭(張孝嵩) 273
적송덕찬(赤松德贊) 259 →티송데첸
적우(寂友) 341
적장(翟璋) 135
적존공주(赤尊公主) 259
적차(狨遮) 376
전달라벌마(旃達羅伐摩) 237
전륜성왕(轉輪聖王) 151
전타라급다(旃陀羅笈多) 148 →월호
정병삼(鄭炳三) 53
제사(帝䏿) 337
제석(帝釋) 181 ⇒샤크라, 제석천, 천제석
제석천(帝釋天) 187
제2의 아소카 298→카니슈카
제파달다(提婆達多) 152 →데바닷타
조(趙) 47
조군(趙君) 445, 448
조동희(趙冬曦) 447
조여괄(趙汝适) 218
조이스(Joyce) 441
조이정(趙頤貞) 446

조호선(調虎先)　236　→비이다발랍파
주거비(周去非)　97, 218
주나이드 이븐 압둘 라흐만(Junayd Ibn
　Abdu'l Rahmān)　219, 235
주달관(周達觀)　291
중현(衆賢)　70, 229, 233
지맹(智猛)　253
지야드 이븐 아비히(Ziyād Ibn Abīhi)　335
지유(地乳, Gostana-Sanu)　441
진타라비리(眞陀羅秘利)　244

• ──ㅊ
차츠(Chach)　210
찬다르(Chandar)　211
찬드라굽타(Candragupta)　148　→월호
찬드라피다 바즈라디티야(Candrāpīḍa
　Vajrāditya)　244
찬보(贊普)　267
찬쿠나(Caṅkuna)　249
찰탁나사마몰(察卓那斯摩沒)　273
천친(天親)　71, 278, 297, 297
천희애견(天喜愛見, Devanam priya priya-
　darśin)　190
초일왕(超日王) 1세　200　→비크라마디티
　야 1세
최남선(崔南善)　52, 88
최치원(崔致遠)　32, 434
축기(竺技)　290
충결(忠節)　392
측천무후(則天武后)　47, 320, 448
칠각사(七覺士)　260

• ──ㅋ
카니슈카(Kanishka)　242, 282, 298

카르데르(Kardēr, Kirdēr)　389
카를루크　403
카필라(Kapila)　185
칼레일(A. C. L. Carlleyle)　130
캄비세스(Cambyses)　389
커닝엄(A. Cunningham)　130, 183, 253
코노우(S. Konow)　442
코스마스(Cosmas)　355
쿠드룩　268, 402
쿠마라지바(Kumarajiva)　437　→구마라습
쿠타이브 이븐 무슬림(Kutaib Ibn Muslim)
　93, 335
쿠탈란샤(Khuttalānshāh)　396
쿠탈쿠다(Khuttal Khudā)　396
키루스(Cyrus)　389
키스라 아누쉬르완 알 아들(Kisra Anushir-
　wan al-'Adl)　346　→호스라우 1세

• ──ㅌ
타라피다 우다야디티야(Tārāpīḍa Udayā-
　ditya)　244
타발(他鉢 · 佗鉢)　401
타이(Tayy)　214, 362
타지(Tazi)　214
타타(Tāta)　233
테오도루스(Papas Theodorus)　369
토라마나(Toramāṇa)　321
토루만(Torumanc)　284
토문　400
토카리(Tokhari)　332
토쿠즈오구즈(Tokuz Oguz)　403
토크로이(Tochroi)　338
통설(通設)　288
통(統) 엽호 가한　288, 402

특근(特勤) 288
특륵복직(特勒匐職) 379 →특륵전직
특륵전직(特勒匐職) 379
티데츠쿠첸(khri lde gtsug brtsan) 259
티라팔라(Thirapāla) 142
티무르(Timur) 377
티송데첸(Khri srong lde brtsan) 259

• ─── ㅍ
파다림(波多林) 369
파르바티(Pārvatī) 203
파르샤바(Parśava) 243
파르시스(Parsis) 387
파시아니(Pasiani) 332
파이합칙근(婆爾哈勅懃) 287 →바르하테긴
페로즈(Peroz) 333
펠리오(P. Pelliot) 26, 362
폐사라(吠舍羅) 188 →비샬라
폐졸(閉拙) 380
포차파자(布遮波資) 417
푹스(W. Fuchs) 50, 140
풀라케신 1세(Pulakeśin I) 199
프라바라세나 2세(Pravarasena II) 243, 247
프톨레마이오스(Ptolemaios) 253, 314, 429
플리니우스(S. Plinius) 314

• ─── ㅎ
하네다 도오루(羽田 亨) 49, 50
하르샤바르다나(Harṣavardhana) 150
하리스 이븐 마라(Hārith Ibn Marrah) 94
하리찬드라(Haricandra) 233
하비브 이븐 무할라브(Habīb Ibn Muhallab) 219
하스티(Hasti) 299
하일(夏日) 447
하캄 이븐 암르 알 기파리(Hakam Ibn Amr al-Ghifārī) 335
한양피(韓羊皮) 345
한유(韓愈) 135
한정섭 53
함광(含光) 30
합사특(哈斯特) 299 →하스티
핫자즈 이븐 유수프(al-Ḥajjāj Ibn Yūsuf) 211, 335, 384
헤라클리우스(Heraclius) 347
헤로도토스(Herodotos) 388
현응(玄應) 183
현장(玄奘) 125
현조(玄照) 223
협존자(脇尊者) 242 →파르샤바
혜과(慧果) 30
혜랑(慧郎) 30, 34
혜륜(慧輪) 36
혜림(慧琳) 35, 58
혜업(慧業) 36
혜생(慧生) 253, 296
혜초(惠超) 35
호스라우 2세(Khosrau II) 347
호스라우 1세(Khosrau I) 346
혼(渾) 403
홀필다(忽必多) 377
홍순혁(洪淳赫) 52
홍이섭(洪以燮) 52
화벽(和璧) 447
화의공주(和義公主) 392
황문필(黃文弼) 443
회(洄) 446

회덕왕(懷德王)　376
회화왕(懷化王)　379
회홀(回紇)
회홀인(回紇人)　420
효숭(孝嵩)　392
후바이라 이븐 칼라비(Hubairah Ibn al-Kalabi)　94
후지타 도요하치(藤田豐八)　49, 140
휘정(彙貞)　447
흑봉(黑蜂)　203 →파르바티
희증(喜增)　150
히샴 이븐 압둘 말리크(Hishām Ibn Abdu'l Malik)　92, 219, 361
힐리(頡利)　401
힐리발(頡利發)　396

• ──── A B C

Amoghavajra　29 →불공
Arachosia/Arodhadj　321 →가라달지
Asanga Bodhisattva　297 →무착
Bhrāmara　203 →파르바티
Candravarman　237 →전달라벌마
Huṇarajā　284
Kauṇḍinga/Kondiṇṇa　139 →구린
Kobad　345 →거화다
Piei Tśiwät　380 →폐졸
Sad-mini-bdung　260 →칠각사
Sātavāhana　203 →사타바하나
Surendrāditya　254 →소린나일
Tu-Ra-Ma-Na　284 →토루만
Vajrabodhi　29 →금강지
Tyyè　362
Vasubandhu Bodhisattva　297 →세친

지명

• ──── ㄱ

가달라지(訶達羅支)　320
가라국(迦羅國)　239, 242 →카슈미르
가라카푸라(Garakhapura)　190
가르치스탄(Gharchistān)　335
가마루파국(迦摩縷波國)　295
가미라(迦彌羅)　239, 242
가비라국(迦毘羅國)　189 ⇒가비야국, 가유라위성, 겁비라벌솔도국, 창성, 카필라바스투, 카필라시아바스투, 황적성
가비시(訶毗施)　286
가비야라(迦毘耶羅)　66
가비야라국(迦毗耶羅國)　66, 181, 189
가비야라국탑(迦毗耶羅國塔)　84
가사(珂沙)　427
가사(迦師)　427
가사기리국(伽師祇離國)　103, 427
가사길려(迦師佶黎)　427
가사나국(伽闍那國)　321
가사라서(迦舍邏逝)　427
가사성(迦師城)　425, 430
가살돌궐(可薩突厥)　372 →카자르
가색나(伽色那)　381 →가즈나
가색니(伽色尼)　321
가섭미라국(迦葉彌羅國)　70, 86, 221, 239, 242 ⇒가슴미라, 갈슴미라, 개실민, 카슈미르
가섭불(迦葉佛)　202
가슴미라(迦濕彌羅)　234, 242
가실합아(可失合兒)　427
가실합이(可失哈耳)　427
가야(Gayā)　147

가유라위성(迦維羅衛城)　189, 191
가저진성(迦底眞城)　376
가즈나(Ghazna)　326
가즈니(Ghazni)　313
가즈닌(Ghaznīn)　321
가지니(伽志尼)　313 →가즈니
가탈라(呵咄羅)　334
가탈라(珂咄羅)　396
가포라(迦布羅)　273 →카불
가필시(迦畢試)　285, 286
가필시국(迦畢試國)　101, 285
가필시국사(迦畢試國寺)　68
각멸(闍蔑)　61
간다라(Gandhara)　71, 277, 279
간다크(Gandak) 강　125, 130
갈거(噶舉)　260
갈관단(渴館檀)　423, 425
갈나급자(葛那及自)　67, 159, 160 →갈약국사국, 건나구발사, 계요이성, 고가성, 곡녀성, 대자성, 카나우지, 카냐쿱자, 향모원, 화성
갈라부국(曷羅夫國)　333
갈라사(褐羅闍)　308
갈라타(渴羅陀)　423
갈락가(葛諾歌)　85, 278
갈락가사(葛樂歌寺)　296
갈락가사(葛諾歌寺)　298
갈반단국(渴飯檀國)　421, 423
갈반단국(渴槃檀國)　421
갈반타(渴槃陁)　410, 423
갈반타(渴盤陀)　423
갈반타(喝盤陀)　423, 425
갈반타국(渴槃陁國)　424
갈반타국(渴盤陀國)　424

갈반타국(羯盤陀國)　425
갈상나(羯霜那)　377
갈색성(渴塞城)　392 →귀산성, 카산
갈석성(碣石城)　377
갈습미라(羯濕彌羅)　242
갈승저국(葛僧祇國)　356
갈약국사국(羯若鞠闍國)　160
갈차(竭叉)　427
갈한(喝汗)　375
갈한성(喝汗城)　375
감갈성(瞰羯城)　379
감파(甘婆)　148 →캄바
강가(Gaṅgā) 강　135 →갠지스 강
강거(康居)　376, 381
강거국(康居國)　378
강국(康國)　73, 94, 336, 373, 374, 376, 381 ⇒사마르칸트, 살마이간, 살마이한, 살말건, 삽말건, 설미사가, 설미사견, 실만근, 심사간, 하중부
강사아(强司鴉)　443
개라발(箇羅勃)　396 →쿨랴프
개실밀(箇失密)　242, 273, 285
개원사(開元寺)　448
객라합십강(喀喇哈什江)　443
객랄분찰(喀剌噴札)　423 →칼라판지
객랍합상(喀拉合常)　443
객십갈이(喀什噶爾)　427
갠지스(Ganges) 강　135, 161
거사(渠沙)　427
건나구발사(犍拏究拔闍)　160
건원보리사(乾元菩提寺)　34
건초사(建初寺)　438
건타(乾陀)　280
건타라(建馱羅)　279, 280

건타라(健陀邏)　280
건타라(健馱羅)　280, 285
건타라(乾陀羅)　243, 280
건타라(犍陀羅)　279
건타라국(建馱羅國)　70, 277 ⇒간다라, 건
　타, 건타라, 섭라파국, 소월지국, 향편국,
　향풍국, 향행국
건타라국(乾陀羅國)　280, 285
건타라성(乾陀羅城)　280, 281, 297
걸사합아(乞思合兒)　427
걸석성(乞石城)　377
검말곡(劍末谷)　424, 425
겁비라벌솔도국(劫比羅伐窣堵國)　155,
　189 →카필라바스투
겁비타(劫比他)　192
겁포달나(劫布呾那)　376
격륵납(格勒納)　443 →그레나드
계니타왕성탑사(罽膩吒王聖塔寺)　298
계림(鷄林)　31, 198, 207
계빈(罽賓)　277, 286, 326
계빈국(罽賓國)　72, 101, 285, 311 ⇒가비
　시, 가필시, 계빈, 카피시
계요이성(罽饒夷城)　160
고가성(高歌城)　160
고구포(古具布)　424
고길랍특나(古吉拉特那) 233 →구자라트라
고라(故羅)　231
고묵(姑墨)　433, 440
고부(高附)　332
고선(苦先)　432
고성(鼓城)　447
고스타나(Gostana)　440, 442 →지유
고치(庫車)　432
고차(苦叉)　432

고차(高車)　267
고창국(高昌國)　435
고한성(苦汗城)　417
곡강(曲江)　351
곡녀성(曲女城)　68, 76, 150, 160, 161,
　295
곡선(曲先)　432
곡자성(曲子城)　447
곤도자(昆都玆)　310 →활국
곤륜(崑崙)　35
곤륜국(崑崙國)　341, 355
곤륜양(崑崙洋)　291
곤릉(崑陵)　285
골론(骨論)　290
골탈(骨咄)　304, 396
골탈국(骨咄國)　73, 395, 396 ⇒가탈라,
　골탈, 골토, 쿠탈, 쿠탈란
골토(骨吐)　396
골토국(骨吐國)　288
공건나보라국(恭建那補羅國)　69
공작(孔雀)　148 → 마우리아
과주(瓜州)　376
곽한(霍罕)　392
광명사(光明寺)　448
광부(廣府, Khan-fou)　357
광엄성(廣嚴城)　188
광택방(光宅坊)　450
광택사(光宅寺)　450
교살라국(憍薩羅國囯)　202
교상미(憍賞彌)　284 →코삼비
구담미국(枸睒彌國)　202
구르　326
구르자라(Gurjarā)　231 →구절라국
구마제대사(瞿摩帝大寺)　443

구밀(俱密) 417 ⇒구밀지, 구밀타, 다르와
  즈, 달이와자, 쿠메즈, 쿠미지
구밀국(俱密國) 336
구밀지(拘密支) 417
구밀타(拘密陀) 417
구밀타(枸密陀) 334
구사(佉沙) 377, 425, 427, 427, 429
구사국(佉沙國) 425
구사나갈국(拘私那竭國) 130
구사주(佉沙州) 377
구살단나(瞿薩旦那) 439, 440
구살라국(拘薩羅國) 183
구시국(俱尸國) 130
구시나(拘尸那) 66, 129, 152 ⇒구사나갈국, 구시국, 구시나갈성, 구시나게라국, 구시성, 구이국, 구이나갈성, 쿠시나가라
구시나갈성(拘尸那竭城) 130
구시나게라국(拘尸那揭羅國) 130
구시성(拘尸城) 130
구월덕건국(久越德建國) 288
구위(拘緯) 306
구위(俱位) 304, 306
구위국(拘衛國) 72, 306 ⇒구위, 나미, 상미, 쌍미
구이국(拘夷國) 130
구이나갈성(拘夷那竭城) 130
구자(丘玆) 432
구자(龜玆) 33, 392, 428, 432 ⇒고선, 고차, 곡선, 굴자, 굴지, 귀자, 쿠차
구자국(龜玆國) 432
구자라트(Gujarāt) 70
구자라트라(Gujarātra) 233
구전제(俱戰提) 376, 379
구절라국(瞿折羅國) 231

구주석(九州石) 356
국화연나(鞠和衍那) 334
군돌롱산(軍突弄山) 356
군두스(Gundus) 강 326
군봉성(群峰城) 153 →왕사성
굴단(屈丹) 439
굴랑나국(屈浪拏國) 333
굴상니가(屈霜你迦) 375
굴자(屈玆·屈茨) 432
굴지(屈支) 432, 452
굽타(Gupta) 125, 149
귀산성(貴山城) 392
귀상(貴霜) 149, 332 →쿠샨
귀자(歸玆) 432
그레나르드(Grenard) 443
극억산(極嶷山) 424
금각사(金閣寺) 30
금국(琴國) 428
금하(金河) 134
급고원(給孤園) 181, 185
급고원탑(給孤園塔) 84
궁가(殑伽) 138 →갠지스 강
궁가강(殑伽江) 161 →갠지스 강
기납포강(奇納布江) 228 →찬드라브호자 강
기련산(祁連山) 381
기련산맥(祁連山脈) 289
기사(奇沙) 427
기수(祇樹) 186
기원(祇洹) 186
기원정사(祇洹精舍) 185
기주(冀州) 445, 451
기타(祇陀) 186
기특랍이(奇特拉爾) 306 →치트랄
기하람사(菩賀濫寺) 318

기현(冀縣) 451
길구포(吉具布) 424 →고구포
길기트(Gilgit) 253, 273
길달국(吉笪國) 356
길상사(吉祥寺) 203
길상산(吉祥山) 203 →스리파르바타
길이길특(吉爾吉特) 253 →길기트
까디시야(Qādisiyah) 348
까르꾸브(Qarqūb) 348
깔라예잘(Qal'a-ye Zal) 288
끼깐(Qiqan) 94
끼마르(Qimar) 358

• ─ㄴ

나가라다나(Nagaradhana) 229, 237
나가라하라(Nagarahāra) 310
나가르카스(Naga Khas) 190
나갈라타나사(那褐羅馱那寺) 83
나게라갈국(那揭羅曷國) 310 →나가라하라
나게라타나(那揭羅馱娜) 229, 237 →나가라다나
나국(裸國) 260
나라싱하푸라(Narasiṃhapura) 228
나란성(羅爛城) 326
나란타(那爛陀) 67, 449
나룡(奈龍) 219 →니룬
나르마다(Narmadā) 강 199
나미(唅彌) 306
나밀수(那忩水) 374
나사성(邏些城) 266
나사천(邏些川) 267
나사프(Nasaf) 377 →나색파
나색파(那色波) 377
나색파국(那色波國) 377

나샤(Nasha) 377 →나색파
나시크(Nasik) 69, 200
나인국(裸人國) 80, 126
나인국(躶人國) 80, 126
나즈드(Najd) 362
나형국(裸形國) 50, 61, 78
나형국(躶形國) 80, 126
낙양 420
난다(Nanda) 148
난두국(難兜國) 313
난타(難陀) 148 →난다
날국(涅國) 378
날란다(Nālanda) 67
남교살라국(南憍薩羅國) 203
남분주(南湓州) 380
남산(南山) 153 →영취산
남산산맥(南山山脈) 289
남파(藍波) 295
납가이객사(納迦爾喀斯) 190 →나가르카스
납석극(納昔克) 200 →나시크
낭랍객포라(廊拉喀浦羅) 190 →가라카푸라
내위국(來威國) 377
네하반드(Nehāvand) 348
노나마트하(Nona-maṭha) 250
노발(奴發) 218
노예(奴隷) 왕조 220
노적건국(笯赤建國) 380
노혜달가(盧醯呾迦) 301
녹성(綠城) 378
녹야(鹿野) 151
녹야원(鹿野苑) 66, 139, 141, 145, 151
　⇒녹야, 녹원, 사르나트, 선인녹야원
녹원(鹿苑) 151
녹의대식(綠衣大食) 217

471 찾아보기

논민원(論民園) 155, 190 →룸비니
농우(隴右) 265
능산(陵山) 356
능산(凌山) 422
니격리벌촌(尼格里伐村) 191 →니글리바
니글리바(Nigliva) 191
니룬(Nirūn) 219
니샤푸르(Nīshāpūr) 95, 98, 342, 343
니시비스(Nisibis) 346
니야(尼雅) 441 →니야
니야(Niya) 441
니코바르(Nicobar) 제도 50, 357
니파라국(尼波羅國) 257

● ──ㄷ

다라브지르드(Dārābjird) 349
다레다(Dareda) 429
다렐(Darel) 303
다르마라지카(Dharmarājikā) 탑 141, 142
다르마카크라(Dharma-cakra) 사당 142
다르와즈(Darwaz) 418
다릴(Daril) 429
다마삼마나(多摩三磨娜) 229, 236
다마스쿠스 97, 361
다메크(Dhamekh) 탑 140
다씨(多氏) 101
다이불(Daibul) 358
달려라천(達麗羅川) 303 →다렐
달마실철제(達摩悉鐵帝) 409, 410
달마실철제국(達摩悉鐵帝國) 333
달마작갈라(達磨斫葛羅) 137, 142
달밀(呾密) 334
달실간(達失干) 380
달이와자(達爾瓦玆) 418 →다르와즈

달차시라국(呾叉始羅國) 300
달친(達嚫, Dakṣiṇa) 202
답말소벌나(答秫蘇伐那) 236
당항(黨項) 257
대각사(大覺寺) 68
대국(代國) 375, 378
대발률(大勃律) 253
대발률국(大勃律國) 71, 86, 252, 272
대불림(大拂臨) 89
대불림국(大拂臨國) 368
대상성(大象城) 299 →하스티나푸르
대석령(大石嶺) 425
대식(大食) 334
대식(大寔) 209, 210, 213, 229, 334
대식국(大寔國) 360
대안국(大安國) 375
대용지(大龍池) 423 →유다리아호
대운경사(大雲經寺) 448
대운사(大雲寺) 438, 445, 448
대원(大宛) 331, 336, 391
대월지(大月氏) 331
대의(大依) 101, 213
대익(大益) 101, 213, 362
대자성(大慈城) 160
대파밀천(大播蜜川) 419, 423
대하(大夏) 281, 331
대흥선사(大興善寺) 33
덕강단국(德江丹國) 222
덕광(德光) 가람 233
덕파이(德巴爾) 218 →데발
데발(Debal, Daybul) 218
데오리아(Deoria) 130
데칸 고원 85
도겁(都怯) 331

도리벌(陶里伐)　190　→타울리바
도리천(刀利天)　181, 193
도리천(忉利天)　66, 192
도밀(都密)　332
도백특(圖伯特)　264
도화라(覩火羅)　331
도화라(覩貨羅)　331
도화라(覩貨邏)　331, 411
도화라국(覩貨羅國)　333
독막수(獨莫水)　376
돈손국(頓遜國)　290
돌궐(突厥)　257
돌기시(突騎施)　394, 447
돌사살나사(突舍薩那寺)　236
동녀국(東女國)　225
동도성(東都城)　312
동안국(東安國)　375
동이(東夷)　260
동이벽(東夷僻) 수착　453
동조국(東曹國)　376 ⇒겁포달나, 소대사
　나, 소도식나, 솔도사나
동차루기(東遮婁其)　203
동탑이사(東塔爾寺, Don-Thal寺)　203
동호(東胡)　260
두겁륵(兜怯勒)　331
두사라(兜沙羅)　331
두샨베(Dushanbe)　385, 396
둔문산(屯門山)　355
득도처(得道處)　155
능승(等乘)　148 →사타바차니

• ─── ㄹ
라그만(Lahgmān)　309
라다크(Ladakh)　256

라마브하르(Rāmabhar)　136
라비아라바티(Ravi-Aravati) 강　228
라사보탄(羅闍補坦)　231 →라지푸타나
라싸(Lhasa)　259
라와르(Rāwar)　219
라왈핀디(Rāwalpindi)　281, 300
라자그리하(Rajagṛha)　148 →왕사성
라지기르(Rājgir)　152
라지푸타나(Rājputana)　231
라지푸트(Rājput)　160
라타(Laṭa)국　310
라푼(Lafun)　353
라프티(Rapti) 강　134, 183
락사르테스(Laxartes)　393
람브리(Lambri)　357
람비니원(藍毗尼園)　155 →룸비니
람씨성(藍氏城)　332, 334
람파(覽波)　309
람파국(濫波國)　309, 310
람파국(藍婆國)　309
람파국(覽波國)　72, 309 ⇒라그만, 람파,
　람파카
람파카(Lampāka)　72, 309
람벌니림(臘伐尼林)　155 →룸비니
랍보제강(拉普提江)　183
랍오이(拉奧爾)　219 →라와르
랍유강(拉維江)　228 →라비아라바티 강
랑가발루스(Langabalus)　358
레(Leh)　257
로디(Lodi) 왕조　220
룸(Rūm)　362
룸비니(Lumbini)　66, 155, 190

마가다(Magadha) 68, 127, 145
마가랄차국(摩訶剌侘國) 199
마가벌나(摩訶伐那) 299
마가타(摩伽佗) 147
마가타(摩伽陀) 147
마가타(摩訶随) 147
마갈(摩竭) 147
마갈제(摩竭提) 147
마게타(摩揭它) 147
마게타(摩揭陀) 147
마게타국(摩揭陀國) 47, 68, 145 ⇒ 마가다, 마가타, 마갈, 마갈제, 마게타, 묵갈제
마극란(馬克蘭) 218 → 무크란
마나마(Manāmah) 357
마니극두격(馬尼克杜格) 203 → 마니크두르그
마니크두르그(Manikdurg) 203
마다인(Madāin) 347
마라말(麻囉抹) 218
마라파(摩羅婆) 284 → 말와
마랍파(摩臘婆) 235 → 말리바
마랍파국(摩臘婆國) 69
마루(Maru) 95
마사도길(馬斯圖吉) 306 → 마스투즈
마슈하드(Mashhad) 95, 342
마스까트(Masqat) 357
마스투즈(Mastuj) 306
마우리아(Maurya) 131, 148
마유(摩愉) 299
마이드(Mayd) 358
마이마르그(Maimargh) 381 → 미국
마이무르그(Māymurg) 381 → 미국
마준(Majun) 357

마투라(Mathurā) 436
마하라스트라(Mahārastra) 199 → 마가랄차국
마하마트라(Mahāmatra) 184
마하보디(Mahābodhi) 154
마하보리(摩訶菩提) 66, 145, 154 → 마하보디
마하보리사(摩訶菩提寺) 145
마하파특라(摩訶婆特羅) 184 → 마하마트라
마흐란(Maḥrān) 강 94, 358
막가보리사(莫訶菩提寺) 223
만다바야푸르(Mandavyapur) 233
만달유아보라(曼達維亞普羅) 233 → 만다바야푸르
만디(Mandi) 222
만지(曼地) 222 → 만디
말라국(末羅國) 356
말라바(Mālava) 69, 235 → 말리바
말리바(Malibah) 235
말리유(Malyu) 358
말리촌(茉莉村) 188 → 쿤다그라마
말브 95 → 마루
말와(Mālwa) 284
망기가(望氣家) 450
망연(望延) 325
맥적산(麥積山) 석굴 283
맹족(孟族) 257
메디나(al-Madīnah) 361
메르브(Merv) 335, 342, 348
명사산(鳴沙山) 38
목국(穆國) 382
목이탄(木耳坦) 219 → 물탄
몰래국(沒來國) 356
몰손국(沒巽國) 357

몽건(瞢健) 333, 409 →탈라칸
몽게리성(瞢揭釐城) 299, 303
몽지(濛池) 285
무굴(Mughal) 제국 220
무라삼부로국(茂羅三部盧國) 219
무르가브(Murghāb) 강 335
무물불유국(無物不有國) 183
무열지(無熱池) 310 →아나바탑타
무자파르푸르(Muzaffarpur) 125
무크란(Mukrān) 210, 218
무크타스바민(Mukta-svāmin) 249
묵갈제(墨竭提) 147
문관(鐵門關) 453
문독국(門毒國) 356
문저야(文底耶) 182 →빈다야
물라이(Mulay) 358
물탄(Multān) 94, 210, 219
미국(米國) 73, 373, 377, 380 ⇒마이마르그, 미막하, 미말, 미말하, 미밀, 펜지켄트
미막하(彌莫賀) 380
미말(彌末) 380
미말하(彌秣賀) 381
미밀(迷密) 380
민주(岷州) 445, 451
민현(岷縣) 451
밍고라(Mingora) 299, 303 →몽게리성

• ─── ㅂ

바탈라(Baṭāla) 353
바다미(Bādāmi) 199
바다흐샨(Badakhshān) 73, 95, 288, 330, 337 →포특산
바다흐샨 주 337
바드기스(Bādghis) 335

바라나(Vāraṇa) 강 138
바라나시(Vārāṇasī) 67, 137
바라문(婆羅門) 320, 356
바라이크(Bahraich) 183
바라흐나카르(Barahnakār) 81
바루치(Bharūch) 218, 235
바르사푸라(Varṣapura) 296, 301 →불사복성
바르와스(Barwas) 235
바미얀(Bāmiyān) 72, 324, 325
바브다룻 살람(Babdaru'd Salām) 356
바사르(Basarh) 125
바스티(Basti) 190
바이샬리(Vaiśālī) 80, 84, 124, 157, 187
바이슈라바나(Vaiśravaṇa) 441 →비사문천
바타피(Vātāpī) 199 ⇒바다미, 바타피, 벌타비, 파타밀
박가랑(縛伽浪) 334
박갈(縛喝) 334
박갈국(縛喝國) 339
박갈라(縛喝羅) 334
박구라(薄佉羅) 334
박락이(博洛爾) 253
박시성(縛時城) 326
박우대하(縛芻大河) 393
박저야(縛底耶) 330, 334 ⇒박갈, 박갈라, 박구라, 박제성, 박트리아, 발저연, 파구라
박저야(縛底野) 334
박제성(薄提城) 334
박차(博叉 · 薄叉) 393
박추(縛芻) 393
박추하(縛芻河) 333
박트리아(Bactria) 281, 330, 331, 334 → 대하

반가랍(潘可拉) 303 →팡코라
반길하(潘吉河) 396 →판지 강
반니원처(般泥洹處) 155
반사포(般邪布) 228 →펀자브
반정방(頒政坊) 451
발라말라기리(跋邏末羅耆犛) 203
발라파국(拔羅婆國) 199
발라히사르(Bālā Ḥiṣār) 317
발랍비(伐臘毘) 235
발려륵(鉢廬勒) 253
발로(鉢露) 253
발로라(鉢露羅) 253, 254
발로륵(鉢廬勒) 254
발록갈첨파(跋祿羯呫婆) 218, 235 →바르와스
발루스(Balus) 358
발루치스탄(Baluchistan) 86, 218
발률(勃律) 243, 252, 253
발률강(勃律江) 306
발리가마난국(拔離謁磨難國) 357
발리갈(鉢利曷) 333
발식덕성(鉢息德城) 380
발율(拔颭) 218
발율국(拔颭國) 356
발저연(拔底延) 334
발탁창나(鉢鐸創那) 333, 337
발특산(拔特山) 337
발특산(勃特山) 337
발특산국(勃特山國) 288
발티스탄(Baltistan) 71, 253
발포천(跋布川) 267
발하나(跋賀那) 73, 391
발하나국(跋賀那國) 391 ⇒곽한, 대원, 발한, 발한국, 발한나, 영원, 파락나, 페르나, 호한

발한(拔汗) 391
발한(撥汗) 379
발한(鏺汗) 392
발한국(鏺汗國) 391
발한나(拔汗那) 385, 392, 392
발화(鉢和) 409, 410
발화국(鉢和國) 410
발흐(Balkh) 99, 330, 334, 335, 342
배성(裴星) 421
백마사(白馬寺) 437
백십극륵목(伯什克勒木) 430
백의대식(白衣大食) 217
백장부도(百丈浮圖) 298
벌랄라(伐剌拏) 310
벌지도(伐地圖) 375
벌타비(伐他毗) 199
범양국(范陽國) 325
범연(帆延) 320, 325, 325
범연(范延) 325
범연국(范延國) 288
범연나(梵衍那) 325
범인국(犯引國) 72, 324, 325 ⇒망연, 바미얀, 범양국, 범연, 범연나, 실범연, 실원연
법륜사(法輪寺) 142
법원주림(法苑珠林) 139
법이찰파덕(法伊札巴德) 190 →파이자바드
베나레스(Benares) 138
베즈와다(Bezwāda) 203
벨로르(Belor) 255
보관지제(寶冠支提) 136
보라가야(普羅伽耶) 182 →프라야가
보수사(保壽寺) 30
복라이(卜羅爾) 253

볼로르(Bolor) 253
볼린(Bolin) 362
봉상(鳳翔) 420
부남국(扶南國) 290
부네르(Buner) 299
부니르(Bunir) 303
부다가야(Buddha Gayā) 154
부딜라(Budila) 190
부스트(Bust) 321
부원현(孚遠縣) 451
부하라(Bukhara) 95, 336, 373, 374
북바라문(北婆羅門) 326
북정(北庭) 451
북준(北准) 339
북해(北海) 400
분돈(盼頓) 332
분적하(噴赤河) 412, 423 →아비판지 강
분타랑주(奔陀浪州, Panduranga) 356
불가르(Bulghār) 372
불강생탑(佛降生塔) 157
불교대진(佛敎大鎭) 76
불라르(Vular · Wular) 247
불류사(不流沙) 253
불률씨(佛栗氏) 310
불름(拂菻) 361, 369, 369
불린(Bullin) 358
불림(拂臨) 361, 368
불사복성(佛沙伏城) 280, 296, 301
불생처(佛生處) 155
불서(佛逝) 35, 356
불인령(不忍嶺) 424, 425
불타야(佛陀耶) 154
불타이(Bultai) 253
브라마나바드(Brahmanābād) 210

브라마푸트라(Brahmaputra) 강 135
브루자(Bru-zha) 252, 253, 273 →소발률
브하파타이스바라(Bhappata-īśvara) 250
비가와이(比賈瓦爾) 303 →비자와르
비나사나(Vinasana, 毘那莎那) 182
비다세라국(臂多勢羅國) 70
비달라국(毘達羅國) 203
비사리(毗舍離) 124, 187
비사문천(毘沙門天) 441
비아스(Bias) 227
비야리성(毗耶離城) 84, 181, 187
비이간(費爾干) 391
비자야이스바라(Vijaya-īśvara) 249
비자와르(Bijawar) 303
비파사(毘播奢) 227 →비아스
비포라산(毘布羅山) 153
비하르(Bihār) 주 147
빈댜야(Vindhya) 182

• ──── ㅅ

사가라(私訶羅) 352
사가조(私訶條) 352
사갈라(奢羯羅) 227, 284 →사칼라
사국(史國) 73, 373, 376, 376, 380 ⇒갈
    상나, 구사, 카쉬, 쿠샤나, 키쉬, 킷쉬
사다하(徙多河) 425
사라국(斯羅國) 208
사라파실제성(舍羅婆悉帝城) 183
사란달(閣蘭達) 222
사란달나(閣爛達那) 222
사란달라(閣爛達羅) 222
사란달라국(閣蘭達羅國) 70, 221, 222 ⇒
    시런딜, 사란날나, 사란달라, 사란타, 잘란
    다라, 좌람달라, 좌람타라

사란디브(Sarandīb) 352
사란타(闍蘭陀) 222
사르나트(Sārnāth) 139, 151 →녹야원
사르하(Sarha) 273
사륵(沙勒) 430
사륵성(裟勒城) 273 →사르하
사리란잡(斯里蘭卡) 352 →사르하
사리콜(Sar-i Kol) 419
사림(闍林) 236
사마갈라사국(奢摩褐羅閣國) 306, 308
사마라자(Śamarājā) 306, 308
사마르칸트(Samarcand, Semergent, Samarkand) 94, 336, 373, 381, 383, 393
사몰(似沒) 417
사바티(Sāvatthi) 183
사반단사(裟般檀寺) 129, 136
사부르(Sābūr) 348
사비막운산(斯卑莫運山) 326
사사사(沙糸寺) 311, 317
사성(舍城) 145, 152 →왕사성
사야보라(闍耶補羅) 228
사오다사타나(闍烏茶裟他那) 320
사와트(斯瓦特) 294 →스와트
사월(謝䫻) 320
사위국(舍衛國) 84, 181, 183 ⇒무물불유국, 사라파실제성, 사바티, 사파제, 슈라바스티, 실라벌실저국, 십라파실제야성
사율(謝䫻) 46, 320
사율국(謝䫻國) 72, 319 ⇒사오다사타나, 사월, 사율, 사호라살타나, 자불리스탄, 조구, 조구타, 조국, 조리
사이(裟夷) 273
사이(Sai) 273

사이사달(査爾沙達) 299
사일라간다쿠티(Śaila-gandhakuṭi) 142
사자국(師子國) 341, 352, 352 ⇒사가라, 사가조, 서람산, 석란, 세람, 세륜첩, 승가라, 신합납첩, 실란, 실람지, 실론, 집사자국, 축지
사자국(獅子國) 352
사자주(師子州) 35
사조건성(思助建城) 396
사주(沙州) 386, 442
사차(莎車) 428
사칼라(Sākala) 227, 284
사타드르(Satadre) 222
사타바하나(Sātavāhana) 148
사탑덕로(莎塔德魯) 222 →사타드르
사파자(裟播慈) 252, 257
사파제(舍婆提) 183
사헤트마헤트(Sahet-Mahet) 183
사혁특마혁특(沙赫特馬赫特) 183 →사헤트마헤트
사호라살타나(社護羅薩他那) 319, 320, 322
사히스(Sāhis) 311 →사사사
산왕국(山王國) 454
산프(Sanf) 358
살당나(薩儻那) 310
살라히트(Salahit) 358
살마이간(撒馬爾干) 383
살마이간(薩馬爾干) 377
살마이한(撒馬爾罕) 383
살마이한(薩馬爾汗) 294
살말건(薩末楗) 382
살보수(薩寶水) 382
살비(薩毗) 443

살이구화갈국(薩伊瞿和竭國) 356
삼도보계탑(三道寶階塔) 66, 157, 181
삼란국(三蘭國) 356
삼파가국(三波訶國) 226 ⇒색피, 소비, 손파
삽말건(颯秣建) 294, 382
삽말건국(颯秣建國) 383, 387
상결사(桑結莎) 193 →상키사
상도(上都) 188
상모궁성(上茅宮城) 148, 153 →왕사성
상미(商彌) 308
상미(商靡) 306
상석(象石) 356
상야사(桑耶寺) 260
상카샤(Sānkaśya) 192
상키사(Sankisa) 193
색가심성(塞迦審城) 410, 412 →이슈카심
색국(索國) 267
색지현국(色知顯國) 375
색피(索皮) 226
샤리까(Shāriqah) 356
샤흐데리(Shahdheri) 300
서건성(西鞬城) 392
서다림(逝多林) 186
서다림 급고독원(逝多林給孤獨蘭) 186
서다림 급고독원 설마가반야바라밀다도외도
   처탑(逝多林給孤獨蘭說摩訶般若波羅蜜
   多度外道處塔) 157
서람산(西藍山) 352
서명사(西明寺) 45, 449
서번(西番) 264
서번(西蕃) 412
서사군도(西沙群島) 358
서산성(西山城) 443
서안국(西安國) 375

서이벽(西夷僻) 수착 453
서장(西藏) 264
서조(西曹) 382
서주(西州) 435
서주(西州) 5현(五縣) 435
서차루기(西遮婁其) 199 →서찰루키아
서찰루키아(西Chālukya) 199
서해(西海) 213, 400
석격남(錫格南) 417 →쉬그난
석국(石國) 376, 378 ⇒자석, 자시, 자지,
   타슈켄트, 탑십간
석닉국(石匿國) 288
석라국(石騾國) 73, 373, 378
석란(錫蘭) 352
석성(石城) 380
석이하(錫爾河) 380, 393 →약살수
석한나국(石汗那國) 288
선법당(善法堂) 192
선인녹야원(仙人鹿野苑) 151
선정사(禪定寺) 450
설국(設國) 356
설미사가(薛迷思加) 383
설미사견(薛米思堅) 383
설법화경탑(說法華經塔) 155
설연타(薛延陀) 402
섭라파국(葉羅波國) 280
섭성(葉城) 429
세람(細藍) 352
세륜첩(細輪疊) 352
세완(Sehwan) 210 →시비스탄
세주묘(世主廟) 144
셀레우코스(Seleucos) 왕조 281, 331
셀류스(Selus) 363
소고마제(小庫馬提) 443

소국(小國) 375
소그디아나(Sogdiana) 333
소극특(蘇克特) 222 →수커트
소대사나(蘇對沙那) 376, 380
소도식나(蘇都識那) 376
소라프티(小Rāpti) 강 130, 134
소랄타(蘇剌佗) 232, 235
소륵(疎勒) 103, 258, 427
소륵(疏勒) 73
소륵국(疎勒國) 427 ⇒가사, 가사길려, 가사라서, 가실합아, 가실합이, 갈차, 객십갈이, 거사, 걸사합아, 구사, 기사, 실리홀율다저, 카슈가르, 합실합아
소륵국(疏勒國) 427
소륵성(疏勒城) 428
소무성(昭武城) 381
소발나구달라국(蘇跋那具達羅國) 225 ⇒ 동여국, 소벌랄나구달국, 수바르나고트라, 여국
소발률(小勃律) 253, 272, 273
소벌랄나구달국(蘇伐剌拏瞿呾國) 225
소불림(小拂臨) 90
소불림국(小拂臨國) 360, 361, 363, 368
소비(蘇毗) 226, 257
소사(小史) 377
소섭성(素葉城) 294
소섭하(素葉河) 379
소왕사성(小王舍城) 334
소월지국(小月氏國) 280
소파밀(小播密) 419
소파벌솔도하(蘇婆伐窣堵河) 303 →수브하바스투 강
소해성(蘇薤城) 377
속특(粟特) 333 →소그디아나

손가(巽伽) 148 →순가
손파(孫波) 226
솔도리슬나국(窣堵利瑟那國) 376
솔도사나(窣都沙那) 376
솔트(Salt) 산맥 233
송주(宋州) 420
쇄섭(碎葉) 429, 436
쇄섭성(碎葉城) 449
수르크 코탈(Surkh Kotal) 338
수마트라(Sumatra) 78, 355
수메루(Sumeru) 산 194 →수미산
수미 사주(須彌四洲) 194
수미산(須彌山) 194
수바르나고트라(Suvarṇagotra) 225
수브하바스투(Subhavastu) 강 303
수커트(Sukhet) 222
수파반나(輸婆伴娜) 136
숙가다(宿呵多) 294, 299 →스와트
순가(Sunga) 148
순선성(循鮮城) 312
술몽얼리성(術瞢蘖利城) 304
술지(戍地) 382
숭복사(崇福寺) 30
쉬그난(Shighnān) 416, 417, 417
쉬끼나(Shiqīna) 417
쉬끼난(Shiqinān) 417
쉬니즈(Shīnīz) 348
쉬카나(Shikāna) 417
쉬키난(Shikinān) 417
슈라바스티(Śrāvastī) 84, 157, 183 →사위국
스리나가르(Srīnagar) 225, 243
스리랑카(Sri Lanka) 352
스리파르바타(Śriparvata) 203, 205

스와트 강 303
스와트(Swat) 294, 299, 303
슬닉(瑟匿) 417
슬저흔성(瑟底痕城) 376
승가라(僧伽羅) 352
승가시(僧伽施) 192
승등주(勝鄧州) 356
승림(勝林) 192
시갈(施曷) 218
시기니(尸棄尼) 417
시라즈(Shīrāz) 219, 343
시라프(Sīrāf) 349
시르다리야 강 332, 336
시르시크(Čirčik) 393
시림(始林) 208
시비가(尸毘迦) 71, 299
시비스탄(Sivistān) 210, 219
시비카(Sivika) 71, 299 →시비가
시삼(Sisam) 219
식닉(式匿) 417
식닉(識匿) 417
식닉국(識匿國) 416, 417 ⇒쉬그난, 쉬끼
  나, 쉬끼난, 쉬카나, 쉬키난, 슬닉, 시기니,
  식닉, 적닉
신가파(新加波) 356
신덕(信德) 210
신도(信度) 227
신도국(信度國) 69, 210 →신덕, 신드
신도하(信度河) 285 →인더스 강
신독(身毒) 54
신독(信毒) 94
신두강(新頭江) 254 →인더스 강
신두고라국(新頭故羅國) 70, 229, 231
신두대하(辛頭大河) 296, 297 →인더스 강

신드(Sind, Sindh) 69, 94, 210
신디(Sindy) 423
신마저라국(哂摩咀羅國) 333
신사산(神沙山) 38
신왕사성(新王舍城) 154
신유림(神遊林) 208
신지(辛地) 423 →신디
신할라드비파(Sinhala dvīpa, Sihadipa)
  352
신합납첩(信合納帖) 352
실라벌(室羅伐) 157 →슈라바
실라벌실저국(室羅伐悉底國) 183
실란(Sīlān) 352, 358
실람지(悉藍地) 352
실론(Ceylon) 352
실리흘율다저(室利訖栗多底) 427
실만근(悉萬斤) 375, 381, 382
실만근성(悉萬斤城) 381
실범연(失范延) 325
실원연(失菀延) 325
심사간(尋思干) 383
심야르 346
십라파실제야성(拾羅婆悉帝夜城) 183
십사비이(什斯比爾) 443
쌍미(雙靡) 306, 332

● ──── ○

아구라(阿俱羅) 215
아기니(阿耆尼) 453
아기니국(阿耆尼國) 453
아나바타프타(Anavatapta) 310
아난가브하바나(Anaṅga-bhavana) 249
아누달(阿耨達) 290
아라가(阿羅加) 184 →알라카

아라잔(Arrajān) 348
아랄필(阿剌必) 213
아랍시성(阿濫謐城) 375
아랍백(阿拉伯) 213 →아랄필
아록저성(阿祿底城) 382
아뢰령(阿賴嶺) 422
아르메니아 348
아르사케스(Arsaces) 343
아리니국(阿利尼國) 333
아리라발제하(阿利羅跋提河) 134
아모하(阿姆河) 393 →아무다리야 강
아무다리야(Amu Darya) 강 335, 375, 393
아물(Pmul) 335
아바르꾸흐(Abarqūh) 348
아부건(阿簿健) 310
아불 파스(Abū al-Fath) 337
아불랍서아보(阿弗拉西雅甫) 384 →아프라시아브
아비시니아(Abyssīnīa) 346
아비판지(Ab-i Pānj) 강 414, 423
아사니성(阿娑你城, Guzra, Gusaristan) 320
아시(Asi) 강 138
아시다벌저하(阿恃多伐底河) 134
아완성(阿緩城) 288
아요댜(Ayodhyā) 234, 297 →아유타국
아유타국(阿踰陀國) 297
아이라바티(Airavatī) 강 129
아이라발제하(阿夷羅跋提河) 134
아이철사(阿爾撤斯) 343 →아르사케스
아작타쉬(Ajak-tash) 강 379 →진주하
아잔타(Ajanta) 석굴 176
아점파시라국(阿點婆翅羅國) 69

아제르바이잔 348
아지라바티(Ajiravatī) 강 129, 134, 184
아지라벌제강(阿支羅伐帝江) 184 →아지라바티 강
아케메네스조(Achaemenes朝) 281
아쿨라(Akula) 215
아크시카트(Akhsikhath, Akhsikant) 392 →서건성
아프간(al-Afghān) 315
아프라시아브(Afrasiab) 384
아호(鵝湖) 423 →빅토리아 호
안국(安國) 73, 336, 373, 374 ⇒부하라, 안식국, 유밀, 포갈, 포합랍, 포활
안다만(Andaman) 357
안달라국(案達羅國) 69, 203
안달루스(al-Andalus) 217
안드레(Andre) 441
안득열(安得悅) 441 →안드레
안서(安西) 도호부 33, 85, 285, 435, 444
안서(安西) 446
안서성(安西城) 447
안서유림굴(安西榆林窟) 37
안식(安息) 332, 343, 362
안식국(安息國) 374
안저라박국(案咀羅縛國) 333, 349
안티오크(Antioch) 346
알라사보라국(遏邏闍補羅國) 228
알라카(Alaka) 184
알라하바드(Allahabad) 222
알라하바드(Allahabad) 강 138
알로르(Alor) 210
알완성(遏緩城) 288 →아완성
알치(Alchi) 257
암라원(菴羅園) 181, 189

암라원(菴羅園) 67, 189
암라원탑(菴羅蘭塔) 84
암몰라여원(菴沒羅女園) 189 →암라원
암파라여원(菴婆羅女園) 189 →암라원
애라랍(艾羅拉) 203 →엘로라
액리제(額里齊) 443 →일치
야강(婼羌) 440
야그노브(Yaghnob) 385
야꾸트(al-yāqūt) 353
야르무끄(Yarmūq) 348
야무나(Yamunā) 강 193 →줌나 강
야즈드(Yazd) 343, 348
약사르테스(Yaxartes) 강 332 →시르다리
야 강
약사아르타(yaxša-arta) 393
약살수(藥殺水) 332, 379, 380, 393 →시
르다리야 강
양관(陽關) 421
양동(羊同) 256
양동(Jiāng-dung) 256
양동(Zhang-zhung) 256
양동국(楊同國) 86, 252, 256
양주(揚州) 352, 420
양주용흥사경율원회 상비(揚州龍興寺經律
院和尙碑) 139
양항하(兩恒河) 193
언기(焉耆) 73, 428, 434, 453, 453 ⇒아
기니국, 아르기, 아르시, 아르키, 오기, 오
이, 카라샤브
언기국(焉耆國) 452
얼다성(蘖多城) 273 →치트랄
엄채(奄蔡) 422
업파국(業波國) 285
에데사(Edessa) 346

엘로라(Ellora) 177, 203
여국(女國) 225, 256
여래도안시입처(如來挑眼施入處) 296
역반(役槃) 417
연성(延城) 433
연성(連城) 392
연연(蠕蠕) 333 →유연
연제새사(演提灑寺) 318
연흥사(延興寺) 448
열해(熱海) 422
염부제(閻浮提) 66, 181
염부제지(閻浮提地) 194
영덕(英德) 351
영양방(永陽坊) 450
영원(寧遠) 376, 392
영인방(寧仁坊) 451
영취산(靈鷲山) 153
오기(鄔耆·烏耆) 453
오나갈국(烏那曷國) 382
오다(烏茶) 304
오단국(烏鍛國) 422
오대산(五臺山) 34
오랄국(烏剌國) 355, 356 →오볼라
오무성(烏壘城) 433
오르콘 강 403
오복나(烏伏那) 304
오볼라 355
오사연나(鄔闍衍那) 235 →우자인
오사장(烏斯藏) 264
오손(烏孫) 433
오식닉(五識匿) 417
오이(烏夷) 453
오이야낭(烏儞也曩) 303
오익산리(烏弋山離) 313

오장(烏仗) 303
오장(烏長) 303
오장(烏萇) 273, 303, 304, 304
오장(烏場) 303
오장국(烏長國) 72, 302 ⇒오이야낭, 오장, 오장나, 우기낭, 우디아나, 울지인나, 월저연
오장국(烏萇國) 254
오장나(烏仗那) 303
오장나(烏長那) 303
오타국(烏秅國) 313
오탁가한도성(烏鐸迦漢荼城) 296 →우다반다푸라
오호하(烏滸河) 326, 331, 375, 414
옥롱합십강(玉瓏哈什江) 443
옥문(玉門) 421
옥사성(沃沙城) 396
옥서스(Oxus) 강 326, 331, 414 →오호하
옥성(玉城) 442
온숙(溫宿) 422
옹달유리산(翁達維里山) 203
와르왈리즈(Warwālīz) 409
와칸(Wakhan, Wakhkhān) 73, 406, 409, 419, 423
와칸다리야(Wakhān Darya) 강 415
와크슈(Wakhsh, Wakshab) 강 396
와크지르(Wakhjir) 423
와혁철이(瓦赫哲爾) 423 →와크지르
왕사성(王舍城) 66, 148, 152
외튀켄(Ötüken) 400
요두강(姚頭岡) 443 →요트캉
요박건국(嗠薄健國) 333
요트캉(Yot-kan) 443
용문(龍門) 407, 413

용문산(龍門山) 339
용수산(龍樹山) 203
용지(龍池) 239, 247
용천(龍泉) 수착 453
용흥사(龍興寺) 438, 445, 445, 450, 451
우기(于闐) 73, 85, 424
우기국(于闐國) 226, 439 ⇒고스타나, 구살단나, 굴단, 지유, 코타나, 쿠스타나, 호탄, 화기
우기낭(優塡囊) 303
우다반다푸라(Udabhāṇḍapura) 281, 296
우디아나(Udyāna, Uḍḍiyāna) 72, 302, 303, 305 →오장국
우마이야(Umayya) 92, 93, 217, 219, 361, 384
우미(杅彌) 433
우스루샤나(Usrūshana) 376
우자인(Ujain, Ujjayini) 235
우전(于窴) 440
우타르프라데시(Uttar Pradesh) 주 130
울지인나(鬱地引那) 302, 303
원거성(員渠城) 453
원산(遠山) 194 →수미산
월광성(月光城) 185 →찬드라푸르
월저연(越底延) 303
월주(越州) 420
위리(尉犁) 454
위리국(尉犁國) 454
위수국(危須國) 454
위장(衛藏) 264
유닉성(瓜匿城) 379
유다리아호(維多利亞湖) 423
유만(愉漫) 334
유밀(怃密) 375

유야리(維耶離) 124
유연(柔然) 333, 400
유헤트(Uhet) 산맥 98
읍달(悒達) 326
읍달국(悒達國) 288
의사적극하(依斯的克河) 423
이라발저강(伊羅鉢底江) 129
이라발저수(伊羅鉢底水) 133 → 이라발저강
이리(伊犁) 422
이사나찬다비하라(Īśānacanda-vihāra) 250
이슈카슈민(Ishkāshmin) 415
이슈카십(Ishkāsim) 409, 412
이슈티칸(Ishtīkhan) 376
이스칸다(Iskandah) 210
이스타크르(Iṣṭakhr) 348
이십잠신(伊什卡辛) 412 → 이슈카십
익주(益州) 170, 420
일남(日南) 198, 207
일치(Ilchi) 443
임읍(林邑) 61, 356

• ──── ㅈ

자나바(Jannābā) 348
자나트(Jānāt) 348
자발(Zabal) 321
자불(Zābul) 321
자불리스탄(Zābulistān) 46, 72, 319, 321
자서(柘析) 379, 380
사석성(柏析城) 379
자설(者舌) 378, 380
자시(楮時) 379
자시국(楮時國) 379
자야푸라(Jayapura) 228

자지(柘支・楮支) 379, 380
자흐람(Jahram) 348
작리부도(雀離浮圖) 298
잘란다라(Jālandhara) 70, 221, 222
잘랄라바드(Jalālābād) 310 → 나가라하라
잠프(Zamm) 335
잠소이(卡蘇爾) 236 → 카수르
장경동(藏經洞) 39
장엄사(庄嚴寺) 445, 450
적닉(赤匿) 417
적악연나(赤鄂衍那) 334
적안(赤岸) 수착 453
전달라파가하(旃達羅婆伽河) 228 → 찬드
라브호자 강
전법륜처(轉法輪處) 155
점불로산(占不勞山) 356
점파(占婆) 356
정결지이(頂結支夷) 136
정령(丁零) 267
정절(精絶) 433
정주(鄭州) 41
정중국(楨中國) 428
정탑이사(丁塔爾寺, Tin-Thal寺) 203
정현(定縣) 351
제2우마이야조 217
제라로화국(提羅盧和國,) 356
제율(提颱) 218, 356
제타바나(Jetavana) 186 → 서다림
제타바나 비하라(Jetavana Vihara) 185 → 기원정사
젤룸(Jhelum) 233, 241
조(趙) 260
조구(漕矩) 320
조구타(漕矩吒) 310, 313, 320

조국(曹國) 73, 373, 375 ⇒색지현국, 카
　부단
조국(漕國) 313, 320
조리(皁利) 320
조리(漕利) 320
조배제(條拜提) 264
조비주(鳥飛州) 410
조주(潮州) 386
조지(條枝·條支) 101, 213, 362
좌람달라(左藍達羅) 222
좌람타라(左藍陀羅) 222
주구파(朱俱波·朱駒波) 424
주바이다(Zubayda) 338
주여파단전(周黎波檀殿) 136
죽림정사(竹林精舍) 153
줌나(Jumna) 강 193
중안국(中安國) 375
중조(中曹) 382
중천축(Madhyadeśa) 182
중흥사관(中興寺觀) 451
쥬르야브(Juryāb) 강 337
지나복저국(至那僕底國) 236
지유(地乳) 439, 440
지한나(支汗那) 337
진강(鎭江) 386
진니책(秦尼策) 355
진주하(眞珠河) 379, 393
진포(眞浦) 291
질하(質河) 379, 393
집사자국(執師子國) 352

・─────ᄎ

차르사다(Chārsada) 296, 299
차말(且末) 433

차사(車師) 428
찬드라브호자(Candrabhoja) 강 228
찬드라푸르(Candrapur) 185
찬마사(贊摩寺) 444
찬쿠나비하라(Caṅkuna-vihāra) 249
찰마(札瑪) 260
찰적(察赤) 380
찰파이(札巴爾) 321 →자발
참바(Chamba) 222
참파(Champa) 357
창성(蒼城) 190
창해(漲海, Tchang-khai) 357
책가(磧迦) 227
책가국(磧迦國) 228, 234
천경림(天鏡林) 208
천관사(天冠寺) 136
천독(天篤) 54
천복사(薦福寺) 33
천불동(千佛洞) 37, 39
천왕사(天王寺) 208
천주(泉州) 354
천천(千泉) 422
철륵(鐵勒) 267, 402
철문(鐵門) 333, 402
철문산(鐵門山) 377
첨부주(瞻部洲) 194, 422
첨파(瞻巴) 222 →참바
청룡사(靑龍寺) 30
청산령(靑山嶺) 425
체나브(Chenab) 강 228
총령(蔥嶺) 313 →파미르
총령진(蔥嶺鎭) 421 ⇒갈관단, 갈라타, 갈
　반단국, 갈반타, 타슈쿠르간, 한반타, 한타
추나르(Chunār) 141

축지(竺枝) 352
축찰시라국(竺刹尸羅國) 300
취봉산(鷲峰山) 153 →영취산
치트랄(Chitral) 72, 273, 306 →구위국
칠라스(Chilas) 262, 423
칠보대(七寶臺) 448
칠보대사(七寶臺寺) 445, 450
칠엽석굴(七葉石窟) 154

● ──ㅋ

카나우지(Kanauj) 67, 150, 160, 210 →곡녀성
카냐쿱자(Kanyakubja) 150, 160 →곡녀성
카니슈카(Kanniṣka) 85, 278 →갈락가
카라린(Kārarīn) 349
카라샤르(Kharashar) 73, 452
카라치(Karāchi) 70
카르마냐(Karmanya) 95
카르코타(Kārkota) 243
카리얀다(Caryanda) 350
카부단(Kabūdhan) 373, 375
카불(Kabul) 72, 273
카사바티(Kaśavati) 132
카산(Kasan) 392
카수르(Kasūr) 236
카쉬(Kash) 377
카슈가르(Kashgar) 73, 258, 427, 427
카슈미르(Kashmīr, Kaśmīra, Kāśmīra) 210, 234, 239, 242
카스카루드(Kaska-rud) 376 →독막수
카시(Kāśī) 138
카시나가라(Kāsinagara) 138
카시바라나시(Kāśī-Bārāṇasī) 138
카시성 138

카시아(Kasiā) 130, 136
카자르(Khazar) 372
카지룬(Kāzirūn) 348
카트만두(Kāthmāndu) 130
카티아와르(Kathiawar) 233
카피사(Capissa) 314
카피시(Kāpiśī) 72, 286, 311
카피타(Kapita) 192
카필라바스투(Kapilavastu) 155, 157, 190
카필라시아바스투(Kapilasyavastu) 190
칸다하르(Qandahār) 321
칸두트(Khandut) 412
칸바(Kāṇva) 148
칼라(Kalah) 357, 358
칼라카세라이(Kalaka Serai) 300
칼라판지(Kala Panj) 423
칼케돈(Chalcedon) 347
캉(Kang) 383
캘리컷(Calicut) 169
케쉬(Kesh) 377
코르도바(Cordova) 217
코살라(Kosala) 183
코삼비(Kausambi) 284, 436
코쉬르다르와자(Koh-e Shīrdarwaza) 317
코아스마이(Koh-e Asmā'i) 317
코잔다(Khodjanda) 376, 392 ⇒구전제, 호민성
코타나(Khotana) 442
코틀리(Koṭlī) 241
콘손(Con Son) 군도 291
콘스탄티노플 347
쿠 술라이만(Kūh Sulaimān) 315

쿠르젠 투베(Kurghen Tube) 396
쿠르디스탄(Kurdistan) 389
쿠메즈(Kumedh) 336, 417 →구밀국
쿠미지(Kumiji) 417
쿠샤나(Kushana) 377
쿠샤니야(Kushāniya) 378 →하국
쿠샨(Kushān) 149, 332
쿠스타나(Kustana) 440 →자유
쿠시나가라(Kuśinagara) 129
쿠차(Kucha) 432
쿠탈(Khuttal) 73, 395, 396
쿠탈란(Khuttalān) 396
쿠파(Kūfah) 215
쿤다그라마(Kundagrama) 188
쿤두즈(Kunduz) 288, 409
쿤카르(Kunkār) 353
쿨랴프(Kulyab) 396
퀼론(Quilon) 357
크테시폰(Ctesiphon) 347, 348
키쉬(Kish) 377
킷쉬(Kishsh) 373, 376

● ──── ㅌ

타고아(Tagoa) 강 314
타나(Thana) 218
타라이(Tarai) 190
타력(陀歷, Darel) 254, 429 ⇒다레다, 다릴
타마사바나(Tamasāvana) 229, 236 →다마삼마나
타슈켄트(Tashkent) 378
타슈쿠르간(Tāshukurghān) 415, 421, 421
타와즈(Tawwaj) 348
타울리바(Tauliva) 190

타크테미스베그(Takhtemisbeg) 423
탁복심(托卜沁) 430
탁사(吒社) 227
탁사국(吒社國) 70, 227 ⇒책가, 탁사, 탁샤르
탁샤르(Takshar) 227
탁실라(Taxila) 233, 299
탈라간(Tālaqān) 409
탐루크(Tamlūk) 78
탑나(塔那) 218 →타나
탑뢰(塔賴) 190 →타라이
탑십간(塔什干) 378
탑십고이간강(塔什庫爾干江) 423
탑십고이간성(塔什庫爾干城) 423
탑십한(塔什罕) 380
탑혁돈밀실백극(塔赫敦密失伯克) 423 → 타크테미스베그
탑혁돈파십하(塔赫敦巴什河) 423 →탑십고이간강
태원(太原) 420
테프마란잔(Tepe Maranjan) 317
토로번(吐魯番) 434
토백특(土伯特) 264
토번(土番) 264
토번(吐番) 264
토번(吐蕃) 85
토번국(吐蕃國) 263 ⇒도백특,서번, 서장, 오사장, 위장, 조배제, 토백특, 토번, 퇴파특, 티베트
토사마이단(Tośamaidan) 241
토욕혼(吐谷渾) 257, 402
토치(Tochi) 339
토카리스탄(Tokhāristān) 73, 330
토호라(吐呼羅) 331, 333

토화라(吐火羅)　73, 326, 331, 331, 331, 333
토화라국(吐火羅國)　330 ⇒도겹, 도화라, 두겹득, 두사라, 토카리스탄, 토호라, 토화라, 토활라
퇴파특(退擺特)　264
투글루크(Tughluq) 왕조　220
투란(Turan)　346
투르크(Turk, Türk)　399, 400
투르판(Turfan)　434
트란스옥시아나(Transoxiana)　93, 336
티베트(Tibet)　263
티유마(Tiyuma)　358
틸라우라(Tilaura)　190

• ———— ㅍ

파구라(婆佉羅)　334
파국가람주(婆國伽藍州)　356
파라나(波羅奈)　138
파라나(婆羅那)　138
파라나국(波羅奈國)　138
파라나사(波羅那斯)　138
파라나사(婆羅拏斯)　138
파라나성(波羅奈城)　194
파라날사(波羅捺斯)　138
파라날사(婆羅痆斯)　138
파라월(波羅越)　202 →파르바타
파라크(Parak) 강　380
파락기(巴洛奇)　218, 235 →바루치
파락나(破洛那)　378, 391
파랄사(波剌斯)　73, 260, 333 →파사
파람(波覽)　376
파랍(波臘)　379
파랍극강(巴拉克江)　380 →파라크 강

파련불(巴連弗)　68
파련불읍(巴連弗邑)　149 →화씨성
파로(波路)　253
파로국(婆露國)　356
파류사(波流沙)　253
파륜(波倫)　253
파르바타(Parvata)　202
파르스(Fārs)　342
파르스 주　346
파르티아(Parthia)　332, 343, 362 →안식
파리하사푸라(Parihāsapura)　243
파리혁(巴里赫)　377
파미라천(波謎羅川)　419, 423 →대파밀천
파미르 쿤룬(Pamir Kulun)　423
파미르(Pamir)　421 ⇒파미이, 파밀
파미이(帕米爾)　421
파밀(播密)　407, 421
파밀천(播密川)　417, 419
파밀천(播蜜川)　419, 421
파사(波斯)　73, 320, 342
파사(Fasā)　348
파사국(波斯國)　215, 341
파사저(巴斯底)　190 →바스티
파선(播仙)　443
파실산(波悉山)　376
파아희(巴兒希)　253
파이자바드(Faizābād)　95, 190
파이제사탄(巴爾提斯坦)　253 →발티스탄
파제아(帕提亞)　343 →파르티아
파지(波知)　307
파차(婆叉)　393
파체(帕蒂)　236 →파티
파타밀(波陀密)　199
파탈리푸트라(Pāṭaliputra)　68, 148 →화

씨성
파트나(Patna) 147
파티(Patti) 236
파파자(婆簸慈) 257
파하(波河) 428
판즈쉬르(Panjshir) 314
판지(Pandj) 강 396
판한국(判汗國) 424
팔라조(Pāla朝) 142
팡코라(Pangkora) 303
패나륵사(貝拿勒斯) 138
패이극(貝伊克) 423
패자와달(貝玆瓦達) 203 →베즈와다
펀자브(Punjab) 70, 228
페르가나(Ferghana) 73, 336, 385, 391, 391
페샤와르(Peshāwar) 169, 281
펜지켄트(Penjikent) 373, 380, 380
평량(平諒) 267
폐사리(吠舍釐) 187
폐사리(薛舍離) 124
폐사리국(吠舍釐國) 80, 124 ⇒비야리성, 바이샬리, 비사리, 유야리, 폐사리
포갈(捕喝) 375
포니이(布尼爾) 303 →부니르
포로(布露) 253, 254
포로사포라(布路沙布灑) 285
포로주국(布路州國) 253
포저랍(布底拉) 190 →부딜라
포특산(蒲特山) 95, 330, 337 ⇒바다흐샨, 발탁창나, 발특산
포합랍(布哈拉) 374
포활(布豁) 375
푸루사푸라(Puruṣapura) 282, 296, 297

푸스칼라바티(Puṣkalāvati) 280, 296
푸텔랍(Puttelam) 353
푼치(Punch) 241
프라가야(Pragaya) 182
프라바라푸라(Pravarapura) 243
프라야가(Prayāga) 222
피라날사국(彼羅疺斯國) 67, 137 ⇒바라나시, 베나레스, 파라나, 파라나사, 파라날사, 패나륵사
피산(皮山) 440
피프라바(Piprāvā) 190
필국(畢國) 374, 375
필보랍와(畢䔖拉瓦) 190 →피프라바

• ━━ ㅎ

하고마제(下庫馬提) 443
하국(何國) 375, 376, 378
하다(Hadda) 318 →혜라성
하라파(Harappā) 144
하랑(Harang) 358
하산 압둘(Hassan Abdul) 300
하서주랑(河西走廊) 283
하스티나푸르(Hastinapur) 299
하외지역(河外地域) 336 →트란스옥시아나
하이데라바드(Hyderābād) 70, 219
하중부(河中府) 383
하진현(河津縣) 413
학실나성(鶴悉那城) 320
한반타(漢盤陀) 423
한성현(漢城縣) 413
한이사성(漢貳師城) 376
한인성(漢人城) 430 →흑태심
한타(漢陀) 423, 425
합사정나보이(哈斯汀那普爾) 299 →하스

티나푸르
합실합아(哈實哈兒) 427
항도특(杭都特) 412 → 칸두트
항하(恒河) 135, 181, 193 → 갠지스 강
해소국(解蘇國) 288
향모원(香茅原) 160
향편국(香遍國) 280
향풍국(香風國) 280
향행국(香行國) 280
헤라트(Herāt) 335, 342
현도산(懸度山) 424
현두(賢豆) 54
현불사의처탑(現不思議處塔) 157
형얼(馨孼) 310
혜라성(醯羅城) 318
호라산(Khorāsān) 92, 335, 348
호라짐(Khurazim) 93
호레즘(Khorezm) 385
호레즘 샤 왕조 326
호르무즈(Hormuz) 358
호멸(胡蔑) 409
호민성(呼悶城) 392
호밀(胡蜜) 406, 409, 417 ⇒달마실철제,
　발화, 와칸, 호멸, 호밀단, 학간, 휴밀
호밀(護密) 273, 409, 410
호밀국(胡蜜國) 73
호밀국(護密國) 288
호밀단(胡密丹) 409
호사(護沙) 334
호사하(護沙河) 396 →와크슈 강
호쇼차이담(Hosho Tsaidam) 분지 403
호시건(護時健, Zujdjin) 320, 326
호시건국(護時健國) 288
호치민시티(Ho Chi Minh City) 78

호탄(Khotan) 85, 226, 439, 439
호한(浩罕) 392
혼타다성(昏馱多城) 411, 412 →칸두트
홀로마(忽露摩) 334
홀름(忽懍) 334
홍주(洪州) 420
화기(和鬪) 439
화기성(和鬪城) 443
화랄자모(花剌子模) 385 →호레즘
화성(花城) 160
화심(火尋) 382
화씨성(華氏城) 148, 149
화염산(火焰山) 289
확간(鑊侃) 410
환왕국(環王國) 356
활국(活國) 310, 333, 386, 422
활실다국(闊悉多國) 333
황적성(黃赤城) 190
황제궁(黃帝宮) 289
횡가(橫街) 450
훈드(Hund) 296
훈자(Hunza) 415
휴밀(休密) 332, 409
휴순국(休循國) 422
흑봉산(黑蜂山) 203
흑의대식(黑衣大食) 216
흑태심(黑太忱) 430
흘로실민건(訖露悉泯健) 334
흘률슬마국(訖栗瑟摩國) 333
흘석밀서(訖石密西) 249
흥륜사(興輪寺) 208
희견성(喜見城) 196
희마랍아(喜馬拉雅) 182
희연선하(㷀連禪河) 134

희연선하(希連禪河) 134
희연하(熙連河) 134
히라(Hirah) 348
히란야바티(Hiraṇyavatī) 134
히자즈(al-Ḥijāz) 365, 384
힌두쿠시(Hindu Kush) 산 282
힐만드(Hilmand) 강 321
힐지(Khiljī) 왕조 220

• ──── A B C

Aciravatī 134 →아지라바티
al-Rukhkhaj 321
Āmraamara 84 →암라원탑
Āmrapativana 189 →암라원
Anātha-piṇḍada 186 →급고독
Anāthapiṇḍadā-syārāma 186 →서다림
　급고독원
Arachosia 321
Baghlān Ghori 326 →읍달
Ba-le, Bal-ti, Balor, Balti, Balur,
　Balurstan 253 →발률
Bamikan, Bamiyana 325 →범인국
Barah-nakār 126 →니코바르 제도
Barukacca →바르와스
Bāxtriš 338 →박트리아
Belor 253 →발률
Bhrāmaragiri 203
Bolor 253 →발률
Breueh 356
Bri-sha 253 →발률
Brouwers 356
Bru-sha, Bru-shal, Bru-zha, Bulūr, Bultai,
　Byltae 253 →발률
Chassar, Casahar, Chasahar, Chaschar,

Cascar 428 →소륵
Cinabhukti 236 →지나복저국
Culao Cham 79, 356 →점불로산
Dakṣiṇakosala 203 →남교살라국
Dharma-Cakra-Samgh rāmā 142 →법륜사
Dierrarah 356 →제라로화국
Farang 362
Girivraja 153 →군봉성
Godhipura 160 →고가성
Gṛdhrakūṭa 153 →영취산
Gtsang 256
Guge 256
Harauvatiš 321
hbrasspung 257
Hu-den 442
Hu-ten 442
Hu-then 442
Hvaṃ 442
Hvam Kṣira 442
Hvamna 442
Hvatäna 442
Jāghūrī 322
Jambudvipa 194 →염부제지
Javulasthāna 320 →사호라살타나
Jetavana 192 →승림
Jetavanā-anathapiṇḍada-syārāma 84 →
　급고원탑
Kabūdhan 376 →조국
Kapilāhvapura, Kapilapura 190 →카필라
　바스투
Kapilavastu 84, 189 →카필라바스투
Kasanika 375 →굴상니가
Kashgar 103 →소륵
Kasyapa 202 →가섭불

Kauthara 356 →길달국
Khakan 375 →갈한
Kosala 203 →교살라국
Kuśāgarapura 148, 153 →상모궁성
Kuśasthala 160 →향모원
Kusumapura 160 →화성
Laugkat 356
Li-yul 442
Mahādaya 160 →대자성
Makuṭa-bandhana-caitya 136 →사반단사
Male 356 →몰래국
Mā Warā al-Nahr 336 →하외지역
Mezoen 357 →몰손국
Migadaya 151 →녹야원
Mṛgadavā 139, 151 →녹야원
Nāgārjunakoṇḍa 203 →용수산
Oriss 304
Pālor, Palora, Paṭola 253 →발률
Phrul-snang 259
Pulo Condore 356 →군돌롱산
Rajaori, Rajapura 228 →알라사보라국
R'sipatana Mṛgadavā 151 →선인녹야원
Rukhūdh 321
Saptapatraguha 154 →칠섭석굴
Sarasvatī 321

Sa-spo-rtse 257
Shāhbāz Garhi 296 →바르사푸라
Shar-Sabg 378 →녹성
Shihr 356 →설국
Shīr-i-Bāmiyān 325 →실범연
Shig-ning 417 →식닉국
Śikini, Śikni 417 →시기니
Sobyi, Sumpo, Supi 226 →삼파가국
Śrīsailam 203 →길상사
Tho-gar, Tho-ko, Thod-gar, Thod-kar,
Tochari, Tohuristan, Tokharistan 331
→토화라
Trāyastrimśa 193 →도리천
Tukhāra 331 →토화라
Undavilli 203 →옹달유리산
Uttamapuri 188 →상도
Uyyāna 303 →오장
Vaibharagiri 153 →영취산
Veśāli 187 →비야리성
Visvanatha 144 →세주묘
Yūttina 442
Yvu-then 442
Zābulistān 320 →자불리스탄
Zhang-zhung 256, 258

사항

ㄱ

가남향(伽㑲香) 355
『가슴미라행기(迦濕彌羅行紀)』 43
『가우다바호(Gauḍavaho)』 161
각호군(却胡君) 433
각호후(却胡侯) 453
『간록자서(干祿字書)』 404
간자(竿蔗) 292
「감숙성에서 발견된 중세의 한 장서(藏書)」 45
감자(甘蔗) 292
강거(康居) 도독부 384
강유(綱維) 450
개원대사(開元大師) 100
거거(車渠) 238 →차거
격차사군(擊車師君) 454
격호군(擊胡君) 454
격호도위(擊胡都尉) 454
격호좌우군(擊胡左右君) 454
격호후(擊胡侯) 428, 453
경량부(經量部) 234
『경행기(經行記)』 102, 215
『계업행정(繼業行程)』 222
계율장(戒律藏) 450
『고금사물고(古今事物考)』 170
고르노바다흐샨(Gorno-Badakhshān) 자치구 415
고부(高附) 도독부 396
『고승전』 253
고창악(高昌樂) 434
곤륜노(崑崙奴) 291
곤륜단가(崑崙單舸) 291
곤륜박(崑崙舶) 291
곤륜서(崑崙書) 291
곤륜어(崑崙語) 291
곤륜음(崑崙語) 291
곤륜인(崑崙人) 291
공의파(空衣派) 126
『공작왕잡주경(孔雀王雜咒經)』 438
공작행자(孔雀行者, Mauyuravratin) 174
공취일처(共娶一妻) 390
공후(箜篌) 434
『과거현재인과경(過去現在因果經)』 139
관정도량(灌頂道場) 34
『광운(廣韻)』 367
「광주통해이도(廣州通海夷道)」 79, 355
『광지(廣志)』 422
교학(敎學) 68
구개식닉국(九箇識匿國) 418
『구고록예설(求古錄禮說)』 176
구로문건(佉盧文件) 429
구부기(九部伎) 434
『구사론(Abhidharmakomabhamya)』 234 →『아비달마구사론』
『구사박론(俱舍雹論)』 234
구자기(龜玆伎) 434
구초(瞿草) 320
굴왕(窟王) 416, 417, 418
굽타 미술 328
궐특근 비문(闕特勤碑文) 403 →퀄테킨 비문
귀의차사군(歸義車師君) 454
그르타파야사(ghṛta-pāyasa) 248
『근본설일체유부비나야잡사』 247
근본유부(根本有部) 437

『금강반야바라밀경론(金剛般若波羅密經論)』 297
금강저(金剛杵) 196
금강좌(金剛座) 154
금륜(金輪) 151
금천(金川, Gyim-shod) 226
급사중(給事中) 447
『기독교 풍토기(基督敎風土記)』 355
기미주(羈縻州) 436
기우탕(Gyu-tang) 442
까디시야(Qādisiya) 전쟁 91

● ─── ㄴ

나갈마타(那羯磨陀) 450
나계(螺髻) 317
『나라타법전(那羅陀法典, Naroda-Smṛti)』 251
나한승(羅漢僧) 71, 239
나형외도(裸形外道) 126
『낙양가람기(洛陽伽藍記)』 253, 280, 296, 300, 301
『남주이물지(南州異物志)』 290
『남해기귀내법전(南海寄歸內法傳)』 46, 173, 175, 242, 249, 260, 291, 449
내4족(內四族) 257
녹주석(綠柱石) 195
니르그란타(Nirgrantha) 127
니바사나(Nivāsana) 173 →니박사나, 승각기, 승기지, 언애외
니박사나(呢縛些那) 173
니봉(泥封) 125
니우(犛牛) 269

● ─── ㄷ

다리어(Dārī語) 338
다리마스티(Dar-i-masti) 410
다마스티티(Dhamasthiti) 410
달간(達干, Tarkan, Darghan) 323
달라유도어(達羅維荼語) 166 →드라비다어
『당국사보(唐國史補)』 135
『당양경조방고(唐兩京條坊攷)』 451
『당함통육년수중악묘기(唐咸通六年修中岳廟記)』 140
당항설(党項說) 265
『당회요(唐會要)』 256
『대공작왕신주경(大孔雀王神咒經)』 438
『대관정경(大灌頂經)』 438
『대광익회본옥편(大廣益會本玉篇)』 367
『대당서역구법고승전(大唐西域求法高僧傳)』 54, 101, 136, 214, 223, 280, 449
『대당서역기(大唐西域記)』 54
─「현조전(玄照傳)」 101
「대당서역기와 왕오천축국전의 문학적 의미」 53
『대당육전(大唐六典)』 446, 449
대도위승(大都尉丞) 433
『대반열반경(大般涅槃經)』 125
대범왕(大梵王) 192
『대법론(對法論)』 236
대벽지불(大辟支佛) 70, 229
대설산(大雪山) 334
대수선인(大樹仙人) 161
『대승구경요의론(大乘究竟要義論)』 297
『대승백법명문론(大乘百法明門論)』 298
대승불법(大乘佛法) 68
대승상좌부(大乘上座部) 68

『대승오온론(大乘五蘊論)』 298
『대승유가금강성해만수실리천비천발대교왕
 경(大乘瑜伽金剛性海曼殊室利千臂千鉢
 大敎王經)』 33
『대승장엄경론(大乘莊嚴經論)』 297
대승중학관(大乘中學觀) 438
『대운경(大雲經)』 448
대원국설(大宛國說) 290
대원(大宛) 도독부 379
『대일경(大日經)』 204
대자재천(大自在天) 142
『대장엄론경(大莊嚴論經)』 295
대정복 시대 347
『대종조증사공대판정광지삼장화상표제집
 (代宗朝贈司空大辦正廣智三藏和尙表
 制集)』 29
대중부(大衆部) 156
『대지도론(大智度論)』 153, 295
『대지폐론(大智廢論)』 204
대천(大天) 142
『도경본초(圖經本草)』 292
도심(道心) 450
도위(都尉) 428
도유나(都維那) 445, 449
『도이지략(島夷誌略)』 291
도자(都蔗) 292
도자두(稻子豆) 365
독각(獨覺) 237
독각상(獨覺像) 146
돈욕곡비문(暾欲谷碑文) 403 →톤유쿡
 비문
돈황문서(敦煌文書) 43, 172
『돈황석실유서』 48
『돈황유서(敦煌遺書)』 49

『동경몽화록(東京夢華錄)』 205
동발(銅鈸) 434
『동방에서 서방까지의 세계 경계(Gudedu'l
 plam mina'd Mashriq ila'l Maghrib)』
 291
동서성장(東西城長) 440
두무설(兜鍪說) 267
두타(頭陀) 176
드라비다어(Dravida語) 166
디감바라(Digambara) 126 →천의파
디나르(dinār) 350

• ─── ㄹ

『라마연나(羅摩衍那)』 187
루드라(Rudra) 142
룬(Rune) 문자 405
『리그베다(Rigveda)』 143, 281
리율설(Li-yul說) 442

• ─── ㅁ

마가연(摩訶衍) 156 →상승
『마누법론(摩奴法論)』 167 →『마누법전』
『마누법전(Manu-Smṛti)』 167, 168, 172,
 176, 251
마마(하와)의 길 353
마즈다교(Mazdā敎) 386
『마치야푸라나(Matsyapurāṇa)』 184 →
 『어왕세서』
마투라(Mathurā) 미술 328
『마하바라타(Mahābhāratā)』 143, 184,
 390
『마하반야바라밀경(摩訶般若波羅密經)』
 204
마하야나(Mahāyāna) 68, 156 →대승불법

만세통천(萬歲通天) 254
모다카(modaka) 248
모우(牦牛) 269
목상(木狀) 175 →와상
『목천자전(穆天子傳)』 289
묘안석 195
묘우(猫牛) 263, 269 →니우, 모우, 야크
『무구정광다라니(無垢淨光陀羅尼)』 340
무색계(無色界) 193
무연(舞筵) 381
무우수(無憂樹) 181, 191
무차대시(無遮大施) 295
무차대재(無遮大齋) 71, 294 →무차대회, 반차대회, 반차파률사가, 판차바르시카
무차대회(無遮大會) 294
『문선(文選)』 292
『문원영화(文苑榮華)』 139
『문율장(文律藏)』 188
『미륵보살소문본원경(彌勒菩薩所問本願經)』 301
밀교(密敎) 68

• ──── ㅂ

바닥스(badax) 337
바라문(婆羅門) 71, 167, 277, 286
바바(아담)의 길 353
『바수반두법사전(婆藪槃豆法師傳)』 234
바이샤(Vaiśyas) 286
바즈라야나(Vajrayāna) 68
바티(vatī) 134
『박물지(Histoire Naturalis)』 314
박트리아어 338
『반니원경(般泥洹經)』 133
반사우슬대회(般闍于瑟大會) 295

반차대회(般遮大會) 294
반차우슬(般遮于瑟) 295
반차월사(般遮越師) 295
반차파률사가(般遮婆栗史迦) 295
발락쉬(Balakhsh, Badakhsh) 337
「발률」 275
『방광대장엄경(方廣大莊嚴經, Lalitavistara)』 184, 189, 190
배화교(拜火敎) 73, 358, 373
배화전(拜火殿) 359
백단(白檀) 349
백설(白㲲) 275
백은계(白銀階) 192
백의외도(白衣外道) 126
백의파(白衣派) 126
백첩(帛疊, 白牒), 백첩포(白疊布) 275
버제스설(Burges說) 203
『번역명의집(翻譯名義集)』 194
범왕(梵王) 195
범천(梵天) 143, 192, 196
범천왕(梵天王) 195
『범천왕세서(梵天往世書)』 184
『법구경(法句經)』 441
법륜(法輪) 145, 150
『법성분별론(法性分別論)』 297
『법왕경(法王經)』 387
『법화경(法華經)』 298
베다(Veda) 142
벽지불(辟支佛) 237
『변정론(辯正論)』 261
『변중변론(辨中邊論)』 297
보국후(輔國侯) 428, 440, 453
『보디치타비바라나(Bodhicittavivaraṇa)』 205

보리(菩提) 157
보리수(菩提樹) 154, 191
『보살본행경(菩薩本行經)』 299
보수(寶樹) 238
복의(腹衣) 173 →상가티
『본생경(本生經)』 188, 250
『본초강목(本草綱目)』 170, 201, 292
『부남기(扶南記)』 290
『부남전(扶南傳)』 290
부천장(部千長) 433
분교(苯敎) 256, 260
『분별유가론(分別瑜珈論)』 297
『불국기(佛國記)』 149, 180, 192
불려(拂廬) 266
『불반니원경(佛般泥洹經)』 136
『불본행집경(佛本行集經)』 253
『불본행찬경(佛本行讚經)』 190
『불설아미타경(佛說阿彌陀經)』 179
불성(弗星) 132
『불성론(佛性論)』 298
불전도(佛傳圖) 282
불전본생도(佛傳本生圖) 43
『불조통기(佛祖統紀)』 295
브라마(Brahmā) 143, 195, 196 ⇒범왕, 범천, 범천왕
『브라마푸라나(Brāhmāpurāṇa)』 184 → 『범천왕세서』
브라만(Brahman) 71, 167, 277, 286 →바라문
『비나야잡사(毗那耶雜事)』 188
비두리(鞞頭梨) 194
비슈누(Viṣṇu) 143, 196
『비슈누푸라나(Viṣṇupurāṇa)』 184
『비습노왕세서(毘濕奴往世書)』 184, 187

→『비슈누푸라나』
비유리(鞞瑠璃), 비유리(毗瑠璃), 비조리야(鞞稠利夜) 194
『비파사론(毗婆娑論)』 234

• ─── 人

4대 영탑(四大靈塔) 154
4도독부(四都督府) 436
사두처(捨頭處) 299
사마(奢摩) 308
사마라자(Śamarājā) 307
사문법(沙門法) 448
사본생처(四本生處) 301
사봉(寫鳳) 도독부 326
『사분율(四分律)』 175
사안처(捨眼處) 300
사이(四夷) 261
「사이도리기(四夷道里記)」 453
『사이술(四夷述)』 218
사자두주상(獅子頭柱像) 141
사자상(師子床), 사자상(獅子床) 175
사주(寺主) 449
4진(四鎭) 436
사탁간(娑鐸幹) 323 →달간
사탕서(砂糖黍) 292
사프란 365
산스크리트(Sanskrit) 166
산예(狻猊) 434
『산해경(山海經)』 289
『살파다비니비파사(薩婆多毘尼毘婆沙)』 132
삼강(三綱) 449
삼도보계(三道寶階) 192
삼묘설(三苗說) 265

삼보(三寶)　127
삼보계(三寶階)　192
33천(三十三天)　193
삿바가(śaḍbhāga)　172
상가티(Samghati)　173
상좌(上座)　449
샤크라(Sakra)　195
샤하다(al-Shahādah) 쇠사슬　354
샨크(shank)　353
서강설(西羌說)　265
『서경(書經)』　290
『서사기(西使記)』　249
『서역도기(西域圖記)』　326
『서역도지(西域圖志)』　253
『서하구사(西河舊事)』　422
『석가모니여래상법멸진지기(釋迦牟尼如來像法滅盡之記)』　253
『석가방지(釋迦方志)』　144, 191, 226, 257, 310
석국설(石國說)　378
『석명(釋名)』　169
『선견율비파사(善見律毘婆沙)』　133
선비종설(鮮卑種說)　265
『선악인과경(善惡因果經)』　387
『설문(說文)』　171, 176, 212
설일체유부(說一切有部)　70, 132
설출세부(說出世部)　326
『섭대승론(攝大乘論)』　194
『성사승람(星槎勝覽)』　352
성수(星宿)　132 →불성
『성 아베스타(Zend-Avesta)』　383, 386
세계의 지붕　422
「세계적 학계에 大驚異를 준 신라승 혜초에 대하여」　52

『세계정신을 탐험한 위대한 한국인 '혜초'』　52
『세조본기(世祖本紀)』　427
소(簫)　434
소륵후(疏勒侯)　428
소무구성국(昭武九姓國)　94
소무설(昭武說)　382
소방(蘇芳)　365
소방목(蘇芳木, baqqam)　353
소승유부설(小乘有部說)　297
소승정량부(小乘正量部)　68
『속일본서기(續日本書紀)』　216
솔도파(窣堵婆)　131 →스투파
『송운행기(宋雲行紀)』　254
『송회요집고(宋會要輯稿)』　205
쇄라아사특교(瑣羅亞斯特敎)　385 →조로아스터교
『수경주(水經注)』　290, 422
수드라(Śūdras)　167, 286
수선(修鮮) 도독부　285, 314
수원군(綏遠軍)　273
수타라(首陀羅)　167 →수드라
『수호전(水滸傳)』　135
『순정리론(順正理論)』　233
순정리론(順正理論)　70, 229
술라끄(Su-laq)　429
술루크(Sūluk)　429
술리(Sūli)　429
술리그(Śu lig)　429
술리크(Su-lik)　429
슈그니로샤니어(Shughnī-Roshanī語)　414
슈베탐바라(Svetāmbara)　126 →백의파
스투코(stucco)　283
스투파(stupa)　130

습파교(濕婆敎)　69, 127　→시바교
습파교도(濕婆敎徒)　67
승가지(僧伽胝)　173　→상가티
승각기(僧却崎)　173
승기지(僧祇支)　173
『승사략(僧史略)』　449
『승사유범천소문경론(勝思惟梵天所問經論)』　237
승상(繩牀)　175　→좌상
시바(Śiva)　142, 196
시바교(Śiva敎)　127
시브르(shibr)　354
시비왕구합처(尸毘王救鴿處)　299
신살파다(新薩婆多)　234　→신설일체유부
신설일체유부(新說一切有部)　234
『신정삼국유사(新訂三國遺事)』　52
『신통유희경(神通遊戱經)』　184　→『방광대장엄경』
실만주(悉萬州)　326
심목고비(深目高鼻)　441
심할라 아바다나(Siṃhala-avadāna) 벽화　176
『십력경(十力經)』　306
십부기(十部伎)　434
『십송율(十誦律)』　136
『십이문론(十二門論)』　204
『십주비파사론(十住毘婆沙論)』　204
『십지경기(十地經記)』　451

● ────── ○

아그니(Agni)　143
『아누달경(阿耨達經)』　430
아담의 발 산　352
아디티(Aditi)　144
아라한(阿羅漢)　248
아라한과(阿羅漢果)　248
아라한상(阿羅漢像)　147
「아랍의 인도 침략」　210
『아랍지리총서(Bibliotheca Geographorum Arabicorum)』　366
아르기(Argi)　453
아르시(Arsi)　453
아르키(Arki)　453
『아르타샤스트라(Artha-śastra)』　251　→『이론』
아리안어(Aryan語)　166
아마륵(阿摩勒)　189
아마지비안정(阿摩支斐安定)　429
아말라(阿末羅)　189
아비달마(阿毘達磨)　68
『아비달마구사론(阿毗達摩俱舍論)』　234, 298, 436
아소카 나무　191　→보리수
『아소카왕전』　191
아우로만(Awroman) 문서　389
『아육왕전』　192, 247, 295
아푸파(apūpa)　248
『아함경(阿含經)』　156
아후라 마즈다(Ahura Mazdā)　386
안달파사(安呾婆娑)　173　→안타라바사카
안사(安史)의 난　435
안서(安西) 대도호부　418, 432, 435　→안서 도호부
안서 도호부　33, 88, 435, 446, 453
안서4진(安西四鎭)　429, 452, 454
안타라바사카(Antaravāsaka)　173
알로에　365
암몰라(菴沒羅)　189

앙그라마이뉴(Angra Mainyu) 386
야그노브어(Yaghnobi) 385
야바아나(yava-anna) 248
야브구(Yabgu) 382, 400 →엽호
야즈굴라미어(Yazghulāmī語) 414
야차(夜叉) 72, 205, 299
야차신(夜叉神) 197
야크(yak) 263, 269 →묘우
『양경신기(兩京新記)』 451
『어왕세서(漁往世書)』 184, 281
엄액의(掩腋衣) 173
여래도안시인처(如來挑眼施人處) 301
여래사두시인처(如來捨頭施人處) 300
여래정골(如來頂骨) 310
『여씨춘추(呂氏春秋)』 290
『역사(歷史)』 294
『역사(Historia)』 388
역장(譯長) 433, 440, 454
연화생(蓮華生) 설화 274
『연화왕세서(蓮花往世書)』 222
『열반경(涅槃經)』 133
『열자(列子)』 289
엽호(葉護) 331
『영애승람(瀛涯勝覽)』 352
『영외대답(嶺外代答)』 97, 218
영후(翎侯) 332, 382
『예기(禮記)』 179
『예문유취(藝文類聚)』 304
『오공입축기(悟空入竺記)』 312
『오공행기』 243
오군채방사(吳郡採訪使) 447
오다나(odana) 248
오르콘(Orkhon) 비문 400, 403
오색염(五色鹽) 374

『오선록(吳船錄)』 253
오야차(五夜叉) 278
오염(烏鹽) 396
『오온론석(五蘊論釋)』 236
오우(烏牛) 201
오적닉(五赤匿) 418
「오천축국기(五天竺國記)」 48
오현(五絃) 434
오호칙명(五號敕銘) 281
옥봉(玉峰) 410
옥성설(玉城說) 442
온달라승가(溫呾羅僧伽) 173 →우타라상가
와상(臥牀) 175
와카나(Wakhana) 410
와키어(Wakhī語) 414
『왕세서(往世書)』 143 →『푸라나』
『왕오천축국전』 52
「왕오천축국전 연구의 글쓰기 방식과 저술의도」 53
『왕오천축국전 해제』 47, 52
『왕오천축국전: 혜초기행문』 52
『왕인구간류보결절운(王仁昫刊謬補缺切韻)』 366
외4족(外四族) 257
요고(腰鼓) 434
욕계 육천(慾界六天) 193
『용수보살전(龍樹菩薩傳)』 204
용연향(龍涎香) 349
『우기교법사(于闐敎法史, Li-yul chos-kyi-lorgyus)』 429, 441
우기악(于闐樂) 434
『우다나바르가(Udanavarga)』 436
『우본기(禹本紀)』 289

우타라상가(Uttarasanga) 173
운중(雲中) 도독부 402
울금 320
울금향(鬱金香) 311, 316
울다라승(鬱多羅僧) 173 →우타라상가
울초(鬱草) 316
『원비사(元秘史)』 383, 427
『월광보살경(月光菩薩經)』 300
월지(月氏) 도독부 288
『위략(魏略)』 332, 391
위오야차처(餧五夜叉處) 301
『유가사지론(瑜珈師地論)』 297
『유가여행자달다라(瑜珈女行者怛多羅)』 222
『유가행지론(瑜珈行地論)』 297
유나(維那) 449 →도유나
『유마힐경(維摩詰經)』 298
유부(有部) 437
『유식삼십론석(唯識三十論釋)』 236
『유양잡조(酉陽雜俎)』 321, 352
『유학전(儒學傳)』 447
육계목(肉桂木, qirfah) 353
율장(律藏) 450
은봉(銀峰) 410
『이구폐타(梨俱吠陀)』 143 →『리그베다』
이두시인처(以頭施人處) 300
『이론(利論)』 251
이리 가한(伊利可汗) 400 →일 카간
『이문론(理門論)』 236
이비시식계(離非時食戒) 128
이슈카스미어(Ishkāshmī語) 414
이씨(李氏) 411
『이아(爾雅)』 289
이크슈(ikṣu) 293

『인도불교사』 203, 204
인도-아리안설 265
「인도에 구법한 신라승의 전기잡초(傳記襍鈔)」 52
『인도제당법(印度製糖法)』 43
인도침향(印度沈香, al-'audu'l hindī) 353
인드라(Indra) 195 →인타라
인타라(因陀羅) 195
일처다부(一妻多夫, polyandry) 390
『일체경음의(一切經音義)』 35, 45, 58, 61, 64, 78, 107, 134, 171, 194, 290, 446
「입사이도(入四夷道)」 425

● ─── ㅈ

자금계(紫金階) 192
자단(紫檀) 355
자루르(Jarur) 전쟁 91
자위야 315
『자은전(慈恩傳)』 137, 193, 228
자이나교(Jainism) 125
자재천(自在天) 196 →시바
『자치통감(資治通鑑)』 446
자황(雌黃) 429
『잠부론(潛夫論)』 275
『잠연거사집(湛然居士集)』 383
『잡아함(雜阿含)』 188
『잡찬(雜纂)』 351
잡호(雜胡) 267
장뇌(樟腦) 349
『장부경전(長部經典, Digha-nikaya)』 251
『장씨수공덕기(張氏修功德記)』 140
『장아함경(長阿含經)』 125, 132, 133

『장안지(長安志)』 448, 450, 451
『장안현지(長安縣志)』 451
『장자(莊子)』 289
『장춘진인서유기(長春眞人西遊記)』 383
저야가(底也伽) 369
적서 절도사(磧西節度使) 446
적염(赤鹽) 375
전도라(旃荼羅) 180
정량부법(正量部法) 138
정사(正邪) 68
정양(定襄) 도독부 402
정토도(淨土圖) 43
정향(丁香) 355
『정화본초(政和本草)』 170
『제 도로 및 제 왕국지(Kitab al-Mamalik wa al-Masalik)』 342, 348
『제민요술(齊民要術)』 292
『제번지(諸蕃志)』 218, 291
제석(帝釋) 195
제석천(帝釋天) 195
제2차 결집 188
제자(諸蔗) 292
『제 지역 인식에서의 최선의 분류법(Arsanu'd Taqsdm fi M'arifati'l Aqaldm)』 365
조로아스터교(Zoroastrianism) 70, 73, 358, 373, 385, 388, 431 →배화교
조비주(鳥飛州) 도독부 411
『조선불교사』 52
『죠션류기(朝鮮留記)』 52
조지설(條枝說) 214
좌상(坐牀) 175
좌선상(坐禪牀) 175
좌우기군(左右騎君) 428, 433, 440
좌우도위(左右都尉) 433, 454

좌우역보군(左右力輔君) 433
좌우역장(左右譯長) 428
좌우장(左右將) 428, 433, 454
『주례(周禮)』 171, 212
주복사풍주(主蔔寫風)州) 326
중관학파(中觀學派) 203
『중국과 인도 소식(Akhbar al-ldn wa al-Hind)』 352
중국문(中國門) 384
『중론(中論)』 204
『중아함(中阿含)』 188
『중일아함(增一阿含)』 188, 192, 281
『지도론(智度論)』 299
지라우(jirau) 353
『지리서(Geography)』 332
『지리학 입문(Geographike Hyphegesis)』 314, 429
지명장(持明藏) 204
지스르(Zisr) 전쟁 91
『진랍풍토기(眞臘風土記)』 291
『진서(晉書)』 290
『집사(集史)』 253
『집운(集韻)』 367

─ㅊ─

차거(硨磲) 238
『책부원구(册府元龜)』 242, 254
천교(祆教) 73, 358, 373, 386 →배화교
천근(天根) 144
천부론주(千部論主) 204, 298
천사(天祠) 67, 138
천사(祆祠) 386
『천서로경(天西路竟)』 222
천신(祆神) 444

천의파(天衣派)　126
천제석(天帝釋)　192, 195
철권(鐵券)　379
철륵설(鐵勒說)　267
첩포(疊布)　275 ⇒배설, 백첩, 백첩포
초면(草棉)　275
촉루영락자(髑髏瓔珞者)　174 →해골구슬자
총령(葱嶺) 수착　421, 425, 430
최근친혼　388
『726년경 서북인도와 중앙아시아를 통과한 혜초의 순례행기』　50
칠보(七寶)　179
칠보산(七寶傘)　192
『칠수유고(七修類稿)』　175
칠중보수(七重寶樹)　238
침향(浸香)　349

● ──── ㅋ

카루(caru)　248
카바이 자르두스트(Ka'ba-yi Zardušt) 비문　389
카사(Khasa)　429
카스피해설　291
카시아(Kasia)　429
카시아설　130
캄바라(kambara)　245
코끼리 영웅〔象雄〕　256
코코노르 전투　402
쿠사나 야부가사(Kusana Yavugasa)　382
쿠차악　434
쿠타(kuthā)　245
쿠탈리(Kuttalī)　396
퀄테킨 비문　403

크리슈나(Kṛiṣṇa)　144
크샤트리야(Kshatriyas)　286

● ──── ㅌ

타면법(他面法)　389
타지설(Tazi說)　214
탈라스(Talās) 전투　100, 215, 336
『태평어람(太平御覽)』　275
『태평환우기(太平寰宇記)』　266
턴뚜(Tenttu)　160
테르미스타트(Termistat)　410
토둔(吐屯)　402
토화라도(吐火羅道)　410
토화선(吐火仙)의 난　392
『통전(通典)』　102, 215, 256, 390
투카리(Ṭukhārī)　396
툼슈크어(Tumshuqese)　385
튤립　316
트레머리　317

● ──── ㅍ

파남(fanam)　353
『파드마푸라나(Pādmapurāṇa)』　222
파라미(婆羅謎) 문자　442
파르사크(farsakh)　342
「파르스의 여러 도시에서 생산되어 타지방에 운반되는, 타지방 것보다 품질이 우수한 물산」　348
파미르 어군　414
파수파타(Pāśupata)　127, 142, 247
파슈트어(Pashut語)　338
파야사(pāyasa)　248
파우사(Pauśa)　142
판차바르시카(panchavarsika)　295

『팔부서(八部書)』 281
팔재계(八齋戒) 128
패엽(貝葉) 436
편인천(偏人天) 143, 196 →비슈누
폐사리 결집(吠舍釐結集) 188 →제2차 결집
폐유리(吠瑠璃) 181, 194 ⇒비두리, 비유리, 비조리야
폐타(吠陀) 142 →베다
『푸라나(Purāṇa)』 143
푸샤(Pusya) 132 →불성
『풍신왕세서(風神往世書)』 281
프라바라나(prāvaraṇa) 245
프라크리트(Prakrit) 166, 441
프라티에카 붓다(Pratyeka Buddha) 70, 237 →대벽지불
프랑스 극동학원(L'Ecole Française d'Extrême-Orient) 40
프리티비(Prithivi) 144
피팔라(Pippala) 157

• ──ㅎ

하국설(何國說) 378
「하옥녀담기우표(賀玉女潭祈雨表)」 34
『한거부(閑居賦)』 292
항수(恒水) 290
해골구슬자(Kapālamalin) 174
행업(行業) 450
『향악잡영오수(鄕樂雜詠五首)』 434
헨뚜(Henttu) 160
『현관장엄론(現觀莊嚴論)』 297
현대 소그드어(Modern Sogdian) 385
『현우경(賢愚經)』 299, 301
『현종론(顯宗論)』 236
「혜초」 52

「혜초왕오천축국전 연구사략」 52
「혜초왕오천축국전이록(慧超往五天竺國傳迻錄)」 50
『혜초왕오천축국전전석(慧超往五天竺國傳箋釋)』 49
『혜초의 길을 따라』 86
「혜초의 시상(詩想)」 53
「혜초의 왕오천축국전」 52
『호국존자소문대승경(護國尊者所問大乘經)』 299
호복(胡服) 260
호서(胡書) 261
호선녀(胡旋女) 381
호쇼차이문 403
『호암사화집(湖岩史話集)』 52
호어(胡語) 261
호지(胡地) 262
홍옥수(紅玉髓) 365
화기색어(和闐塞語) 434, 442
『화엄경(華嚴經)』 204, 237, 298
화하(華夏) 451
화하인(華夏人) 441
황우(黃牛) 201
『황화사달기(皇華四達記)』 79
『회강지(回疆志)』 253
횡적(橫笛) 434
휴순주(休循州) 도독부 392
흑단(黑檀) 349, 365
흑천(黑天) 144 →크리슈니
흘설이구비시(紇設伊俱鼻施) 411
흥불증맹비(興佛證盟碑) 260
흥생호(興生胡) 419
흥호(興胡) 293, 416, 419
히란야(Hiraṇya) 134

힐길리복(頡吉利匐) 411

• ——A B C
Aṣṭādhyayi 281 →『팔부서』
anto-jalako 250
Aṅguttaran 281 →『증일아함』
Bod설 264
Brāhmaṇa 167 →브라만
buyūt nīrān 359 →배화전
DAFA(Délégation Archéologique Française en Afghanistan) 317
dhakkito 250
dhuta 176 →두타
ekāṅga 244
Gossypium Herboceum 275 →초면
IsMEO고고학조사단 304
kāśimira 245
karamaranito 250
karmadāna 449 →도유나
kāyastha 244
khaṭvā 176 →와상
khurnūb 365 →도자두
Küsän 432
league 148
linga 144 →천근
mańca 175 →와상
Mahādeva 142 →대천
mahāmantrin 244
Maheśvara 142 →대자재천
Matsyapurāṇa 281 →『어왕세서』
Nyāyānusārā, Nyāyānusāri 234 →『순정

리론』
Pancha Parisad 294
Panchavarsika Prasad 294 →반차대회
pārthiva 244
pīṭha 175 →좌상
Saccharum officinarum 292 →사탕서
saciva/amātya/mantrin 244
saman dasavayam 251
sāmanta 244
Samkaccika 173 →니바사나
Samkaksita 173 →니바사나
saptaratna 179 →칠보
Sāranganātha 151
simhāsana 175 →사자상
śiraḥśāta 244
Sky-clad 126 →천의파
Śravasti 183
sthavira 449 →상좌
Stod설 264
tantrin 244
Tho-pho음역설 264
Tu-Bod설 264
vaiḍūrya 194 →폐유리
vastrayuga 244
vastrayugma 244
Vāyüpurāṇa 281 →『풍신왕세서』
veḷuriya 194 →폐유리
vihārasvāmin 449 →사주
White-clad 126 →백의파
šahristā 322
Yoginitantra 222 →『유가여행자달다라』

亦人名
荊州沙門無行從中天附書於唐國諸大德
倏經上昇六反孝聲云倏忽光動皃集訓云不覺光陰移改迋疾過
時也之翹英祇遥反英字從草解纜上皆駭反上聲字若
音賈者非也下藍淡反繫船索也從糸形聲字殉命旬俊反韻

夷人名安□浪反番西節度使張苩亮語人名也迦師佶

黎唐云䓘嶺鎮佶勤几反胡語上齊桼反語人名也下泥底反

薺苨下潜葉反音撓上藥名也言阿魏根似此藥而臭如大蒜煎成阿魏藥也鍍金作

剋捷下潜葉反音

向沙交反

白色石藥也鑿而燃之用似白礬而

憚僧名𪎊羌姓也邵子明紹

威粉反姓𪎊穹六反音

乃反欲雨之雲齌反胡語
奮發而宓厚也或云謝越
國屬坐上扇然謝反
大羅界疆穢下音壯反以
氍爲羊臭反上章然
也傳文中從助作著省聲
竻非正俗字也古今正字從竹從著
也名波箇反
襲上波箇反
地名也
山高險峻壁上
地裂百上音僕懸
瀑布流水也

作描見也牙齒蠘丑上研結反蟣音
字非也齗几蟲音瑟傳文
字相傳作磽磕上巧交反下墈山臨
俗字相傳作磽磕合反土臨山
風下成字也念反韻英云儉從手磋
多也石作傑也事主砢隨行者也
貞也反或從手接二手相摩也傳
中從足作蹉是蹉陁字非此用
倉何反
餒五夜又畏與食也聲同盜捻念協反
拋身入水池逸投身霙霒反下臺
捨兩日拘匂反咬玫

阿戎笴 音哥楚語也此云無憂王曰會頹毀 楚畫反從手從千從意字摧壞也 徒雷反 毛褐 他敢反寒割 土塙 㲨 氽氽水 古禾反土是也 弥驃反一

下卷

婆籔慈 胡語也 波箇反 犛牛 卯包反長毛牛也傳

諱音胡瓦反上聲所界反上張革反下吠曬

摘等國音哥蕃語也

杖撥從半沫反曾香乙反

迄乎反與電典先

骷髏字胡骨反彈舌呼曾上扶聞反家反手掬六

髑髏下力家反手扶聞反

剝又疥音疒停點反梵語也文

馬邪反

波羅痆斯中從日作䐜非之也

名曰杆

欄也

音白海中大船上笋閒反山壁立上官

音佳針之錐頭上音者曰錐邑反以物遙投也

麈舶上音押下

聲䑦耳也

從耳舌聲

峻滑也下音拋打下得冷反韻英云搏也

上刮反不避

䑦地話反

中卷

裸形國人作倮亦從身作躶今避俗

魯果反赤體無衣曰裸或從

人亦魅人下音陡水介蟲也形似守宮四足有尾身長五六尺皮堪為鼓

肯有方鱗椰子漿上音果樹野名也反為南

如碁局文方為席皮方為索以縛船

如芭蕉葉堪為席皮堪為索以縛船用其果

舶耐水而不爛旦堅大為舶盡用其內果

大如盃盂有刺殼甚堅南方上味果也

藝白而甜音策蕃人山居野味豎果木也

木柵牆下音名為木柵柵字從木冊聲為

音同上象上音干下音闌以木

穿簡也杆欄橫圍住豪防禽獸等

鼊之小者形圓龜之
類而腹下無甲者
逆水韻詮云
百孟反
落散也殼棘反出崖貞
下譖買反大海噴湧
也或云大鼇名也
大波上湧也
蒼虛空天也
倉乱反鼠走
奔穴曰竄

嶷嶫壁立高峻
浢空㙮問
渤瀣上波反
𣦼竄上正體走字
從天從止

黿鼉上音元大鼈也
文則有神能害

車轂 轉也
崎嶇 上起宜反下曲愚反前
山法顯傳中巳釋並從山
轉也
槍矟 上七羊反下音章
霜捉反長矛
麞鹿 上音章
無角鹿
也或名麂皆音之類也
麖鹿 音几
皆麕之類也
塵或作瑀
下音妹考聲云龜類甲有
文而瑩或作金色光淨無文理
大或作鍫
龜鼈 上音歸甲蟲之最露者其類
頗多具如尒雅說下編城反

怕巴反考聲照耀也花白臾也從白巴聲傳文從山作岜非也岜赤山阿也上苦貢反下怱貢反考聲云
倥偬 倥偬無歡情貞或從手作控
牙嫩 弱鈍反或考聲云
心也反下廁緇反
速也
授今反後左右也
或於前
也於靈神賢聖也
霞气願求福也
昆穩反韻詮云手轉之令下也或從
手作捆以手轉也或作緷考聲云如

小參差 楚上音喬下音
邀祈 上其或云祈禱
恰如相似也
輥苶

四

借用非本字
屯 上逞倫反韻詮云屯塞也周易難也傳文從乇从乚聲作迍是逞也下正迴路縈穎反廣雅迴遠也
體乇字從乇乚聲
作迍是逞也下正迴路
同聲
從是同聲
同象遠界
霽小反韻詮云杳深幽也
杳 杳空遠也
扁扁 音篇扁扁音如杳
翩 烏飛行之皃古畫反韻翩翩者如
也又吳音怪訓也
釋悤同或作挂
盻長路 盻邪視也說
盻 文云從目分聲
撩亂 下音亂山㞦
攀慢又字書懸
掛錫 詮云掛
撩亂 上音遼

亦敬信三寶也

撥帝 上音葛辝都葛辝反中郎
也蕃語音瓶泛舶遠遊猶如蒴草鉢
莾流 浮於水上隨風不定也
莾 音萍反下相臾反南方夷
鬚鬚 上體計反或鬚鬘或剪鬚
或文身人裝飾各異或鬚髮或剪縵
例皆如此其字或從弟作騳或從刀
作剃今傳文從髟抄掠 音略兩字竝
作鬚鬚為正也

君墀 音馳梵語 菻䔧萑 上禮䔇反 下荒郭反
郭注企雅云萑小豆葉也 考聲云萑之少者從草
豆苗也 古今正字云蔇
霍聲也

李巇 人名也

惠超往五天竺國傳上卷

閣蔑 國於諸崑崙國中此國最大
眠鼈反 崑崙語也 古名林邑

一切經音義 【卷第一百】

慧超往五天竺國傳

● ──〈문명기행〉시리즈를 펴내며

　세계에 대한 이해는 이 시대를 살아가는 우리의 숙명입니다. 나침반 없이 낯선 세계를 걸어가야 하는 사람들은 막막합니다. 그러나 고행을 자초하면서 다른 문명을 앞서 경험한 동서고금의 여행자들이 곁에 있습니다. 그들은 이문명(異文明)과 대면했을 때의 충격과 감탄과 경외를 새겨 넣은 기록물을 역사에 헌정하였습니다. 시간의 먼지에 덮인 그들의 기행문은 세계의 총체상을 확인하면서 새로운 지표를 찾아나간 흔적이자, 기존의 가치를 넘어 인식의 지평을 열어나가는 동력이기도 했습니다. 생동하는 사실의 전달을 특징으로 하는 여행기는 타자관(他者觀)을 비롯한 문명관을 올바로 세울 수 있게 하고, 흥취 넘치는 문학 장르로서 읽는 이에게 색다른 미적 감흥을 불러일으키기도 합니다.

　〈문명기행〉시리즈는 미답의 험로로 걸어 들어간 선인들의 정신을 되새기면서 그들이 찾아낸 문명의 지혜를 조명하고자 합니다. 고대부터 근·현대까지 다른 문명권을 탐사한 동서양의 유수한 여행기를 지금 이 땅에 사는 우리의 시선으로 한데 묶는 작업입니다. 여러 나라의 언어로 쓰여졌으나 시공을 초월해 짙은 세계성을 띠고 있는 여행기들이 있습니다. 그 중에서 국내에 제대로 소개되지 않은 저작물을 우선적으로 선별할 것입니다. 또 중역의 폐단을 피하기 위해 가능한 한 원전어를 토대로 하되 엄정한 번역에 주력하면서 치밀한 주석도 붙이고자 합니다. 알려지지 않은 여행기를 발굴하거나 권위 있는 번역자를 선정하고 감수하는 일에는 사계의 전문가들이 참여할 것입니다.

　탐구와 헌신과 희생이 바탕이 된 인류의 지적 소산을 갈무리할 〈문명기행〉 시리즈는 한 편의 문명 대서사시를 일구는 작업이라고 믿습니다. 만남과 나눔의 역사를 통해 문명이 어떻게 변모하고 발전해왔는지를 알려줄 그 역사적 현장으로 독자를 인도하겠습니다. 세계의 어제를 통해 세계의 내일을 가늠해보시기 바랍니다.